U0043833

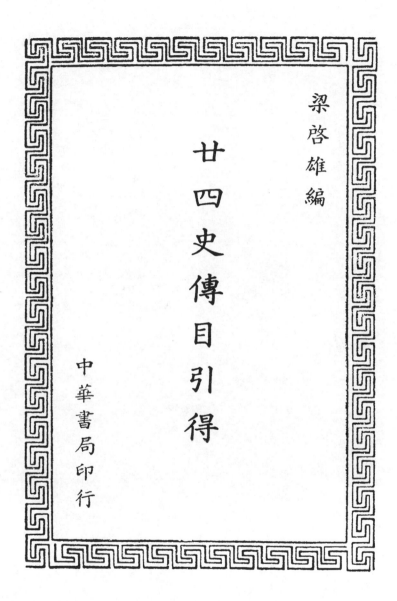

梁啓雄編

廿四史傳目引得

中華書局印行

序

　　以二十四史卷帙之浩繁，設執一古人名而致諸史傳，即知其人繫於何世何代，檢索固已匪易，若並世代而不知，則'探海求鍼'之喻，庶足以方其勞儷耳！甚矣哉尋檢之難也。

　　清儒汪氏輝祖固嘗有史姓韻編之作，其書薈集二十四史中各人之姓名，依韻編次，於尋檢致索，不無裨助，惜其書編排尚欠精密，且稍傷繁複燕累，現行各種印本，又均舛謬百出，故檢索之勞，未克殫祛。

　　余夙嘗從事於編纂哲匠錄，所蒐取之資料，類皆不辨何世何代之古人斷片事蹟，至其人之爵里事業，非進而加以致索，則無繇得以詳察！林燨田范彥回二君襄余編纂有年，二君深感致索鉤稽之煩勞，乃建議利用課餘之暇，彙編二十四史傳目引得一書，余深韙其言，遂發凡起例，由林君司迻錄各史傳目於卡片，范君按各傳「首」「二」「三」……字筆畫之繁簡而次第其先後；復由林君清謄，范君儲校，莫玉華女士復精校三通，余止居於待間之地位而已！孳孳兀兀，苯年而業迺成。書之內容雖視史姓韻編稍簡略，然尋檢之便利則似過之，竊意工具

之書,壹以節省尋檢者之時力為主旨,而引得之作,尤宜使尋檢者於最短時間內獲其所求。本書雖甚譾疏陋略,然始終堅秉斯旨,其或有一得以獻於世耶?

　　　　民國二十三年冬新會梁啟雄識

目 錄

序 …………………………………………………………………1—2

述例 …………………………………………………………… 1—4

筆畫檢字 …………………………………………………… 1—11

拼音檢字 …………………………………………………… 1—14

傳目引得

一　畫 ……………………………………………………1

二　畫 ……………………………………………………1

三　畫 ……………………………………………………3

四　畫 ……………………………………………………5

五　畫 …………………………………………………39

六　畫 …………………………………………………52

七　畫 …………………………………………………66

八　畫 ………………………………………………118

九　畫 ………………………………………………134

十　畫 ………………………………………………156

十一畫 ………………………………………………185

十二畫 ………………………………………………235

十三畫 ………………………………………………250

十四畫 ………………………………………………267

述 例

一、 本引得所包括之範圍,以二十四史列傳中之正附
傳爲限。 晉書之載記,以與列傳大致無殊,亦悉數編
入。 史記及五代史之世家多與漢書及舊五代史之
列傳互見,則以漢書舊五代史之列傳爲主,而附識史
記五代史世家之卷第於其後。 自餘如: 帝紀,書志
表,年譜,考,及史記之吳太伯,晉,楚 …… 等世家, 篇幅
本甚短少,展卷立能得之,更無竢乎緒檢,故概不編入.

二、 本引得分「正編」及「類編」二大部。 正編率
以人爲本位,所標之傳目亦多以人名爲主。 編排之
體例,按筆畫省繁爲先後之序而爲筆畫排比體。 在
某一姓(例:李姓)之內,單名者(例:李白)按「名」
字之筆畫爲序悉數排於前端;複名者(例:李光弼)
按「名」字之首二三 …… 字之筆畫爲序排於後端.

　　並於大姓中人名之首字旁標識數目字以示該字
之筆畫數,自是而降,筆畫相同者,不復逐一附標,直至
筆畫加增,乃標示焉。 如是,傳目雖繁衆,而各有其確
當不移之位置;範圍既愈縮而愈小,時力自彌節而彌
多;則向之勞如'探海求鍼',今直猶'探囊取物'耳! 類

1

●編有:列女、后妃、宗室諸王、公主、釋氏、外紀、雜目、叢傳八

類,皆依各傳性質相近者以類編纂之;排編之體例,后

妃、宗室、公主均以年代相從,釆斷代體,餘均與正編同。

三、凡二人以上同姓名者,不論時代相去之遠邇,止標

舉最先見者一名爲目,其餘諸人,但舉其所在之書及

卷第,按年代之先後順序彙列於下。檢閱者但遊目

瀏覽,則歷代同姓名者幾何人,各繫屬於何世何代,自

能辨之,不煩臚舉。

例: 張　昇 魏書卷86辛恵
北史卷84孝行
宋史卷318
元史卷177
明史卷184
明史卷300外戚附張鶴齡傳

四、凡同一人而有數傳分見於數史者,亦止標舉一目

其複見者,僅舉史名及卷第。

例: 彭　越 史記卷90
漢書卷34

五、一人見於二史,而所標之目互異者,不問所標者爲

名、爲字、爲號、……,所用之字爲古字、爲今字、爲俗字,均

照目標之原名並存之,而互注其異名於後。

例: 秦　瓊 唐書卷89 （舊唐書卷68作秦叔寶）

秦叔寶 舊唐書卷68 （唐書卷89作秦瓊）

六、目錄所標與傳中之名殊異者,依傳中之名,而注目

2

標之名於其後。

　　例：　仇　　覽 後漢書卷106（目作仇香）

　　　　　楊　　璇 後漢書卷68　（目作楊琁）

七、　宗室、家人、諸子、諸王……諸叢傳中之子目,悉照目
　　標之原名,（即:梁孝王武、陳思王植……等）裒錄爲
　　一類編,以宗室諸王四字名之采斷代體。　復於正編
　　中改從各人之姓名;（即劉武、曹植……等）插入。

八、　各史中之「僧」「沙門」……傳,悉照目標之原
　　名（如:'僧玄奘、沙門洪蘊……'）蒐取爲一類編,以
　　「釋氏」名之采筆畫排比體。　復削去「僧」「沙
　　門」等字樣,獨留其法名（如:'玄奘、洪蘊',）插入正編。

九、　台溫二樵、河西傭、石門丐婦、莎衣道人、皂旗張、漳泉
　　留氏、順昌山人、……悉數裒集爲一類編,以「雜目」
　　名之采筆畫排比體。　北漢劉氏、西蜀孟氏、荆南高氏,
　　……亦嘗入此類　匈奴劉聰、島夷桓玄,……除削去
　　「匈奴」「島夷」……獨留「劉聰」「桓玄」……
　　排入正編外,於此仍照其原名插入。　老莊申韓、管晏
　　……傳,固已析標老聃、莊周、申不害、韓非、管仲、晏嬰諸
　　目編入正編,而於此仍存諸合傳之原名。　春申君、淮
　　陰侯、李將軍……傳,於正編改稱黃歇、韓信、李廣,於此

均存諸傳舊名。

十、　各史中之列女,均裒錄爲一類編,以「列女」名之,
采筆畫排比體。

十一、　后妃,皇后妃嬪之子目,悉裒錄爲一類編,以「后
妃」名之,采斷代體。

十二、　唐宋明三史之公主傳裒錄爲一類編,以「公主」
名之,采斷代體。

十三、　外國、四夷、外紀、夷貉、異域、諸夷、蠻夷……之子目,
裒錄爲一類編,以「外紀」名之,采筆畫排比體。

十四、　方技、文苑、文藝、外戚、外國、后妃、良吏、佞幸、孝義、宗
室、宦者、循吏、儒林……等叢傳,裒錄爲一類編,以「叢
傳」名之,采筆畫排比體。

十五、　羅馬排音檢字,除"Hsuan"改拼"Hsien"自增拼"璹
Shou,寮 Iiao"外,餘悉以商務印書館之漢英新辭典爲
標準。

筆畫檢字

一畫

| 一 | 1 / 424叢傳 |
| 乙 | 1 / 414外國 |

二畫

丁	2 / 355列女 / 414外國
乃	1
九	1
八	1 / 410釋氏 / 414外國
刁	1 / 355列女
卜	1 / 414外國

三畫

万	3
三	414外國
上	3 / 355列女 / 411雜目
乞	4
也	3 / 355列女
于	4 / 355列女 / 414外國
兀	3
千	3 / 3 / 414外國
口	3
土	3 / 424叢傳 / 414外國
士	3
大	3 / 414外國
女	3 / 414外國
子	3
小	3 / 414外國
山	3
干	3 / 414外國
弋	3

四畫

不	5 / 414外國
丑	5
中	414外國
丹	410釋氏 / 415外國
云	5
井	5
仇	6
元	12 / 355列女 / 411雜目
公	7 / 424叢傳
六	411雜目
勿	5 / 414外國
卜	6
天	415外國
太	6 / 411雜目 / 414外國
夫	10
孔	6 / 355列女
尤	9 / 355列女
尹	5 / 355列女 / 414外國
巴	5
支	6 / 415外國 / 424叢傳
文	8 / 356列女 / 424叢傳
方	415外國 / 424叢傳
曰	5 / 355列女
月	5 / 414外國 / 424叢傳
木	5
止	5
母	414外國
毋	8 / 355列女
比	5
毛	5 / 414外國
氏	
火	
牙	5
牛	6
王	19 / 356列女

五畫

且	41外國
世	425叢傳
丘	41
丙	39
主	39
仝	39
代	39
令	42
冉	39
加	415外國
匄	411雜目 / 415外國
包	41
北	411雜目 / 415外國
占	415外國
古	40 / 357列女 / 415外國
句	40 / 415外國
只	357列女
召	40
可	39

筆畫檢字

1

筆畫檢字

台　411雜目
叱　40
史　43 / 357列女 / 415外國
司　48
外　425叢傳
失　40 / 415外國
尒　41
尼　40
左　42
巨　39
布　40
平　40 / 411雜目 / 411雜目
幼　415外國
弁
必　40 / 410釋氏 / 415外國
打　39
旦
末　415外國
札　39
尢　40
氏　411雜目 / 415外國
永　40
氾　39
玄　39
玉　39 / 411雜目

瓜　415外國
瓦　415外國
甘　41 / 415外國
田　44 / 357列女
由　39
申　42
白　43 / 356列女 / 415外國
皮　40 / 357列女 / 46 / 357列女 / 411雜目 / 415外國
石
立　39

六　畫

交　416外國
亦　53 / 416外國
仰　52
仲　53 / 357列女 / 411雜目
伜　52
任　57 / 357列女 / 411雜目
伊　54
伍　54
伏　54
充　52

光　52
全　53
列　425叢傳
匡　52
危　53
吃　416外國
合　53 / 416外國
吉　54
同　52
名　416外國
后　52 / 425叢傳 / 52 / 416外國 / 54 / 357列女 / 52 / 416外國 / 58 / 357列女 / 52
吐
向
回
宇
守
安　55 / 357列女 / 416外國
州　52
年　52
忙　53
曲　53 / 416外國 / 52
有
朱　60 / 357列女 / 416外國
朴　52

朵　53 / 416外國 / 425叢傳
死
江　56 / 357列女 / 416外國
地
牟　53
百　52 / 416外國 / 416外國
竹
米　53 / 416外國 / 55 / 357列女 / 52 / 411雜目 / 52
羊
老
自
艾　53
衣
西　53 / 357列女 / 53 / 411雜目 / 416外國

七　畫

亨　66
伯　68
伶　425叢傳
但　66
何　78 / 357列女 / 417外國
余　70 / 357列女 / 66 / 410釋氏 / 417外國
佛

筆畫檢字

筆畫檢字

柔　418外國
查　135
柯　135　360列女　418外國
柳　143　360列女　418外國
段　139　360列女
泉　135
洗　360列女　412雜目
洪　138　360列女
洼　134
活　134
爰　134
畏　134　360列女
皇　139　360列女
盆　134
相　134　360列女
矧　134
祈　134
禹　134
种　137
突　134　418外國
紀　136
紇　137
美　418外國
耶　152　360列女

胡　147　360列女　419外國
胥　135
苑　134
苗　136
苟　135　360列女
若　134
苦　134
英　134
苻　136　360列女
范　145　360列女　135　360列女
茅　134
計　134
迦　134
迪　135　418外國
迭　134
郁　135
郅　134
郇　134
重　149　360列女
韋

十　畫

乘　361列女
俱　156
俺　419外國

倖　427叢傳
倪　159　361列女
倭　420外國
倉　156
党　156　419外國　412雜目
剡　156
原　156
員　156
哥　156
唎　419外國
唆　156
唐　166　361列女　165　361列女　412雜目　42_外國
夏　159　419外國
窐　156
娥　175　361列女　419外國
孫　427叢傳
宦　156
宰　156
家　156
容　412雜目
島　157　410釋氏　419外國　361列女
師　159
席

庫　158　419外國
徐　171　361列女
徒　160　412雜目
恩　427叢傳
息　156
挹　419外國
晁　157
時　157
晏　156
格　156
桂　156
桑　158
柴　159　361列女
桓　163
股　161　361列女　427叢傳　420外國
流　419外國
淨　419外國
浪　156　419外國
泰　156
浦　410釋氏
浮　156　412雜目　4_9外國
海　157　361列女
涂　156
沙

筆畫檢字

烏	164 361列女 420外國	荆	157 412雜目 419外國	國	186	斛	188
牂	419外國	袁	156	乹	185	斜	187
特	156	袁	167 361列女 419外國	堅	185	曹	199 362列女 420外國
犀	156	討	156	婁	189	朗	186
狼	419外國	貢	156	婆	186 421外國	梁	193 362列女 412雜目
班	157	軒	156	宿	183	梅	188 420外國
留	157	逆	427載傳	密	185	涼	185 412雜目
眞	156 420外國	郗	158	寇	189	淩	188 362列女 420外國
破	156	郝	160 361列女	專	185	淡	412雜目
祕	156	郎	158 361列女	尉	190	淮	187
祖	160 419外國	郤	156	崇	186	淳	420外國
祝	158	陝	412雜目	崔	206 362列女	焉	185
神	157	馬	169 361列女 420外國	巢	185	爽	185
秦	162 361列女 158 419外國	骨	156 419外國	常	191	牽	185
納	157	高	179 361列女 427載傳 412雜目 420外國	康	191 362列女 421外國	猗	185
紐	156			張	219 363列女 421外國	猛	420外國
索	159 419外國	**十一畫**		從	186	琉	412雜目
翁	157	乾	362列女	悉	421外國	略	190 362列女 420外國
耽	419外國	勖	185	戚	187 362列女	疏	185
耿	161	唵	185	扈	186	睢	186
能	427載傳	商	87	探	185	祭	189 362列女
荔	156	啖	185	捨	420外國	移	192 362列女
茹	157			敏	420外國	章	
茍	162 361列女			敘	421外國		

筆畫檢字

字	頁碼
符	189 362列女
第	186
粘	187
紹	185
終	185
習	186
聊	185
脫	186 362列女
莊	187 362列女 412雜目
莎	188
莫	427叢傳
處	185
衰	186
訛	194 362列女 427叢傳
許	186
貨	185
速	186
逢	185
連	186
逸	427叢傳
郭	202 362列女
野	186 412雜目
陰	188 362列女
陳	211 362列女 412雜目
陶	192 362列女
陸	197 362列女
雪	185
魚	186
鹿	186
麥	186
麻	187 412雜目 421外國

十二畫

字	頁碼
傅	243
博	236
喜	235
喩	235
喬	238
單	236 421外國
堯	235
塔	235
富	236
寒	235
寮	235
屠	236 363列女
稻	236
庚	242
強	236
彭	239 363列女 421外國
循	427叢傳
惠	363列女
掌	235
揚	235
揭	235
揾	235
散	235
普	235
景	237
智	235
曾	210 363列女 421外國
朝	235
棗	235
棧	235
減	235
渤	421外國
渴	421外國
游	237 428叢傳
渾	235
湛	235
湯	238 363列女 412雜目
湖	237 363列女
焦	235
琴	235
琮	235
甯	236
疏	235 421外國
盛	237 363列女
程	244 363列女 421外國
窨	236 363列女
童	236 421外國
答	421外國
粟	237
舒	239 412雜目
華	235
萇	235 363列女 421外國
蛭	363列女
罩	235
訶	238
貴	241
買	421外國
費	235
賀	421外國
越	236
跋	235
逸	235
都	235
鈍	235
開	235
閔	235
閎	235
陽	238 363列女

筆畫檢字

筆畫檢字

字	頁	字	頁	字	頁	字	頁
蒙	267 422外國	厲	281	獠	422外國	嬴	312
蒯	267	寬	281	盤	231 422外國	彊	312
蒲	270 365列女 422外國	層	422外國	節	428叢傳	曇	410釋氏
蓋	268	墮	422外國	練	282	橋	312
神	422外國	廣	281 422外國	羯	413雜目	澹	312
裴	271 365列女	徵	281	賣	281	濊	422外國
誠	428邊傳	徹	282	蔚	281	燕	312 413雜目
賓	422外國	慕	283 365列女	蔡	289 365列女	獨	313 428叢傳 366列女
赫	268	憨	281	蔣	287 365列女	盧	317 367列女 413雜目
趙	274 365列女 422外國	慶	281	褚	285	穆	314 423外國
輔	267 422外國	摩	422外國	諒	281	稽	422外國
鄂	267	摯	281	論	281	耨	312
酷	428叢傳	撫	422外國	賚	413雜目	膳	422外國
銀	267	撤	282 365列女 422外	輩	281	與	312 413雜目
銚	267	暴	281	鄧	288 422外國	衛	314 366列女 413雜目
雒	267	樂	282 365列女	鄭	290 366列女	衛	366列女
鞅	422外國	樊	286 365列女	鄴	281 422外國	衡	312
齊	270 365列女 413雜目	模	282	閭	282	譜	312
		樗	281	窰	281	謊	314 366列女 423外國
十 五 畫		歐	284 365列女	養	422外國	諸	312
儀	281	潁	281	魯	283 422外國	調	312
劇	282	潘	286 365列女	黎	282 422外國	謀	312
劉	293 366列女	滕	282				
		潮	281	**十 六 畫**			
		璋	281	儒	428叢傳		
				翼	312		

筆畫檢字

豫	312
賴	423外國 / 312
遲	423外國
遴	423外國
錢	315
錫	423外國
閻	315
闊	428叢傳
隱	428叢傳
霍	313 / 366列女
駱	312
鮑	313 / 366列女
黔	423外國
默	423外國
龍	312 / 413雜目 / 422外國 / 428叢傳
龜	

十七畫

優	320
應	321
檀	321 / 410釋氏
濟	320
濛	320
環	423外國
嬌	320
繁	320

繆	321
闈	423外國
臨	320 / 413雜目
蕭	330 / 367列女
薄	320
薊	320
薛	324
薩	320
襄	320 / 413雜目
謝	322 / 367列女 / 423外國
賽	320 / 423外國
蹇	321
轅	320
轄	320
邁	321 / 367列女
鍾	321
闊	320 / 423外國
閣	320
輾	327 / 367列女
韓	321 / 367列女 / 423外國 / 413雜目
鮮	320
麋	

十八畫

儲	339
叢	339
戴	340 / 367列女
擴	339
歸	340
璿	339
瞻	423外國
瞿	340 / 413雜目
簡	339
冀	339
檾	340 / 367列女 / 423外國
邈	339
藍	339
謨	339
豐	339
鄘	339
鎖	339
鎦	339
鎮	339
闕	339
顏	341 / 367列女
顒	339
雞	423外國
雜	428叢傳
魏	342 / 367列女 / 413雜目 / 423外國

| 疊 | 339 |

十九畫

瀘	423外國
懷	344
爾	344
羅	345
臆	344
藝	429叢傳
瀋	429叢傳
藥	344
譙	344 / 413雜目 / 423外國
識	344
譚	344 / 367列女 / 423外國
贊	344
邊	344
關	344
霧	423外國
麴	344
龐	344 / 367列女

二十畫

嚴	347 / 367列女
寶	347
寶	348 / 367列女
環	347

筆畫檢字

繼　347
　　411釋氏
鬬　347
蘇　349
　　423外國
蠣　423外國
贍　347
釋　411釋氏
　　429道傳
鐵　423外國
闥　347
　　367列女
闌　423外國
驅　347
鯨　347
黨　347
　　429道傳

廿 一 畫

瀧　351
續　351
蘭　351
　　367列女
護　423外國
鐵　351
　　424外國
霸　351
顥　351
儷　351
　　367列女
　　423外國
鶴　351
鶵　351

廿 二 畫

襄　353
櫼　353
歎　353
穰　353
覽　424外國
酈　353
韃　424外國
襲　353
　　367列女

廿 三 畫

嗽　424外國
欀　354
欒　354
顯　354

廿 四 畫

靈　354

廿 五 畫

蠻　424外國
觀　355
　　367列女

拼音檢字

A 阿 125 / 357列女 / 412雜目 / 418外國
Ai 艾 53
Ai 愛 250
An 安 55 / 416外國 / 457列女
An 按 135
An 暗 250
An 唵 185
An 俺 419外國
An 諳 312
Ang 昂 118
Ao 奧 250
Cha 札 39
Ch'a 查 135
Ch'a 蔡 268
Ch'a 嚓 424外國
Chai 翟 271
Ch'ai 柴 159 / 361列女
Chan 占 415外國
Chan 苫 134
Chan 棧 235
Chan 湛 235
Chan 詹 251 / 364列女

Chan 瞻 423外國
Ch'an 闡 423外國
Ch'ang 昌 118
Chang 章 192 / 326列女
Chang 張 219 / 363列女 / 421外國
Chang 掌 225
Chang 漳 413雜目
Chang 璋 281
Ch'ang 萇 235
Ch'ang 長 124 / 418外國
Ch'ang 常 191
Ch'ang 暢 268
Chao 召 40
Chao 招 359列女 / 412雜目 / 421外國
Chao 朝
Chao 沼 417外國
Ch'ao 晁 157
Ch'ao 趙 274 / 422外國 / 365列女
Ch'ao 抄 66
Ch'ao 巢 185
Ch'ao 潮 281
Ch'ao 鼂 339
Chê 折 67
Chê 車 67
Ch'ê 徹 282

Chên 辰 417外國
Chen 鎮 339
Ch'ên 陳 211 / 362列女 / 412雜目
Cheng 甄 269 / 365列女
Chêng 眞 156 / 420外國
Chêng 徵 281
Chêng 鄭 290 / 366列女
Chêng 乘 361列女
Ch'êng 成 69 / 357列女
Ch'êng 承 119
Ch'eng 程 244 / 363列女 / 422外國 / 428逸傳
Chi 吉 54
Chi 季 119
Chi 汲 67
Chi 紀 136
Chi 祭 186
Chi 計 134
Chi 姬 135
Chi 急 418外國
Chi 稽 422外國
Chi 嵇 423外國
Chi 薊 320
Chi 冀 312
Chi 濟 320

拼音檢字

1

拼音檢字

Chi	機	347 411梓氏	Chiao	矯	320	Chih	蛭	235
Chi	雞	423外國	Chiao	譙	344 413雜目	Chih	執	185
Ch'i	乞	4	Ch'iao	橋	312	Chih	止	424叢傳
Ch'i	契	134 418外國	Chieh	玠	118	Chih	摯	281
Ch'i	祁	119	Chieh	揭	235	Ch'ih	赤	67 417外國
Ch'i	祈	134	Chieh	節	428叢傳	Ch'ih	叱	40
Ch'i	郗	156	Chieh	解	252 364列女	Chih	吃	416外國
Ch'i	戚	187 362列女	Chieh	羯	413雜目	Chin	金	122 359列女
Ch'i	綦	268	Chieh	怯	118	Chin	敬	251
Ch'i	齊	270 365列女 413雜目	Chieh	且	415外國	Chin	斬	250 364列女
Ch'i	奇	417外國	Chien	堅	185	Ch'in	琴	235
Chia	夾	68	Chien	雋	250	Ching	井	5
Chia	家	156	Chien	減	235	Ching	京	118
Chia	賈	257 364列女	Chien	簡	339	Ching	景	237
Chia	加	415外國	Chien	僭	413雜目 248叢傳	Ching	荆	157 412雜目 419外國
Chia	迦	134	Chien	錢	315			
Chiau	江	56 357列女	Chien	姦	427叢傳	Ching	靖	250
Chiang	姜	140 366列女	Chien	蹇	321	Ch'ing	青	118
Chiang	蔣	237 365列女	Ch'ien	牽	185	Ch'ing	秦	162 361列女
Ch'iang	彊	312	Ch'ien	黔	423外國	Ch'ing	慶	281
Ch'iang	羌	412雜目	Chih	支	5	Ch'ing	黥	347
Ch'ing	強	236	Chih	只	357列女	Chiu	九	1
Chiao	焦	237 363列女	Chih	志	66	Chiu	裘	250
Chiao	交	416外國	Chih	智	235	Chiu	鳩	250 410釋氏 421外國
Ch'iao	喬	238	Chih	直	119	Chiung	窮	
			Chih	郅	135	Ch'iu	丘	41

Ch'iu	邱	121 / 359列女
Cho	卓	119 / 426叢傳
Chou	州	52
Chou	周	129 / 359列女 / 417外國
Chou	丑	5
Ch'ou	仇	6
Ch'ou	酬	250
Chu	主	39
Chu	朱	60 / 416外國 / 357列女
Chu	祝	153
Chu	注	417外國
Chu	諸	314 / 423外國 / 366列女
Chu	竺	118
Chu	竹	416外國
Chü	巨	39
Chü	句	40 / 415外國
Chü	俱	156
Chü	沮	120
Chü	鞠	320
Chü	劇	282
Ch'u	褚	285
Ch'u	楚	251 / 412雜目
Ch'u	樗	281

Ch'u	處	427叢傳
Ch'u	儲	339
Ch'ü	曲	53 / 416外國
Ch'ü	屈	121
Ch'ü	麴	344
Ch'ü	瞿	340 / 413雜目
Chuan	專	185
Chuan	顓	339
Chüan	權	353
Ch'üan	全	53
Chuang	莊	187 / 362列女
Chüang	牀	118
Ch'üeh	闕	339
Ch'ui	吹	66
Ch'un	純	156
Ch'un	淳	187
Ch'un	春	412雜目
Chung	仲	53 / 357列女 / 411雜目
Chung	忠	118 / 427叢傳
Chung	衷	156
Chung	終	185
Chung	鍾	321 / 367列女
Chung	中	414外國
Ch'ung	重	134
Ch'ung	充	52

Ch'ang	崇	186
Ch'ung	种	137
Ê	娥	156
Ê	訛	186
Ên	恩	427叢傳
Er	曷	134
Er	兒	118
Erh	尒	41
Erh	爾	269
Fa	法	119
Fan	氾	39
Fan	潘	429叢傳
Fan	范	145 / 360列女
Fan	樊	286 / 365列女
Fang	方	8 / 356列女 / 424叢傳
Fang	房	123 / 359列女
Fang	繁	320
Fei	費	238
Fêng	逢	185
Fêng	豐	339
Fêng	封	138 / 360列女
Fêng	馮	245 / 364列女 / 421外國
Fu	伏	54
Fu	扶	417外國

拼音檢字

Fu	佛	66 410繹氏 417外國	Hê	劾	118	Hsi	息	156
Fu	宓	118	Hê	呵	418外國	Hsi	席	159
Fu	服	118	Hê	鶴	351	Hsi	習	186
Fu	苻	136 360列女	Hê	渴	421外國	Hsi	奚	169 419外國 412雜目
Fu	浮	410繹氏	Hei	黑	235 421外國	Hsi	犀	412雜目
Fu	符	189 362列女	Hêng	亨	66	Hsi	睢	185
Fu	傅	243	Heng	衡	366列女	Hsi	喜	235
Fu	夫	414外國	Ho	合	53 416外國	Hsi	錫	423外國
Fu	富	236	Ho	何	78 357列女 417外國	Hsi	悉	421外國
Fu	拂	417外國	Ho	河	412雜目 418外國	Hsi	霫	423外國
Fu	福	267 422外國	Ho	和	121 417外國	Hsi	稀	236
Fu	附	417外國	Ho	紇	137	Hsi	郗	158
Fu	輔	267 422外國	Ho	郝	160 361列女	Hsi	斜	187
Fu	撫	422外國	Ho	赫	268	Hsia	夏	165 361列女 420外國 412雜目
Ha	哈	136 419外國	Ho	賀	241			
Hai	孩	134	Ho	訶	421外國	Hsia	瑕	250
Hai	海	156 412雜目 419外國	Hou	后	52 425叢傳	Hsia	轄	320
			Hou	侯	142	Hsiang	向	54 357列女
Han	邯	118	Hou	後	134 412雜目	Hsiang	相	134 360列女
Han	寒	235	Hou	貨	427叢傳	Hsiang	項	236 364列女
Han	漢	413雜目	Hsi	西	53 416外國 411雜目	Hsiang	襄	320 413雜目
Han	韓	327 267列女				Hsiao	小	3 414外國
Han	罕	417外國	Hsi	昔	119	Hsiao	肖	66
Han	闞	347 367列女	Hsi	希	66	Hsiao	孝	426叢傳
Hang	杭	119	Hsi	洗	360列女 412雜目	Hsiao	蕭	330 367列女
						Hsieh	謝	322 367列女

Hsien 咸	134	
Hsien 軒	156	
Hsien 顯	354	
Hsien 鮮	321 367列女 413雜目 423外國	
Hsien 遐	423外國	
Hsin 辛	71	
Hsin 新	421外國	
Hsin 信	135 412雜目	
Hsing 幸	118	
Hsing 星	134	
Hsing 邢	70 357列女	
Hsing 興	312 413雜目	
Hsing 倖	427叢傳	
Hsiung 熊	270 365列女	
Hsiung 匈	411雜目 415外國	
Hsü 徐	171 361列女	
Hsü 許	194 362列女	
Hsü 勖	185	
Hsü 胥	135	
Hsü 須	363列女	
Hsü 敍	421外國	
Hsü 續	351	
Hsüan 玄	39	
Hsüan 宜	135 360列女	
Hsueh 雪	185	

Hsüeh 薛	324	
Hsün 循	427叢傳	
Hsün 荀	162 361列女	
Hsün 郇	134	
Hu 胡	147 360列女 419外國	
Hu 呼	118	
Hu 忽	119 417外國	
Hu 虎	119	
Hu 斛	188	
Hu 湖	412雜目	
Hu 扈	186	
Hu 鶻	351	
Hu 護	423外國	
Hua 花	118	
Hua 華	239 412雜目	
Hua 滑	250 421外國 428叢傳	
Huai 淮	412雜目	
Huai 懷	344	
Huan 環	423外國	
Huan 歡	353	
Huan 宦	427叢傳	
Huang 桓	163	
Huang 皇	139 360列女	
Huang 黃	247 364列女	

Hui 惠	363列女	
Hui 回	52 416外國	
Hui 慧	281	
Hun 渾	235	
Hung 洪	138 360列女	
Hung 泓	118	
Huo 火	414外國	
Huo 活	134	
Huo 霍	313 366列女	
I 一	1 424叢傳	
I 乙	1 414外國	
I 弋	3	
I 亦	53 416外國	
I 衣	357列女	
I 伊	54	
I 怡	118	
I 易	120 359列女	
I 弈	134	
I 移	189 362列女	
I 猗	185	
I 藝	429叢傳	
I 義	250 412叢傳 427叢傳	
I 逸	427叢傳	
I 翼	339	
I 意	421外國	
I 儀	281	

排音檢字

I	抾	419外國			427叢傳 412雜目 420外國	Kuan	毌	5
Jan	冉	39				Kuan	官	118
Jang	穰	353	Kao	杲	118	Kuan	管	268 413雜目
Jao	饒	351 367列女	Kê	格	156	Kuan	關	344
Jen	閏	235	Kê	哥	156	Kuan	灌	351
Jen	任	57 357列女 411雜目	Kê	哃	419外國	Kuan	觀	355 367列女
			Kên	耿	419	K'uan	寬	281
Jih	日	415外國 424叢傳	K'ê	可	39	Kuang	光	52
Jo	若	134	Ko	柯	135 418外國 360列女	Kuang	廣	281 422外國
Jou	柔	418外國				Kuang	鄺	339
Ju	儒	428叢傳	Ko	葛	252 364列女	Kuang	匡	52
Juan	嬬	423外國	K'o	客	134	K'uang	況	118
Ju	茹	157	Kô	箇	422外國	Kuei	貴	363列女
Jui	芮	418外國	Kou	苟	135 360列女	Kuei	桂	156
Juan	阮	69	Kou	穀	250	Kuei	歸	340
Jung	容	156	K'ou	口	3	Kuei	瓌	347
Jung	榮	268 365列女	K'ou	寇	189	K'uei	夔	354
Kai	蓋	268	Ku	古	40 415外國 357列女	Kuei	龜	422外國 428叢傳
K'ai	開	235				Kun	袞	185
Kan	于	3 414外國	Ku	谷	69 357列女	Kun	坤	417外國
Kan	甘	41 415外國	Ku	骨	156 419外國	K'un	昆	417外國
Kan	乾	362列女	Ku	顧	351	Kung	公	7
Kan	坎	417外國	K'u	庫	158 419外國	Kung	貢	156
Kang	康	191 362列女 421外國	Ku	酷	428叢傳	Kung	鞏	281
			Kua	瓜	415外國	Kung	龔	353 367列女
Kao	高	179 361列女	K'uai	蒯	267	K'ung	孔	10

Kuo	郭	202 362列女	Liang	兩	118 417外國	Liu	六	411雜目	拼音檢字
Kuo	國	186	Liang	梁	193 362列女 412雜目	Liu	留	157	
Kuo	摑	267				Liu	柳	143 360列女 418外國	
K'uo	擴	339	Liang	涼	185 412雜目				
K'uo	闊	321	Liang	諒	281	Liu	鎦	339	
La	臘	344	Liang	良	425叢傳	Liu	劉	293 366列女	
Lai	來	121	Liao	寮	235	Lo	雒	267	
Lai	賴	312	Liao	聊	185	Lo	羅	345	
Lan	蘭	351 367列女	Liao	廖	269 365列女	Lou	婁	189	
Lan	藍	339	Liao	獠	422外國	Lou	樓	282	
Lan	覽	424外國	Lieh	列	425叢傳	Lu	鹿	186	
Lang	郎	158 361列女	Lien	連	186	Lu	路	253	
Lang	浪	419外國	Lien	廉	250	Lu	陸	197 362列女	
Lang	朗	186	Lien	練	282	Lu	魯	283 422外國	
Lang	狼	419外國	Lin	林	127 359列女 417外國	Lu	逯	236	
Lao	老	52 411雜目				Lu	盧	317 367列女 413雜目	
L'ê	駱	312	Lin	藺	347				
Lei	雷	252 361列女	Ling	令	42	Lu	瀘	423外國	
Leng	冷	66	Ling	淩	188 362列女	Lü	呂	76 358列女 417外國	
Li	立	39	Ling	臨	320 413雜目				
Li	李	91 358列女 411雜目	Ling	靈	354	Lü	閭	282	
			Ling	伶	425叢傳	Luan	欒	354	
Li	荔	156	Liu	流	420外國 427叢傳	Lüen	略	412雜目	
Li	厲	281	Liu	琉	420外國	Lun	論	281	
Li	黎	282 422外國	Liu	瑠	422外國	Lung	龍	312 413雜目	
Li	酈	353	Liu	溜	421外國	Ma	麻	187 421外國	

排音檢字

音	字	頁	音	字	頁	音	字	頁
			Miao	妙	357列女	Nai	乃	1
Ma	馬	169 / 361列女 / 420外國	Mien	緬	422外國	Nan	南	136 / 419外國 / 412雜目
Mai	買	235	Min	閔	235			
Mai	邁	320	Min	閩	422外國	Nang	囊	353
Mai	麥	186	Min	愍	412雜目	Nêng	能	427叢傳
Man	饅	339	Min	敏	420外國	Ni	倪	159 / 361列女
Man	滿	422外國	Ming	明	121 / 412雜目	Ni	泥	418外國
Man	蠻	424外國	Ming	名	416外國	Ni	尼	40
Mang	忙	53	Miu	繆	321	Ni	逆	427叢傳
Mao	毛	8 / 355列女	Mo	万	3	Ni	儞	344
Mao	冒	134	Mo	莫	188	Nieh	聶	340 / 367列女
Mao	茅	135 / 360列女	Mo	末	415外國	Nieh	揑	235
Mei	梅	188 / 420外國	Mo	抹	119	Nien	年	52
Mei	枚	118	Mo	摩	422外國	Nien	念	118
Mei	美	418外國	Mo	靺	422外國	Nien	粘	187
Mên	門	119	Mo	默	423外國	Ning	寧	236 / 422外國
Meng	孟	128 / 359列女 / 412雜目	Mo	邈	423外國	Ning	佞	426叢傳
Meng	蒙	267 / 422外國	Mou	牟	53	Niu	牛	6
Mêng	猛	185	Mou	謀	312	Niu	紐	157
Mi	密	185	Mu	木	5 / 414外國	Nou	耨	312
Mi	弭	134	Mu	沐	66	Nü	女	3 / 414外國
Mi	米	53 / 416外國	Mu	睦	250	Ou	歐	284 / 365列女
Mi	麋	320	Mu	穆	314 / 423外國	Pa	八	1 / 410釋氏 / 414外國
Miao	苗	136	Mu	慕	283 / 365列女			
			Na	納	158 / 419外國	Pa	巴	5 / 355列女 / 414外國
			Na	那	417外國			

拼音檢字

音	字	頁
Pa	拔	119
Pa	把	67
Pa	霸	351
Pai	白	43 / 415外國 / 350列女
Pai	百	52 / 416外國
Pai	柏	135
Pai	拜	135
Pan	班	157
P'an	潘	286 / 365列女
P'an	叛	427義傳
P'ang	龐	344 / 367列女
Pang	榜	422外國
Pang	槃	421外國
Pang	槳	422外國
P'ang	盤	281 / 422外國
Pao	包	41
Pao	保	134
Pao	抱	118
Pao	暴	281
Pao	寶	347
Pao	鮑	313 / 366列女
Pei	北	411雜目 / 415外國
Pei	邶	281
Pei	貝	66
Pei	神	422外國
P'ie	裴	271 / 365列女
P'ei	邳	118
Pên	奔	134
P'êng	孟	134
P'êng	彭	239 / 421外國 / 363列女
Pi	必	40 / 410釋氏
Pi	畢	190 / 362列女
Pi	祕	156
Pi	比	414外國
Pi	皮	40 / 357列女
Piao	顠	423外國
Pieh	別	67 / 417外國
Pien	卞	6
Pien	扁	134
Pien	邊	344
Pien	弁	415外國
Pin	賓	422外國
Ping	丙	39
Ping	邴	118
Ping	秉	118
P'ing	平	40 / 411雜目
Po	卜	1 / 414外國
Po	伯	68
Po	波	418外國
Po	涔	419外國
Po	渤	421外國
Po	勃	418外國
Po	孛	68
Po	跋	235 / 421外國
Po	博	236
Po	薄	320
Po	濮	320
P'o	朴	52
P'o	破	156
P'o	婆	186 / 421外國
P'o	鏺	423外國
Pu	不	5 / 414外國
Pu	布	40
Pu	步	67
P'u	浦	156
P'u	普	235
P'u	蒲	270 / 422外國 / 365列女
P'u	僕	268
Sa	撒	282 / 422外國 / 365列女
Sa	薩	320
Sai	賽	320 / 423外國
San	散	235
San	三	414外國
Sang	桑	158

拼音檢字

Seng	僧	267 410釋氏	Shi	時	157	Shuan	爽	185
Sha	沙	66 410釋氏 417外國	Shi	施	136 360列女 418外國	Shun Shuo	順 槊	412雜目 267
Shan	山	3	Shih	士	3	So	索	159 419外國
Shan	單	236 421外國	Shih	石	46 357列女	So	陵	156
Shan	陝	412雜目			411雜目 415外國	So	莎	412雜目
Shan	鄯	281 422外國	Shih	失	40 415外國	So	鎖	339
Shan	贍	347	Shih	氏	5	So	瑣	422外國
Shan	膳	422外國	Shih	史	43 415外國 357列女	Ssŭ	私	412雜目
Shang	上	3 411雜目 355列女	Shih	是	134	Su Su	速 宿	186 185
Shang	尙	120	Shih	侍	118	Su	疏	235 421外國
Shang	商	187	Shih	室	134 419外國 425叢傳	Su	粟	349 423外國
Shao	灼	66	Shih	世		Su	蘇蕭	421外國
Shao	邵	122 359列女	Shih	師	157 361列女 410釋氏 419外國 423外國	Sui	隋	235 412雜目
Shao	紹	185	Shih	識		Sun	孫	175 361列女 419外國
Shê	涉	156						
Shê	闍	320 423外國	Shih	釋	411釋氏 429叢傳	Sung	宋	74 358列女 118
Shê	捨	420外國	Shou	守	52	Sung	松	412雜目
Shen	沈	72 357列女	Shou	壽	267	Szu	司	48
Shen	矧	134	Shou	璹	339	Szu	思	134
Shen	愼	250	Shu	尤	40	Szu	死	425叢傳
Shên	申	42	Shu	束	66	Szŭ	兒	359列女
Shên	盛	237 363列女	Shu	叔	119 359列女	Szŭ	俱	66
Shên	諶	312	Shu	蜀	250			
Shêng	神	157	Shu	舒	237	Ta	大	3 414外國

拼音檢字

Ta	答	236 421外國	T'ang	唐	166 361列女			424外國
Ta	韃	424外國	T'ang	湯	238 363列女	Tien	天	415外國
Ta	達	250 421外國	Tao	到	120	Tien	典	118
Ta	打	415外國	Tao	道	250 428叢傳	T'ieng	田	44 357列女
T'a	沓	118	Tao	島	412雜目	Ting	丁	2 355列女 414外國
T'a	塔	251	T'ao	陶	192 362列女			
Tai	代	39	T'ao	討	419外國	Ting	定	417外國
Tai	戴	340 367列女	T'ê	忒	65	T'o	朶	53 416外國
T'ai	太	6	T'ê	特	156	T'o	陀	118
T'ai	台	411雜目	Têng	鄧	288 422外國	T'o	陁	417外國
T'ai	泰	156 419外國	T'êng	滕	282	T'o	脫	186 362列女
T'ai	臺	267 365列女	T'êng	滜	423外國	T'o	墮	422外國
Tan	丹	410釋氏 415外國	Ti	氐	411雜目 415外國	Tou	豆	68 417外國
Tan	旦	39	Ti	邸	119	Tou	竇	348 367列女
Tan	耽	419外國	Ti	底	417外國	T'ou	投	417外國
Tan	啖	185	Ti	地	416外國	Ts'a	雜	428叢傳
Tan	淡	420外國	Ti	迪	134	Tsai	載	428叢傳
Tan	覃	235 363列女	Ti	狄	67 357列女	Tsai	宰	156
T'an	探	185	Ti	第	186	T'sai	蔡	289 365列女
T'an	譚	344 367列女	Tiao	刁	1 355列女	Tsan	昝	134
T'an	潭	312	Tiao	銚	267	Tsan	贊	423外國
T'an	曇	410釋氏	Tieh	迭	135 418外國	Tsang	臧	269
T'an	檀	312 410釋氏	Tieh	牒	267	Tsang	胖	419外國
Tang	党	156 419外國	Tieh	碟	422外國	Ts'ang	倉	156
Tang	黨	347 429叢傳	Tieh	帖	118	Tsao	皂	411雜目
Tang	宕	417外國	T'ieh	鐵	351 418雜目	Tsao	漕	422外國

11

拼音檢字

Tsao	棗	235	T'u	土	3 / 414外國 / 424叢傳	Wan	宛	118 / 412雜目
Ts'ao	曹	199 / 362列女 / 420外國	T'u	吐	52 / 416外國	Wang	王	19 / 356列女
Tsei	賊	428叢傳	T'u	禿	67	Wang	汪	71 / 357列女
Ts'en	岑	68	T'u	涂	157 / 361列女	Wei	魏	342 / 367列女 / 423外國 / 413雜目
Tsêng	曾	240 / 363列女	T'u	突	134 / 418外國	Wei	衞	314 / 366列女 / 413雜目
T'sêng	層	422外國	T'u	徒	160 / 412雜目	Wei	隈	235
T'si	漆	312	T'u	屠	236 / 363列女	Wei	危	53
T'sien	千	3 / 414外國	Tuan	段	139 / 360列女	Wei	蔚	281
Tso	左	42	Tuan	端	267	Wei	畏	134 / 360列女
Tsou	鄒	252 / 364列女	Tun	鈍	235	Wei	韋	149 / 360列女
Tsoù	騶	347	Tung	東	118 / 417外國	Wei	威	418外國
Tsu	祖	160 / 419外國	Tung	董	256 / 364列女 / 422外國	Wei	尉	190
Tsüan	泉	135				Wei	隗	250
T'sui	崔	206 / 362列女	T'ung	仝	39	Wei	濊	422外國
Tsung	宗	126 / 426叢傳 / 413雜目	T'ung	同	52	Wên	文	6 / 415外國 / 424叢傳
Ts'ung	琮	235	T'ung	童	236 / 363列女			
Ts'ung	從	186	Tzu	子	3	Wên	溫	254
Ts'ung	叢	339	Tzu	訾	250	Wên	聞	267 / 365列女
Tu	度	134	Tzu	自	52	Wêng	翁	157
Tu	杜	81 / 357列女	Tz'u	刺	418外國 / 427叢傳	Whai	迴	413外國
Tu	都	235	Wa	洼	134	Wo	沃	66
Tu	堵	235	Wa	瓦	415外國	Wo	窩	267
Tu	獨	313 / 366列女 / 428叢傳	Wai	外	425叢傳	Wo	倭	420外國
			Wan	萬	253 / 364列女	Wǔ	吾	67
			Wan	完	87 / 358列女			

Wu	仵	52	Yao	藥	344	Ying	應	321
Wu	伍	54	Yeh	也	3 355列女	Ying	嬴	312
Wu	吳	83 353列女 412雜目	Yeh	冶	66	Ying	潁	281
Wu	毋	5	Yeh	耶	152 360列女	You	有	52
Wu	巫	66	Yeh	葉	255 364列女	Yu	尤	6 355列女
Wu	武	123 417外國 359列女	Yeh	野	186 412雜目	Yu	由	39
			Yeh	諜	312	Yu	幼	411雜目
Wu	烏	164 361列女 420外國	Yen	言	66	Yu	攸	66
Wu	勿	5 414外國	Yen	延	66	Yu	游	237 428叢傳
Wu	兀	3	Yen	堯	134	Yu	優	320
Wua	斡	268	Yen	晏	156	Yü	于	4 414外國 355列女
Ya	牙	5	Yen	剡	412雜目			
Yang	羊	55 357列女	Yen	鄢	267	Yü	玉	39 411雜目
Yang	仰	52	Yen	燕	312 413雜目 417外國	Yü	宇	58 357列女
Yang	揚	235	Yen	奄	315	Yü	余	70 357列女
Yang	陽	238 363列女	Yen	閻	315	Yü	郁	134
Yang	楊	259 364列女	Yeu	顏	341 367列女	Yü	俞	137 360列女
Yang	養	422外國	Yen	閣	428叢傳	Yü	禹	134
Yao	岳	120	Yen	嚴	347 367列女	Yü	魚	186
Yao	咬	134	Yen	焉	420外國	Yü	庚	242
Yao	姚	141 360列女	Yin	尹	9 355列女	Yü	喩	235
Yao	堯	235	Yin	陰	188 362列女	Yü	虞	254 364列女
Yao	瑤	267	Yin	銀	267	Yü	漁	413雜目
Yao	樂	282 365列女	Yin	隱	428叢傳	Yü	豫	312 423外國
			Ying	英	134	Yüan	元	12 355列女 411雜目
			Ying	殷	161 361列女			

排音檢字

13

一畫

一			行	舊唐書卷191方技
乙			迭	金史卷84附耨盌溫敦思忠傳
乙			瑗	魏書卷44附乙瓌傳
乙			瓌	魏書卷44 北史卷25
乙	邦		才	明史卷272附劉基傳
乙	乾		歸	魏書卷44附乙瓌傳
乙	弗		朗	北史卷49
乙	弗		繪	北史卷80外戚
乙	弗	弘	禮	舊唐書卷191方技 新唐書卷204方技附袁天綱傳
乙	速	孤	佛 保	北史卷85節義

二畫

九			住	金史卷121忠義
八			丹	元史卷134附小雲石脫忽鄰傳
八	思		巴	元史卷202釋老
乃			燕	元史卷119附木華黎傳
乃	蠻		台	元史卷139
卜			式	漢書卷58
卜			瑎	晉書卷95藝術
卜			商	史記卷67仲尼弟子傳
卜			萬	明史卷142附馬宣傳
卜	天		生	宋書卷91孝義附卜天與傳 南史卷73孝義附卜天與傳
卜	天		與	宋書卷91孝義 南史卷73孝義
卜	天		璋	元史卷191良吏
卜	勝		榮	元史卷197孝友附尹莘傳
卜	里	牙	敦	元史卷195忠義
卜	顏	帖	木 兒	元史卷144
刁			冲	魏書卷84儒林 北史卷26附刁雍傳
刁			協	晉書卷69
刁			柔	北齊書卷44儒林 北史卷26附刁雍傳
刁			衍	宋史卷441文苑
刁			遵	晉書卷69附刁協傳
刁			閒	漢書卷91貨殖
刁			雍	魏書卷38(北史卷26作刁雝)
刁			蕭	魏書卷38附刁雍傳

二畫

一乙九八乃卜刁

二畫

刁　遼　北史卷26附刁雍傳
刁　整　魏書卷38附刁雍傳
刁　雙　魏書卷38附刁雍傳
刁　彝　晉書卷69附刁協傳
刁　癰　北史卷26（魏書卷38作刁雍）

丁

丁　4元　宋史卷453忠義附孫暉傳
丁　5玉　明史卷134
丁　7罕　宋史卷275附薛超傳
丁　8奉　三國吳志卷10（或卷55）
丁　9度　宋史卷292
丁　10恭　後漢書卷109下儒林
丁　11紹　晉書卷90良吏
丁　13會　舊五代史卷59唐臣／新五代史卷44雜傳
丁　寬　漢書卷88儒林
丁　瑄　明史卷165
丁　鉉　明史卷167附王佐傳
丁　15儀　三國魏志卷21附王粲傳
丁　賓　明史卷221
丁　廙　三國魏志卷21附王粲傳
丁　潭　晉書卷78
丁　16穆　晉書卷89忠義
丁　積　明史卷281循吏
丁　謂　宋史卷283
丁　17鴻　後漢書卷67
丁　謐　三國魏志卷9附曹眞傳
丁　18璿　明史卷159附李俊傳

丁　19黼　宋史卷454忠義
丁　3大　全　宋史卷474姦臣
丁　4文　忠　元史卷197孝友
丁　公　著　舊唐書卷188孝友／新唐書164
丁　少　微　宋史卷461方技
丁　元　薦　明史卷236
丁　6此　呂　明史卷229附沈思孝傳
丁　仲　修　宋史卷453忠義附鞠嗣復傳
丁　好　禮　元史卷196忠義
丁　汝　夔　明史卷204
丁　7志　方　明史卷141附王庚傳
丁　9柔　立　新唐書卷180附李德裕傳
丁　10泰　運　明史卷294忠義
丁　11啓　睿　明史卷260
丁　乾　學　明史卷245附萬煒傳
丁　13暐　仁　金史卷90
丁　魁　楚　明史卷260附丁啓睿傳
丁　15德　裕　宋史卷274
丁　德　興　明史卷130
丁　17懋　遜　明史卷233附李獻可傳
丁　21鶴　年　明史卷285文苑附戴良傳

三　畫

弋　　　謙　明史卷164
士　士　哈　元史卷128
口　兒　吉　元史卷135
千　　　奴　元史卷134附和尚傳
千　子　貢　史記卷129貨殖（史記卷67仲尼弟子傳作端木賜）漢書卷91（貢作贛）
子　　　產　史記卷119循吏
于　　　寶　晉書卷82
干　文　傳　元史卷185
小　雲　石　海　涯　元史卷143
小　雲　石　脫　忽　鄰　元史卷134
万　俟　洛　北齊書卷27附万俟普傳　北史卷53附万俟普傳
万　俟　高　宋史卷474姦臣
万　俟　普　北齊書卷27　北史卷53　遼史卷79
女　奚　烈　守　恩　金史卷128循吏
女　奚　烈　資　祿　金史卷122忠義
女　奚　烈　幹　出　金史卷122忠義
大　　　臭　金史卷80（本名塔不也）
大　　　盤　金史卷80（本名沛速越）
大　康　乂　遼史卷88
大　輿　國　金史卷132逆臣
（天）

大　懷　貞　金史卷92
上　成　公　後漢書卷112方術
上　官　正　宋史卷308
上　官　均　宋史卷355
上　官　儀　舊唐書卷80　新唐書卷105
上　官　蓋　明史卷291忠義附王塋坤傳
兀　都　蠻　元史卷126附安童傳
兀　魯　台　元史卷120附肖乃台傳
兀　良　合　台　元史卷121附速不台傳
兀　顏　畏　可　金史卷122忠義
兀　顏　訛　出　虎　金史卷122忠義
士　　　匡　三國吳志卷4附士燮傳（或卷49）
士　　　壹　三國吳志卷4附士燮傳（或卷49）
士　　　徽　三國吳志卷4附士燮傳（或卷49）
士　　　䕱　三國吳志卷4附士燮傳（或卷49）
士　　　燮　三國吳志卷4（或卷49）
士　孫　天　與　魏書卷71附江悅之傳
山　　　偉　魏書卷81
山　　　該　晉書卷43附山濤傳
山　　　雲　明史卷166
山　　　遐　晉書卷43附山濤傳
山　　　濤　晉書卷43
山　　　簡　晉書卷43附山濤傳
山　海　牙　元史卷145（即惠麟山海牙）
也　　　速　元史卷142
也　先　不　花　元史卷134

三畫

也乞于

也	罕	的	斤	元史卷133
也	速	答	兒	元史卷129附紐璘傳
也	速	觲	兒	元史卷133
也	蒲	甘	卜	元史卷123
乞	台			元史卷135
乞	伏	保		魏書卷86孝感 北史卷84孝行
乞	伏	慧		隋書卷55 北史73
乞	伏	國	仁	晉書卷125西秦載記 魏書卷99(目作鮮卑乞伏國仁) 北史卷93僭偽附廚西秦
乞	伏	乾	歸	晉書卷125西秦載記附乞伏國仁傳 魏書卷99附鮮卑乞伏國仁傳 北史卷93僭偽附廚西秦附乞伏國仁傳
乞	伏	暮	末	魏書卷99附鮮卑乞伏國仁傳 北史卷93僭偽附廚西秦附乞伏國仁傳
乞	伏	熾	盤	晉書卷125西秦載記附乞伏國仁傳 魏書卷99附鮮卑乞伏國仁傳(盤作磐) 北史卷93僭偽附廚西秦附乞伏國仁傳
于	6光			明史卷133附滇英傳
于	8忠			魏書卷31附于栗磾傳
于	昕			魏書卷31附于栗磾傳

于	果	魏書卷31附于栗磾傳
于	邪	舊唐書卷137 新唐書卷203文藝
于	9勁	魏書卷83外戚 北史23附于栗磾傳
于	10烈	魏書卷31附于栗磾傳
于	祚	魏書卷31附于栗磾傳
于	敖	舊唐書卷149附于休烈傳 新唐書卷104附于志寧傳
于	冕	明史卷170附謙傳
于	12景	魏書卷31附于栗磾傳
于	敦	魏書卷31附于栗磾傳
于	提	魏書卷87節義
于	寔	周書卷15附謹傳 北史卷23附于栗磾傳
于	琮	舊唐書卷149附于休烈傳 新唐書卷104附于志寧傳
于	13禁	三國魏志卷17
于	義	隋書39 北史卷23附于栗磾傳
于	顗	舊唐書146 新唐書卷149附劉晏傳
于	蕭	舊唐書卷149附于休烈傳
于	14頔	舊唐書卷156 新唐書卷172
于	17翼	周書卷30 北史卷23附于栗磾傳
于	謙	明史卷170

（天）

四畫

月　尤　太　卞　仇　文　牛

姓名	出處
月舉連赤海牙	元史卷135
尤袤	宋史卷389
尤世功	明史卷271附賀世賢傳
尤世威	明史卷269
尤時熙	明史卷283儒林
尤繼先	明史卷239附達雲傳
太平	元史卷140
太不花	元史卷141
太公鼎	遼史卷105能吏
太史慈	三國吳志卷4（或卷49）
太史叔明	梁書卷48儒林附沈峻傳　南史卷71儒林附沈峻傳
太平公主	舊唐書卷183外戚附武承嗣傳　金史卷66（本名吾母）
卞彬	南齊書卷52文學　南史卷72文學
卞衰	宋史卷277
卞華	梁書卷48儒林　南史卷71儒林
卞敦	晉書卷70附卞壺傳
卞琛	元史卷194忠義
卞壺	晉書卷70
卞孔時	明史卷237附馮應京傳
卞範之	晉書卷99
仇成	明史卷130
仇殷	舊五代史卷24梁書
仇念	宋史卷399

仇

姓名	出處
仇钺	明史卷175
仇儆	魏書卷94閹官附仇洛齊傳
仇覽	後漢書卷106循吏（目作仇香）
仇戀	明史卷175附仇钺傳
仇士良	新唐書卷207宦者
仇洛齊	魏書卷94閹宦　北史卷92恩倖　金史卷74附宗望傳
文立	晉書卷91儒林
文同	宋史卷443文苑
文翁	漢書卷89循吏
文聘	三國魏志卷18
文天祥	宋史卷418
文安之	明史卷279
文彥博	宋史卷313
文徵明	明史卷287文苑
文震孟	明史卷251
文獻叔	南史卷73孝義附封延伯傳
牛斗	金史卷121忠義附王晦傳
牛弘	隋書卷49　北史卷72
牛冕	宋史卷277
牛皋	宋史卷368
牛富	宋史卷450忠義
牛皓	宋史卷452忠義
牛蔚	舊唐書卷172附牛僧孺傳　新唐書卷174附牛僧孺傳
牛諒	明史卷136附崔亮傳

（天）

牛	微	舊唐書卷172附牛僧孺傳
		新唐書卷174附牛僧孺傳
牛	蔚	舊唐書卷172附牛僧孺傳（新唐書卷174蔚作蔚）
牛	蔚	新唐書卷174附牛僧孺傳（舊唐書卷172蔚作蔚）
牛	大年	宋史卷422
牛	元翼	新唐書卷148
牛	仙客	舊唐書卷103 / 新唐書卷133
牛	存節	舊五代史卷22梁書 / 新五代史卷22梁臣
牛	思進	宋史卷273附郭進傳
牛	景先	明史143
牛	溫舒	遼史卷86
牛	僧孺	舊唐書卷172 / 新唐書卷174
牛	德昌	金史卷128循吏
公	晳	史記卷67仲尼弟子
公	鼎	明史216
公	西赤	史記卷67仲尼弟子
公	冶長	史記卷67仲尼弟子
公	伯僚	史記卷67仲尼弟子
公	沙穆	後漢書卷112下方術
公	儀休	史記卷119循吏
公	孫弘	史記卷112（目作平津侯）漢書58
公	孫永	晉書卷94隱逸
公	孫良	魏書卷33附公孫表傳
公	孫表	魏書卷33 / 北史卷27
公	孫衍	史記卷70（即犀首）
公	孫述	後漢書卷43
公	孫度	三國魏志卷8
公	孫軌	魏書卷33附公孫表傳
公	孫敖	史記卷111附衛將軍驃騎傳 / 漢書卷55附霍去病傳
公	孫恭	三國魏志卷9附公孫度傳
公	孫晃	三國魏志卷8附公孫度傳
公	孫康	三國魏志卷8附公孫度傳
公	孫淵	三國魏志卷8附公孫度傳
公	孫賀	史記卷111附衛將軍驃騎傳 / 漢書卷66
公	孫軼	史記卷68（即商君軼）
公	孫鳳	晉書卷94隱逸
公	孫質	魏書卷33附公孫表傳
公	孫叡	魏書卷33附公孫表傳
公	孫邃	魏書卷33附公孫表傳
公	孫羅	舊唐書卷189儒學附曹憲傳
公	孫瓚	後漢書卷103 / 三國魏志卷8
公	孫同慶	魏書卷33附公孫表傳
公	孫武達	舊唐書卷57附劉文靜傳 / 新唐書卷88附裴寂傳
公	孫景茂	隋書卷73循吏 / 北史卷86循吏
公	孫敬聲	漢書卷66附公孫賀傳
公	孫僧遠	南齊書卷55孝義

（天）

四畫			南史卷73孝義	
	方		金史卷80附阿离補傳	
	方	太	舊五代史卷94晉書	
	方	法	明史卷141附方孝孺傳	
方毛	方	洪	宋史卷450忠義附趙與傳	
	方	偕	宋史卷304	
	方	鈍	明史卷202附孫應奎傳	
	方	瑛	明史卷166	
	方	新	明史卷307附楊思忠傳	
	方	綱	宋史卷456孝義	
	方	賓	明史卷151	
	方	豪	明史卷286文苑附鄭普夫傳	
	方	徵	明史卷139附鄭士利傳	
	方	銳	明史卷300外戚	
	方	臘	宋史卷468宦者附童貫傳	
	方	瓘	明史卷208附洪垣傳	
	方	士亮	明史卷258附熊開元傳	
	方	允武	宋史卷452忠義附朱嘩傳	
	方	孔炤	明史卷260附鄭崇儉傳	
	方	正化	明史卷305宦官	
	方	克勤	明史卷281循吏	
	方	孝孺	明史卷141	
	方	良永	明史卷201	
	方	良卿	明史卷201附方良永傳	
	方	岳貢	明史卷251	
	方	重杰	明史卷201附方良永傳	

方	信孺	宋史卷395	
方	從哲	明史卷218	
方	國珍	明史卷123	
方	國儒	明史卷292忠義	
方	逢年	明史卷253附程國祥傳	
方	逢時	明史卷222	
方	震孺	明史卷248	
方	獻夫	明史卷196	
毛	公	漢書卷88儒林	
毛	弘	明史卷180	
毛	玉	明史卷192	
毛	吉	明史卷165	
毛	玠	三國魏志卷12	
毛	注	宋史卷348	
毛	忠	明史卷156	
毛	佺	金史卷124忠義附繁八兒傳	
毛	洵	宋史卷456孝義	
毛	紀	明史卷190	
毛	喜	陳書卷29 南史卷68	
毛	勝	明史卷156	
毛	遐	北史卷49	
毛	愷	明史卷214附王廷傳	
毛	暢	魏書卷94閹官附劉思逸傳 北史卷92恩倖附劉思逸傳	
毛	漸	宋史卷348	
毛	碩	金史卷92	

（天）

毛	璋	舊五代史卷73唐書 新五代史卷26唐臣
毛	銳	明史卷156附毛忠傳
毛	澄	明史卷191
毛	璩	晉書卷81附毛寶傳
毛	麒	明史卷135附郭景祥傳
毛	寶	晉書卷81
毛	廉	金史卷75
毛子士	龍	明史卷246附王允成傳
毛文龍		明史卷259附袁崇煥傳
毛羽健		明史卷258
毛安之		晉書卷81附毛寶傳
毛安輿		宋史卷456孝義
毛伯溫		明史卷198
毛若虛		舊唐書卷186酷吏 新唐書卷209酷吏
毛修之		宋書卷48 魏書卷43 南史卷16 北史卷27
毛泰亨		明史卷151附張戩傳
毛德祖		晉書卷81附毛寶傳
毛穆之		晉書卷81附毛寶傳
毛鴻賓		北史卷49附毛遐傳
尹	正	周書卷48附蕭詧傳 北史卷93僭僞附庸 梁書蕭詧傳
尹	玉	宋史卷450忠義
尹	式	隋書卷76文學
尹	伸	明史卷295忠義
尹	武	北史卷83文苑附潘徽傳

尹	拙	宋史卷431儒林
尹	直	明史卷168
尹	洙	宋史卷295
尹	挺	魏書卷71附裴叔業傳
尹	敏	後漢書卷109上儒林
尹	略	南齊書卷30附桓康傳
尹	莘	元史卷197孝友
尹	焞	宋史卷128道學
尹	愔	新唐書卷200儒學附趙冬曦傳
尹	暉	舊五代史卷88晉書
尹	源	宋史卷442文苑
尹	賞	漢書卷90酷吏
尹	齊	漢書卷90酷吏
尹	鳳	明史卷212附李錫傳
尹	緯	晉書卷118後秦載記
尹	勳	後漢書卷97黨錮
尹	默	三國蜀志卷12或42
尹	憲	宋史276
尹	穀	宋史卷450忠義
尹	稽	宋史卷372
尹元貞		舊唐書卷187上忠義
尹元凱		舊唐書卷190中文苑附閭朝隱傳 新唐書卷202文藝
尹玉羽		舊五代史卷93晉書
尹民興		明史卷277附邱祖德傳
尹如翁		明史卷264附賀逢聖傳

			出處
四畫	尹	知章	舊唐書卷189下儒學　新唐書卷199儒學
	尹	昌隆	明史卷162
	尹	思貞	舊唐書卷100　新唐書卷128
	尹	翁歸	漢書卷76
尹	尹	崇珂	宋史卷259
孔	尹	夢龍	元史卷197孝友附畢也速荅立傳
	尹	夢鰲	明史卷292忠義
	尹	繼倫	宋史卷275
	孔	4氏	史記卷129貨殖（目作宛孔氏）　漢書卷91貨殖（目作宛孔氏）
	孔	无	元史卷165
	孔	6光	漢書卷81
	孔	至	新唐書卷199儒學附孔若思傳
	孔	全	元史卷197孝友
	孔	7汪	晉書卷78附孔愉傳
	孔	沈	晉書卷78附孔愉傳
	孔	8坦	晉書卷78附孔愉傳
	孔	良	明史卷297孝義附孔金傳
	孔	昱	後漢書卷97黨錮
	孔	宜	宋史卷431儒林
	孔	旼	宋史卷457隱逸
	孔	金	明史卷297孝義
	孔	9衍	晉書卷91儒林
	孔	奐	陳書卷21　南史卷27附孔靖之傳
	孔	拯	金史卷105附孔璠傳

		出處
孔	10珪	南史卷49（南齊書卷48作孔稚珪）
孔	勔	舊五代史卷64唐書
孔	祗	晉書卷78附孔愉傳
孔	12愉	晉書卷78
孔	逭	南史卷72文學附丘巨源傳
孔	邈	南史卷49附阿蘇傳
孔	循	新五代史卷43雜傳
孔	13羣	晉書卷78附孔愉傳
孔	僉	梁書卷48儒林　南史卷71儒林
孔	靖	南史卷27（宋書卷54作孔季恭）
孔	戢	舊唐書卷154附孔巢父傳　新唐書卷163附孔巢父傳
孔	戡	舊唐書卷154附孔巢父傳　新唐書卷162附孔巢父傳
孔	戣	舊唐書卷154附孔巢父傳　新唐書卷163附孔巢父傳
孔	14僖	後漢書卷109上儒林
孔	禎	舊唐書卷190上文苑附孔紹安傳
孔	15廣	南史卷72文學附丘巨源傳
孔	緯	舊唐書卷179　新唐書卷163附孔巢父傳
孔	維	宋史卷431儒林
孔	16融	後漢書卷100　三國魏志卷12附崔琰傳
孔	奮	後漢書卷61
孔	範	南史卷77恩倖

（天）

孔		璠	金史卷105
孔	17	謙	舊五代史卷73唐書 新五代史卷26唐臣
孔		覬	宋書卷84 南史卷27附孔琳之傳
孔		鏞	明史卷172
孔		邈	舊五代史卷68唐書
孔	20	嚴	晉書卷78附孔愉傳
孔	3子	祛	梁書卷48儒林 南史卷71儒林
孔	4文	仲	宋史卷344
孔	公	恂	明史卷152
孔	友	諒	明史卷164附黃澤傳
孔	5平	仲	宋史卷344附孔文仲傳
孔	6守	正	宋史卷275
孔	安	國	漢書卷88儒林 晉書卷78附孔愉傳
孔	休	源	梁書卷36 南史卷60
孔	7克	仁	明史卷135
孔	伯	恭	魏書卷51 北史卷37
孔	希	學	明史卷284儒林
孔	8武	仲	宋史卷344附孔文仲傳
孔	承	恭	宋史卷276
孔	知	濬	舊五代史卷125周書
孔	宗	旦	宋史卷446忠義附曹覲傳
孔	宗	翰	宋史卷297附孔道輔傳
孔	季	恭	宋書卷54(南史卷27作孔靖)
孔	季	詡	新唐書卷199儒學附孔若思傳
孔	9若	思	舊唐書卷190上文苑附孔紹安傳

			新唐書卷199儒學
孔	思	晦	元史卷180
孔	貞	運	明史卷253附張至發傳
孔	述	睿	舊唐書卷192隱逸 新唐書卷196隱逸
孔	彥	舟	金史卷79
孔	彥	繩	明史卷284儒林附孔希學傳
孔	10祖	湯	金史卷122忠義附移剌阿里合傳
孔	師	程	明史卷295忠義附席上珍傳
孔	11巢	父	舊唐書卷154 新唐書卷163
孔	淳	之	宋書卷93隱逸 南史卷75隱逸
孔	紹	安	舊唐書卷190上文苑
孔	敏	行	舊唐書卷192隱逸附孔述睿傳 新唐書卷196隱逸附孔述睿傳
孔	崇	弼	舊五代史卷96晉書
孔	琇	之	南齊書卷53良政 南史卷27附孔靖傳
孔	12琳	之	宋書卷56 南史卷27
孔	13溫	業	新唐書卷163附孔巢父傳
孔	嗣	之	南史卷76隱逸附吳苞傳
孔	敬	宗	金史卷76
孔	稚	珪	南齊書卷48(南史卷49作孔珪)
孔	道	輔	宋史卷297
孔	道	微	南史卷75隱逸附杜京產傳
孔	14闓	禮	明史卷284儒林附孔希學傳
孔	15德	紹	隋書卷76文學 北史卷83文苑附潘徽傳
孔	16潁	達	舊唐書卷73 新唐書卷198儒學

四畫

孔

(天)

（天）

四畫

	字	出處
元	昭	魏書卷15附常山王遵傳
元	禹	魏書傳16附陽平王熙傳
元	亮	魏書卷16附河南王曜傳
		魏書卷16附京兆王黎傳
元	俊	魏書卷17（即新興王）
		魏書卷19下附章武王太洛傳
		北史卷16魏宗室（即新興王）
元	恆	魏書卷19上附京兆王子推傳
元	昴	魏書卷19上附京兆王子推傳
元	衍	魏書卷19上附陽平王新成傳
元	英	魏書卷9下附南安王楨傳（即中山王）
元	桃	北史卷19魏宗室（即梟子）
元	若	魏書卷20（即河間王）
		北史卷19魏宗室
元	昶	魏書卷21上附咸陽王禧傳
元	恂	魏書卷22（即廢太子）
		北史卷19魏宗室（即廢太子）
元	建	北史卷6魏宗室（即廣陽王）
元	胄	北史卷73 隋書卷40
元	10烈	魏書卷15附梁王翰傳（即陰平王）
元	素	魏書卷15附常山王遵傳
元	虔	魏書卷15（即陳留王）
		魏書卷19上附陽平王新成傳
		北史卷15魏宗室（即陳留王）
元	悅	魏書卷15附陳留王虔傳
		魏書卷22（即汝南王）

元

	字	出處
		北史卷19魏宗室（即汝南王）
元	修	魏書卷16（即河間王）
		北史卷16魏宗室
元	彧	魏書卷18附臨淮王澈傳
元	祐	魏書卷20附齊郡王簡傳
元	恭	魏書卷21上附廣陵王羽傳
元	泰	魏書卷21上附高陽王雍傳
元	11陸	魏書卷14（即真定侯）
		北史卷15魏宗室附上谷公乾羅傳
元	萇	魏書卷14附高涼王孤傳
元	觚	魏書卷15附梁王翰傳
元	紹	魏書卷15附常山王遵傳
		魏書卷16（即清河王）
		北史卷16魏宗室
元	崇	魏書卷15附陳留王虔傳
		魏書卷17（即建寧王）
		北史卷16魏宗室（即建寧王）
元	崒	魏書卷15附陳留王虔傳
元	連	魏書卷16（即廣平王）
		北史卷16魏宗室
元	爽	魏書卷16附京兆王黎傳
元	健	魏書卷17（即永昌王）
		北史卷16魏宗室
元	深	魏書卷18附廣陽王建閭傳
元	悰	魏書卷19上附京兆王子推傳
元	偃	魏書卷19上附濟陰王小新成傳

四畫	元	遐	魏書卷19上附汝陰王天賜傳	元	粟	魏書卷15附遼西公意烈傳
	元	朗	魏書卷19中附任城王雲傳 魏書卷19下	元	渾	魏書卷15附遼西公齋烈傳 魏書卷16附廣平王連傳(卽南平王)
元	元	略	魏書卷19下附南安王楨傳(卽東平王) 魏書卷20(卽廣川王) 北史卷19魏宗室(卽廣川王)	元	湛	魏書卷18附廣陽王建閭傳 魏書卷19下附章武王太洛傳
	元	彬	魏書卷18下附章武王太洛傳(卽章武王)	元	欽	魏書卷19上附陽平王新成傳 魏書卷21下附彭城王勰傳 北史卷17魏宗室附陽平王新成傳
	元	猛	魏書卷20(卽安豐王) 北史卷19魏宗室	元	弼	魏書卷19上附濟陰王小新成傳北齊書卷28
	元	通	魏書卷21上附咸陽王禧傳	元	雲	魏書卷19中(卽任城王)
	元	偉	周書卷38			北史卷18魏宗室
	元	琇	新唐書149附劉晏傳	元	斌	北齊書卷28 魏書卷21附高陽王雍傳
	元	12敦	魏書卷14 北史卷15魏宗室附吉陽男比干傳(卽西江公)	元	愉	魏書卷22(卽京兆王) 北史卷19魏宗室(卽京兆王)
	元	提	魏書卷14附武衛將軍謂傳 魏書卷16附河南王曜傳 魏書卷18附臨淮王潭傳	元	善	隋書卷75儒林 元史卷197孝友附楊一傳 北史卷16魏宗室附京兆王黎傳
	元	超	魏書卷14附武衛將軍謂傳 魏書卷19下附安定王休傳	元	結	新唐書卷143
	元	隆	魏書卷14附武衛將軍謂傳	元	絳	宋史卷343
	元	琛	魏書卷15附陳留王虔傳 魏書卷20附河間王若傳(卽河間王)	元	13幹	魏書卷15附秦王翰傳 魏書卷21上(卽趙郡王) 北史卷19魏宗室(卽趙郡王)
	元	順	魏書卷15(卽毗陵王) 魏書卷19中附任城王雲傳 北史卷15魏宗室(卽毗陵王)	元	瑞	魏書卷15附秦王翰傳
				元	暉	魏書卷15附常山王遵傳

14

四畫

元

		北史卷15魏宗室附陳留王虔傳隋書卷46			瑱	魏書卷21上附北海王詳傳
元	熙	魏書卷16(即陽平王) 魏書卷19下附南安王楨傳 北史卷16魏宗室(即陽平王)	元	壽	北史卷75 隋書卷63 金史卷82
元	嵩	魏書卷19中附任城王雲傳	元	詔	北齊書卷28
元	楨	魏書卷19下(即南安王) 北史卷18魏宗室	元	15儀	魏書卷15附秦王翰傳(即蒳王)
元	蕭	魏書卷19下附南安王楨(即魯郡王)	元	霄	魏書卷16附廣平王連傳
元	詮	魏書卷20附安樂王長樂傳	元	黎	魏書卷16(即京兆王) 北史卷16魏宗室
元	雍	魏書卷21上(即高陽王) 北史卷19魏宗室	元	範	魏書卷17(即樂安王) 北史卷16魏宗室
元	詳	魏書卷21上(即北海王) 北史卷19魏宗室	元	澄	魏書卷19中附任城王雲傳
元	載	舊唐書卷118 新唐書卷145	元	誘	魏書卷19下附南安王楨傳
元	達	宋史卷275	元	勰	魏書卷21下(即彭城王) 北史卷19魏宗室
元	14齊	魏書卷14(即河間公) 北史卷15魏宗室附武衞將軍謂傳	元	稹	舊唐書卷166 新唐書卷174
元	禎	魏書卷16附陽平王翰傳	元	16穎	魏書卷14(即望都公) 北史卷15魏宗室
元	嘉	魏書卷18附廣陽王廷閭傳	元	謂	魏書卷14(即武衞將軍) 北史卷15魏宗室
元	遙	魏書卷19上附京兆王子推傳	元	翰	魏書卷15(即秦王) 魏書卷18(即東平王) 北史卷16魏宗室(即東平王) 北史卷15魏宗室(即秦王)
元	誕	魏書卷19上附濟陰王小新成傳 魏書卷21附高陽王雍傳(即昌樂王誕)	元	遵	魏書卷15(即常山王) 北史卷15魏宗室
元	銃	魏書卷21附越郡王幹傳			
元	端	魏書卷15附秦王翰傳 魏書卷21上附高陽王雍傳	元	頤	魏書卷19上附陽平王新成傳

四畫

元

元		遐	魏書卷19上附京兆王子推傳
元		琿	魏書卷19下附南安王楨傳（即東海王） 魏書卷21上附咸陽王禧傳
元		徽	魏書卷19下附城陽王長壽傳
元		融	魏書卷19下附章武王太洛傳
元		凝	魏書卷19下附章武王太洛傳（即安東王）
元		諧	魏書卷20附廣川王略傳 北史卷73 隋書卷40 梁書卷39
元		樹	魏書卷21上附咸陽王禧傳
元		諶	魏書卷21上附趙郡王幹傳
元		叡	魏書卷21上附高陽王雍傳
元		懌	魏書卷22（即清河王） 北史卷19魏宗室
元		默	明史卷260附陳奇瑜傳
元	17	巘	魏書卷15附常山王遵傳
元		彌	魏書卷17（即安定王） 北史卷16魏宗室
元		穎	魏書卷18附臨淮王潭傳
元		彝	魏書卷19中附任城王雲傳
元		爕	魏書卷19下附安定王休傳
元		禧	魏書卷21（即咸陽王） 北史卷19魏宗室
元		諲	魏書卷21上附趙郡王幹傳
元		褎	隋書卷50附元孝矩傳
元	18	題	魏書卷14附上谷公乾羅傳（即襄城王）
元		矔	魏書卷16（即河南王） 北史卷16魏宗室
元		簡	魏書卷20（即齊郡王） 北史卷19魏宗室
元		翼	魏書卷21上附咸陽王禧傳
元	19	顥	魏書卷15附陳留王虔傳 魏書卷19上附陽平王新成傳
元		羅	魏書卷16附京兆王黎傳
元		譚	魏書卷18（即臨淮王） 魏書卷21上附趙郡王幹傳 北史卷16魏宗室（即臨淮王）
元		懷	魏書卷22（即廣平王） 北史卷19魏宗室
元	20	纂	魏書卷15附秦王翰傳（即中山王） 魏書卷16附廣平王連傳 魏書卷19下附南昌王楨傳
元		機	魏書卷16附京兆王黎傳（即江陽王）
元		麗	魏書卷17附建寧王崇傳 魏書卷19上附濟陰王小新成傳
元		瞻	魏書卷19中附任城王雲傳
元	21	顥	魏書卷21上附北海王詳傳
元	22	鷙	魏書卷14附高涼王孤傳（即華山王）
元		鑒	魏書卷16附河南王曜傳 魏書卷20附安樂王長樂傳
元	23	顯	魏書卷16附河南王曜傳

四畫　元

姓	筆劃	字/名	出處
元		太 興	魏書卷19上附京兆王子推傳
元		天 賜	魏書卷19上（即汝陰王） 北史卷17魏宗室
元		天 穆	魏書卷14附高涼王孤傳（即上黨王）
元	5	目 辰	魏書卷14 北史卷15魏宗室附曲陽侯素延傳（即宜都王）
元		平 原	魏書卷16附河南王曜傳
元		弘 嗣	北史卷87酷吏 隋書卷74酷吏
元		世 儁	魏書卷19中附任城王澄傳
元		世 遵	魏書卷16附陽平王熙傳
元	6	伏 羅	魏書卷18（即晉王） 北史卷16魏宗室
元		好 問	金史卷126文藝附元德明傳
元		仲 文	舊唐書卷88附裴寂傳
元		仲 冏	魏書卷16附廣平王連傳
元		仲 景	魏書卷19上附京兆王子推傳
元		行 冲	舊唐書卷102 新唐書卷200儒學
元		行 欽	新五代史卷25唐臣
元	7	忻 之	魏書卷16附陽平王熙傳
元		延 明	魏書卷20附安豐王猛傳
元		孝 友	魏書卷18附臨淮王潭傳 北齊書卷28
元		孝 矩	隋書卷50
元	8	拔 干	魏書卷15附遼西公意烈傳
元		叔 仁	魏書卷19下附南安王楨傳
元		季 方	新唐書卷201文藝附元萬頃傳
元		明 善	明史卷181

姓	筆劃	字/名	出處
			魏書卷16附陽平王熙傳
			魏書卷19下附城陽王長壽傳
元		巖	北史卷75 隋書卷62
元	24	讓	舊唐書卷188孝友 新唐書卷195孝友
元	25	蟄	北齊書卷48外戚
元	27	諶	魏書卷21上附趙郡王幹傳
元	30	鸞	魏書卷19下附城陽王長壽傳
元	3	大 曹	魏書卷14附高涼王孤傳
元		大 頭	魏書卷14 北史卷15魏宗室附武衛將軍謂傳、即淮陵侯）
元		子 正	魏書卷21下附彭城王勰傳
元		子 孝	魏書卷19上附陽平王新成傳
元		子 直	魏書卷21下附彭城王勰傳
元		子 思	魏書卷14附高涼王孤傳
元		子 推	魏書卷19上（即京兆王） 北史卷17魏宗室
元		子 華	魏書卷14附高涼王孤傳
元		子 寬	魏書卷21下附彭城王勰傳
元	4	比 干	魏書卷14（即吉陽男） 北史卷15魏宗室
元		六 修	魏書卷14（即穆帝長子） 北史卷15魏宗室
元		文 都	隋書卷71誠節
元		文 遙	北齊書卷38 北史卷56
元		太 洛	魏書卷19下（即章武王） 北史卷18魏宗室

四畫

元

元	法壽	魏書卷16附陽平王熙傳	北史卷16魏宗室
元	法僧	梁書卷39 魏書卷16附陽平王熙傳	
元	長壽	魏書卷19下(即城陽王) 北史卷18魏宗室	
元	長樂	魏書卷20(即安樂王) 北史卷19魏宗室	
元 9	宣洪兒	魏書卷16附陽平王熙傳	
元	胡兒	魏書卷19下(即樂陵王) 北史卷18魏宗室	
元	洛侯	魏書卷19上(即廣平王) 北史卷17魏宗室	
元	洪超	魏書卷15附遼西公意烈傳	
元	昭業	魏書卷19上附濟陰王小新成傳	
元	建閭	魏書卷18(即廣陽王)	
元	紇羅	魏書卷14(即上谷公) 北史卷15魏宗室	
元	思敬	舊唐書卷190上文苑	
元	思譽	魏書卷19下附樂陵王胡兒傳(即樂陵王)	
元 10	庫汗	魏書卷15附遼西公意烈傳	
元	素延	魏書卷14(即曲陽侯) 北史卷15魏宗室	
元	烏眞	魏書卷14附武衛將軍謂傳	
元	修義	魏書卷19上附汝陰王天賜傳	
元 11	處文	魏書卷16(即長樂王)	

元	處眞	魏書卷14 北史卷15魏宗室附武衛將軍謂傳(即扶風公)	
元 12	斌之	魏書卷20附安樂王長樂傳	
元	貴平	魏書卷19下附安定王休傳	
元	寔君	魏書卷15 北史卷15魏宗室	
元	窨咄	魏書卷15 北史卷15魏宗室 隋書卷39	
元	景山	魏書卷18魏宗室附安定王休傳	
元	景安	北齊書卷41 北史卷53	
元 13	敬先	魏書卷16附陽平王熙傳	
元	新成	魏書卷19上(即陽平王) 北史卷17魏宗室	
元	意烈	魏書卷15(即遼西公) 北史卷15魏宗室	
元	道符	魏書卷13附東平王翰傳	
元	義方	新唐書卷201文藝附元萬頃傳	
元	義興	魏書卷19下附南安王楨傳	
元	暉業	北齊書卷28 魏書卷19上附濟陰王小新成傳	
元	萬頃	舊唐書卷190中文苑 新唐書卷201文藝	
元	萬壽	魏書卷19上(即樂良王) 北史卷17魏宗室	
元 14	壽樂	魏書卷14(即長樂王) 北史卷15魏宗室	
元	壽興	魏書卷15附常山王遵傳	

元	15	羯兒	魏書卷16附河間王傳(即略陽王)	王		由	魏書卷71附王世弼傳
元		慶和	魏書卷9上附汝陰王天賜傳	王		丘	舊唐書卷100 新唐書卷129
元		德秀	舊唐書卷190下文苑 新唐書卷94卓行	王		用	新唐書卷147附王難得傳
元		德明	金史卷126文藝	王		仙	宋史卷452忠義
元	16	興都	魏書卷14附武衛將軍謂傳	王		旦	宋史卷282
元		磨渾	魏書卷14附文安公泥傳	王		白	遼史卷108方技
元	17	嬰文	魏書卷14(即建德公) 北史卷15魏宗室附上谷公紇羅傳	王		玉	元史卷151
元	19	願平	魏書卷19下附定安王休傳	王		本	明史卷137附安然傳
元		願達	梁書卷39	王	6	充	後漢書卷79 隋書卷85(北史卷79 舊唐書54 新唐書85 並作王世充)
元		羅侯	魏書卷16附京兆王黎傳	王		吉	漢書卷72 後漢書卷107酷吏
元	20	寶炬	魏書卷22附京兆王愉傳	王		式	漢書卷18儒林 舊唐書卷164附王播傳 新唐書卷167附王播傳
元	23	顯和	魏書卷19上附濟金王小新成傳				
元		小新成	魏書卷19上(即濟陰王) 北史卷17魏宗室	王		戎	晉書卷43
元		可悉陵	魏書卷15附常山王遵傳	王		如	晉書卷100
王	4	丹	後漢書卷57	王		份	梁書卷21 南史卷23附王彧傳
王		允	後漢書卷96	王		冲	陳書卷17 南史卷21附王弘傳
王		斤	魏書卷30附王建傳	王		旱	魏書卷91藝術 北史卷89藝術
王		介	宋史卷400	王		旭	舊唐書180酷吏 新唐書209酷吏 宋史卷269附王祐傳
王		友	明史卷146				
王		文	明史卷168	王		朴	舊五代史128周書 新五代史31周臣 明史卷139
王		化	明史卷222附譚綸傳				
王	5	平	三國蜀志卷13或43	王		存	宋史卷341
王		尼	晉書卷49	王		回	宋史卷345附鄒浩傳 宋史卷432儒林
王		弘	宋書卷42 南史卷21	王		衣	宋史卷377

兩畫

元

王

四畫　王

王	向	宋史卷43?儒林附王回傳
王	艮	元史卷192良吏
		明史卷143
		明史卷283儒林附王艮傳
王	宇	明史卷159
王	行	明史卷285文苑
王	安	明史卷305宦官
王	7成	漢書卷89循吏
王	良	後漢書卷57
		明史卷143
王	扶	後漢書卷69附劉平傳
王	忱	後漢書卷111獨行
王	沈	晉書卷39
		晉書卷92文苑
王	劭	晉書卷6 附王覽傳
		北史卷35附王慧龍傳
		隋書卷69
王	忱	晉書卷75附王湛傳
		元史卷151附王王傳
王	延	晉書卷88孝友
		舊五代史卷131周書
		新五代史卷57雜傳
王	宏	晉書卷90良吏
王	志	梁書卷21
		南史卷22附王曇首傳
		明史卷131
王	克	南史卷23附王彧傳
王	伽	北史卷86循吏
		隋書卷73循吏
王	佖	舊唐書卷133附李晟傳
		新唐書卷154附李晟傳
王	伾	舊唐書卷135附王叔文傳
		新唐書卷168附王叔文傳
王	助	新唐書卷201文藝附王勃傳

王	罕	宋史卷312附王珪傳
王	阮	宋史卷395
王	抃	宋史卷470佞辛
王	佐	金史卷122忠義
		明史卷167
		明史卷285文苑附孫寶傳
		明史卷289忠義附霍恩傳
王	佑	明史卷140附陶垕仲傳
王	忬	明史卷204
王	廷	明史卷214
王	圻	明史卷286文苑附陸深傳
王	8孟	漢書卷92游俠附劇孟傳
王	昌	後漢書卷42
王	協	晉書卷65附王導傳
王	育	晉書卷89忠義
王	承	晉書卷75附王湛傳
		梁書卷41
		南史卷22附王曇首傳
王	固	陳書卷21
		南史卷23附王彧傳
王	昕	北齊書卷31
		北史卷24附王憲傳
王	沛	舊唐書卷161
		新唐書卷171
		明史卷290忠義附王德傳
王	炎	舊唐書卷164附王播傳
王	昂	新唐書卷118附元載傳
王	周	舊五代史卷106漢書
		新五代史卷48雜傳
王	松	新五代史卷57雜傳
王	沔	宋史卷266
王	明	宋史卷270

王	佚	宋史卷274
王	杲	宋史卷280 明史卷202
王	沿	宋史卷300
王	果	宋史卷326
王	忠	宋史卷448忠義 明史卷145附邱禱傳
王	奇	宋史卷452忠義
王	直	明史卷169
王	來	明史卷172
王	治	明史卷215
王	昇	明史卷300外戚
王	9柔	後漢書卷98附郭太傳
王	昶	三國魏志卷27 舊五代史卷134僭偽附王崇知傳
王	衍	晉書卷43附王戎傳 魏書卷63附王肅傳 舊五代史卷136僭偽附王建傳 新五代史卷63前蜀世家附王建傳
王	洽	晉書卷65附王導傳 明史卷257
王	恬	晉書卷65附王導傳
王	恂	晉書卷93外戚 元史卷164
王	珉	晉書卷65附王導傳
王	述	晉書卷75附王湛傳 周書卷18附王韻傳 （隋書卷54北史62並作王長述）
王	奐	南齊書卷49 南史卷23附王或傳
王	茂	梁書卷9 南史卷55
王	亮	梁書卷16 南史卷23附王誕傳
王	建	魏書卷30 北史卷20

四畫　王

		舊五代史卷136僭偽 新五代史卷63前蜀世家
王	廋	魏書卷30附王建傳 明史卷141
王	則	北齊書卷20 北史卷53
王	春	北齊書卷19方技 北史卷89藝術
王	勇	周書卷29 北史卷66
王	軌	周書卷40 北史卷62
王	貞	北史卷83文苑 隋書卷76文學
王	胄	北史卷83文苑 隋書卷76文學
王	眘	北史卷83文苑附王胄傳
王	勃	舊唐書卷190上文苑 新唐書卷201文藝
王	珂	舊唐書卷182附王重榮傳 新唐書卷187附王重榮傳 舊五代史卷14梁書 新五代史卷42雜傳
王	俌	新唐書卷116附王綝傳
王	洙	宋史卷294
王	信	宋史卷326 宋史卷400 明史卷166 明史卷292忠義
王	彥	宋史卷368
王	庠	宋史卷377
王	柟	宋史卷395
王	柏	宋史卷438儒林
王	拱	宋史卷453忠義
王	淦	宋史卷456孝義附常貞傳
王	郁	遼史卷75

四畫	王	政	金史卷128循吏			孔穎達傳
	王	珍	元史卷152	王	浚	晉書卷39附王沈傳
	王	約	元史卷178	王	虔	晉書卷93外戚附王恂傳
王	王	英	元史卷188 明史卷152	王	素	宋書卷93隱逸 宋史320 南史卷24附王淮之傳
	王	省	明史卷142			
	王	遜	明史卷160附石璞傳	王	矩	晉書卷100附王機傳
	王	竑	明史卷177	王	晏	南史卷24附王鎮之傳 南齊書卷42 宋史卷252
	王	思	明史卷192			
	王	相	明史卷192附王思傳	王	訓	梁書卷21附王暕傳 南史卷22附王曇首傳
	王	科	明史卷206附馬錄傳			
	王	保	明史卷239附查一元傳	王	泰	梁書卷21 南史卷22附王曇首傳
	王	紀	明史卷241			
	王	俊	明史卷297孝義	王	峻	梁書卷21 南史卷24附王裕之傳 北齊書卷25 北史卷55 舊五代史卷130周書 新五代史卷50雜傳
	王	10烈	後漢書卷111獨行 三國魏志卷11附管寧傳			
	王	真	後漢書卷112下方術 明史卷145	王	澍	周書卷48附蕭詧傳
	王	修	三國魏志卷11 晉書卷93外戚附王濛傳	王	彧	南史卷23(宋書卷85作王景文)
	王	珣	晉書卷65附王導傳 新唐書卷111附王方慶傳 元史卷149	王	紘	北齊書卷25 北史卷55
				王	珪	舊唐書卷70 新唐書卷98 宋史卷312 宋史卷325附任福傳
	王	凌	三國魏志卷28			
	王	悅	晉書卷65附王導傳 周書卷33 北史卷69	王	翃	舊唐書卷157 新唐書卷143
				王	起	舊唐書卷164附王播傳
	王	豹	晉書卷89忠義			新唐書卷167附王播傳
	王	恭	晉書卷84 舊唐書卷73附孔穎達傳 新唐書卷198儒學附	王	鄯	新唐書卷186附王虔存傳
				王	琪	新唐書卷187附王重榮傳

						四畫
			王	章	北史卷84孝行 漢書卷76 舊五代史卷107漢書 新五代史卷30漢臣 明史卷266	
王	宰	舊五代史卷14梁書 附王珂傳 新唐書卷206外戚附 王仁皎傳（舊唐書 183作王守一） 新唐書卷172附王智 興傳（舊唐書156作 王晏宰）	王	商	漢書卷82	王
王	殷	舊五代史卷124周書 新五代史卷50雜傳	王	常	後漢書卷45	
王	祚	宋史卷249 附王溥 傳	王	梁	後漢書卷52	
王	祐	宋史卷269 明史卷289忠義附萬 璟傳	王	堂	後漢書卷61	
			王	望	後漢書卷69附劉平 傳	
王	能	宋史卷279	王	符	後漢書卷79	
王	沿	宋史卷300	王	朗	三國魏志卷13	
王	恩	宋史卷350	王	基	三國魏志卷27	
王	倫	宋史卷371 金史卷79	王	連	三國蜀志卷11或41	
王	厚	宋史卷328附王韶傳	王	祥	晉書卷33	
王	進	宋史卷452忠義附郭 儓傳	王	接	晉書卷51	
王	珠	宋史卷456孝義	王	彬	晉書卷76 南史卷22附王曇首 傳 宋史卷304 明史卷142附陳性善 傳	
王	浩	金史卷128循吏				
王	倚	元史卷176				
王	恕	明史卷182	王	猛	晉書卷114前秦載記 南史卷24附王淮之 傳	
王	軏	明史卷201				
王	效	明史卷211	王	球	宋書卷58 南史卷23附王惠傳	
王	剛	明史卷289忠義	王	規	梁書卷41 南史卷22附王曇首 傳	
王	原	明史卷297孝義				
王	振	明史卷304宦官	王	通	陳書卷17 南史卷23附王威傳 元史卷167附王國昌 傳 明史卷154	
王	陵	漢書卷40				
王	訢	漢書卷66				
王	崇	漢書卷72附王吉傳 魏書卷86孝感	王	翊	魏書卷63附王肅傳 舊唐書卷157附王翃	

四畫							
			傳 新唐書卷143附王翃傳	王	淮	宋史卷396	
	王	睎	宋史卷449忠義 北齊書卷31附王昕傳 北史卷24附王憲傳	王	埜	宋史卷420	
王				王	晦	金史卷121忠義	
	王	寂	南史卷22附王曇首傳	王	庸	元史卷198孝友	
	王	偃	南史卷23附王誕傳	王	晟	明史卷172附張驥傳	
	王	淯	南史卷24附王淮之傳	王	敬	明史傳230附萬國欽傳	
	王	偉	舊五代史卷95晉書 新五代史卷33死事 南史卷80賊臣 明史卷170附于謙傳 明史卷300外戚	王	國	明史卷232	
				王	問	明史卷282儒林附邵寶傳	
	王	晗	北史卷24附王憲傳	王	冕	明史卷285文苑 明史卷290忠義	
	王	晙	舊唐書卷93 新唐書卷111	王	紱	明史卷286文苑	
	王	紹	舊唐書卷123 新唐書卷149	王	臂	漢書卷76	
	王	逢	舊唐書卷161附王沛傳 新唐史卷171附王沛傳 宋史卷443文苑 明史卷285文苑附戴良傳	王	莽	漢書卷99	
				王	逸	後漢書卷110上文苑	
				12隆		後漢書卷110上文苑	
				王	渙	後漢書卷106循吏 明史卷188附楊敬禮傳	
	王	涯	舊唐書卷169 新唐書卷179	王	景	後漢書卷106循吏 宋史卷252 明史卷152附直偁傳	
	王	勔	舊唐書卷190文苑附王勃傳				
	王	都	舊五代史卷54唐書附王處直傳	王	喬	後漢書卷112上方術	
	王	敏	舊五代史卷128周書	王	弼	三國魏志卷28附鍾會傳 明史卷132	
	王	陟	宋史卷307附喬維岳傳	王	象	三國魏志卷21附衛覬傳	
	王	宗	宋史卷328附王韶傳	王	渾	晉書卷42	
	王	陶	宋史卷329	王	湛	晉書卷75	
	王	淵	宋史卷369 明史卷180附王徽傳	王	愉	晉書卷75附王湛傳	
	王	旅	宋史卷372	王	舒	晉書卷76	

王	雅	晉書卷83 周書卷29 北史卷68
王	敦	晉書卷98叛逆
王	惠	宋書卷58 南史卷23
王	華	宋書卷63 南史卷23
王	陳	梁書卷21 南史卷22附王曇首傳
王	雲	魏書卷33附王憲傳 宋史卷357
王	琚	魏書卷94閹官 北史卷92恩倖 舊唐書卷106 新唐書卷121
王	翔	魏書卷93恩倖附王叡傳
王	溫	魏書卷94閹官 北史卷92恩倖
王	琳	北齊書卷32 南史卷64
王	雄	周書卷19 北史卷60 明史卷189附胡爟傳
王	傑	周書卷29 北史卷66
王	琮	南史卷24附王裕之傳
王	絢	南史卷23附王戫傳
王	彭	南史卷73孝義
王	鈞	舊唐書卷186下酷吏附吉溫傳
王	進	舊五代史卷124周書 新五代史卷49雜傳 金史卷117附王賓傳
王	詔	宋史卷266附王化基傳 明史卷185附梁瑗傳
王	凱	宋史卷255附王全斌傳
王	著	宋史卷269 宋史卷296
王	貴	宋史卷272附楊業傳
王	超	宋史卷278
王	曾	宋史卷310
王	琪	宋史卷312附王珪傳
王	雱	宋史卷327附王安石傳
王	寓	宋史卷352附耿仲南傳
王	登	宋史卷412
王	復	宋史卷448忠義附趙立傳 明史卷177
王	琦	宋史卷453忠義附屈堅傳
王	棠	遼史卷105能吏
王	貢	金史卷96
王	儵	金史卷105
王	善	元史卷151
王	惲	元史卷167
王	結	元史卷178
王	閏	元史卷197孝友
王	鈍	明史卷151
王	越	明史卷171
王	鈇	明史卷290忠義
王	13肅	三國魏志卷13附王朗傳 魏書卷63 北史卷42
王	粲	三國魏志卷21
王	嗣	三國蜀志卷15或45附楊戲傳
王	綏	晉書卷75附王湛傳
王	愷	晉書卷75附王湛傳 晉書卷93外戚附王

四畫

王

四畫		怐傳 明史卷289忠義	
	王 稜	晉書卷26附王興傳	
王	王 瑚	晉書卷82附王隱傳	
	王 褒	晉書卷88孝友	
	王 遐	晉書卷93外戚	
	王 微	宋書卷62 南史卷21附王弘傳	
王	王 琨	南齊書卷32 南史卷23附王華傳	
	王 僉	梁書卷21附王份傳 南史卷23附王彧傳	
	王 筠	梁書卷33 南史卷22附王曇首傳	
	王 瑒	陳書卷23 南史卷23附王弘傳	
	王 椿	魏書卷93恩倖附王叡傳	
	王 遇	魏書卷94閹宦 北史卷92恩倖	
	王 紘	北齊書卷25	
	王 盟	周書卷20 北史卷61	
	王 瑜	南史卷21附王弘傳 舊五代史卷96晉書 明史卷153附陳蘊傳	
	王 頒	北史卷84孝行 隋書卷72孝義	
	王 頍	北史卷84孝行附王頒傳 隋書卷76文學	
	王 遂	舊唐書卷162 新唐書卷116附王縝傳 宋史卷415	
	王 搏	新唐書卷116附王祿傳	
	王 溥	新唐書卷182 宋史卷249 明史卷134附郭雲傳 明史卷140附劉仕祖傳	

王 暉	宋史卷261附李萬全傳	
王 鼎	宋史卷300附王沿傳 遼史卷104文學 明史卷289忠義附花雲傳	
王 靖	宋史卷320附王素傳	
王 萬	宋史卷416	
王 當	宋史卷432儒林	
王 羲	元史卷151	
王 軾	明史卷172	
王 瑞	明史卷180	
王 祾	明史卷191附薛蕙傳	
王 暐	明史卷202附王杲傳	
王 準	明史卷206附陸粲傳	
王 源	明史卷281循吏 明史卷289忠義附吳景傳 明史卷300外戚附王鎮傳	
王 14 嘉	漢書卷86 晉書卷95藝術	
王 暢	後漢書卷86附王襲傳	
王 廙	晉書卷76	
王 遜	晉書卷81	
王 誕	宋書卷52 南史卷23	
王 慈	南齊書卷46 南史卷32附王曇首傳	
王 誦	魏書卷63附王肅傳	
王 遠	南史卷21附王弘傳	
王 銓	南史卷23附王彧傳	
王 摛	南史卷49附王湛傳	

王	韶	北史卷75 隋書卷62 宋史卷328	王	諒	晉書卷89忠義	四畫
王	鉄	舊唐書卷105 新唐書卷134	王	墮	晉書卷112前秦載記	
王	維	舊唐書卷190下文苑 新唐書卷202文藝	王	儉	南齊書卷23 南史卷22附王曇首傳	
王	綝	新唐書卷116(舊唐書卷89作王方慶)	王	瑩	梁書卷16 南史卷23附王誕傳 明史卷281循吏附李驥傳	王
王	賔	宋史卷276 金史卷117				
王	榮	宋史卷280	王	勵	陳書卷17附王通傳 南史卷23附王奐傳 北史卷61附王盟傳	
王	綸	宋史卷372 明史卷299方技				
王	稟	宋史卷452忠義附劉仕英傳	王	質	陳書卷18 南史卷23附王或傳 魏書卷94閹官 北史卷92恩倖 舊唐書卷163 新唐書卷164 宋史卷269附王祐傳 宋史卷395	
王	福	金史卷118				
王	構	元史卷164				
王	綧	元史卷166	王	閏	魏書卷87節義 北史卷85節義	
王	壽	元史卷176	王	德	周書卷17 北史卷65 宋史卷363 明史卷290忠義	
王	銘	明史卷134				
王	彰	明史卷160				
王	圖	明史卷216	王	慶	周書卷33 北史卷69	
王	漢	明史卷267附高名衡傳	王	褒	漢書卷64下 周書卷41(褒同慶) 北史卷83文苑	
王	豪	明史卷285文苑				
王	綱	明史卷289忠義	王	誼	北史卷61附王盟傳 隋書卷40	
王	韓	明史卷289忠義	王	緯	舊唐書卷146 新唐書卷159	
王	禎	明史卷289忠義	王	稷	舊唐書卷151附王鍔傳 新唐書卷170附王鍔傳	
王	15翦	史記卷73				
王	澄	晉書卷43附王戎傳 明史卷296孝義附鄭灝傳	王	播	舊唐書卷164 新唐書卷167	
王	嶠	晉書卷75附王湛傳	王	勔	舊唐書卷190上文苑附王勃傳 新唐書卷201文藝附王勃傳	
王	談	晉書卷88孝義	王	適	舊唐書卷190中文苑附劉憲傳	

四畫

王

王	潮	新唐書卷190
王	潯	新唐書卷191忠義附王同皎傳
王	緘	舊五代史卷60唐書 / 明史卷203附王儀傳
王	震	宋史卷320附王素傳 / 金史卷127孝友
王	霆	宋史卷408
王	蔚	金史卷95
王	毅	金史卷121忠義
王	磐	元史卷160
王	瑾	明史卷171附王驥傳
王	儀	明史卷203
王	畿	明史卷283儒林
王	履	明史卷299方技
王	徵	明史卷294忠義附祝萬齡傳
王	蕃 16畫	三國吳志卷20或65
王	導	晉書卷65
王	機	晉書卷100
王	諶	南齊書卷34 / 南史卷49
王	融	南齊書卷47 / 南史卷21附王弘傳
王	錫	梁書卷21附王份傳 / 南史卷23附王彧傳 / 南史卷23附王弘傳
王	樹	魏書卷30附王建傳
王	憲	魏書卷33 / 北史卷24 / 明史卷199
王	叡	魏書卷93恩倖 / 北史卷92恩倖
王	靜	魏書卷93恩倖附王叡傳
王	操	周書卷48附蕭詧傳 / 北史卷93僭偽附蕭

王		附蕭詧傳
王	捌	北史卷73附劉方傳 / 隋書卷53附劉方傳
王	縉	舊唐書卷118 / 新唐書卷145
王	龜	舊唐書卷154附王播傳 / 新唐書卷167附王播傳
王	蕘	舊唐書卷164附王播傳
王	璠	舊唐書卷169 / 新唐書卷179
王	澣	舊唐書卷190中文苑（新唐書202作王翰）
王	翰	新唐書卷202文藝（舊唐書190中作王澣） / 宋史卷456孝義附呂昇傳
王	臻	宋史302
王	隨	宋史311
王	儔	宋史453忠義
王	樵	宋史458隱逸 / 明史221
王	溱	明史卷135附郭景祥傳
王	璡	明史143
王	環	明史186
王	縝	明史201
王	翱	明史177
王	曄	明史卷210附謝瑜傳
王	衡	明史卷218附王錫爵傳
王	遴	明史220
王	襄 17畫	漢書卷64下（襄同襄） / 周書卷41 / 北史卷83
王	駿	漢書卷72附王吉傳

四畫

王

王 濟 晉書卷42

王 濟 晉書卷42附王渾傳 / 宋史卷304

王 薈 晉書卷65附王導傳

王 謐 晉書卷65附王導傳

王 濛 晉書卷93外戚

王 彌 晉書卷100

王 嶷 魏書卷33附王憲傳

王 謙 周書卷21 / 北史卷60附王雄傳 / 明史卷222附王崇古傳

王 鍔 舊唐書卷151 / 新唐書卷170

王 璵 舊唐書卷130 / 新唐書卷109

王 凝 舊唐書卷165附王正雅傳 / 新唐書卷143附王翊傳

王 徽 舊唐書卷178 / 新唐書卷185 / 明史卷180

王 縝 舊唐書卷192隱逸 / 新唐書卷196隱逸

王 檀 舊五代史卷22梁書 / 新五代史卷23雜傳

王 環 舊五代史卷129周書 / 新五代史卷50雜傳

王 曙 宋史卷286

王 獵 宋史卷322

王 臨 宋史卷329附王廣淵傳

王 襄 宋史卷352

王 邁 宋史卷423

王 諲 金史卷122忠義附女奚烈斡出傳

王 機 元史卷153

王 聰 明史卷145附邱福傳

王 懋 明史卷161附楊璡傳 / 明史卷192附郭楠傳

王 鏴 明史卷297孝義附王在復傳

王 隱 晉書卷82

王 18膽 梁書卷21 / 南史卷16附王玄謨傳 / 南史卷21附王弘傳 / 南齊書卷49附王奐傳 / 南史卷23附王彧傳

王 鎔 舊唐書卷142附王廷湊傳 / 新唐書卷211藩鎮附王廷湊傳 / 舊五代史卷54唐書 / 新五代史卷39雜傳

王 璨 新唐書卷98附王珪傳 / 明史卷292忠義

王 薦 宋史卷448忠義附韓浩傳 / 元史卷197孝友

王 擴 金史卷104

王 整 明史卷181

王 鎮 明史卷300外戚

王 19蘊 晉書卷93外戚 / 南史卷23附王彧傳 / 魏書卷38附王慧龍傳 / 明史卷198

王 懷 北齊書卷19 / 北史卷53

王 羆 周書卷18 / 北史卷62

王 贊 宋史卷274

王 疇 宋史卷291附王博文傳

王 繍 宋史卷470侫幸

王 璽 明史卷174

四畫	王		熿	明史卷201			熿	宋史卷268
	王	20	籍	梁書卷50文學 南史卷21附王弘傳	王		瓚	舊五代史卷59唐書
王	王		騫	南史卷22附王曇首傳	王		韶	宋史卷291
	王		藻	南史卷23附王誕傳	王	25	觀	三國魏志卷24 遼史卷97 明史卷140
	王		鐐	新唐書卷185附王鐸傳	王	27	驥	明史卷171
	王		饒	舊五代史卷125周書	王		鑾	明史卷188附徐文溥傳
	王		鏻	新五代史卷68閩世家附王審知傳(舊五代史卷134作王延鈞)	王	29	鬱	金史卷126文藝
	王		瞻	宋史卷350附王君萬傳	王	1一	桂	明史卷291忠義附王整坤傳
	王		蘭	宋史卷386	王	一	覿	明史卷165附王得仁傳
	王		競	金史卷125文藝	王	2十	朋	宋史卷387
	王		鶚	元史卷160	王	九	思	明史卷286文苑李夢陽傳
	王	21	霸	後漢書卷50 後漢書卷113逸民	王	3三	善	明史卷249
	王		辯	北史卷78 隋書卷64	王	大	壽	宋史卷453忠義
	王		鐸	舊唐書卷164附王播傳 新唐書卷185	王	大	寶	宋史卷386
					王	子	直	周書卷39 北史卷70
	王		燔	宋史卷418	王	子	雲	南史卷72文學附何思澄傳
	王	22	龔	後漢書卷86	王	子	韶	宋史卷329
	王		覽	晉書卷33附王祥傳	王	子	融	宋史卷310附王曾傳
	王		歡	晉書卷91儒林	王	子	輿	宋史卷277
	王		懿	宋書卷46 南史卷25	王	子	顏	舊唐書卷183外戚 新唐書卷147附王難得傳
	王		襃	魏書卷93恩倖附王叡傳				
	王		權	舊五代史卷92晉書 新五代史卷56雜傳	王	士	元	元史卷194忠義
	王		覿	宋史卷344	王	士	平	舊唐書卷142附王武俊傳
	王	23	鑒	晉書卷71	王	士	弘	元史卷198孝友 明史卷140附盧熙傳
	王		顯	魏書卷91藝術 北史卷90藝術	王	士	良	周書卷36 北史卷67

王	士	言	宋史卷453忠義
王	士	性	明史卷223附王宗沐傳
王	士	昌	明史卷223附王宗沐傳
王	士	和	明史卷277附鄭鴌虹傳
王	士	則	舊唐書卷142附王武俊傳
王	士	眞	舊唐書卷142附王武俊傳
			新唐書卷211藩鎭附王武俊傳
王	士	敏	宋史卷454忠義附劉士昭傳
王	士	崧	明史卷223附王宗沐傳
王	士	琦	明史卷223附王宗沐傳
王	士	傑	明史卷295忠義附高其勳傳
王	4 心	一	明史卷246附侯震暘傳
王	少	玄	舊唐書卷188孝友附王君操傳
			新唐書卷195孝友
王	中	正	宋史卷467宦者
王	予	可	金史卷127隱逸
王	毛	仲	舊唐書卷106
			新唐書卷121
王	及	善	舊唐書卷90
			新唐書卷116
王	允	之	晉書卷76附王舒傳
王	允	功	宋史卷448忠義附韓浩傳
王	允	成	明史卷246
王	友	直	宋史卷370
王	友	貞	舊唐書卷192隱逸
			新唐書卷196隱逸
王	化	貞	明史卷259附熊廷弼傳
王	化	基	宋史卷266
王	方	慶	舊唐書卷89（新唐書卷116作王綝）
王	方	翼	舊唐書卷185上良吏
			新唐書卷111
王	之	宷	明史卷222附王崇古傳
			明史244
王	之	望	宋史卷372
王	之	禎	明史卷222附王崇古傳
王	之	誥	明史卷220
王	之	翰	明史卷237附馬應京傳
王	文	同	北史卷87酷吏
			隋書卷74酷吏
王	文	郁	宋史卷350
王	文	殊	南齊書卷55孝義
			南史卷73孝義
王	文	統	元史卷206叛臣
王	文	寶	宋史卷274
王	元	正	明史卷192附楊慎傳
王	元	規	陳書卷33儒林
			南史卷71儒林
王	元	逵	舊唐書卷142附王廷湊傳
			新唐書卷211藩鎭附王廷湊傳
王	元	感	舊唐書卷189下儒學
			新唐書卷199儒學
王	元	節	金史卷126文藝
王	元	翰	明史236
王	仁	恭	北史卷78
			隋書卷65
王	仁	皎	舊唐書卷183外戚
			新唐書卷206外戚
王	仁	裕	舊五代史卷128周書
			新五代史卷57雜傳
王	仁	睿	宋史卷466宦者
王	仁	鎬	宋史卷261
王	仁	瞻	宋史卷257
王	5 玉	汝	元史卷153

四畫

王

四畫	王	用	汲	明史卷229	王	世	貞	明史卷287文苑

王	仔	昔	宋史卷462方技
王	去	非	金史卷127隱逸
王	以	旂	明史卷199
王	令	言	隋書卷78藝術附萬寶常傳
王	令	溫	舊五代史卷124周書
王	正	言	舊五代史卷69唐書
王	正	志	明史卷237附華鈺傳
王	正	國	明史卷195附王邦瑞傳
王	正	雅	舊唐書卷165 新唐書卷143附王栩傳
王	弘	之	宋書卷93隱逸 南史卷24附王鎮之傳
王	弘	義	舊唐書卷186上酷吏 新唐書卷209酷吏
王	弘	贄	新五代史卷48雜傳
王	玄	之	晉書卷80附王羲之傳
王	玄	威	魏書卷87節義 北史卷85節義
王	玄	象	南史卷16附王玄謨傳
王	玄	載	南齊書卷27 南史卷16附王玄謨傳
王	玄	邈	南齊書卷27附王玄載傳 南史卷16附王玄謨傳
王	玄	謨	宋書卷76 北史卷79
王	世	充	舊唐書卷54(隋書卷85作王充) 新唐書卷85
王	世	名	明史卷297孝義

王

四畫

王	世	琇	明史卷293忠義
王	世	弼	魏書卷71 北史45
王	世	欽	明史卷269附尤世威傳
王	世	積	北史卷68附王雅傳 隋書卷40
王	世	懋	明史卷287文苑附王世貞傳
王	自	中	宋史卷390
王	先	生	史記卷126滑稽
王	吉	甫	宋史卷330
王	老	志	宋史卷462方技
王	次	翁	宋史卷380
王	同	皎	舊唐書卷187上忠義 新唐書卷191忠義
王	全	斌	宋史卷255
王	如	堅	明史卷233
王	在	晉	明史卷257附王洽傳
王	在	復	明史卷297孝義
王	光	祖	宋史卷350
王	光	濟	宋史卷456孝義
王	行	敏	新唐書卷191忠義
王	行	瑜	舊唐書卷175附昭宗十子傳 新唐書卷224下叛臣
王	仲	丘	新唐書卷200儒學下
王	仲	舒	舊唐書卷190下文苑 新唐書卷164
王	仲	興	魏書卷93恩倖 北史卷92恩倖
王	仲	寶	宋史卷325附任福傳
王	汝	玉	明史卷152附鄒濟傳

王	汝	訓	明史卷235
王	汝	梅	金史卷127隱逸 明史卷208附黎貫傳
王	安	中	宋史卷352
王	安	世	魏書卷71附江悅之傳
王	安	石	宋史卷327
王	安	國	宋史卷327
王	安	節	宋史卷450忠義附陳昭傳
王	安	禮	宋史卷327
王	守	一	舊唐書卷183外戚附王仁皎傳（新唐書206作王宰）
王	守	仁	明史卷195
王	守	恩	舊五代史卷125周書
王	守	規	宋史卷467宦者
王	守	愼	舊唐書卷192隱逸
王	守	道	元史卷153
王	守	誠	元史卷183
王	守	澄	舊唐書卷184宦官 新唐書卷208宦官
王	住	兒	元史卷197孝友附田改住傳
王	利	用	元史卷170
王	邦	瑞	明史卷199
王	鈞	諒	明史卷289忠義附卒簦傳
王	阮	韜	南史卷24附王裕之傳
王	求	禮	舊唐書卷101 舊唐書卷187上忠義 新唐書卷112
王	希	夷	舊唐書卷192隱逸 新唐書卷196隱逸
王	希	呂	宋史卷388
王	成	衍	宋史卷250附王審琦傳
王	成	衎	宋史卷250附王審琦傳
王	志	愔	舊唐書卷100 新唐書卷128
王	志	堅	明史卷288文苑
王	志	道	明史卷256附李長庚傳
王	孝	忠	宋史卷454忠義
王	孝	傑	舊唐書卷93 新唐書卷111
王	孝	籍	北史卷82儒林 隋書卷75儒林
王	伯	大	宋史卷420
王	伯	勝	元史卷169
王	伯	龍	金史卷81
王	伯	顏	元史卷195忠義
王	君	奭	舊唐書卷103 新唐書卷133
王	君	萬	宋史卷350
王	君	廓	舊唐書卷60宗室附廬江王瑗傳 新唐書卷92
王	君	操	舊唐書卷188孝友
王	克	己	元史卷198孝友
王	克	臣	宋史卷250附王審琦傳
王	克	明	宋史卷462方技
王	克	敬	元史卷184
王	廷	相	明史卷194
王	廷	陳	明史卷286文苑
王	廷	湊	舊唐書卷142 新唐書卷211藩鎮
王	廷	義	宋史卷252附王彥傳
王	廷	瞻	明史卷221

四畫	王	延	之	南齊書卷32 南史卷24附王裕之傳
	王	延	政	新五代史卷68閩世家附王審知傳
	王	延	範	宋史卷280
王	王	延	鈞	舊五代史卷134僭偽附王審知傳(新五代史卷68作王鏻)
	王	延	德	宋史卷309(本卷有二王延德一開封人一大名人)
	王	延	翰	新五代史卷68閩世家附王審知傳
	王	延	羲	舊五代史卷134僭偽附王審知傳 新五代史卷68閩世家附王審知傳
	王	8坦	之	晉書卷75附王湛傳
	王	秀	之	南齊書卷46 南史卷24附王裕傳
	王	和	平	後漢書卷112下方術
	王	知	玄	南史卷74孝義附張昭傳
	王	松	年	北齊書卷35 北史卷35附王慧龍傳
	王	武	俊	舊唐書卷142 新唐書卷211藩鎮
	王	昔	刺	元史卷166
	王	肯	堂	明史卷221附王樵傳
	王	來	聘	明史卷269附姜名武傳
	王	初	應	元史卷197孝友
	王	易	簡	宋史卷262
	王	昌	齡	舊唐書卷190下文苑 新唐書卷203文藝附孟浩然傳
	王	忠	民	宋史卷459隱逸
	王	忠	植	宋史卷448忠義
	王	忠	嗣	舊唐書卷103 新唐書卷133
	王	長	文	晉書卷82
	王	長	逑	隋書卷54(周書卷18作王逑) 北史卷62附王羆傳
	王	叔	文	舊唐書卷135 新唐書卷168
	王	叔	承	明史卷288文苑附王稚登傳
	王	叔	英	明史卷143
	王	宗	沐	明史卷223
	王	宗	茂	明史卷210
	王	宗	望	宋史卷320
	王	宗	顯	明史卷140
	王	居	正	宋史卷381
	王	居	安	宋史卷405
	王	居	卿	宋史卷331
	王	承	元	舊唐書卷142附王武俊傳 新唐書卷148
	王	承	宗	舊唐書142附王武俊傳 新唐書卷211藩鎮附王武俊傳
	王	承	美	宋史卷253
	王	承	恩	明史卷305宦官
	王	承	裕	明史卷182附王恕傳
	王	9茂	元	舊唐書卷152附王栖曜傳 新唐書卷170附王栖曜傳
	王	拱	辰	宋史卷318
	王	洛	兒	魏書卷34 北史卷25
	王	洪	軌	南史卷70循吏
	王	禹	偁	宋史卷293

四
畫

王

王	珍	國	梁書卷17 南史卷46附王廣之傳
王	指	揮	明史卷142附藍能傳
王	若	虛	金史卷126文藝
王	俊	義	宋史卷344附王覿傳
王	建	及	新五代史卷25唐臣 （舊五代史65作李建及）
王	建	立	舊五代史卷91晉書 新代五史卷46雜傳
王	昭	素	宋史卷431儒林
王	昭	晦	舊五代史卷54唐書 附王鎔傳
王	昭	遠	宋史卷276附王繼升傳 宋史卷479西蜀世家 附孟昶傳
王	重	師	舊五代史卷19梁書 新五代史卷22梁臣
王	重	裔	舊五代史卷129周書
王	重	榮	舊唐書卷182 新唐書卷187
王	彥	昇	宋史卷250
王	彥	威	舊唐書卷157 新唐書卷164
王	彥	章	舊五代史卷21梁書 新五代史卷32死節
王	彥	超	宋史卷255
王	彥	達	明史卷289忠義附王 綱傳
王	思	同	舊五代史卷65唐書 新五代史卷33死事
王	思	政	周書卷18 北史卷62
王	思	廉	元史卷160
王	思	誠	元史卷183
王	思	遠	南齊書卷43 南史卷24附王僧虔之

傳

王	思	聰	元史卷197孝友
王	思	禮	舊唐書卷110 新唐書147
王	悅	之	南史卷24
王	珪	之	南史卷24附王淮之傳
王	剛	中	宋史卷386
王	納	言	明史卷209附楊最傳
王	神	念	梁書卷39 南史卷63
王	益	柔	宋史卷286附王曙傳
王	晉	卿	宋史卷271
王	祖	道	宋史卷348
王	栖	曜	舊唐書卷152 新唐書卷170
王	孫	蘭	明史卷294忠義
王	虔	休	舊唐書卷132 新唐書卷147
王	虔	裕	舊五代史卷21梁書 新五代史卷23梁臣
王	庭	允	舊五代史卷88晉書
王	庭	秀	宋史卷399附鄭毅傳
王	庭	筠	金史卷126文藝
王	晏	宰	舊唐書卷156附王智 興傳（新唐書卷172 作王宰）
王	晏	平	舊唐書卷156附王智 興傳 新唐書卷172附王智 興傳
王	晏	球	舊五代史卷64唐書 新五代史卷46雜傳
王	師	約	宋史卷250附王審琦 傳
王	師	道	宋史卷453忠義
王	師	範	新唐書卷187附王敬 武傳

四畫			
王	王	家 屏	舊五代史卷13梁書 新五代史卷42雜傳 明史卷217
	王	家 彦	明史卷265
	王	家 禎	明史卷264
	王	家 錄	明史卷294忠義附郁任傳
	王	時 中	明史卷202
	王	時 化	明史卷292忠義附徐尚卿傳
	王	時 柯	明史卷192
	王	時 槐	明史卷283儒林
	王	時 舉	明史卷207附楊思忠傳
	王11	得 仁	明史卷165
	王	惟 儉	明史卷288文苑
	王	淮 之	宋書卷60 南史卷24
	王	逡 之	南齊書卷52文學 南史卷24附王淮之傳
	王	彪 之	晉書卷76附王廙傳
	王	崇 古	明史卷222
	王	處 存	舊唐書卷182 新唐書卷186
	王	處 直	舊唐書卷182附王處存傳 舊五代史卷54唐書 新五代史卷39雜傳
	王	處 納	宋史卷461方技
	王	國 光	明史卷225
	王	國 昌	元史卷167
	王	國 訓	明史卷292忠義
	王	國 寶	晉書卷75附王湛傳
	王	紹 正	明史卷292忠義附方國儒傳
	王	紹 宗	舊唐書卷189下儒學 新唐書卷199儒學
	王	紹 鼎	舊唐書卷142附王廷湊傳 新唐書卷211藩鎮附王廷湊傳
	王	紹 徽	明史卷306閹黨
	王	紹 懿	舊唐書卷142附王廷湊傳 新唐書卷211藩鎮附王廷湊傳
	王12	渙 之	宋史卷347附王漢之傳
	王	盧 之	南史卷73孝義
	王	都 中	元史卷184
	王	貽 永	宋史卷464外戚
	王	堯 臣	宋史卷292
	王	傅 拯	舊五代史卷94晉書
	王	溫 舒	史記卷122酷吏 漢書卷90酷吏
	王	喬 楝	明史卷295忠義
	王	雄 誕	舊唐書卷56附輔公祏傳 新唐書卷92附杜伏威傳
	王	就 學	明史卷234附盧洪春傳
	王	博 文	宋史卷291
	王	博 武	新唐書卷195孝友
	王	智 深	南齊書卷52文學 南史卷72文學
	王	智 興	舊唐書卷156 新唐書卷172
	王	無 咎	宋史卷444文苑
	王	無 競	舊唐書卷190中文苑附閭朝隱傳 新唐書卷107附陳子昂傳
	王	欽 臣	宋史卷294附王洙傳
	王	欽 若	宋史卷283

王	景	文	宋書卷85（南史卷23作王誠）
王	景	仁	舊五代史卷23梁書新五代史卷23梁臣
王	景	崇	舊唐書卷142附王廷湊傳新唐書卷211藩鎮附王廷湊傳新五代史卷53雜傳
王13熙	元		宋史卷461方技附王虛納傳
王	義	方	舊唐書卷187上忠義新唐書卷112
王	源	中	新唐書卷164附盧景亮傳
王	愼	中	明史卷287文苑
王	楨	之	晉書卷80附王羲之傳
王	裕	之	南史卷24（宋書卷66作王敬弘）
王	歆	之	宋書卷92良吏
王	嗣	宗	宋史卷287
王	柟		明史卷276
王	鼎	爵	明史卷218附王錫爵傳
王	運	開	明史卷295忠義附劉廷標傳
王	運	闓	明史卷295忠義附劉廷標傳
王	與	齡	明史卷207
王	與	夔	明史卷290忠義附張瑤傳
王	道	同	明史卷289忠義附孫炎傳
王	道	純	明史卷264
王	道	焜	明史卷276附朱大典傳
王	道	隆	宋史卷94恩倖
王	道	蓋	南史卷73孝義附徐耕傳
王	敬	弘	宋書卷66（南史卷24作王裕之）
王	敬	臣	明史卷282儒林附鄧校傳

王	敬	武	新唐書卷187
王	敬	則	南齊書卷26南史卷45
王	敬	堯	舊五代史卷20梁書新五代史卷43雜傳
王14褘	之		晉書卷75附王湛傳
王	綸	之	南史卷24附王裕之傳
王	韶	之	宋書卷60南史卷24明史卷278
王	養	正	元史卷186附陳祖仁傳
王	遜	志	舊唐書卷192隱逸新唐書卷204方技附袞天網傳
王	遠	知	明史卷291忠義
王	肇	坤	明史卷291忠義附吉孔嘉傳
王	端	冕	明史卷291忠義附吉孔嘉傳
王	銑	著	明史卷255附劉宗周傳
王	榮	世	魏書卷87節義北史卷85節義
王	榮	祖	元史卷149附王珣傳
王	漢	之	宋史卷347
王	漢	忠	宋史卷279
王	維	楨	明史卷286文苑附李夢陽傳
王	維	新	明史卷291忠義附鄧藩錫傳
王	維	翰	金史卷121忠義
王	僧	虔	南齊書卷33南史卷22附王曇首傳
王	僧	祐	南史卷21附王弘傳
王	僧	達	宋書卷75南史卷21附王弘傳
王	僧	孺	梁書卷33南史卷59
王	僧	綽	宋書卷71南史卷22附王曇首傳

四畫

王

四畫							
	王	僧	辯	梁書卷45 南史卷63附王神念傳	王	羲	之	晉書卷80

王	僧	辯	梁書卷45 南史卷63附王神念傳
王15徽	俊		明史卷294忠義
王	慧	龍	魏書卷38 北史卷35
王	慶	遠	周書卷18附王羆傳
王	慶	端	元史卷151附王善傳
王	審	知	舊五代史卷134僭偽 新五代史卷68閩世家
王	審	邽	新唐書卷190附王潮傳
王	審	琦	宋史卷250
王	德	用	宋史卷278附王超傳
王	德	完	明史卷235
王	德	謙	宋史卷469宦者
王	廣	之	南齊書卷29 南史卷46
王	廣	淵	宋史卷329
王16凝	之		晉書卷80附王羲之傳
王	操	之	晉書卷80附王羲之傳
王	曇	首	宋書卷63 南史卷22
王	穉	登	明史卷288文苑
王	遵	業	魏書卷38附王慧龍傳
王	舉	元	宋史卷266附王化基傳
王	舉	正	宋史卷266附王化基傳
王	學	曾	明史卷233
王	學	夔	明史卷203附王儀傳
王	與	宗	明史卷140附王宗顯傳
王	與	福	明史卷140附王宗顯傳

王	羲	之	晉書卷80
王	錫	袞	明史卷279
王	錫	爵	明史卷218
王17徽	之		晉書卷80附王羲之傳
王	勵	精	明史卷295忠義
王	鴻	孺	明史卷185
王	績	燦	明史卷258附吳執御傳
王	應	元	明史卷297孝義附李文詠傳
王	應	辰	宋史卷387
王	應	豸	明史卷248附顏繼祖傳
王	應	電	明史卷282儒林附魏校傳
王	應	熊	明史卷253
王	應	鵬	明史卷290忠義附汪一中傳
王	應	麟	宋史卷438儒林
王18鎮	之		宋書卷92良吏 南史卷24
王	鎮	惡	宋書卷15 南史卷16
王19難	得		新唐書卷147
王	懷	隱	宋史卷461方技
王20寶	興		魏書卷38附王慧龍傳
王	獻	之	晉書卷80附王羲之傳
王	獻	臣	明史卷180
王	繼	升	宋史卷276
王	繼	先	宋史卷470佞幸
王	繼	宏	舊五代史卷125周書
王	繼	忠	宋史卷279 遼史卷81
王	繼	英	宋史卷268

王繼恩	宋史卷466宦者 遼史卷109宦官	
王繼勳	宋史卷463外戚	
王繼鵬	新五代史卷68閩世家附王審知傳	
王繼濤	宋史卷255附康延澤傳	
王21纘生	魏書卷86孝感 北史卷8孝行	
王纘祖	南史卷73孝義附封延伯傳	
王23體乾	明史卷305宦官	
王巖叟	宋史卷342	

五　畫

全		寅	明史卷299方技
代		淵	宋史卷458隱逸
冉		求	史記卷67仲尼弟子傳
冉		耕	史記卷67仲尼弟子
冉		閔	晉書卷107後趙載記附石季龍傳下 魏書卷95附翔胡石勒傳
冉		雍	史記卷67仲尼弟子傳
主		偃	史記卷112 漢書卷64上 元史卷133
	父只吾	兒道	榮 北齊書卷49方技 北史卷89藝術
由		理	威 元史卷120附察罕傳
	智八	兒	火者 元史卷120
立		氏	漢書卷91貨殖
札		吉	漢書卷74(史記96作邴吉)
丙		奘	舊唐書卷191方技(目作僧玄奘)
丙		齡	金史卷93
玄		敬	明史卷141附陳迪傳
玄		構	金史卷97
巨		毓	晉書卷91儒林
巨		騰	晉書卷94隱逸
氾		喜	金史卷69
氾		渾	元北齊書卷27 北史卷53
可	朱哇	失	元史卷132
可			
玉			

四五畫

王全代冉主旦由立札丙玄巨氾可玉

五畫

玉失必句布尼召叱皮古平永尢

玉昔帖木兒	元史卷119附博爾术傳
失里伯	元史卷133
失剌拔都兒	元史卷135
必蘭阿魯帶	金史卷102
必蘭納識理	元史卷202釋老附八思巴傳
句濤	宋史卷382
句中正	宋史卷441文苑
句龍如淵	宋史卷380
句輝	金史卷66附合住傳
布智兒	元史卷123
布魯海牙	元史卷125
尼厖古鑑	金史卷95
尼厖古鈔兀	金史卷86
尼厖古蒲魯虎	金史卷122忠義
召馴	後漢書卷109下儒林
召信臣	漢書卷89循吏
召烈台抄兀兒	元史卷123
叱列平	北齊書卷20 北史卷53（「列」北齊書作「利」）
叱羅協	周書卷11附晉蕩公護傳 北史卷57附邵惠公顥傳
叱列伏龜	周書卷20 北史卷61

叱列延慶	魏書卷80 北史卷49
叱皮喜子	魏書卷51附皮豹子傳
皮豹子	魏書卷51 北史卷37
皮景和	北齊書卷41 北史卷53
皮龍榮	宋史卷420
古朴	明史卷150
古迭	遼史卷114逆臣
古弼	魏書卷23 北史卷25
古道子	北齊書卷45文苑附顏之推傳
古里甲石倫	金史卷111
古里甲安	明史卷144
平季	魏書卷94閹官 北史卷92恩倖
平恒	魏書卷84儒林 北史卷31儒林
平當	漢書卷71
平鑒	北齊書卷26 北史卷55
平陽公主	舊唐書卷58附柴紹傳
永元	金史卷76（本名元奴）
永中	金史卷35
永升	金史卷85
永功	金史卷85
永成	金史卷85
永德	金史卷85
永蹈	金史卷85
尢赤	元史卷117
尢魯	金史卷66
尢赤台	元史卷120

五畫

尢甘包尒丘

尢	甲	臣 嘉	金史卷103
尢	甲	法 心	金史卷121忠義
尢	甲	脫 魯 灰	金史卷124忠義
尢	虎	高 琪	金史卷106
尢	虎	篤 壽	金史卷100
甘		始	後漢書卷112下方術
甘		卓	晉書卷70
甘		茂	史記卷71
甘		昇	宋史卷469宦者
甘		寧	三國吳志卷10或55
甘		霖	明史卷141附王度傳
甘		羅	史記卷71附甘茂傳
甘	延	壽	漢書卷70
甘	昭	吉	宋史卷467宦者
包		孝	明史卷207附包節傳
包		佶 信	新唐書卷149附劉晏傳
包		咸	後漢書卷109下儒林
包		拯	宋史卷316
包		恢	宋史卷421
包		愷	北史卷82儒林附何妥傳 / 隋書卷75儒林附何妥傳
包		節	明史卷207
包		融	舊唐書卷190中文苑附賀知章傳
包	見	捷	明史卷237
包	實	夫	明史卷296孝義附謝定住傳
尒	朱	兆	北史卷48附尒朱榮傳
尒	朱	敞	北史卷48附尒朱榮傳 / 隋書卷55
尒	朱	榮	北史卷48
尒	朱	天 光	北史卷48附尒朱榮傳
尒	朱	文 暢	北齊書卷48外戚 / 北史卷48附尒朱榮傳
尒	朱	仲 遠	北史卷48附尒朱榮傳
尒	朱	彥 伯	北史卷48附尒朱榮傳
尒	朱	度 律	北史卷48附尒朱榮傳
尒	朱	世 承	北史卷48附尒朱榮傳
尒	朱	世 隆	北史卷48附尒朱榮傳
丘		和	舊唐書卷59 / 新唐書卷90
丘		悅	舊唐書卷190中文苑附員半千傳
丘		堆	魏書卷30 / 北史卷25
丘		寯	宋史卷398
丘		遲	梁書卷49文學 / 南史卷72文學附丘靈鞠傳
丘		傑	南史卷73孝義
丘	巨	源	南齊書卷52文學 / 南史卷72文學
丘	仲	孚	梁書卷52良吏 / 南史卷72文學附丘靈鞠傳
丘	行	恭	舊唐書卷59附丘和傳 / 新唐書卷90附丘和傳 / 南史卷73孝義
丘	冠	先	南史卷73孝義
丘	神	勣	舊唐書卷59附丘和傳 / 舊唐書卷186上酷吏 / 新唐書卷209酷吏附

			來俊臣傳
五畫	丘	處	機 元史卷202釋老
	丘	靈	鞠 南齊書卷52文學 南史卷72文學
	左		泌 金史卷75
	左		思 晉書卷92文苑
丘左令中	左		原 後漢書卷89附郭太傳
	左		淵 金史卷75附左泌傳
	左		雄 後漢書卷91
	左		鼎 明史卷164
	左		慈 後漢書卷112下方術
	左		膺 宋史卷356附錢遹傳
	左	企	弓 金史卷75
	左	光	斗 明史卷244
	左	光	先 明史卷244附左光斗傳
	左	光	慶 金史卷75附左泌傳
	左	良	玉 明史卷273
	左	相	申 明史卷293忠義附何寶傳
	左	懋	第 明史卷275
	令	狐	仕 魏書卷86孝感附閭元明傳
	令	狐	休 周書卷36附令狐整傳
	令	狐	定 舊唐書卷172附令狐楚傳 新唐書卷166附令狐楚傳
	令	狐	建 舊唐書卷124附令狐彰傳 新唐書卷148附令狐彰傳
	令	狐	峘 舊唐書卷149 新唐書卷102附令狐德棻傳

令	狐	通	舊唐書卷124附令狐彰傳 新唐書卷148附令狐彰傳
令	狐	愚	三國魏志卷28附王淩傳
令	狐	熙	周書卷36附令狐整傳 北史卷67附令狐整傳 隋書卷56
令	狐	楚	舊唐書卷172 新唐書卷166
令	狐	滈	舊唐書卷172附令狐楚傳 新唐書卷166附令狐楚傳
令	狐	運	舊唐書卷124附令狐彰傳
令	狐	彰	舊唐書卷124 新唐書卷148
令	狐	絢	舊唐書卷172附令狐楚傳 新唐書卷166附令狐楚傳
令	狐	緒	舊唐書卷172附令狐楚傳 新唐書卷166附令狐楚傳
令	狐	整	周書卷36 北史卷67
令	狐	德	棻 舊唐書卷73 新唐書卷102
申		公	史記卷121儒林 漢書卷88儒林
申		良	明史卷192附楊淮傳
申		恬	宋書卷65(南史卷70作申怗)
申		怗	南史卷70循吏(宋書卷65作申恬)
申		徽	周書卷32 北史卷69
申		纂	魏書卷61附畢衆敬傳
申	文	炳	舊五代史卷131周書
申	不	害	史記卷63
申	世	寧	宋史卷456孝義

申	用	嘉	明史卷218附申時行傳
申	用	懋	明史卷218附申時行傳
申	佳	允	明史卷266
申	時	行	明史卷218
申	紹	芳	明史卷218附申時行傳
申	積	中	宋史卷456孝義
申	屠	剛	後漢書卷59
申	屠	嘉	史記卷96 漢書卷42
申	屠	蟠	後漢書卷83
申	屠	致	遠 元史卷170
白		圭	史記卷129貨殖 漢書卷91貨殖 明史卷172
白		建	北齊書卷40 北史卷55
白		起	史記卷73
白		華	金史卷114
白		瑜	明史卷242
白		鉞	明史卷172附白圭傳
白		撒	金史卷113（一名承裔）
白		整	魏書卷94閹官 北史卷92恩倖
白	元	光	新唐書卷136附李光弼傳
白	文	珂	舊五代史卷124周書
白	守	素	宋史卷280
白	再	榮	舊五代史卷106漢書 新五代史卷48雜傳
白	行	簡	舊唐書卷166附白居易傳 新唐書卷119附白居易傳
白	志	貞	新唐書卷167（舊唐書135作白志眞）

白	志	眞	舊唐書卷135（新唐書167作白志貞）
白	延	遇	舊五代史卷124周書
白	孝	德	舊唐書卷109 新唐書卷136附李光弼傳
白	居	易	舊唐書卷166 新唐書卷119
白	奉	進	舊五代史卷95晉書
白	彥	敬	金史卷84
白	重	贊	宋史卷261
白	時	中	宋史卷371
白	敏	中	舊唐書卷166附白居易傳 新唐書卷119附白居易傳
白	景	亮	元史卷192良吏
白	粹	忠	明史卷297孝義附潘清雅傳
白	慧	元	明史卷291忠義附孫士美傳
白	履	忠	舊唐書卷192隱逸 新唐書卷196隱逸
史	大	丹	金史卷121忠義附訛里也傳 漢書卷82
史	方		宋史卷326
史	圭		舊五代史卷92晉書 新五代史卷56雜傳
史	安		明史卷154附柳升傳
史	抗		宋史卷446忠義
史	序		宋史卷461方技
史	格		元史卷155附史天澤傳
史	昭		明史卷174
史	浩		宋史卷396
史	珪		宋史卷274

五畫	史	祥	北史卷61 / 隋書卷63附史寧傳
	史	渙	三國魏志卷9附夏侯惇傳
	史	弼	後漢書卷94 / 元史卷162
	史	雄	北史卷61附史寧傳
	史	楫	元史卷147附史天倪傳
史	史	寧	周書28 / 北史卷61
	史	樞	元史卷147附史天倪傳
	史	儼	舊五代史卷55唐書
	史	懿	舊五代史卷124周書
	史	權	元史卷147附史天倪傳
	史大奈		新唐書卷110諸夷蕃將
	史元忠		新唐書卷212藩鎮附李載義傳
	史五常		明史卷297孝義
	史天倪		元史卷147
	史天祥		元史卷147附史天倪傳
	史天澤		元史卷155
	史永安		明史卷249附李標傳
	史可法		明史卷274
	史弘肇		舊五代史卷107漢書 / 新五代史卷30漢臣
	史次秦		宋史卷449忠義附楊震仲傳
	史匡翰		舊五代史卷88晉書 / 新五代史卷25唐臣附史建瑭傳
	史孝章		舊唐書卷181附史憲誠傳 / 新唐書卷148
	史季儉		宋史卷449忠義附陳隆之傳
	史孟麟		明史卷231

史思明			舊唐書卷200上 / 新唐書卷225上逆臣
史建瑭			舊五代史卷55唐書
史彥超			舊五代史卷124周書 / 新五代史卷33死事
史彥斌			元史卷198孝友
史彥瓊			新五代史卷37伶官
史記言			明史卷292忠義
史務滋			舊唐書卷90附豆盧欽望傳 / 新唐書卷114附豆盧欽望傳
史朝義			舊唐書卷200上附史思明傳 / 新唐書卷225上叛臣附史思明傳
史嵩之			宋史卷414
史萬歲			北史卷73 / 隋書卷53
史敬奉			舊唐書卷152 / 新唐書卷170附高固傳
史敬鎔			舊五代史卷55唐書
史誠祖			明史卷281循吏
史德義			舊唐書卷192隱逸 / 新唐書卷196隱逸附田游巖傳
史憲忠			新唐書卷148附史孝章傳
史憲誠			舊唐書卷181 / 新唐書卷210藩鎮
史彌遠			宋史卷414
史彌鞏			宋史卷423
田	4文		史記卷75（卽孟嘗君）
田	仁		史記卷104附田叔傳
田	5弘		周書卷27 / 北史卷65
田	布		舊唐書卷141附田弘正傳

田					
田			田	錫	宋史卷293
			田	17翼	北史卷84孝行 隋書卷72孝義
田	6牟	新唐書卷148附田弘正傳 新唐書卷148附田弘正傳	田	19疇	三國魏志卷11
田	式	北史卷87酷吏 隋書卷74酷吏	田	21鐸	明史卷281循吏
田	7況	宋史卷292	田	24灝	金史卷81
田	8叔	史記卷104 漢書卷37	田1一	儔	明史卷216
田	武	舊五代史卷90晉書	田3大	益	明史卷237
田	京	宋史卷303	田4仁	會	舊唐書卷185上良吏 新唐書卷197循吏
田	10蚡	史記卷107 漢書卷52（即武安侯）	田　仁	恭	北史卷65附田弘傳 隋書卷54
田	悅	舊唐書卷141附田承嗣傳 新唐書卷210藩鎮附田承嗣傳	田　仁	朗	宋史卷275
田	11敏	宋史卷326 宋史卷431儒林	田5弘	正	舊唐書卷141 新唐書卷148
田	12單	史記卷82	田　令	孜	舊唐書卷184宦官 新唐書卷208宦者
田	晝	宋史卷345附鄒浩傳	田6汝	成	明史卷287文苑
田	琢	金史卷102	田7延	年	漢書卷90酷吏
田	雄	元史卷151	田　改	仵	元史卷197孝友
田	13瑜	宋史卷299	田8季	安	舊唐書卷141附田承嗣傳 新唐書卷210藩鎮附田承嗣傳
田	毅	金史卷89附孟浩傳	田　忠	良	元史卷203方技
田	滋	元史卷191良吏	田9承	嗣	舊唐書卷141 新唐書卷210藩鎮
田	15橫	史記卷94	田　重	進	宋史卷260
田	儋	史記卷94 漢書卷33	田10益	宗	魏書卷61 北史卷37
田	緒	舊唐書卷141附田承嗣傳 新唐書卷210藩鎮附田承嗣傳	田　時	震	明史卷264
田	16豫	三國魏志卷26	田　神	玉	舊唐書卷124附田神功傳 新唐書卷144附田神功傳
田	頵	新唐書卷189	田　神	功	舊唐書卷124 新唐書卷144
田	緒	新唐書卷210藩鎮附田承嗣傳	田11紹	斌	宋史卷280

五畫

田

五畫

田 12 景 咸 宋史卷261附李萬全傳
田 欽 祚 宋史卷274
田 13 遊 巖 舊唐書卷192隱逸 新唐書卷196隱逸
田 14 爾 耕 明史卷306閹黨
田 15 廣 明 漢書卷90酷吏

田石

田 德 懋 北史卷65附田弘傳 隋書附72孝義
田 17 歸 道 舊唐書卷185上良吏附田仁會傳 新唐書卷97循吏附田仁會傳
田 19 懷 諫 新唐書卷210藩鎮附田承嗣傳
田 藝 衡 明史卷287文苑附田汝成傳
石 4 介 宋史卷432儒林
石 5 弘 晉書卷105後趙載記附石勒傳下(魏書卷95作石大雅)
石 世 晉書卷107後趙載記附石季龍傳下 魏書卷95附羯胡石勒傳
石 永 元史卷198孝友
石 7 亨 明史卷173
石 8 虎 魏書卷95附羯胡石勒傳(晉書106作石季龍)
石 昂 新五代史卷34一行
石 玠 明史卷190附石確傳
石 金 明史卷207附薛侃傳
石 苞 晉書卷33
石 9 垣 晉書卷94隱逸
石 洪 新唐書卷171烏重胤傳
石 後 明史卷173附石亨傳

石 10 珤 明史卷190
石 珪 元史卷193忠義
石 11 崇 晉書卷33附石苞傳
石 勒 晉書卷104至105後趙載記 魏書卷95(目作羯胡石勒)
石 彪 明史卷173附石亨傳
石 12 奢 史記卷119循吏
石 雄 舊唐書卷161 新唐書卷171
石 普 宋史卷324 元史卷194忠義
石 琚 金史卷88
石 14 榮 魏書卷94閹官附抱嶷傳
石 15 撰 明史卷142附馬宣傳
石 16 鼎 明史卷297孝義
石 遵 晉書卷107後趙載記附石季龍傳 魏書卷95附羯胡石勒傳
石 豫 宋史卷356附錢遹傳
石 璞 明史卷160
石 18 奮 史記卷103 漢書卷46(即萬石君)
石 闥 北齊書卷44儒林 北史卷81儒林附孫惠蔚傳
石 20 曦 宋史卷271
石 23 鑒 晉書卷44 晉書卷107後趙載記附石季龍傳下 魏書卷95附羯胡石勒傳
石 顯 漢書卷93佞幸 金史卷67

石 3 土 門	金史卷70		新五代史卷17晉家人
石 三 畏	明史卷306閹黨附曹欽程傳	石 8 明 三	元史卷198孝友
石 大 雅	魏書卷95附羯石勒傳(晉書105作石弘)	石 抱 忠	新唐書卷112附員半千傳
石 大 祿	元史卷162	石 季 龍	晉書卷106至107後趙載記(魏書95作石虎)
石 4 中 立	宋史卷263附石熙載傳	石 知 顒	宋史卷466宦者
石 元 孫	宋史卷250附石守信傳	石 9 保 吉	宋史卷250附石守信傳
石 允 常	明史卷143附程通傳	石 保 興	宋史卷250附石守信傳
石 公 弼	宋史卷348	石 重 乂	舊五代史卷87晉書宗室(即虁王五代史17作石重義)
石 文 德	魏書卷87節義 北史卷85節義	石 重 杲	舊五代史卷87晉書宗室(即陳王)
石 天 柱	明史卷188	石 重 信	舊五代史卷37晉書宗室(即楚王) 新五代史卷17晉家人
石 天 祿	元史卷152	石 重 英	舊五代史卷87晉書宗室(即饒王) 新五代史卷17晉家人
石 天 應	元史卷149	石 重 胤	舊五代史卷87晉書宗室(郯王) 新五代史卷17晉家人
石 天 麟	元史卷153	石 重 進	舊五代史卷87晉書宗室(即虁王) 新五代史卷17晉家人
石 5 古 乃	金史卷121忠義附鄱陽傳	石 重 義	新五代史卷17晉家人(石重乂)
石 永 壽	明史卷296孝義附徐允讓傳		
石 6 守 信	宋史卷250	石 重 睿	舊五代史卷87晉書宗室 新五代史卷17晉家人
石 全 彬	宋史卷466宦者附石知顒傳	石 10 高 山	元史卷166
石 仲 覽	新唐書卷106附高智周傳	石 家 奴	金史卷120外戚
石 光 霽	明史卷285文苑附張以寧傳		
石 7 君 立	舊五代史卷65唐書		
石 邦 憲	明史卷211		
石 延 年	宋史卷442文苑		
石 延 煦	舊五代史卷87晉書宗室 新五代史卷17晉家人		
石 延 寶	舊五代史卷87晉書宗室		

五畫	石	祖	興	魏書卷87節義 北史卷85節義	石	抹	明	安元史卷150
	石11得	一	宋史卷467宦者	石	抹	明	里元史卷169 （總目作舒穆嚕 明埒克）
	石13楊	休	宋史卷299				
	石	熙	載	宋史卷263	石	抹	狗	狗元史卷166
石司	石	萬	友	新五代史卷17晉家 人	石	抹	宜	孫元史卷188
	石	萬	銓	新五代史卷17晉家 人	石	抹	按	只元史卷154 （總目作舒穆魯 安札）
	石	敬	威	舊五代史卷87晉書 宗室（即廣王） 新五代史卷17晉家 人	石	抹	孛	迭　兒 元史卷 151
	石	敬	殷	舊五代史卷87晉書 宗室 新五代史卷17晉家 人	司		超	宋史卷272
					司	五	敎	明史卷294忠義
	石	敬	暉	舊五代史卷87晉書 宗室（即韓王） 新五代史卷17晉家 人	司	空	圖	舊唐書卷190下文苑 新唐書卷194卓行
					司	空	頲	舊五代史卷71唐書 新五代史卷51雜傳
	石	敬	德	新五代史卷17晉家 人	司	徒	石	魏書卷14 北史卷15魏宗室附 吉陽男比干
	石	敬	儒	新五代史卷17晉家 人				
	石	敬	瑱	舊五代史卷87晉書 宗室附廣王敬威傳 新五代史卷17晉家 人	司	徒	詡	舊五代史卷128周書
					司	馬 2父		晉書卷59（長沙厲 王）
	石14演	芬	舊唐書卷187下忠義 新唐書卷193忠義	司	馬 4允		晉書卷64（淮南忠壯 王）
	石	盞	女　魯 歡 金史卷 116	司	馬 5申		陳書卷29 南史卷77恩倖
	石	抹	卜	金史卷91	司	馬	旦	宋史卷298附司馬池 傳
	石	抹	元	金史卷128循吏	司	馬 6兆		晉書卷38諸王（城陽 王）
	石	抹	榮	金史卷91	司	馬	冲	晉書卷64（東海哀 王）
	石	抹	也	先 元史卷150	司	馬	池	宋史卷298
	石	抹	元	毅 金史卷121忠義	司	馬	扑	史卷298附司馬池傳
	石	抹	世	勣 金史卷114	司	馬	光	宋史卷336
	石	抹	仲	溫 金史卷103	司	馬 7孚		晉書卷37宗室（即安 平獻王）
	石	抹	阿	辛 元史卷152	司	馬	仙	晉書卷38諸王（琅邪 王）

司	馬	肜	晉書卷38諸王（梁王）	司	馬10耕	史記卷67仲尼弟子
司	馬	攸	晉書卷38諸王（齊王）	司	馬 邕	晉書卷37宗室附尙平獻王孚傳
司	馬	冏	晉書卷59（齊王）	司	馬 倫	晉書卷59（趙王）
司	馬 8里	宋史卷298附司馬池傳	司	馬 紘	晉書卷37宗室附彭城穆王權傳
司	馬	芝	三國魏志卷12	司	馬 珪	晉書卷37宗室附安平獻王孚傳（高陽元王）
司	馬	承	晉書卷37宗室附譙剛王遜傳（閔王）	司	馬 尷	晉書卷37宗室附范陽康王綏傳
司	馬	京	晉書卷38諸王（清惠亭侯）	司	馬 晃	晉書卷37宗室附安平獻王孚傳（下邳獻王）
司	馬	尙	晉書卷53附愍懷太子遹傳	司	馬 泰	晉書卷37宗室（即高密文獻王）
司	馬	宗	晉書卷59附汝南文城王亮傳	司	馬 矩	晉書卷59附汝南文成王亮傳
司	馬	岳	魏書卷96附司馬叡傳	司	馬 祐	晉書卷59附汝南文成王亮傳
司	馬 9恬	晉書卷37宗室附譙剛王遜傳（敬王）	司	馬 祇	晉書卷64（東海沖王）
司	馬	洪	晉書卷37宗室附安平獻王孚傳（河間平王）	司	馬 晏	晉書卷64（吳敬王）
司	馬	俊	晉書卷37宗室附彭城穆王權傳	司	馬 悅	魏書卷37附司馬楚之傳
司	馬	威	晉書卷37宗室附安平獻王孚傳		馬11朗	三國魏志卷15
司	馬	保	晉書卷37附高密文獻王泰傳	司	馬 略	晉書卷37宗室附高密文獻王泰傳（孝王）
司	馬	亮	晉書卷59（即汝南文成王）	司	馬 陵	晉書卷37宗室（即任城景王）
司	馬	美	晉書卷59附汝南文成王亮傳	司	馬 望	晉書卷37宗室附安平獻王孚傳（即義陽成王）
司	馬	郁	晉書卷64（臨川獻王）	司	馬 晞	晉書卷64（武陵威王）
司	馬	恢	晉書卷64（渤海殤王）	司	馬 彪	晉書卷82
司	馬	軌	晉書卷64（毗陵王）	司	馬 叢	晉書卷59附司馬亮傳（即西陽王）
司	馬	柬	晉書卷64（秦獻王）	司	馬 聃	魏書卷96附司馬叡傳
司	馬	衍	魏書卷96附司馬叡傳	司	馬 紹	魏書卷96附司馬叡傳
司	馬	奕	魏書卷96附司馬叡傳			
司	馬	昱	魏書卷96附司馬叡傳			
司	馬	恂	明史卷152附孔公恂傳			

五畫

司

五畫	司	馬	偏	周書卷36附司馬裔傳	司	馬	裔	周書卷36 北史卷29附司馬楚之傳
	司	馬	康	宋史卷336附司馬光傳	司	馬14	遜	晉書卷37宗室（即譙剛王）
司	司	馬12	惜	晉書卷37宗室附譙剛王遜傳	司	馬	輔	晉書卷37宗室附安平獻王孚傳（太原成王）
	司	馬	斌	晉書卷37宗室附任城景王陵傳（西河繆王）				
	司	馬	順	晉書卷37宗室附任城景王陵傳	司	馬	暢	晉書卷38附扶風武王駿傳
	司	馬	景	晉書卷37宗室附安平獻王孚傳（沛順王） 晉書卷64（城陽懷王）	司	馬	濯	晉書卷38附琅邪王伷傳
					司	馬	臧	晉書卷53附愍懷太子遹傳
	司	馬	越	晉書卷59（東海孝獻王）	司	馬	粹	晉書卷59附汝南文成王亮傳
	司	馬	該	晉書卷64（新都懷王）	司	馬	演	晉書卷64（代哀王）
	司	馬13	覃	晉書卷64	司	馬	嵩	陳書卷32孝行 南史卷74孝義
	司	馬	楙	晉書卷37宗室附安平獻王孚傳（竟陵王）	司	馬15	模	晉書卷37宗室附高密文獻王泰傳（南陽王）
	司	馬	遂	晉書卷37宗室（即濟南惠王）	司	馬	確	晉書卷37宗室附高密文獻王泰傳（莊王）
	司	馬	綏	晉書卷37宗室（即范陽康王）				
	司	馬	幹	晉書卷38諸王（平原王）	司	馬	實	晉書卷38附齊武王攸傳
	司	馬	歆	晉書卷38附扶風武王駿傳	司	馬	瓘	晉書卷64附司馬晞傳（梁王）
	司	馬	瑋	晉書卷59（楚隱王）	司	馬16	遷	漢書卷62
	司	馬	熙	晉書卷59附汝南文成王亮傳	司	馬	勖	晉書卷37宗室附濟南惠王遂傳
	司	馬	煥	晉書卷64（琅邪悼王）	司	馬	衡	晉書卷37宗室附安平獻王孚傳（常山孝王）
	司	馬	衷	晉書卷64（琅邪孝王）				
	司	馬	遐	晉書卷64（清河康王）	司	馬	整	晉書卷37宗室附安平獻王孚傳（隨穆王）
	司	馬	裕	晉書卷64（始平哀王）				
	司	馬	篤	梁書卷48儒林 南史卷71儒林	司	馬	澹	晉書卷39附琅邪王伷傳
	司	馬	睦	晉書卷37宗室（高陽王）	司	馬	蕤	晉書卷38附齊武王攸傳
	司	馬	準	魏書卷37附司馬景之傳	司	馬	遹	晉書卷53（即愍懷太子）

司	馬	穎	晉書卷59（成都王）
司	馬	遹	晉書卷64附司馬睎傳（愍敬王）
司	馬	褧	梁書卷40 南史卷62
司	馬	叡	魏書卷96（目作僭晉司馬叡）
司	馬	憲	南史卷72文學附丘巨源傳
司	馬	鄴	舊五代史卷20梁書
司	馬17綠		晉書卷38附琅邪王伷傳
司	馬	駿	晉書卷38諸王（扶風王）
司	馬	彤	晉書卷53附愍懷太子遹傳
司	馬	鍠	舊唐書卷190中文苑附劉憲傳
司	馬18翼		晉書卷37宗室附安平獻王孚傳
司	馬	觀	晉書卷38附琅邪王伷傳
司	馬	顒	晉書卷59（河間王）
司	馬	譓	晉書卷64（汝陰哀王）
司	馬19贊		晉書卷38附齊武王攸傳
司	馬20騰		晉書卷37宗室附高密文獻王泰傳（新蔡武哀王）
司	馬	璈	晉書卷37宗室附安平獻王孚傳（太原烈王）
司	馬	寶	晉書卷64附司馬郁傳（嗣臨川王）
司	馬	躍	魏書卷37附司馬楚之傳
司	馬22權		晉書卷37宗室（即彭城穆王）
司	馬23鑒		晉書卷38諸王（樂安王）
司	馬 3子	如	北齊書卷18 北史卷54
司	馬 4才	章	舊唐書卷73附孔穎達傳
司	馬	允之	晉書卷37宗室附譙剛王遜傳

司	馬	天助	魏書卷37 北史卷29附司馬楚之傳
司	馬	文思	魏書卷37附司馬休之傳
司	馬 6休之		晉書卷37宗室附譙剛王遜傳 魏書卷37 北史卷29
司	馬	仲明	魏書卷37附司馬叔璠傳
司	馬 7延祚		晉書卷38諸王（樂平王）
司	馬 8尚之		晉書卷37宗室附譙剛王遜傳（忠王）
司	馬	季主	史記卷127日者
司	馬	昌明	魏書卷96附司馬叡傳
司	馬	定國	晉書卷38諸王（遼東王）
司	馬	承禎	舊唐書卷192隱逸 新唐書卷196隱逸附吳筠傳
司	馬	叔璠	魏書卷37 北史卷29附司馬楚之傳
司	馬 9恢之		晉書卷37宗室附譙剛王遜傳
司	馬	相如	史記卷117 漢書卷57
司	馬10消難		周書卷21 北史卷54附司馬子如傳
司	馬12景之		魏書卷37 北史卷29附司馬楚之傳
司	馬	無忌	晉書卷37宗室附譙剛王遜傳（烈王）
司	馬13楚之		魏書卷37 北史卷29
司	馬	道子	晉書卷64（會稽文孝王）

六　畫

充			金史卷76(本名神士遞)	
回	回		元史卷143附襲曖傳	
有	若		史記卷67仲尼弟子	
州	泰		三國魏志卷28附鄧艾傳	
同	恕		元史卷189儒學	
老	聘		史記卷63儒學	
年	富		明史卷177	
仵	瑜		明史卷192附張溪傳	
自	當		元史卷143	
后	蒼		漢書卷88儒林	
百	家	奴	元史卷129附唆都傳	
朴	賽	因	不 花	元史卷196忠義
仰	忻		宋史卷456孝義	
仰	瞻		明史卷150附虞謙傳	
吐	萬	緒	北史卷78 隋書卷65	
吐	突	承	璀 舊唐書卷184宦官 新唐書卷207宦者	
守	眞		金史卷73(本名左㬎)	
守	能		金史卷73(本名胡剌)	
守	純		金史卷93	
光	英		金史卷82	
光	祖		金史卷88附移剌道傳	
光	逸		晉書卷49	
匡	昕		南史卷73孝義附解叔謙傳	

五六畫

司	馬 道	生	晉書卷64(會稽思世子)
司	馬14夢	求	宋史卷452忠義
司	馬15德	文	魏書卷96附司馬叡傳
司	馬 德	宗	魏書卷96附司馬叡傳
司	馬 德	戡	北史卷79附宇文述傳 隋書卷85附宇文化及傳
司	馬 廣	德	晉書卷38諸王(廣漢王)
司	馬17腾	之	北史卷54附司馬子如傳
司	馬22穆	直	史記卷64
司	馬24靈	壽	魏書卷37附司馬叔璠傳

司充回有州同老年仵自后百朴仰吐守光匡

匡			衡	史記卷96附張蒼等傳 / 漢書卷81
匡			凝	新唐書卷186附趙德諲傳
合			住	金史卷66
合			周	金史卷114附斜卯愛實傳
合	剌		普	華元史卷193忠義
忙	兀		台	元史卷131
忙	古		帶	元史卷149附耶律禿花傳
忙	哥		徹	兒元史卷124
西	方		鄴	舊五代史卷61唐書 / 新五代史卷25唐臣
西	門		豹	史記卷126滑稽
曲			珍	宋史卷350
曲			端	宋史卷369
曲			樞	元史卷137
曲			環	舊唐書卷122 / 新唐書卷147
全			琮	三國吳志卷15或60
全			綏	陳書卷33儒林 / 南史卷71儒林
全	景		文	南齊書卷29附呂安國傳
全	普	庵撒	里	元史卷195忠義
亦	力	撒	合	元史卷120附蔡罕傳
亦	思	馬	因	元史卷202工藝(一作伊斯瑪音)
亦	黑	迷	失	元史卷131
亦	憐	眞	班	元史卷145
仲				金史卷72(本名石古乃)
仲			由	史記卷67仲尼弟子傳

仲			簡	宋史卷304
仲	于		陞	明史卷284儒林附孔希學傳
仲	長		統	後漢書卷79 / 三國魏志卷21附劉劭傳
米			立	宋史卷454忠義
米			信	宋史卷260
米			芾	宋史卷444文苑
米	萬		鍾	明史卷288文苑附查其昌傳
米	壽		圖	明史卷295忠義
危			素	明史卷285文苑
危			防	明史卷296孝義附朱煦傳
危	貞	昭	德	宋史卷425
危	復		之	元史卷199隱逸附何中傳
朵	兒		只	元史卷139
朵	兒		赤	元史卷134
朵	羅		台	元史卷134
朵	里	不	花	元史卷195忠義
朵	兒		班	元史卷139
牟			長	後漢書卷109上儒林
牟			俸	明史卷159
牟			魯	明史卷289忠義
牟			融	後漢書卷56
牟	子		才	宋史卷411
牟	應		龍	元史卷190儒學
艾			洪	明史卷188附劉藩傳

六畫

匡合忙西曲全亦仲米危朵牟艾

六畫	艾	貌	元史卷123
	艾	穆	明史卷229
	艾 南 英		明史卷288文苑
	艾 萬 年		明史卷269
	艾 毓 初		明史卷293忠義附顏日愉傳
	伏	恭	後漢書卷109下儒林
	伏	挺	梁書卷50文學 南史卷71儒林附伏曼容傳
艾伏吉伍伊向	伏	勝	史記卷121儒林 漢書卷88儒林 後漢書卷56
	伏	湛	後漢書卷56附伏滋傳
	伏	隆	
	伏	滔	晉書卷92文苑
	伏	暅	梁書卷53良吏 南史卷71儒林附伏曼容傳
	伏 曼 容		梁書卷48儒林 南史卷71儒林 明史卷180附湯鼐傳
	吉	人	
	吉	悒	晉書卷89忠義
	吉	翂	梁書卷47孝行 南史卷74孝義
	吉	溫	舊唐書卷186下酷吏 新唐書卷209酷吏
	吉	頊	舊唐書卷186上酷吏 新唐書卷117
	吉	翰	宋書卷65 南史卷70循吏
	吉 士 瞻		南史卷55
	吉 孔 嘉		明史卷291忠義
	伍	洪	明史卷296孝義
	伍	被	漢書卷45
	伍	雲	明史卷154附陳洽傳

伍	朝		晉書卷94隱逸
伍	驥		明史卷165
伍 子 胥			史記卷66
伍 文 定			明史卷200
伍 袁 萃			明史卷223附徐貞明傳
伊	慎		舊唐書卷151 新唐書卷170
伊	馛		魏書卷44 北史25
伊	廣		舊五代史卷55唐書
伊	籍		三國蜀志卷8或38
伊 盆 生			魏書卷44附伊馛傳
伊 敏 生			明史卷210附謝瑜傳
伊 婁 穆			周書卷29 北史卷66
伊 婁 謙			北史卷75 隋書卷54
伊 審 徵			宋史卷479西蜀世家附孟昶傳
向 化			明史卷296孝義附趙紳傳
向 朴			明史卷142附顏伯瑋傳
向 秀			晉書卷49
向 長			後漢書卷113逸民
向 柳			南史卷17附向靖傳
向 拱			宋史卷255
向 栩			後漢書卷111獨行
向 朗			三國蜀志卷11或41
向 雄			晉書卷48
向 靖			宋史卷45 南史卷17
向 經			宋史卷464外戚附向傳範傳
向 綜			宋史卷464外戚附向傳範傳

向	寵	三國蜀志卷11或41附向朗傳
向	寶	明史卷150附古朴傳
向	寶	宋史卷323
向	子韶	宋史卷447忠義
向	子諲	宋史卷377
向	士璧	宋史卷416
向	宗回	宋史卷464外戚附向轉銛傳
向	宗良	宋史卷464外戚附向轉銛傳
向	敏中	宋史卷282
向	轉銛	宋史卷464外戚
羊	仁	元史卷197孝友
羊	戎	南史卷36附羊玄保傳
羊	希	南史卷36附羊玄保傳
羊	欣	宋史卷62 南史36
羊	侃	梁書卷39(南史卷63作羊侃)
羊	祉	魏書卷89酷吏 北史卷39
羊	陟	後漢書卷97黨錮
羊	烈	北齊書卷43 北史卷39附羊祉傳
羊	曼	晉書卷49
羊	聃	晉書卷49附羊曼傳
羊	祜	晉書卷34
羊	球	南史卷63附羊侃傳
羊	侃	南史卷63(梁書卷39作羊侃)
羊	深	魏書卷77 北史卷39附羊祉傳
羊	肅	北史卷39附羊祉傳
羊	琇	晉書卷93外戚
羊	敦	魏書卷88良吏 北史卷39附羊祉傳
羊	續	後漢書卷61
羊	鴉	梁書卷39附羊侃傳 南史卷63附羊侃傳
羊	鑒	晉書卷81
羊	可立	明史卷236附李植傳
羊	玄之	晉書卷93外戚
羊	玄保	宋書卷54 南史卷36
羊	鴉仁	梁書卷39 南史卷63
安	丙	宋史卷402
安	同	魏書卷30 北史卷20
安	忠	宋史卷276
安	俊	宋史卷323
安	原	魏書卷30附安同傳
安	惇	宋史卷471姦臣
安	國	明史卷174
安	童	元史卷126
安	然	明史卷137
安	熙	元史卷189儒學
安	頡	魏書卷30附安同傳
安	磐	明史卷192
安	璽	明史卷192附張澯傳
安	蕘	宋史卷328
安	難	魏書卷30附安同傳
安	上達	明史卷291忠義附黨還醇傳
安	元信	舊五代史卷61唐書 舊五代史卷90晉書
安	世通	宋史卷459隱逸(一作青城山道人)
安	守忠	宋史卷275

六畫

向羊安

六畫

安

姓名	出處
安希范	明史卷231
安叔干	舊五代史卷123周書 / 新五代史卷48雜傳
安金全	舊五代史卷61唐書 / 新五代史卷25唐臣
安金藏	舊唐書卷187上忠義 / 新唐書卷191忠義
安彥威	舊五代史卷91晉書 / 新五代史卷47雜傳
安重榮	舊五代史卷98晉書 / 新五代史卷51雜傳
安重誨	新五代史卷24唐臣 / 舊五代史卷66唐書
安重霸	舊五代史卷61唐書 / 新五代史卷46雜傳
安崇阮	舊五代史卷90晉書
安從進	舊五代史卷98晉書 / 新五代史卷51雜傳
安祿山	舊唐書卷200上 / 新唐書卷225上逆臣
安審信	舊五代史卷123周書
安審通	舊五代史卷61唐書附安金全傳
安審琦	舊五代史卷123周書
安審暉	舊五代史卷123周書
安德裕	宋史卷440文苑
安慶緒	舊唐書卷200上 / 新唐書卷225上逆臣附安祿山傳

江

姓名	出處
江白	宋史卷456孝義
江充	漢書卷45
江夷	宋書卷53 / 南史卷36
江式	魏書卷91藝術 / 北史卷34
江泌	南齊書卷55孝義 / 南史卷73
江果	魏書卷71附江悅之傳
江盱	北齊書卷45文苑附顏之推傳
江革	後漢書卷69 / 梁書卷36 / 南史卷60
江洪	南史卷72文學附吳筠傳
江祏	南齊書卷42 / 南史卷47
江紑	梁書卷47孝行 / 南史卷36附江夷傳
江悖	晉書卷56附江統傳
江逌	晉書卷83
江淹	梁書卷14 / 南史卷59
江淵	明史卷168
江彬	明史卷307佞幸
江統	晉書卷56
江湛	宋書卷71
江摠	南史36附江夷傳
江軻	南史卷73孝義附王虛之傳
江蒨	梁書卷21
江祿	南史卷36附江夷傳
江彪	晉書卷56附江統傳
江績	晉書卷83附江逌傳
江謐	南齊書卷31 / 南史卷36附江秉之傳
江總	陳書卷27
江斅	南齊書卷43 / 南史卷36附江夷傳
江灌	晉書卷83附江逌傳
江鐸	明史卷228附李化龍傳
江子一	梁書卷43 / 南史卷64
江子四	梁書卷43附江子一傳
江子五	梁書卷43附江子一傳

江	天	一	明史卷277附金聲傳
江	公	望	宋史卷346
江	文	遙	魏書卷71附江悅之傳
江	仲	明	宋史卷446忠義附詹良臣傳
江	休	復	宋史卷443文苑
江	秉	之	宋書卷92良吏 南史卷36
江	秉	謙	明史卷246
江	東	之	明史卷236
江	柔	之	南史卷73孝義附王虛之傳
江	悅	之	魏書卷71 北史卷45
江	智	淵	宋書卷59(南史卷36作江智深)
江	智	深	南史卷36附江夷傳（宋書卷59作江智淵）
江	萬	里	宋史卷418
江	德	藻	陳書卷34文學 南史卷60附江革傳
任	氏		史記卷129貨殖
任	末		後漢書卷109下儒林
任	布		宋史卷288
任	安		史記卷104附田叔傳 後漢書卷109上儒林 宋史卷452忠義附牛皓傳
任	光		後漢書卷51
任	旭		晉書卷94隱逸
任	延		後漢書卷106循吏
任	志		元史卷193忠義
任	昉		梁書卷14 南史卷59
任	忠		陳書卷31 南史卷67

任	杲		周書卷44 北史卷66
任	冑		北史卷53附任祥傳
任	昂		明史卷136
任	敖		史記卷96 漢書卷42
任	峻		三國魏志卷16
任	祥		北史卷53(北齊書卷19作任延敬)
任	隗		後漢書卷51附任光傳
任	愷		晉書卷45
任	詢		金史卷125文藝
任	福		宋史卷325
任	諒		宋史卷356
任	圜		舊五代史卷67唐書 新五代史卷28唐臣
任	澤		宋史卷464外戚
任	環		明史卷205附曹邦輔傳
任	顓		宋史卷330
任	禮		明史卷155
任	瀚		明史卷287文苑附陳束傳
任	鏜		明史卷297孝義附石蕆傳
任	瓌		舊唐書卷59 新唐書卷90
任 文 公			後漢書卷112上方術
任 天 寵			金史卷105
任 中 正			宋史卷288
任 中 師			宋史卷288附任中正傳
任 民 育			明史卷274附史可法傳
任 守 忠			宋史卷468宦者
任 光 裕			明史卷291忠義附黨還醇傳

六畫	任	延	皓	舊五代史卷108漢書
	任	延	敬	北齊書卷19（北史卷53作任祥）
	任	希	夷	宋史卷395
	任	伯	雨	宋史卷345
任字	任	孝	恭	梁書卷50文學 南史卷72文學
	任	亨	泰	明史卷137附吳伯宗傳
	任	迪	簡	舊唐書卷185下良吏 新唐書卷170
	任	彥	藥	明史卷233附何選傳
	任	速	哥	元史卷184
	任	敬	臣	新唐書卷195孝友
	任	熊	祥	金史卷105
	宇	文	允	周書卷13（卽曹王） 北史卷58周宗室
	宇	文	元	周書卷13（卽荊王） 北史卷58周宗室
	宇	文	丘	周書卷29附宇文盛傳
	宇	文	仲	周書卷10（卽虞國公） 北史卷57周宗室
	宇	文	充	周書卷13（卽道王） 北史卷58周宗室
	宇	文	延	魏書卷44附宇文福傳
	宇	文	兗	周書卷13（卽蔡王） 北史卷58周宗室
	宇	文	忻	北史卷60附宇文貴傳 隋書卷40
	宇	文	直	周書卷13（卽衞剌王） 北史卷58周宗室
	宇	文	招	周書卷13（卽趙僭王） 北史卷58周宗室
	宇	文	虯	北史卷66 周書卷29
	宇	文	洛	周書卷10附虞國公仲傳
	宇	文	胄	周書卷10附邵惠公顥傳
	宇	文	亮	周書卷10附邵惠公顥傳
	宇	文	述	北史卷79 隋書卷61
	宇	文	貞	周書卷13（卽鄭王） 北史卷58周宗室
	宇	文	衍	周書卷13（卽郢王） 北史卷58周宗室
	宇	文	純	周書卷13（旣陳惑王） 北史卷58周宗室
	宇	文	㢸	北史卷75 隋書卷56
	宇	文	連	周書卷10（卽杞簡公） 北史卷57周宗室
	宇	文	通	周書卷13（卽燕康公） 北史卷58周宗室
	宇	文	逌	周書卷13（卽滕聞王） 北史卷58周宗室
	宇	文	康	周書卷13（紀厲公） 北史卷58周宗室
	宇	文	術	周書卷13（卽邁王） 北史卷59周宗室
	宇	文	深	周書卷27附宇文測傳 北史卷57周宗室附廣川公測傳
	宇	文	常	宋史卷353附宇文昌齡傳
	宇	文	盛	周書卷3（卽野王） 周書卷29 北史卷58周宗室
	宇	文	測	周書卷27 北史卷57周宗室（卽廣川公）
	宇	文	衆	周書卷10附邵惠公巆傳
	宇	文	貴	周書卷12附齊煬王憲傳

宇	文	寔	周書卷19 北史卷60
宇	文	達	周書卷13（卽代奰王） 北史卷58周宗室
宇	文	椿	周書卷10附邵惠公顥傳
宇	文	愷	北史卷60附宇文貴傳 隋書卷68
宇	文	祐	魏書卷44 北史卷25
宇	文	廣	周書卷10附邵惠公顥傳 北史卷57周宗室附邵惠公顥傳
宇	文	質	周書卷12附齊煬王憲傳
宇	文	震	周書卷 3（卽宋獻公） 北史卷58周宗室
宇	文	儉	周書卷13（卽譙孝王） 北史卷58周宗室
宇	文	憲	周書卷12（卽齊煬王） 北史卷58周宗室
宇	文	慶	北史卷57周宗室附東平公神舉傳 隋書卷50
宇	文	導	周書卷10附邵惠公顥傳 北史卷57周宗室附邵惠王顥傳
宇	文	奧	周書卷10附廋國公仲傳
宇	文	賢	周書卷13（卽畢剌王） 北史卷58周宗室
宇	文	融	舊唐書卷105 新唐書卷134
宇	文	翼	周書卷10附邵惠公顥傳
宇	文	贊	周書卷13（卽漢王） 北史卷58周宗室
宇	文	贅	周書卷13（卽秦王） 北史卷58周宗室
宇	文	籍	舊唐書卷160
宇	文	顥	周書卷10（卽邵惠公） 北史卷57周宗室
宇	文	護	周書卷11（卽晉蕩公） 周書卷10附邵惠公顥傳 北史卷57周宗室附邵惠公顥傳
宇	文	士及	舊唐書卷63 新唐書卷100
宇	文	化及	北史卷79附宇文述傳 隋書卷85
宇	文	之	邵宋史卷458隱逸
宇	文	什肥	周書卷10附邵惠公顥傳 北史卷57周宗室附邵惠公顥傳
宇	文	公諒	元史卷190儒學
宇	文	孝伯	周書卷40 北史卷57周宗室附廣川公測傳
宇	文	忠之	魏書卷81 北史卷50
宇	文	昌齡	宋史卷353
宇	文	洛生	周書卷10（卽莒莊公） 北史卷57周宗室
宇	文	神舉	周書卷40 北史卷57周宗室（卽東平公）
宇	文	莫槐	魏書卷103（目作匈奴宇文莫槐） 北史卷98

六畫

宇

六畫

宇	文	虛	中宋史卷371 金史卷79
宇	文	紹	節宋史卷398
宇	文	智	及隋書卷85附宇文化及傳
宇	文	菩	提周書卷10莒莊公洛生傳

字朱

朱	3才	北齊書卷45文苑附顏之推傳
朱	4升	明史卷136
朱	5弁	宋史卷373
朱	永	明史卷173附朱謙傳
朱	6冲	晉書卷94隱逸
朱	异	梁書卷38 南史卷62
朱	朴	舊唐書卷179 新唐書卷183
朱	先	明史卷242附戚繼光傳
朱	7邑	漢書卷89循吏
朱	序	晉書卷81
朱	伺	晉書卷81
朱	良	宋史卷452忠義附朱蹕傳
朱	杞	明史卷116諸王(即趙王)
朱	8治	三國吳志卷11或56
朱	玫	舊唐書卷175 新唐書卷224下叛臣
朱	京	宋史卷322
朱	松	明史卷118諸王(即韓王)
朱	9建	史記卷97 漢書卷43
朱	泚	舊唐書卷200下 新唐書卷225中逆臣
朱	宣	新唐書卷188(舊唐書182宣作瑄) 新五代史卷42雜傳
朱	珍	舊五代史卷19梁書 新五代史卷21雜傳
朱	服	宋史卷347
朱	昂	宋史卷439文苑
朱	昭	宋史卷446忠義
朱	柏	明史卷117諸王(即湘獻王)
朱	英	明史卷178
朱	紈	明史卷205
朱	10家	史記卷124游俠 漢書卷92游俠
朱	祐	後漢書卷52
朱	浮	後漢書卷63
朱	桓	三國吳志卷11或56
朱	倬	宋史卷372
朱	泰	宋史卷456孝義
朱	桂	明史卷117諸王(即代簡王)
朱	能	明史卷145
朱	11異	三國吳志卷11或56附朱桓傳
朱	勔	宋史卷470佞幸
朱	梓	明史卷116諸王(即潭王)
朱	桱	明史卷118諸王(即唐定王)
朱	樅	明史卷284儒林附孔希學傳
朱	12雲	漢書卷67
朱	博	漢書卷83
朱	然	三國吳志卷11或56
朱	景	宋史卷333
朱	禔	明史卷116諸王(即晉恭王)
朱	植	明史卷117諸王(即遼簡王)
朱	棟	明史卷118諸(即郢靖王)

六畫

朱

朱	善	明史卷137附劉三吾傳
朱	勝	明史卷161附況鐘傳
朱	欽	明史卷186
朱	澗	明史卷207
朱	衷	明史卷290忠義
朱	13暉	後漢書卷73 明史卷173附朱謙傳
朱	瑞	魏書卷80 北史卷49
朱	粲	舊唐書卷56附李子通傳 新唐書卷87附李子通傳
朱	瑄	舊唐書卷182(新唐書188重作宣) 舊五代史卷13梁書
朱	滔	舊唐書卷143 新唐書卷212藩鎮
朱	勣	宋史卷449忠義附聞進傳
朱	楨	明史卷116諸王(即楚昭王)
朱	模	明史卷117諸王(即肅莊王)
朱	椿	明史卷117諸王(即蜀獻王)
朱	楠	明史卷118諸王(即皇子楠)
朱	楩	明史卷118諸王(即岷莊王)
朱	楹	明史卷118諸王(即安惠王)
朱	煦	明史卷296孝義
朱	14壽	明史卷132附藍玉傳
朱	榑	明史卷116諸王(即齊王)
朱	楷	明史卷117諸王(即慶王)
朱	榮	明史卷155
朱	裳	明史卷203
朱	墅	明史卷284儒林附孔希學傳

朱	15儁	後漢書卷101
朱	據	三國吳志卷12或57
朱	瑾	舊唐書卷182附朱瑄傳 舊五代史卷13梁書 新五代史卷42雜傳
朱	熠	宋史卷420
朱	震	宋史卷435儒林
朱	標	明史卷115諸王(即興宗孝康皇帝)
朱	樉	明史卷116諸王(即秦愍王)
朱	模	明史卷118諸王(即潘簡王)
朱	廛	明史卷219
朱	16穆	後漢書卷73附朱暉傳
朱	諤	宋史卷351
朱	熹	宋史卷429道學
朱	衡	明史卷223
朱	橞	明史卷118諸王(即谷王)
朱	17續	三國吳志卷11或56附朱然傳
朱	檀	明史卷116諸王(即魯荒王)
朱	謙	明史卷173
朱	18暉	宋史卷452忠義
朱	檜	明史卷116諸王(即周定王)
朱	爵	明史卷230附楊恂傳
朱	22橚	明史卷118諸王(即伊厲王)
朱	權	明史卷117諸王(即寧獻王)
朱	23顯	元史卷197孝友附劉德泉傳
朱	鑑	明史卷142附馬宣傳 明史卷172
朱	1一統	明史卷294忠義附楊瑁傳

朱

六畫	朱	3大 典	明史卷276
	朱	子 奢	舊唐書卷189上儒學 新唐書卷198儒學
	朱	士 完	明史卷294忠義附盧學古傳
朱	朱	士 鼎	明史卷294忠義附崔文榮傳
	朱	4元 旭	魏書卷72 北史卷45
	朱	仁 軌	新唐書卷115附朱敬則傳
	朱	之 馮	明史卷263
	朱	天 麟	明史卷279
	朱	允 熥	明史卷118諸王(即吳王)
	朱	允 熞	明史卷118諸王(即衡王)
	朱	允 㷒	明史卷118諸王(即徐王)
	朱	文 圭	明史卷118諸王(即少广文圭)
	朱	文 奎	明史卷118諸王(即太子文奎)
	朱	文 剛	明史卷289忠義附孫炎傳
	朱	文 遜	明史卷289忠義附花雲傳
	朱	文 德	明史卷272附曹變蛟傳
	朱	文 濟	南史卷73孝義附解叔謙傳
	朱	友 文	舊五代史卷12梁書宗室(即博王) 新五代史卷13梁家人
	朱	友 孜	舊五代史卷12梁書宗室(即康王) 新五代史卷13梁家人
	朱	友 恭	新唐書卷223下姦臣附柳璨傳 舊五代史卷19梁書 宋史卷452忠義附郭濟傳
	朱	友 能	舊五代史卷12梁書宗室(即惠王) 新五代史卷13梁家人
	朱	友 珪	舊五代史卷12梁書宗室(即郢王) 新五代史卷13梁家人
	朱	友 倫	舊五代史卷12梁書宗室(即密王) 新五代史卷13梁家人
	朱	友 雍	舊五代史卷12梁書宗室(即賀王) 新五代史卷13梁家人
	朱	友 裕	舊五代史卷12梁書宗室(即郴王) 新五代史卷13梁家人
	朱	友 寧	舊五代史卷12梁書宗室(即安王) 新五代史卷13梁家人
	朱	友 誨	舊五代史卷12梁書宗室(即邵王) 新五代史卷13梁家人
	朱	友 璋	舊五代史卷12梁書宗室(即福王) 新五代史卷13梁家人
	朱	友 諒	舊五代史卷12梁書宗室 新五代史卷13梁家人
	朱	友 徽	舊五代史卷12梁書宗室(即建王) 新五代史卷13梁家人
	朱	友 謙	舊五代史卷63唐書 新五代史卷45雜傳
	朱	5幼 坅	明史卷118諸王附潭簡王楨傳(即清源王)
	朱	台 符	宋史卷306
	朱	永 佑	明史卷276附張肯堂傳
	朱	由 栩	明史卷120諸王(即緗懷王)
	朱	由 楫	明史卷120諸王(即齊思王)
	朱	由 模	明史卷120諸王(即懷惠王)

				六畫
朱	由	榣	明史卷120諸王(即惠昭王)	
朱	由	檸	明史卷120諸王(即簡王)	
朱	6百	年	宋書卷93隱逸　南史卷75隱逸	
朱	全	昱	舊五代史卷12梁書宗室(即廣王)　新五代史13梁家人	
朱	光	庭	宋史卷333附朱景傳	
朱	宇	㳦	明史卷118諸王附唐定王桱傳(即輔國將軍)	
朱	汝	諧	元史卷197孝友附劉德泉傳	
朱	有	爌	明史卷116諸王附周定王橚傳(即鎮平王)	
朱	安	㳦	明史卷116諸王附周定王橚傳(即博平王)	
朱	安	淵	明史卷116諸王附周定王橚傳(即鎮國將軍)	
朱	守	仁	明史卷138附單安仁傳	
朱	守	殷	舊五代史卷74唐書　新五代史卷51雜傳	
朱	守	謙	明史卷118諸王(即靖江王)	
朱	7宏	昭	舊五代史卷66唐書　新五代史卷27唐臣	
朱	芝	垝	明史卷118諸王附唐定王桱傳(即三城王)	
朱	吾	弼	明史卷242	
朱	克	融	舊唐書卷180　新唐書卷212藩鎮	
朱	成	鑡	明史卷117諸王附代王桂傳	
朱	延	壽	新唐書卷189　舊五代史卷17梁書附田頵傳	

				朱
朱	廷	�	明史卷117諸王附代王桂傳	
朱	廷	聲	明史卷188附趙佑傳	
朱	希	周	明史卷191	
朱	希	彩	舊唐書卷143附李懷仙傳	
朱	見	治	明史卷119諸王(即忻穆王)	
朱	見	沛	明史卷119諸王(即徽莊王)	
朱	見	㴞	明史卷119諸王(即吉簡王)	
朱	見	淳	明史卷119諸王(即許悼王)	
朱	見	澍	明史卷119諸王(即秀懷王)	
朱	見	澤	明史卷119諸王(即崇簡王)	
朱	見	濚	明史卷119諸王(即德莊王)	
朱	見	濟	明史卷119諸王(即懷獻太子)	
朱	8忠	亮	舊唐書卷151　新唐書卷170	
朱	奇	湖	明史卷116諸王附晉恭王棡傳(即西河王)	
朱	長	文	宋史卷444文苑	
朱	長	生	魏書卷87節義　北史卷85節義	
朱	9建	平	三國魏志卷29方技	
朱	亮	祖	明史卷132	
朱	厚	煒	明史卷119諸王(即蔚悼王)	
朱	洪	實	舊五代史卷66唐書	
朱	10祖	文	明史卷245附周順昌傳	
朱	修	之	宋書卷76　魏書卷43附毛修之傳　南史卷16　北史卷27附毛修之傳	
朱	桃	椎	新唐書卷196隱逸	

六畫	朱 庭 傑	宋史卷448忠義附韓浩傳	朱 翊 鏐 明史卷120諸王（卽潞簡王）
	朱 家 仕	明史卷263附衞景瑗傳	朱 國 彥 明史卷271附趙率敎傳
	朱 家 民	明史卷249附王三善傳	朱 國 祚 明史卷240
	朱 高 煦	明史卷118諸王	朱 國 棟 明史卷264附田時震傳
	朱 高 燧	明史卷118諸王（卽趙簡王）	朱 國 禎 明史卷240附朱國祚傳
朱	朱 高 爔	明史卷118諸王	朱 國 寶 元史卷165
	朱 祐 杬	明史卷115諸王（卽睿宗興獻皇帝）	朱 常 治 明史卷120諸王（卽沅懷王）
	朱 祐 楡	明史卷119諸王（卽歧惠王）	朱 常 洵 明史卷120諸王（卽福恭王）
	朱 祐 楷	明史卷119諸王（卽申懿王）	朱 常 浩 明史卷120諸王（卽瑞王）
	朱 祐 橔	明史卷119諸王（卽汝安王）	朱 常 淓 明史卷120諸王（卽郊襄王）
	朱 祐 楎	明史卷119諸王（卽衡恭王）	朱 常 潤 明史卷120諸王（卽惠王）
	朱 祐 楬	明史卷119諸王附襄王瞻墡傳（卽棗陽王）	朱 常 瀛 明史卷120諸王（卽桂端王）
	朱 祐 極	明史卷119諸王（卽悼恭太子）	朱12超 石 宋書卷48附朱齡石傳
			南史卷16附朱齡石傳
	朱 祐 樞	明史卷119諸王（卽榮莊王）	朱 買 臣 漢書卷64上
	朱 祐 橳	明史卷119諸王（卽涇簡王）	朱 勝 非 宋史卷362
	朱 祐 檜	明史卷119諸王（卽壽定王）	朱 雄 英 明史卷118諸王（卽虞懷王）
	朱 祐 橏	明史卷119諸王（卽雍靖王）	朱 欽 相 明史卷246附侯震暘傳
	朱 祐 檳	明史卷119諸王（卽益端王）	朱 敦 儒 宋史卷445文苑
	朱11健 根	明史卷116諸王附魯王檀傳（卽奉國將軍）	朱 集 璜 明史卷277附侯峒曾傳
			朱13與 言 明史卷158附吳訥傳
	朱 敏 泰	明史卷263附朱之馮傳	朱 萬 年 明史卷290忠義
	朱 理 堦	明史卷118諸王附潘王模傳（卽沁水王）	朱 嗣 孟 宋史卷453忠義附王備傳
	朱 崇 德	明史卷264附田時震傳	朱 新 㸅 明史卷116諸王附晉王㭎傳
	朱 翊 鈏	明史卷120諸王（卽憲懷太子）	朱 勤 㷍 明史卷116諸王附周定王橚傳（卽鑲國中尉）
	朱 翊 鈴	明史卷120諸王（卽靖悼王）	

朱敬則	舊唐書卷90 新唐書卷115
朱敬循	明史卷219附朱賡傳
朱睦㰘	明史卷116諸王附周定王橚傳（即南陵王）
朱睦欅	明史卷116諸王附周定王橚傳（即鎮國中尉）
朱當沍	明史卷116諸王附魯王檀傳（即歸善王）
朱當瀆	明史卷116諸王附魯王檀傳（即輔國將軍）
朱當漇	明史卷116諸王附魯王檀傳（即安邱王）
朱載圳	明史卷120諸王（即景恭王）
朱載堸	明史卷120諸王（即均思王）
朱載基	明史卷120諸王（即哀冲太子
朱載堙	明史卷119諸王附鄱王瞻垵傳（即廬江王）
朱載壦	明史卷120諸王（即潁殤王）
朱載堰	明史卷120諸王（即薊哀王）
朱載壡	明史卷120諸王（即莊敬太子）
朱載璽	明史卷119諸王附衡恭王祐楎傳（即新樂王）
朱載墍	明史卷120諸王（即戚懷王）
朱14誠洌	明史卷116諸王附秦愍王樉傳（即汧陽王）
朱夢炎	明史卷136附崔亮傳
朱維京	明史卷233
朱漢賓	舊五代史卷64唐書 新五代史卷45雜傳
朱遜烇	明史卷117諸王附代簡王桂傳（即靈邱王）
朱遜熚	明史卷117諸王附代簡王桂傳（即襄垣王）
朱壽昌	宋史卷456孝義
朱壽隆	宋史卷333
朱壽鏻	明史卷116諸王附魯王檀傳
朱慈炅	明史卷120諸王（即獻懷太子）
朱慈烔	明史卷120諸王（即定王）
朱慈炤	明史卷120諸王（即永王）
朱慈烜	明史卷120諸王）即懷隱王）
朱慈烺	明史卷120諸王（即太子慈烺）
朱慈然	明史卷120諸王（即懷冲太子）
朱慈焆	明史卷120諸王（即悼懷太子）
朱慈煥	明史卷120諸王（即悼靈王）
朱15實蓮	明史卷278附陳子壯傳
朱17謙之	南齊書卷55孝義
朱燮元	明史卷249
朱濟炫	明史卷116諸王附晉恭王棡傳（即慶成王）
朱貔孫	宋史卷411
朱鴻謨	明史卷227
朱彌鉗	明史卷118諸王附唐定王桱傳（即文成王）
朱彌鍍	明史卷118諸王
朱18瞻埈	明史卷119諸王（即蘄獻王）

六畫 朱

七　畫

亨				金史卷77（本名字遂）
希	尹			金史卷73（本名谷神）
志	言			宋史卷462方技（總目作僧志言）
沙	全			元史卷132
沐	英			明史卷126
東	晳			晉書卷51
沃	測			金史卷72附麻吉傳
冶	訶			金史卷68
言	偃			史記卷67仲尼弟子
巫	凱			明史卷174
灼	鄭			陳書卷33儒林
忒	鄴			金史卷93
延	篤			後漢書卷94
佀	鍾			明史卷185
肖	乃	台		元史卷120
吹	斯	歆		元史卷205姦臣（目作搧思監）
佛	圖	澄		晉書卷95藝術
冷	應	徵		宋史卷416
攸	哈	剌	拔 都	元史卷193忠義
抄	兒			元史卷123
抄	思			元史卷121
扶	猛			周書卷44 北史卷66
扶	克	儉		明史卷221附郝杰傳
貝	瓊			明史卷187附宋訥傳

六七畫

朱	瞻	垍	明史卷119諸王（即梁桂王）
朱	瞻	埏	明史卷119諸王（即衞恭王）
朱	瞻	埈	明史卷119諸王（即鄭王）
朱	瞻	堈	明史卷119諸王（即荊憲王）
朱	瞻	塏	明史卷119諸王（即滕懷王）
朱	瞻	墡	明史卷119諸王（即越靖王）
朱	瞻	增	明史卷119諸王（即襄獻王）
朱	瞻	墺	明史卷119諸王（即淮靖王）
朱 20 機	祏		明史卷276
朱	齡	石	宋書卷48 南史卷16
朱 23 顯	忠		明史卷289附牟魯傳
朱	顯	槐	明史卷116諸王附楚昭王楨傳（即武岡王）

朱亨希志沙沐東沃冶言巫灼忒延佀肖吹佛冷攸抄扶貝

名	出處
貝秉彝	明史卷281循吏
把胡魯	金史卷108
把匝剌瓦爾密	明史卷124
汲固	魏書卷87節義　北史卷85節義
汲鄭	史記卷120
汲黯	史記卷120　漢書卷50
赤盞暉	金史卷80
赤盞合喜	金史卷113
赤盞尉忻	金史卷115
別之傑	宋史卷419
別的因	元史卷121附抄思傳
別里古台	元史卷117
別兒怯不花	元史卷140
車胤	晉書卷83
車濟	晉書卷89忠義
車千秋	漢書卷66
車伊洛	魏書卷30　北史卷25
車路頭	魏書卷34　北史卷25
步熊	晉書卷95藝術
步闡	三國吳志卷7或52附步騭傳
步騭	三國吳志卷7或52
步大汗薩	北齊書卷20　北史卷53
步魯合答	元史卷132
折象	後漢書卷112上方術
折克行	宋史卷253附折德扆傳
折從阮	舊五代史卷125周書　新五代史卷50雜傳
折德扆	宋史卷253
折德卿	宋史卷253附折德扆傳
折衞勳	宋史卷253附折筌扆傳
吾彥	晉書卷57
吾紳	明史卷158附段民傳
吾粲	三國吳志卷12或57
吾也而	元史卷120
吾札忽	金史卷71
吾丘壽王	漢書卷64上
禿刺	元史卷117
禿忽魯	元史卷134
禿滿答兒	元史卷149附耶律秃花傳
禿髮烏孤	晉書卷126南涼載記　魏書卷99(本作鮮卑秃髮烏孤)
禿髮傉檀	晉書卷126南涼載記附秃髮烏孤傳　魏書卷99附鮮卑秃髮烏孤傳
禿髮利鹿孤	晉書卷126南涼載記附秃髮烏孤傳　魏書卷99附鮮卑秃髮烏孤傳
狄青	宋史卷290
狄棐	宋史卷299
狄仁傑	舊唐書卷89　新唐書卷115

七畫

貝把汲赤別車步折吾禿狄

七畫			

狄岑豆夾伯孛

狄	光	嗣	新唐書卷115附狄仁傑傳
狄	兼	謨	舊唐書卷89附狄仁傑傳 新唐書卷115附狄仁傑傳
狄	斯	彬	明史卷209附楊允繩傳
狄	遵	度	宋史卷293附狄棐傳
岑		旺	後漢書卷97黨錮
岑		彭	後漢書卷47
岑		羲	舊唐書卷70附岑文本傳 新唐書卷102附岑文本傳
岑	文	本	舊唐書卷70 新唐書卷102
岑	之	敬	陳書卷34文學 南史卷72文學
岑	用	賓	明史卷215附周弘祖傳
岑	長	倩	舊唐書卷70附岑文本傳 新唐書卷102附岑文本傳
岑	善	方	周書卷48附蕭詧傳 北史卷93僭偽附庸梁附蕭詧傳
豆	代	田	魏書卷30 北史卷25
豆	莫	婁	魏書卷100 北史卷94
豆	盧	革	舊五代史卷67唐書 新五代史卷28唐臣
豆	盧	通	北史卷68附豆盧寧傳 隋書卷39附豆盧勣傳
豆	盧	璥	舊唐書卷177 新唐書卷183附劉鄴傳
豆	盧	勣	北史卷68附豆盧寧傳 隋書卷39
豆	盧	寧	周書卷19 北史卷68

豆	盧	毓	北史卷68附豆盧寧傳 隋書卷39附豆盧勣傳
豆	盧	欽望	舊唐書卷90 新唐書卷114
夾	谷	衡	金史卷94
夾	谷	之奇	元史卷174
夾	谷	守中	金史卷121忠義
夾	谷	胡剌	金史卷86
夾	谷	查剌	金史卷86
夾	谷	清臣	金史卷94
夾	谷	謝奴	金史卷81
夾	谷	石里哥	金史卷103
夾	谷	吾里補	金史卷81
伯		八	元史卷193忠義
伯		夷	史記卷61
伯		都	元史卷121附博羅歡傳
伯		顏	元史卷127 元史卷138 元史卷190儒學
伯	答	沙	元史卷124附忙哥撒兒傳
伯	帖	木兒	元史卷131
伯	德	窊哥	金史卷122忠義
伯	德	特里補	金史卷81
伯	德	梅和尙	金史卷121忠義
伯	顏	子中	明史卷124附陳友定傳
伯	顏	不花的斤	元史卷195
孛		禿	元史卷118

七畫			晉書卷49	邢	巒		魏書卷65 北史卷43 明史卷163
	阮	鶚	明史卷205附胡宗憲傳	邢	讓		
	阮 大 鍼	明史卷308姦臣附馬士英傳	邢	文 偉	舊唐書卷189下儒學 新唐書卷106
	阮 之 鈿	明史卷292忠義	邢	君 牙	舊唐書卷144 新唐書卷156
	阮 弘 道	明史卷135附楊元杲傳	邢	抱 朴	遼史卷80
阮	阮 佃 夫	宋書卷94恩倖 南史卷77恩倖	邢	和 璞	新唐書卷204方技附張果傳
邢	阮 孝 緒	梁書卷51處士 南史卷76隱逸	邢	神 留	宋史卷456孝義
余	阮 長 之	宋書卷92良吏 南史卷70循吏	邢	國 璽	明史卷291忠義
	阮 萬 齡	宋書卷93隱逸	余	丙	元史卷197孝友
	邢 巨	舊唐書卷190中文苑附賀知章傳	余	光	明史卷203附潘珍傳
	邢 虯	魏書卷65附邢巒傳	余	玠	宋史卷416
	邢 昕	魏書卷85文苑 北史卷43附邢巒傳	余	珊	明史卷208
	邢 邵	北齊書卷36 北史卷43附邢巒傳	余	祐	明史卷282儒林附胡居仁傳
	邢 侗	明史卷288文苑附董其昌傳	余	琛	宋史卷352
	邢 峙	北齊書卷44儒林 北史卷81儒林	余	靖	宋史卷320
	邢 昺	宋史卷431儒林	余	煌	明史卷276
	邢 宥	明史卷159附劉�014傳	余	塙	明史卷292忠義附徐世淳傳
	邢 晏	魏書卷65附邢巒傳	余	瑱	明史卷142附宋忠傳
	邢 恕	宋史卷471姦臣	余	禎	明史卷192附張澯傳
	邢 珣	明史卷200附伍文定傳	余	濂	明史卷180附王獻臣傳
	邢 敦	宋史卷457隱逸	余	翶	明史卷192附王峙柯傳
	邢 煥	宋史卷465外戚	余	闕	元史卷143
	邢 遜	魏書卷65附邢巒傳 北史卷43附邢巒傳	余	爵	明史卷293忠義附李東雲傳
	邢 巘	魏書卷85文苑 北史卷43附邢巒傳	余	熔 成	明史卷130附姜縮傳
	邢 襄	明史卷203附汪元錫傳	余 大	俊	明史卷248附徐從治傳
	邢 顒	三國魏志卷12	余 子		明史卷178

余	天	錫	宋史卷419
余	良	眩	宋史卷333
余	彥	誠	明史卷281循吏附高斗南傳
余	逢	辰	明史卷142附張昺傳
余	端	禮	宋史卷398
余	齊	人	南史卷73孝義(宋書卷91作余齊民)
余	齊	民	宋書卷91孝義(南史卷73作余齊人)
余	應	桂	明史卷260
余	懋	衡	明史卷232
余	懋	學	明史卷235
余	繼	登	明史卷216
汪		河	明史卷135附楊元杲傳
汪		直	明史卷304宦官
汪		奎	明史卷180
汪		俊	明史卷191
汪		珊	明史卷208附余珊傳
汪		泉	明史卷300外戚
汪		偉	明史卷191附汪俊傳 明史卷266
汪		綱	宋史卷408
汪		澥	宋史卷354
汪		澈	宋史卷384
汪		叡	明史卷137附劉三吾傳
汪		皥	明史卷280附羅式耜傳
汪		藻	宋史卷445文苑
汪	一	中	明史卷290忠義
汪	大	猷	宋史卷400

汪	之	鳳	明史卷269附張令傳
汪	元	錫	明史卷203
汪	文	盛	明史卷198附毛伯溫傳
汪	文	輝	明史卷215
汪	立	信	宋史卷416
汪	世	顯	元史卷155
汪	良	臣	元史卷155附汪世顯傳
汪	伯	彥	宋史卷473姦臣
汪	克	寬	明史卷282儒林
汪	泗	論	明史卷257附童漢儒傳
汪	若	海	宋史卷404
汪	若	霖	明史卷230
汪	惟	正	元史卷155附汪世顯傳
汪	舜	民	明史卷180附汪奎傳
汪	喬	年	明史卷262
汪	道	昆	明史卷287文苑附王世貞傳
汪	德	臣	元史卷155附汪世顯傳
汪	廣	洋	明史卷127
汪	澤	民	元史卷185
汪	興	祖	明史卷133附張德勝傳
汪	應	軫	明史卷208
汪	應	蛟	明史卷241
辛		晏	新唐書卷147附辛雲京傳
辛		昂	周書卷39附辛慶之傳 北史卷70附辛慶之傳
辛		毗	三國魏志卷25

七畫

余　汪　辛

71

七畫			
	辛		勉 晉書卷89忠義
	辛		威 周書卷27 北史卷65
	辛		炳 宋史卷372
辛沈	辛		秘 舊唐書卷157 新唐書卷143
	辛		祥 魏書卷45附辛紹先傳
	辛		悠 魏書卷77附辛雄傳
	辛		術 北齊書卷38 北史卷50附辛雄傳
	辛		琛 魏書卷77附辛雄傳 北史卷50附辛雄傳
	辛		雄 魏書卷77 北史卷50
	辛		愿 金史卷127隱逸
	辛		穆 魏書卷45附辛紹先傳
	辛		謐 魏書卷71附江悅之傳
	辛		謐 晉書卷94隱逸
	辛		纂 魏書卷77附辛雄傳
	辛		讜 舊唐書卷187下忠義 新唐書卷193忠義
	辛	大	德 隋書卷76文學附虞綽傳
	辛	子	馥 魏書卷45附辛紹先傳
	辛	文	悅 宋史卷431儒林
	辛	少	雍 魏書卷45附辛紹先傳
	辛	公	義 北史卷86循吏 隋書卷73循吏
	辛	自	修 明史卷220
	辛	次	膺 宋史卷383
	辛	仲	甫 宋史卷266
	辛	仲	景 周書卷39附辛慶之傳
	辛	京	杲 新唐書卷147附辛雲京傳
	辛	珍	之 魏書卷77附辛雄傳

辛	彥	之	北史卷82儒林 隋書卷75儒林
辛	恭	靖	晉書卷89忠義
辛	紹	先	魏書卷45 北史卷26
辛	寅	遜	宋史卷479西蜀世家附孟昶傳
辛	替	否	舊唐書卷101 新唐書卷118
辛	普	明	南史卷75隱逸附關康之傳
辛	雲	京	舊唐書卷110 新唐書卷147
辛	棄	疾	宋史卷401
辛	慶	之	周書卷39 北史卷70
辛	慶	忌	漢書卷69
辛	德	源	北史卷50附辛雄傳隋書卷58
沈	5立		宋史卷333
沈		正	宋史卷456孝義附邢神留傳
沈	6沖		南齊書卷34 南史卷34附沈懷文傳
沈		充	晉書卷98叛臣
沈		光	北史卷78附麥鐵杖傳 隋書卷64
沈		束	明史卷209
沈	8炎		宋史卷420
沈		固	明史卷171附楊善傳
沈		周	明史卷298隱逸
沈	9勁		晉書卷89忠義
沈		約	梁書卷13 南史卷57
沈		洙	陳書卷33儒林 南史卷71儒林
沈		恪	陳書卷12 南史卷67

七畫

沈

沈	重	周書卷45儒林 北史卷82儒林
沈	括	宋史卷331附沈遘傳
沈	宜	宋史卷456孝義
沈	度	明史卷286文苑
沈	10浚	梁書卷43 南史卷36附沈演之傳
沈	峻	梁書卷48儒林 南史卷71儒林
沈	倫	宋史卷254
沈	起	宋史卷334
沈	11粲	陳書卷18 南史卷57附沈約傳
沈	烱	陳書卷19 南史卷69（烱或作炯）
沈	陵	魏書卷61附沈文秀傳
沈	旋	南史卷57附沈約傳
沈	晦	宋史卷378
沈	12渤	南史卷36附沈演之傳
沈	斌	新五代史卷33死事（舊五代史卷95作沈贇）
沈	13瑀	梁書卷53良吏 南史卷70循吏
沈	詢	舊唐書卷149附沈傳師傳 新唐書卷132附沈既濟傳
沈	峋	宋史卷348
沈	焕	宋史卷410
沈	溍	明史卷139附唐鐸傳
沈	演	明史卷218附沈潅傳
沈	潅	明史卷218
沈	粲	明史卷286文苑附沈度傳
沈	14遴	舊五代史卷131周書 宋史卷331
沈	銖	宋史卷354
沈	漢	明史卷206附馬錄傳
沈	15璟	金史卷75
沈	16憲	南齊書卷53良政 南史卷36附沈演之傳
沈	遼	宋史卷331附沈遘傳
沈	錫	宋史卷354附沈銖傳
沈	17鍊	明史卷209
沈	18邈	宋史卷302
沈	鯉	明史卷217
沈	19顥	梁書卷51處士 南史卷36附沈顗之傳
沈	贇	舊五代史卷95晉書 （新五代史33作沈斌）
沈	1一貫	明史卷218
沈	4不害	陳書卷33儒林 南史卷71儒林
沈	文秀	宋書卷88 南齊書卷44 魏書卷61 南史卷37附沈慶之傳 北史卷45
沈	文季	南齊書卷44 南史卷37附沈慶之傳
沈	文阿	陳書卷33儒林 南史卷71儒林附沈洙傳
沈	6有客	明史卷270
沈	7攸之	宋書卷74 南史卷87附沈慶之

七畫		傳		
	沈	廷	揚	明史卷277
	沈	作	賓	宋史卷390
	沈	伯	儀	新唐書卷199儒學
	沈	希	儀	明史卷211
沈宋	沈	君	理	陳書卷23 南史卷68
	沈	君	游	周書卷48附蕭督傳
	沈8	昇	之	南史卷73孝義附榮頤之傳
	沈	佺	期	舊唐書卷190中文苑 新唐書卷202文藝附李適傳
	沈	季	詮	新唐書卷195孝友
	沈	法	興	舊唐書卷56 新唐書卷87
	沈	承	禮	宋史卷480吳越世家附錢俶傳
	沈9	思	孝	明史卷229
	沈	客	卿	南史卷77恩倖
	沈	昭	略	南史卷37附沈慶之傳
	沈10	宸	荃	明史卷276
	沈11	崇	傃	梁書卷47孝行 南史卷74孝義
	沈	既	濟	新唐書卷132
	沈12	傳	師	舊唐書卷149 新唐書卷132附沈既濟傳
	沈	雲	祚	明史卷295忠義附劉士斗傳
	沈	猶	龍	明史卷277
	沈13	與	求	宋史卷372
	沈	道	周	宋書卷93隱逸
	沈	道	虔	宋書卷93隱逸 南史卷75隱逸

沈14	演	之	宋書卷63 南史卷36
沈	僧	昭	南史卷37附沈慶之傳
沈	壽	民	明史卷216附田一儁傳
沈	壽	崇	明史卷263附宋一鶴傳
沈15	慶	之	宋書卷77 南史卷37
沈	儆	价	明史卷249附蔡復一傳
沈	履	祥	明史卷276附沈宸荃傳
沈	德	四	明史卷296孝義
沈	德	威	陳書卷33儒林附鄭灼傳 南史卷71儒林附鄭灼傳
沈16	積	中	宋史卷354
沈	曇	慶	宋書卷54 南史卷34附沈懷之傳
沈17	懋	學	明史卷216附田一儁傳
沈19	懷	文	宋書卷82 南史卷34
沈20	繼	宗	宋史卷264附沈倫傳
沈23	麟	士	南史卷76隱逸(南齊書卷54作沈驎士)
沈	驎	士	南齊書卷54高逸(南史76作沈麟士)
宋	5	弘	後漢書卷56
宋		弁	魏書卷63 北史卷26附宋隱傳
宋		白	宋史卷439文苑
宋		可	金史卷127隱逸
宋		本	元史卷182
宋	7	均	後漢書卷71
宋		克	明史卷285文苑附王行傳
宋	8	果	後漢書卷89附郭太傳

宋		祁	宋史卷284附宋庠傳
宋		昇	宋史卷356附宋喬年傳
宋		炎	宋史卷448忠義附李彥仙傳
宋		忠	明史卷142
宋		玫	明史卷267
宋	9	宣	魏書卷33附宋隱傳
宋		洽	魏書卷33附宋隱傳
宋		紀	魏書卷63附宋弁傳
宋		俠	舊唐書卷191方技
宋		庠	宋史卷284
宋	10	旅	宋史卷453忠義附翰嗣復傳
宋		晟	金史卷121忠義
宋		珪	金史卷131宦者
宋		矩	晉書卷89忠義
宋	11	偓	宋史卷255
宋		球	宋史卷349附宋守約傳
宋		訥	明史卷137
宋		晟	明史卷155
宋	12	登	後漢書卷109上儒林
宋		惜	北史卷26附宋隱傳
宋		景	明史卷202附周用傳
宋		渾	新唐書卷124附宋璟傳
宋		琪	宋史卷264
宋		雄	宋史卷264附宋琪傳
宋		湜	宋史卷287
宋		傑	明史卷159附鄧玟傳

宋	13	意	後漢書卷71附宋均傳
宋		稚	魏書卷52附宋繇傳
宋		搏	宋史卷307
宋		準	宋史卷440文苑
宋	14	輔	魏書卷33附宋隱傳
宋		維	魏書卷63附宋弁傳
宋		綬	宋史卷291
宋		僖	明史卷285文苑附趙撝傳
宋	15	衛	元史卷178
宋		徵	明史卷141附練子寧傳
宋	16	隱	魏書卷33 北史卷26
宋		璟	舊唐書卷96 新唐書卷124
宋		濂	明史卷128
宋	17	繇	魏書卷52 北史卷34
宋		瑶	宋史卷276
宋	18	翻	北史卷26附宋隱傳（魏書卷77作宋飜）
宋		禮	明史卷153
宋		齋	明史卷230附姜士昌傳
宋	19	瓊	魏書卷33附宋隱傳
宋	20	縭	明史卷224
宋	21	飜	魏書卷77（北史卷26作宋翻）
宋		纖	晉書卷94隱逸
宋	23	顯	北齊書卷20 北史卷53
宋	1 一	鶴	明史卷263
宋	2 九	嘉	金史卷126文藝
宋	3 子	貞	元史卷159

七畫	宋 4太 初	宋史卷277	宋 欽 道	北齊書卷34附楊愔傳
	宋 之 問	舊唐書卷190中文苑 新唐書卷202文藝附 李適傳		北史卷26附宋隱傳
			宋 游 道	北史卷34附宋繇傳
	宋 之 僩	明史卷294忠義附王 微俊傳		北齊書卷47酷吏
	宋 5以 方	明史卷289忠義	宋13道 璵	魏書卷77附宋繇傳
宋呂	宋 用 臣	宋史卷467宦者	宋14端 儀	明史卷161
	宋 令 詢	舊五代史卷66唐書	宋15德 之	宋史卷400
	宋 申 錫	舊唐書卷167 新唐書卷152	宋 儀 望	明史卷227
	宋 世 良	北齊書卷46循吏 北史卷26附宋隱傳	宋 慶 禮	舊唐書卷185下良吏 新唐書卷130
	宋 世 軌	北齊書卷46循吏附 宋世良傳 北史卷26附宋隱傳	宋16學 朱	明史卷291忠義附張 乘文傳
			宋 與 貴	舊唐書卷188孝友附 劉君良傳
	宋 世 景	魏書卷88良吏 北史卷26附宋隱傳	宋17應 亨	明史卷267宋玫傳
	宋 6守 約	宋史卷349	宋 應 龍	宋史卷454忠義
	宋 汝 爲	宋史卷399	宋23顯 章	明史卷297孝義附孫 清傳
	宋 7邦 輔	明史卷209附馮恩傳	呂 2父	三國蜀志卷9或39
	宋 8季 儒	魏書卷88良吏附宋 世景傳	呂 3才	舊唐書卷79 新唐書卷107
	宋 昌 言	宋史卷291附宋綬傳	呂 4午	宋史卷407
	宋 昌 祚	宋史卷453忠義	呂 升	明史卷150附虞謙傳
	宋 9彦 筠	舊五代史卷123周書	呂 5布	後漢書卷105 三國魏志卷7
	宋 思 禮	新唐書卷195孝友	呂 本	明史卷300外戚
	宋 思 顏	明史卷135	呂 6光	晉書卷122後涼載記 魏書卷95(目作略陽 氏呂光)
	宋10師 襄	明史卷264		
	宋11務 光	新唐書卷118	呂 向	新唐書卷202文藝
	宋 敏 求	宋史卷291附宋綬傳	呂 7沇	宋史卷407附呂午傳
	宋12喬 年	宋史卷356	呂 8岱	三國吳志卷15或60
	宋 景 業	北齊書卷49方技 北史卷89藝術	呂 武	宋史卷454忠義附鄒 澍傳

呂		昇	宋史卷456孝義
呂		坤	明史卷226
呂	9	祉	宋史卷370
呂		柟	明史卷282儒林
呂	10	虔	三國魏志卷18
呂		恭	舊唐書卷137附呂渭傳 新唐書卷160附呂渭傳
呂		祐	元史卷198孝友
呂		原	明史卷176
呂		翀	明史卷188附劉蒓傳
呂	11	紹	魏書卷95附略陽氏呂光傳
呂		陶	宋史卷346
呂		惠	元史卷167
呂		強	後漢書卷108宦者
呂	12	凱	三國蜀志卷13或43
呂		隆	晉書卷122後涼載記附呂光傳 魏書卷95附略陽氏呂光傳
呂		溫	魏書卷51附呂羅漢傳 舊唐書卷137附呂渭傳 新唐書卷160附呂渭傳
呂		渭	舊唐書卷137 新唐書卷160
呂		琦	舊五代史卷92晉書 新五代史卷56雜傳
呂		復	明史卷299方技
呂	13	溱	宋史卷320
呂		經	明史卷203附潘塤傳
呂	14	蒙	三國吳志卷9或54
呂		端	宋史卷281

呂		誨	宋史卷321
呂	15	範	三國吳志卷11或56
呂		儉	新唐書卷137附呂渭傳
呂		震	明史卷151
呂		毅	明史卷154附劉儁傳
呂		黨	明史卷176附呂原傳
呂		潛	明史卷282儒林附呂柟傳
呂	16	據	三國吳志卷11或56附呂範傳
呂		諲	舊唐書卷185下良吏 新唐書卷140
呂	19	懷	明史卷208附洪垣傳
呂	20	獻	明史卷180附龐泮傳
呂	21	纂	晉書卷122後涼載記附呂光傳 魏書卷95附略陽氏呂光傳
呂	23	顯	魏書卷51附呂羅漢傳
呂	24	讓	舊唐書卷137附呂渭傳
呂	3子	臧	舊唐書卷187上忠義 新唐書卷191忠義
呂	大	防	宋史卷340
呂	大	忠	宋史卷340附呂大防傳
呂	大	鈞	宋史卷340附呂大防傳
呂	大	器	明史卷279
呂	大	臨	宋史卷340附呂大防傳
呂	4中	孚	金史卷126文藝
呂	不	韋	史記85
呂	方	毅	新唐書卷107附呂才傳
呂	元	泰	新唐書卷118附呂㪺光傳
呂	元	膺	舊唐書卷154 新唐書卷162

七畫	呂	元	簡	舊唐書卷183孝友附梁文貞傳	呂	祖	儉	宋史卷455忠義
	呂	公	著	宋史卷336	呂	祖	謙	宋史卷434儒林
	呂	公	弼	宋史卷311附呂夷簡傳	呂12景	初	宋史卷302
	呂	公	綽	宋史卷311附呂夷簡傳	呂	惠	卿	宋史卷471姦臣
呂何	呂	公	孺	宋史卷311附呂夷簡傳	呂13圓	登	宋史卷448忠義附李彥仙傳
	呂	文	仲	宋史卷296	呂14蒙	正	宋史卷265
	呂	文	信	宋史卷454忠義	呂	僧	珍	梁書卷11 南史卷56
	呂	文	度	南齊書卷56倖臣	呂	嘉	問	宋史卷355
	呂	文	祖	魏書卷30附呂洛拔傳	呂	維	祺	明史卷264附呂維祺傳
	呂	文	燦	明史卷140附王宗顯傳	呂	維	祺	明史卷264
	呂	文	顯	南史卷77恩倖	呂15餘	慶	宋史卷263
	呂	文	顯	南齊書卷56倖臣 南史卷77恩倖	呂16頤	浩	宋史卷362
	呂5本	中	宋史卷376	呂19羅	漢	魏書卷51 北史卷37
	呂	由	誠	宋史卷448忠義	何	4中	元史卷199隱逸
	呂6安	國	南齊書卷49 南史卷46	何	5弘	南史卷73孝義附封延伯傳
	呂	好	問	宋史卷362	何	6休	後漢書卷109下儒林
	呂	夷	簡	宋史卷311	何	充	晉書卷77 宋史卷449忠義附陳寅傳
	呂7希	哲	宋史卷336附呂公著傳	何	7劭	晉書卷33附何曾傳
	呂	希	純	宋史卷336附呂公著傳	何	求	南齊書卷54高逸 南史卷30附何尙之傳
	呂9南	公	宋史卷444文苑	何	妥	北史卷82儒林 隋書卷75儒林
	呂	洛	拔	魏書卷30 北史卷25	何	8並	漢書卷77
	呂	思	誠	元史卷185	何	武	漢書卷86
	呂	思	禮	周書卷38 北史卷70	何	9胤	梁書卷51處士附何點傳 南史卷30附何尙之傳
	呂10祐	之	宋史卷296			
	呂	夏	卿	宋史卷331			
	呂	祖	泰	宋史卷455忠義			

何	建	舊五代史卷94晉書傳	何	稠	北史卷90藝術隋書卷68
何	洪	明史卷175	何	稟	宋史卷353
何	10晏	三國魏志卷9附曹眞傳	何	犖	宋史卷457隱逸
何	涉	宋史卷432儒林	何	瑋	元史卷150附何伯祥傳
何	時	宋史卷454忠義	何	鼎	明史卷304宦官
何	眞	明史卷130	何	14遜	梁書卷49文學南史卷33附何承天傳
何	剛	明史卷274附史可法傳			
何	11烔	梁書卷47孝行南史卷30附何佟之傳（烔或作炯）	何	遠	梁書卷53良吏南史卷70循吏
			何	蒙	宋史卷277
何	偃	宋書卷59南史卷30附何佟之傳	何	福	明史卷144
			何	瑭	明史卷282儒林
何	朗	南史卷72文學附何思澄傳	何	15澄	晉書卷93外戚附何準傳
何	郯	宋史卷322	何	實	元史卷150
何	常	宋史卷354	何	16憲	南史卷49
何	基	宋史卷438儒林	何	蕃	新唐書卷194卓行附陽城傳
何	卿	明史卷211	何	澹	宋史卷394
何	敞	後漢書卷73	何	遵	晉書卷33附何曾傳明史卷189
何	12進	後漢書卷99			
何	曾	晉書卷33	何	選	明史卷293
何	琦	晉書卷88孝友	何	17點	梁書卷51處士南史卷30附何佟之傳
何	準	晉書卷93外戚			
何	異	宋史卷401	何	澤	新五代史卷56雜傳
何	楷	明史卷276	何	變	明史卷293忠義
何	復	明史卷295忠義	何	18顒	後漢書卷97黨錮
何	13達	梁書卷53良吏	何	19攀	晉書卷45
何	戢	南齊書卷32南史卷30附何佟之	何	20夔	三國魏志卷12

七畫

何

七畫	何	競	明史卷297孝義
	何	21灟	宋史卷357
	何	22鑄	宋史卷380
	何	鑑	明史卷187
	何	23瓚	新五代史卷28唐臣
何	何	麟	明史卷297孝義
	何	25觀	明史卷162附陳鑑傳
	何 3子	平	宋書卷91孝義 南史卷73孝義
	何 士	晉	明史卷235
	何 4之	元	陳書卷34文學 南史卷72文學
	何 中	立	宋史卷302
	何 文	輝	明史卷134
	何 天	球	明史卷291忠義附李獻明傳
	何 天	衢	明史卷290忠義
	何 5正	臣	宋史卷329
	何 以	尚	明史卷226附海瑞傳
	何 弘	敬	舊唐書卷181附何進滔傳 新唐書卷210藩鎭附何進滔傳
	何 可	綱	明史卷271
	何 6光	裕	明史卷209附楊鎰盛傳
	何 全	皡	新唐書卷210藩鎭附何進滔傳
	何 如	申	明史卷251附何如寵傳
	何 如	寵	明史卷251
	何 7佟	之	梁書卷48儒林 南史卷71儒林
	何 吾	騶	明史卷253附王應熊傳
	何 廷	仁	明史卷283儒林

何	廷	魁	明史卷291忠義
何	伯	祥	元史卷150
何	伯	璵	南史卷73孝義附吳達之傳
何 8易		于	新唐書卷197循吏
何 尚		之	宋書卷66 南史卷30
何 孟		春	明史卷191
何 宗		彥	明史卷240
何 昌		寓	南齊書卷43 南史卷30附何尚之傳
何 承		天	宋書卷64 南史卷33
何 承		光	明史卷292忠義
何 承		矩	宋史卷273附何繼筠傳
何 承		裕	宋史卷439文苑附浮周翰傳
何 9保		之	宋史卷456孝義
何 思		澄	梁書卷50文學 南史卷72文學
何 相		劉	明史卷294忠義附儲仁瑞傳
何 11執		中	宋史卷351
何 紹		正	明史卷188附湯敬禮傳
何 從		義	元史卷198孝友
何 12棟		如	明史卷237附馮應京傳
何 無		忌	晉書卷85
何 景		明	明史卷286文苑
何 進		滔	舊唐書卷181 新唐書卷210藩鎭
何 喬		新	明史卷183
何 喬		遠	明史卷242附洪文衡傳
何 13敬		容	梁書卷37 南史卷30附何尚之

		傳	杜	松	明史卷239附杜桐傳	七畫
何14維	伯	明史卷210	杜 9茂		後漢書卷52	
何 榮	祖	元史卷168	杜	彥	北史卷73 隋書卷55	
何 福	進	舊五代史卷124周書	杜	威	新唐書卷106附杜正倫傳	何
何20繼	筠	宋史卷273	杜	洪	新唐書卷190 舊五代史卷17梁書	杜
何 騰	蛟	明史卷280	杜	衍	宋史卷310	
杜 2乂		晉書卷93外戚	杜 10根		後漢書卷87	
杜 5生		新唐書卷204方技 宋史卷458隱逸	杜	恕	三國魏志卷16附杜畿傳	
杜	本	元史卷199隱逸	杜	栖	南齊書卷55孝義 南史卷75隱逸附杜京產傳	
杜 6夷		晉史卷91儒林				
杜	充	宋書卷475叛臣	杜	彖	舊唐書卷146 新唐書卷172	
杜 7佑		舊唐書卷147 新唐書卷166 元史卷197孝友	杜	羔	新唐書卷172附杜彖傳	
杜	甫	舊唐書卷190下文苑 新唐書卷201文藝附杜審言傳	杜	純	宋史卷330	
杜	防	遼史卷86	杜	紘	宋史卷330附杜純傳	
杜	杞	宋史卷300	杜	桐	明史卷239	
杜 8周		史記卷122酷吏 漢書卷60	杜 11密		後漢書卷97黨錮	
杜	林	後漢書卷57	杜	淹	舊唐書卷66附杜如晦傳 新唐書卷96附杜如晦傳	
杜	弢	晉書卷100				
杜	岸	梁書卷46附杜崱傳 南史卷64附杜崱傳	杜	悰	舊唐書卷147附杜祐傳 新唐書卷166附杜祐傳	
杜	杲	周書卷39 北史卷70 宋史卷412	杜	慆	新唐書卷166附杜祐傳	
杜	亞	舊唐書卷146 新唐書卷172	杜	常	宋史卷330	
杜	牧	舊唐書卷147附杜祐傳 新唐書卷166附杜祐傳	杜	庶	宋史卷412附杜杲傳	
			杜 12欽		漢書卷60附杜周傳	
			杜	喬	後漢書卷93	
			杜	參	晉書卷90良吏	

七畫	杜	曾	晉書卷100
	杜	崱	梁書卷46 南史卷64
	杜	超	魏書卷83上外戚 北史卷80外戚
杜	杜	弼	北齊書卷24 北史卷55
	杜	勝	新唐書卷169附杜黃裳傳
	杜	13詩	後漢書卷61
	杜	微	三國蜀志卷12或42
	杜	預	三國魏志卷16附杜畿傳 晉書卷34
	杜	稜	陳書卷12 南史卷67
	杜	瑛	元史卷199隱逸
	杜	14銓	魏書卷45 北史卷26
	杜	滸	宋史卷454忠義附鄒溈傳
	杜	槐	明史卷290忠義
	杜	15緩	漢書卷60附杜周傳
	杜	撫	後漢書卷109下儒林
	杜	畿	三國魏志卷16
	杜	摯	三國魏志卷21附劉劭傳
	杜	魯	宋史卷300附陳太素傳
	杜	範	宋史卷407
	杜	誼	宋史卷456孝義
	杜	16鄴	漢書卷85
	杜	篤	後漢書卷110上文苑
	杜	錫	晉書卷34附杜預傳
	杜	整	北史卷77 隋書卷54
	杜	遷	舊唐書卷98 新唐書卷126

杜	曉		舊五代史卷18梁書 新五代史卷35唐六臣附蘇循傳
杜	18顗		魏書卷45附杜銓傳
杜	鎬		宋史卷296
杜	19璿		三國蜀志卷12或42
杜	顗		新唐書卷166附杜祐傳
杜	21纂		魏書卷88良吏 北史卷86循吏
杜	豐		元史卷151
杜	22襲		三國魏志卷23
杜	龕		梁書卷46附杜崱傳 南史卷64附杜崱傳
杜	夔		三國魏志卷29方技
杜	27驥		宋書卷65 南史卷70循吏
杜	30鸞		明史卷206
杜	4中	立	新唐書卷172附杜兼傳
杜	之	偉	陳書卷34文學 南史卷72文學
杜	不	愆	晉書卷95藝術
杜	文	煥	明史卷239附杜桐傳
杜	元	穎	舊唐書卷163 新唐書卷96附杜如晦傳
杜	元	寶	魏書卷83上外戚附杜超傳
杜	5幼	安	梁書卷46附杜崱傳 南史卷64附杜崱傳
杜	弘	域	明史卷239附杜桐傳
杜	弘	徽	舊唐書卷177附杜審權傳
杜	正	玄	隋書卷76文學
杜	正	倫	舊唐書卷70 新唐書卷106
杜	正	藏	隋書卷76文學附杜正玄傳

杜 6守 元	宋史卷463外戚附杜 審琦傳	杜13楚 客	舊唐書卷66附杜如 晦傳
杜 式 方	舊唐書卷147附杜祐 傳		新唐書卷96附杜如 晦傳
	新唐書卷166附杜祐 傳	杜14僧 明	陳書卷8 南史卷66
杜 伏 威	舊唐書卷56 新唐書卷92	杜 臺 卿	北史卷55附杜弼傳 隋書卷58
杜 如 晦	舊唐書卷66 新唐書卷96	杜 漢 徽	宋史卷271
杜 7求 仁	新唐書卷106附杜正 倫傳	杜15慧 度	宋書卷92良吏(南史 卷70作杜慧慶)
杜 希 全	舊唐書卷144 新唐書卷156	杜 慧 慶	南史卷70循吏(宋書 卷92作杜慧度)
杜 延 年	漢書卷60附杜周傳	杜 審 言	舊唐書卷190上文苑 附杜易簡傳
杜 邦 舉	明史卷293忠義附劉 振之傳		新唐書卷201文藝
杜 8叔 毗	北史卷85節義 周書卷46孝義	杜 審 琦	宋史卷463外戚
杜 京 産	南齊書卷54高逸 南史卷75隱逸	杜 審 進	宋史卷463外戚附杜 審琦傳
杜 易 簡	舊唐書卷190上文苑 新唐書卷201文藝附 杜審言傳	杜 審 肇	宋史卷463外戚附杜 審琦傳
杜 松 贇	北史卷85節義附堯 君素傳	杜 審 瓊	宋史卷463外戚附杜 審琦傳
杜 9重 威	舊五代史卷109漢書 新五代史卷52雜傳	杜 審 權	舊唐書卷177 新唐書卷96附杜如 晦傳
杜 彥 圭	宋史卷463外戚附杜 審琦傳	杜17孺 休	新唐書卷 66附杜祐 傳
杜 彥 林	舊唐書卷177附杜審 權傳	杜 鴻 漸	舊唐書卷108 新唐書卷126附杜遏 傳
杜 彥 鈞	宋史卷463外戚附杜 審琦傳		
杜10時 昇	金史卷127隱逸	杜24讓 能	舊唐書卷177附杜審 權傳
杜 荀 鶴	舊五代史卷24梁書		新唐書卷96附杜如 晦傳
杜11莘 老	宋史卷387	吳 3及	宋史卷302
杜 惟 序	宋史卷463外戚附杜 審琦傳	吳 山	明史卷216
杜 從 郁	舊唐書卷147附杜祐 傳	吳 4中	明史卷151
杜12黃 裳	舊唐書卷147 新唐書卷169	吳 元	明史卷229附吳中行 傳
杜 景 佺	新唐書卷116	吳 6充	宋史卷312
杜 景 儉	舊唐書卷90	吳 安	明史卷300外戚

七畫	吳	7 良	後漢書卷57 明史卷130	吳	11 猛	晉書卷95藝術
	吳	均	梁書卷49文學 南史卷72文學	吳	敏	宋史卷352
	吳	材	宋史卷356	吳	淵	宋史卷416
	吳	沆	明史卷137	吳	淑	宋史卷441文苑
	吳	成	明史卷156	吳	訥	明史卷158
吳	吳	兗	明史卷222	吳	祥	明史卷281循吏附史 誠祖傳
	吳	8 芮	漢書卷34	吳	12 普	三國魏志卷29方技 附華陀傳
	吳	育	宋史卷291	吳	景	三國吳志卷5卫嶺附 孫破虜吳夫人傳 明史卷289忠義
	吳	玠	宋史卷366			
	吳	泳	宋史卷423	吳	逵	晉書卷88孝友 宋書卷91孝義 南史卷73孝義
	吳	9 苞	南齊書卷54高逸 南史卷76隱逸	吳	喜	宋書卷83 南史卷40
	吳	奎	宋史卷316	吳	筠	南史卷72文學 舊唐書卷192隱逸 新唐書卷196隱逸
	吳	苕	宋史卷387			
	吳	革	宋史卷452忠義			
	吳	亮	明史卷166附蕭授傳 明史卷22.附吳中行 傳	吳	溆	舊唐書卷183外戚 新唐書卷193忠義 舊唐書卷183外戚附 吳湊傳 新唐書卷159
	吳	炯	明史卷23．附顧憲成 傳	吳	湊	
	吳	炳	明史卷279	吳	復	明史卷130
	吳	10 起	史記卷65	吳	琳	明史卷139附陳修傳
	吳	祐	後漢書卷94	吳	雲	明史卷289忠義附王 緯傳
	吳	時	宋史卷347	吳	貴	明史卷289忠義附皇 甫斌傳
	吳	挺	宋史卷366附吳璘傳	吳	傑	明史卷299方技
	吳	益	宋史卷465外戚	吳	13 瑛	宋史卷458隱逸
	吳	甡	明史卷252	吳	鼎	元　史卷170
	吳	悌	明史卷283儒林	吳	當	元史卷187
	吳	海	明史卷298隱逸	吳	14 寬	明史卷184

吳		漢	後漢書卷48	吳		允誠	明史卷156
吳		競	舊唐書卷102 新唐書卷132	吳		中行	明史卷229
吳		蓋	宋史卷465外戚附吳益傳	吳		中復	宋史卷322
吳		禎	明史卷131	吳		文度	明史卷186附張泰傳
吳		寧	明史卷170附于謙傳	吳		文華	明史卷221附郭應聘傳
吳	15	範	三國吳志卷18或63	吳		少陽	舊唐書卷145附吳少誠傳
吳		質	三國魏志卷21附王粲傳				新唐書卷214藩鎮附吳少誠傳
吳		潛	宋史卷418	吳		少微	舊唐書卷190中文苑附富嘉謨傳
吳		澄	元史卷171	吳		少誠	舊唐書卷145 新唐書卷214藩鎮
吳		瑾	明史卷156附吳允誠傳	吳		元辰	宋史卷257附吳延祚傳
吳		廣	明史卷247附陳璘傳	吳		元珪	元史卷177
吳		履	明史卷281循吏	吳		元載	宋史卷257附吳延祚傳
吳	16	融	新唐書卷203文藝	吳		元輔	宋史卷257附吳延祚傳
吳		璘	宋史卷366	吳		元濟	舊唐書卷145附吳少誠傳
吳		激	金史卷125文藝				新唐書卷214藩鎮附吳少誠傳
吳	17	獵	宋史卷397	吳	5	世忠	明史卷185
吳		嶽	明史卷201	吳		甘來	明史卷266
吳	20	曦	宋史卷475叛臣	吳		弘濟	明史卷231附安希范傳
吳	22	巒	舊五代史卷95晉書 新五代史卷29晉臣	吳	6	羽文	明史卷235附鄒維璉傳
吳		儼	明史卷184	吳		好直	元史卷197孝友
吳	1	一貴	明史卷180附王獻臣傳	吳		百朋	明史卷220
吳		一鵬	明史卷191	吳		汝訥	舊唐書卷173附李紳傳
吳	3	士矩	新唐書卷159附吳湊傳	吳		安國	宋史卷449忠義附楫縱傳
吳		子騏	明史卷295忠義附張瓊傳	吳		全節	元史卷202釋老附張宗演傳
吳	4	之佳	明史卷233附李獻可傳	吳	7	伯宗	明史卷137
吳		仁度	明史卷283儒林附吳桴傳	吳		延祚	宋史卷257

七畫

吳

吳希魯	元史卷197孝友附孫瓘傳
吳成器	明史卷205附曹邦輔傳
吳克忠	明史卷156附吳允誠傳
吳克勤	明史卷156附吳允誠傳
吳廷弼	明史卷201附吳廷舉傳
吳廷舉	明史卷201
吳邦傑	金史卷122忠義
吳邦輔	明史卷222附吳兌傳
吳 8欣之	南齊書卷55孝義 南史卷73孝義
吳表臣	宋史卷381
吳孟明	明史卷222附吳兌傳
吳居厚	宋史卷343
吳武陵	新唐書卷203文藝
吳昌裔	宋史卷408
吳明徹	陳書卷9 南史卷66
吳承範	舊五代史卷92晉書
吳宗堯	明史卷237
吳宗達	明史卷229附吳中行傳
吳 9保安	新唐書卷191忠義
吳彥芳	明史卷258附吳執御傳
吳思建	元史卷197孝友附劉德泉傳
吳柔勝	宋史卷400
吳貞毓	明史卷279
吳10時來	明史卷210
吳桂芳	明史卷223
吳處裕	宋史卷271
吳師道	元史卷190儒學
吳師禮	宋史卷347
吳11執中	宋史卷356
吳執御	明史卷258
吳悉達	魏書卷86孝感 北史卷84孝行
吳從龍	宋史卷452忠義附郭僎傳
吳國夫	南史卷73孝義附范叔孫傳
吳國寶	元史卷197孝友附李忠傳
吳通玄	舊唐書卷190下文苑 新唐書卷145附竇參傳
吳通微	舊唐書卷190下文苑附吳通玄傳
吳處厚	宋史卷471姦臣附蔡確傳
吳13鼎臣	宋史卷302附李京傳
吳楚材	宋史卷452忠義
吳道南	明史卷217
吳達之	南齊書卷55孝義 南史卷73孝義
吳達可	明史卷227
吳與弼	明史卷282儒林
吳14淳夫	明史卷306閹黨附崔呈秀傳
吳暢春	明史卷292忠義附蔣佳徵傳
吳僧哥	金史卷122忠義
吳15慶之	南史卷73孝義
吳16隱之	晉書卷90良吏
吳擇仁	宋史卷322附吳中復傳
吳遵世	北齊書卷49方技 北史卷89藝術
吳遵路	宋史卷426循吏

吳17腋	箕	明史卷277附邱祖德傳	
吳 邁	遠	南史卷72文學附檀超傳	
吳 鍾	巒	明史卷276附張肯堂傳	
吳20寶	秀	明史卷237	
吳23麟	徵	明史卷266	
完16澤		元史卷130	
完9者	都	元史卷131	
完者	拔都	元史卷133	
完 顏4卞		金史卷66宗室(本名吾母)	
完 顏	元	金史卷69 (本名常勝)	
完 顏	文	金史卷74附宗翰傳	
完 顏	方	金史卷80附完顏阿鄰楮傳	
完 顏6仲		金史卷72 (本名石古乃)	
完 顏	充	金史卷76(本名土神蔼)	
完 顏	匡	金史卷98 (本名撒速)	
完 顏7亨		金史卷77 (本名孛迭)	
完 顏	佐	金史卷103	
完 顏8昂		金史卷65宗室(本名吳都)	
		金史卷84 (本名奔睹)	
完 顏	忠	金史卷70(本名迪古乃)	
完 顏	杲	金史卷76 (本名斜也)	
		金史卷84(本名撒離喝)	
完 顏	昌	金史卷77 (目作撻懶)	
完 顏	京	金史卷74附宗翰傳	
完 顏	玠	金史卷93	
完 顏9奕		金史卷66宗室(本名三寶)	
完 顏	兗	金史卷76 (本名稻桐)	
完 顏10夷		金史卷66宗室(本名醜漢)	
完 顏	晏	金史卷73 (本名斡論)	
完 顏11爽		金史卷69 (本名阿鄰)	
完 顏	衮	金史卷76 (本名瀰甲)	
完 顏12勖		金史卷66宗室(本名烏也)	
完 顏	琮	金史卷93	
完 顏	寓	金史卷104	
完 顏	殄	金史卷102	
完 顏14齊		金史卷66宗室 (本名掃合)	
		金史卷74附宗望傳	
完 顏	綱	金史卷98 (本名元奴)	
完 顏15璋		金史卷65宗室附完顏斡者傳	
完 顏	嘗	金史卷66宗室(本名阿里刺)	
完 顏	霆	金史卷103	
完 顏17襄		金史卷76 (本名永慶)	
		金史卷94(日作內族襄)	
完 顏18璹		金史卷85附完顏永功傳	
完 顏20璟		金史卷93	
完 顏2九	住	金史卷121忠義	
完 顏4六	斤	金史卷122忠義	
完 顏 元	宜	金史卷132逆臣	
完 顏 元	壽	金史卷82	
完 顏5奴	申	金史卷115	
完 顏 石	柱	元史卷165	
完 顏 可	喜	金史卷69	

七畫

完顏尤　魯金史卷66宗室
完顏布　輝金史卷66宗室　附完顏合住傳
完顏白　撒金史卷113（一名承裔）
完顏玄　齡金史卷93
完顏永　元金史卷76（本名元奴）
完顏永　中金史卷85
完顏永　升金史卷85
完顏永　功金史卷85
完顏永　成金史卷85
完顏永　德金史卷85
完顏永　蹈金史卷85
完顏光　英金史卷82
完顏安　國金史卷94
完顏仲　元金史卷103
完顏仲　德金史卷119
完顏合　住金史卷66宗室
完顏合　周金史卷114附斜卯愛實傳
完顏合　達金史卷112
完顏守　忠金史卷93（目作莊獻太子）
完顏守　貞金史卷73（本名左靨）
完顏守　能金史卷73本名胡剌）
完顏守　純金史卷93
完顏守　道金史卷88（本名習尼列）
完顏希　尹金史卷73（本名谷神）
完顏冶　訶金史卷68
完顏沃　測金史卷72附完顏麻吉傳

完

完顏伯　嘉金史卷100
完顏弒　鄰金史卷93
完顏定　奴金史卷98
完顏劾　孫金史卷65宗室
完顏拔　達金史卷65宗室　附完顏謝庫德傳
完顏秉　德金史卷132逆臣（本名乙辛）
完顏承　立金史卷116（一名慶山奴）
完顏承　裕金史卷93
完顏承　暉金史卷101（本名福興）
完顏阿　喜金史卷66宗室
完顏阿　瑣金史卷69
完顏阿　鄰金史卷73　金史卷103　阿里罕）
完顏宗　尹金史卷73（本名阿里罕）
完顏宗　永金史卷65宗室　附完顏輦珍傳
完顏宗　本金史卷76（本名阿鄰）
完顏宗　亨金史卷70（本名塔不也）
完顏宗　固金史卷76（本名胡魯）
完顏宗　敘金史卷71（本名德壽）
完顏宗　浩金史卷93
完顏宗　敏金史卷69（本名阿魯補）
完顏宗　望金史卷74（本名斡離不）
完顏宗　強金史卷69（本名阿鄰）
完顏宗　傑金史卷69（本名木里也）
完顏宗　雄金史卷75（本名謀良虎）
完顏宗　弼金史卷77（本名兀尤）

完	顏	宗	雋	金史卷69（本名訛魯觀）	完	顏	妻	室	金史卷72 金史卷119

完 顏 宗 雋 金史卷69（本名訛魯觀）
完 顏 宗 道 金史卷73（本名八十）
完 顏 宗 義 金史卷76（本名宇吉）
完 顏 宗 幹 金史卷76（本名斡本）
完 顏 宗 寧 金史卷73（本名阿土古）
完 顏 宗 磐 金史卷76（本名蒲盧虎）
完 顏 宗 賢 金史卷66宗室（本名阿魯） 金史卷70（本名婆盧里）
完 顏 宗 憲 金史卷70（本名阿懶）
完 顏 宗 翰 金史卷74（本名粘罕）
完 顏 9活 女 金史卷72
完 顏 盆 納 金史卷65宗室附完顏謝夷保傳
完 顏 思 烈 金史卷111（目作內族）
完 顏 思 敬 金史卷70（本名撒改）
完 顏 洪 衍 金史卷93
完 顏 洪 裕 金史卷93
完 顏 洪 靖 金史卷93
完 顏 洪 熙 金史卷93
完 顏 洪 輝 金史卷93
完 顏 10海 里 金史卷72
完 顏 烏 帶 金史卷132逆臣
完 顏 骨 靫 金史卷68
完 顏 素 蘭 金史卷109
完 顏 11訛 可 金史卷111（目作內族）
完 顏 習 室 金史卷70

完 顏 妻 室 金史卷72 金史卷119
完 顏 跋 黑 金史卷65宗室
完 顏 麻 吉 金史卷72
完 顏 麻 頗 金史卷65宗室
完 顏 崇 成 金史卷65宗室（本名僕灰）
完 顏 崇 秀 金史卷66宗室附完顏勗傳
完 顏 斜 哥 金史卷74附宗翰傳
完 顏 斜 烈 金史卷123忠義附完顏陳和尚傳
完 顏 從 坦 金史卷122忠義
完 顏 從 恪 金史卷93
完 顏 從 憲 金史卷93
完 顏 從 彝 金史卷93
完 顏 12絳 山 金史卷124忠義
完 顏 隈 可 金史卷66宗室
完 顏 㲉 英 金史卷72（本名撻懶）
完 顏 13酬 斡 金史卷121忠義附完顏僕忽得傳
完 顏 道 濟 金史卷80
完 顏 14擱 保 金史卷66宗室
完 顏 蒲 查 金史卷68
完 顏 福 壽 金史卷86
完 顏 斡 者 金史卷65宗室
完 顏 斡 帶 金史卷65宗室
完 顏 斡 魯 金史卷65宗室 金史卷71
完 顏 斡 賽 金史卷65宗室

七畫

完

七畫

完

完顏	15閭	山	金史卷100
完顏	撒	改	金史卷91
完顏	鄭	家	金史卷65宗室
完顏	廣	陽	金史卷82
完顏	鄯	陽	金史卷121忠義
完顏	斃	魯	金史卷65宗室
完顏	16撻	懶	金史卷66宗室
完顏	謀	衍	金史卷72
完顏	謀	演	金史卷68附完顏歡都傳
完顏	17裵	不	金史卷113
完顏	閤	母	金史卷71
完顏	檀	奴	金史卷76附完顏充傳
完顏	濤	安	金史卷89
完顏	21鐵	哥	金史卷103
完顏	鶴	壽	金史卷121忠義附溫迪罕蒲睍傳
完顏	22歡	都	金史卷68
完顏	3兀	不喝	金史卷90
完顏	5石	土門	金史卷70
完顏	石	古乃	金史卷121忠義附完顏鄯陽傳
完顏	7吾	札忽	金史卷71
完顏	8拔	里速	金史卷72
完顏	阿	离補	金史卷80
完顏	阿	魯補	金史卷68附顏完冶訶傳

完顏	9突	合速	金史卷80
完顏	按	答海	金史卷73
完顏	胡	十門	金史卷66宗室
完顏	胡	石改	金史卷66宗室
完顏	胡	沙補	金史卷121忠義
完顏	10神	土潷	金史卷91
完顏	烏	古出	金史卷65宗室
完顏	訛	古乃	金史卷68
完顏	陳	和尚	金史卷123忠義
完顏	婆	盧火	金史卷71
完顏	習	不失	金史卷70
完顏	習	不主	金史卷82
完顏	14銀	尤可	金史卷72
完顏	僕	忽得	金史卷121忠義
完顏	幹	魯古	金史卷71(目作幹魯古勃堇)
完顏	蒲	家奴	金史卷65宗室附完顏勖孫傳
完顏	蒲	刺都	金史卷103
完顏	15撒	合輦	金史卷111
完顏	17謝	夷保	金史卷65宗室
完顏	謝	里忽	金史卷65宗室
完顏	謝	庫德	金史卷65宗室
完顏	18謾	都本	金史卷65宗室附完顏廝顏傳
完顏	謾	都訶	金史卷65宗室

完顏	8阿里不孫	金史卷103
完顏	阿离合懣	金史卷73
完顏	9䚟思阿補	金史卷82
李	一	舊唐書卷107（即夏悼王）
李	2几.乂	魏書卷87節義　北史卷85節義
李	乂	舊唐書卷101　新唐書卷119
李	3己	明史卷215附陳吾德傳
李	4尤	後漢書卷110上文苑
李	及	宋史卷298
李	仁	明史卷138附陳修傳
李	文	明史卷156附李英傳
李	介	明史卷185
李	中	明史卷203　明史卷282儒林附劉觀傳
李	5平	魏書卷65　北史卷43附李崇傳
李	弘	舊唐書卷86（即孝敬皇帝）　新唐書卷81
李	巨	舊唐書卷112
李	甘	舊唐書卷171　新唐書卷118附李中敏傳
李	永	舊唐書卷175（即莊恪太子）　新唐書卷82
李	白	舊唐書卷190下文苑　新唐書卷202文藝
李	石	舊唐書卷172　新唐書卷131宗室宰相　金史卷86
李	丕	新唐書卷214藩鎮附劉悟傳
李	玉	明史卷299方技附凌雲傳
李	6充	後漢書卷111獨行　晉書卷92文苑　隋書卷53附劉方傳
李	先	魏書卷33　北史卷27　宋史卷333附李兌傳
李	式	魏書卷36附李順傳
李	冲	魏書卷53　舊唐書卷76宗室附越王貞傳（即琅邪王）　新唐書卷80宗室附越王貞傳
李	安	北史卷75　隋書卷50
李	回	舊唐書卷173　新唐書卷131宗室宰相
李	至	宋史卷266
李	光	宋史卷363
李	朴	宋史卷377　明史卷236
李	全	宋史卷476至477叛臣
李	亘	宋史卷452忠義
李	托	宋史卷481南漢世家劉鋹傳
李	任	明史卷154附陳洽傳
李	7孚	三國魏志卷15附賈逵傳　晉書卷60
李	含	
李	同	魏書卷36附李順傳
李	佐	魏書卷39附李寶傳

七畫　完李

七畫	李	系	魏書卷49附李靈傳		李	忠	漢書卷55附霍去病傳
	李	志	魏書卷62附李彪傳				後漢書卷51 元史卷197孝友
	李	孝	舊唐書卷86宗室(卽原王)		李		舊唐書卷86宗室(卽燕王)
李	李	侶	舊唐書卷116(卽恭懿太子) 新唐書卷82				新唐書卷81
					李	法	後漢書卷78
	李	迅	舊唐書卷116宗室(卽陏王)		李	固	後漢書卷93
	李	佖	舊唐書卷116宗室(卽衛王)		李	育	後漢書卷109下儒林 魏書卷36附李順傳
	李	芃	舊唐書卷132 新唐書卷147		李	典	三國魏志卷18
	李	忻	舊唐書卷157宗室(卽洋王)		李	承	魏書卷39附李寶傳 舊唐書卷115 新唐書卷143
	李	岐	舊唐書卷157宗室(卽袞王)		李	和	周書卷29 北史卷66
	李	沂	舊唐書卷157宗室(卽慶王) 明史卷234		李	明	舊唐書卷76宗室(卽曹王) 新唐書卷80
	李	汭	舊唐書卷175宗室(卽昭王)		李	玭	舊唐書卷107宗室(卽蓚王) 宋史卷456孝義
	李	汶	舊唐書卷175宗室(卽康王)		李	玢	舊唐書卷107宗室(卽延王) 新唐書卷82
	李	沆	宋史卷282				
	李	防	宋史卷303		李	侗	舊唐書卷116宗室(卽定王) 宋史卷428道學
	李	兗	宋史卷333				
	李	伸	宋史卷452忠義附彊覽傳		李	泌	舊唐書卷130 新唐書卷139
	李	成	金史卷79		李	佶	舊唐書卷175宗室(卽昌王)
	李	完	金史卷97		李	協	舊唐書卷175宗室(卽濮王)
	李	汾	金史卷126文藝				
	李	冶	元史卷160		李	周	舊五代史卷91晉書 新五代史卷47雜傳 宋史卷344
	李	佑	明史卷222附譚綸傳				
	李	材	明史卷227		李	昉	宋史卷265
	李	8牧	史記卷81				
	李	沮	史記卷111附衛將軍驃騎傳		李	垂	宋史卷299

李	京	宋史卷302			北史卷70	七畫
李	迪	宋史卷310	李	茂	魏書卷39附李寶傳 元史卷197孝友	
李	定	宋史卷329			明史卷296孝義附邱鐸傳	
李	邴	宋史卷375	李	郁	魏書卷53附李孝伯傳	李
李	昊	宋史卷479西蜀世家附孟昶傳			北史卷33附李孝伯傳	
李	孟	元史卷175			舊五代史卷96晉書	
李	洞	元史卷183	李	苗	魏書卷71	
李	杲	元史卷203方技	李	昶	北史卷45 周書卷38	
李	侃	明史卷159			北史卷40附李彪傳 元史卷160	
李	秉	明史卷177	李	衍	隋書卷54	
李	昆	明史卷185附李介傳	李	軌	舊唐書卷55 新唐書卷86	
李	卑	明史卷269	李	恪	舊唐書卷76宗室 (卽吳王)	
李	芳	明史卷305宦官			舊唐書卷175宗室 (卽建王)	
李	9恂	後漢書卷81 魏書卷99附私署涼王李暠傳(舊唐卷175作李恂)			新唐書卷80宗室 (卽鬱林王) 新唐書卷82宗室 (卽建王)	
李	郇	舊唐書卷175宗室 (卽河王新唐卷99作李恂)	李	貞	舊唐書卷76宗室(卽越王) 新唐書卷80宗室	
李	南	後漢書卷112上方術	李	暅	舊唐書卷112 新唐書卷80宗室附鬱林王恪傳(卽趙國公)	
李	郃	後漢書卷112上方術				
李	恢	三國蜀志卷13或43 魏書卷49附李鑒傳	李	係	舊唐書卷116宗室 (卽越王) 新唐書卷82	
李	胤	晉書卷44				
李	重	晉書卷46	李	從	舊唐書卷116宗室 (卽涇王)	
李	庠	晉書卷120後蜀載記附李特傳	李	述	舊唐書卷116宗室 (卽眭王) 新唐書卷82宗室	
李	弈	魏書卷36附李順傳	李	迥	舊唐書卷116宗室 (卽韓王)	
李	柬	魏書卷39附李寶傳				
李	彥	魏書卷39附李寶傳 周書卷37	李	涪	舊唐書卷124附李正已傳	

93

			新唐書卷148	李	恆	元史卷129
七畫	李	勉	舊唐書卷131 新唐書卷131宗室宰相	李	俊	明史卷180
				李	10息	史記卷111附衞將軍驃騎傳
李	李	建	舊唐書卷155附李遜傳 新唐書卷162附李遜傳			漢書卷55附霍去病傳
				李	矩	晉書卷63
	李	柱	舊唐書卷157附李鄘傳	李	特	晉書卷120後蜀載記 魏書卷96附賨李雄傳
	李	約	舊唐書卷150宗室（即邵王）			
	李	珏	舊唐書卷173 新唐書卷182	李	流	晉書卷120後蜀載記附李特傳 魏書卷96附賨李雄傳
	李	忱	舊唐書卷175宗室（即澧王）			
	李	洽	舊唐書卷175宗室（即懷王）	李	班	晉書卷121後蜀載記附李雄傳 魏書卷96附賨李雄傳
	李	泳	舊唐書卷175宗室（即魏王）			
	李	保	舊唐書卷175宗室（即吉王） 新唐書卷82宗室	李	栗	魏書卷28 北史卷20
	李	拯	舊唐書卷190下文苑	李	祐	魏書卷36附李順傳 舊唐書卷161 舊唐書卷76（即庶人祐） 新唐書卷80 新唐書卷214藩鎮附吳少誠傳
	李	珍	新唐書卷81宗室附惠文太子範傳（即嗣歧王）			
	李	昇	新唐書卷147附李叔明傳 舊五代史卷134僭僞 新五代史卷62南唐世家	李	虔	魏書卷39附李寶傳
				李	神	魏書卷70 北史卷87酷吏附李洪之傳
	李	宥	宋史卷301			
	李	逌	宋史卷374	李	峻	魏書卷83上外戚 舊唐書卷175宗室（即杞王）
	李	度	宋史卷440文苑			
	李	芾	宋史卷450忠義	李	修	魏書卷91藝術 北史卷90藝術
	李	政	宋史卷453忠義	李	泰	舊唐書卷76宗室（即濮王） 新唐書卷80宗室
	李	革	金史卷99			
	李	英	金史卷101 明史卷156	李	珪	舊唐書卷107宗室（即陳王）
				李	琪	舊唐書卷107宗室（即鄂王）

李　晉　新唐書卷78宗室附
　　昆平王叔良傳(即新
　　興郡公)

李　祗　新唐書卷80宗室附
　　鬱林王恪傳(即嗣吳
　　王)

李　振　舊五代史卷18梁書
　　　新五代史卷43雜傳

李　殷　舊五代史卷106漢書

李　浩　宋史卷350
　　　宋史卷388

李　涓　宋史卷447忠義

李　珣　宋史卷464外戚附李
　　用和傳

李　祚　宋史卷456孝義附王
　　光濟傳

李　晏　金史卷96

李　庭　元史卷162

李　桓　元史卷190儒學附楊
　　載傳

李　時　明史卷193

李　俸　明史卷235附何士晉
　　傳

李　11通　後漢書卷45
　　　三國魏志卷18
　　　舊唐書卷116宗室
　　　(即恭王)
　　　金史卷127倿幸

李　陵　漢書卷54附李廣傳

李　章　後漢書卷107酷吏

李　密　晉書卷88孝友
　　　北史卷60附李弼傳
　　　隋書卷70
　　　舊唐書卷53
　　　新唐書卷84

李　產　晉書卷110前燕載記

李　訢　魏書卷46
　　　北史卷27

李　祥　魏書卷53附李孝伯傳

　　　舊唐書卷161
　　　新唐書卷82宗室(即
　　　豐王)
　　　新唐書卷171附烏重
　　　胤傳

李　峴　舊唐書卷175宗室
　　　(即益王)
　　　舊唐書卷112附李峘
　　　傳
　　　新唐書卷131宗室宰
　　　相

李　伿　舊唐書卷116宗室
　　　(即承天皇帝)
　　　新唐書卷82宗室

李　迺　舊唐書卷116宗室
　　　(即益王)

李　納　舊唐書卷124附李正
　　　己傳
　　　新唐書卷213藩鎮附
　　　李正己傳

李　恕　舊唐書卷133附李晟
　　　傳

李　紓　舊唐書卷137
　　　舊唐書卷150宗室
　　　(即苕王)
　　　新唐書卷161

李　益　舊唐書卷137
　　　新唐書卷203文藝

李　紘　宋史卷287附李昌齡
　　　傳
　　　舊唐書卷150宗室
　　　(即撝王)

李　訓　舊唐書卷169
　　悟　新唐書卷179
　　　舊唐書卷175宗室
　　　(即絳王)
　　　新唐書卷82宗室

李　悅　舊唐書卷175宗室
　　　(即璵王)

李　涇　舊唐書卷175宗室
　　　(即雅王)

李　倚　舊唐書卷175宗室
　　　(即睢王)

李　陘　舊唐書卷175宗室
　　　(即益王)

李　秘　舊唐書卷175宗室
　　　(即景王)

李　邕　舊唐書卷190中文苑
　　　新唐書卷202文藝

七畫

李

李	彪	舊唐書卷175宗室 （即瓊王） 宋史卷400 宋史卷468宦者 魏書卷62
李	崇	北史卷40 魏書卷66 北史卷43
李	基	北史卷59附李賢傳 隋書卷37附李穆傳 周書卷25附李賢傳
李	敏	北史卷59附李賢傳 隋書卷37附李穆傳 舊唐書卷107宗室 （即懷哀王） 明史卷185
李	晦	舊唐書卷60宗室附 河間王孝恭傳 新唐書卷78宗室附 河間王孝恭傳
李	逸	舊唐書卷116宗室 （即雅王）
李	連	舊唐書卷116宗室 （即恩王）
李	倕	舊唐書卷116宗室 （即杞王）
李	偲	金史卷92 舊唐書卷116宗室 （即召王）
李	造	舊唐書卷116宗室 （即忻王）
李	涵	舊唐書卷126 新唐書卷78宗室附 永安王孝基傳
李	晟	舊唐書卷133 新唐書卷154
李	紳	舊唐書卷173 舊唐書卷150宗室 （即袁王） 新唐書卷181
李	悰	舊唐書卷175宗室 （即深王）
李	健	舊唐書卷175宗室 （即涼王）
李	偲	舊唐書卷175宗室 （即威王）
李	禍	舊唐書卷175宗室 （即棣王）

李	集	新唐書卷105附李義 琰傳
李	琭	新唐書卷154附李晟 傳
李	訥	新唐書卷162附李遜 傳
李	頊	舊五代史卷61晉書
李	崧	舊五代史卷103漢書 新五代史卷57雜傳
李	琪	舊五代史卷24梁書 新五代史卷54雜傳 附李琪傳
李	符	宋史卷270
李	淑	宋史卷291附李若谷 傳
李	參	宋史卷330
李	常	宋史卷344
李	訪	宋史卷456孝義
李	彬	明史卷154
李	紹	明史卷163附邢讓傳
李	逢	明史卷205附李遂傳
李	堂	明史卷222附王崇古 傳
李	偉	明史卷300外戚
12斯		史記卷87
李	尋	漢書卷75
李	雲	後漢書卷87
李	善	後漢書卷111獨行 舊唐書189上儒學 附曹憲傳
李	勝	三國魏志卷9附曹真 傳
李	雄	晉書卷121後蜀載記 魏書卷96（本作賨李 雄） 北史卷74 隋書卷46

李	期	晉書卷121後蜀載記附李雄傳 魏書卷96附資李雄傳	李	琛	舊唐書卷60宗室(即襄武王) 新唐書卷78宗室(即襄武王)	七畫
李	順	魏書卷36 北史卷33	李	僧	舊唐書卷76宗室(即蜀王) 舊唐書卷175宗室(即茂王) 新唐書卷80宗室(即蜀王)	
李	惲	魏書卷36附李順傳 宋史卷482北漢世家附劉繼元傳 舊唐書卷76宗室(即蔣王) 舊唐書卷175宗室(即澶王) 新唐書卷80宗室(即蔣王) 新唐書卷82宗室(即澶王)	李	琮	舊唐書卷107宗室(即靖德太子) 新唐書卷82宗室(即奉天皇帝) 新唐書卷80宗室附紀王慎傳(即義陽王) 宋史卷333	李
李	曾	魏書卷53附李孝伯傳	李	琰	舊唐書卷107宗室(即棣王) 新唐書卷82	
李	象	魏書卷72附李叔虎傳				
李	惠	魏書卷83上外戚 北史卷80外戚 明史卷199附李鉞傳	李	琚	舊唐書卷107(即庶人琚) 新唐書卷82宗室(即光王)	
李	堅	魏書卷94閹官 北史卷92恩倖	李	琦	舊唐書卷107宗室(即盛王) 新唐書卷82	
李	渾	北齊書卷29 北史卷33附李繪傳 北史卷59附李賢傳 隋書卷37附李穆傳 北齊書卷29附李渾傳	李	復	舊唐書卷112附李暠傳 新唐書卷78宗室附淮安王神通傳	
李	湛	舊唐書卷82附李義府傳 新唐書卷110諸夷蕃將附李多祚傳 周書卷15	李	遘	舊唐書卷116宗室(即原王)	
李	弼	北史卷60	李	巽	舊唐書卷123 新唐書卷149	
李	棠	周書卷46李義 北史卷85節義 明史卷159	李	楔	舊唐書卷126 新唐書卷150	
李	景	宋史卷473南唐世家 北史卷76 隋書卷65 舊五代史卷134僭偽附李昇傳 新五代史卷62南唐世家附李昇傳	李	皋	舊唐書卷131 新唐書卷80宗室附曹王明傳(即嗣曹王)	
			李	甚	舊唐書卷133附李晟傳	
			李	賀	舊唐書卷137 新唐書卷203文藝	
			李	結	舊唐書卷150宗室(即宋王)	
			李	絢	舊唐書卷150宗室(即衡王)	

		宋史卷302

七畫

李

李	絲	舊唐書卷164 新唐書卷152
李	程	舊唐書卷167 新唐書卷131宗室宰相
李	渤	舊唐書卷171 新唐書卷118
李	湊	舊唐書卷175宗室（即懷懿太子） 新唐書卷82宗室
李	普	舊唐書卷175宗室（即悼懷太子） 新唐書卷82宗室
李	嵯	舊唐書卷176宗室（即昌王）
李	惼	舊唐書卷175宗室（即棣王）
李	愐	舊唐書卷175宗室（即彭王）
李	畲	舊唐書卷185上良吏附李素立傳 新唐書卷197循吏附李素立傳
李	彭	舊唐書卷187下忠義附李憕傳 新唐書卷191忠義附李憕傳
李	華	舊唐書卷190下文苑 新唐書卷203文藝
李	琨	新唐書卷80宗室附鬱林王恪傳（即吳王）
李	款	新唐書卷118附李中敏傳
李	琪	舊五代史卷58唐書 新五代史卷54雜傳 宋史卷280
李	超	宋史卷258附潘美傳
李	斌	宋史卷275附郭密傳
李	渭	宋史卷326
李	植	宋史卷379 明史卷236

李	異	宋史卷452忠義
李	琳	宋史卷456孝義附許祚傳
李	訐	宋史卷464外戚附李遵勗傳
李	進	元史卷154 明史卷205附李遂傳
李	森	明史卷180
李	琯	明史卷230附湯顯祖傳
李	湘	明史卷281循吏
李	13業	後漢書卷111獨行 舊唐書卷95宗室（即惠宣太子） 新唐書卷81宗室 舊五代史卷107漢書附李洪建傳 新五代史卷30漢臣
李	催	三國魏志卷6附董卓傳
李	勢	晉書卷121後蜀載記附李雄傳 魏書卷96附賨李雄傳
李	鉉	北齊書卷44儒林 北史卷81儒林
李	熙	魏書卷36附李順傳
李	肅	魏書卷36附李順傳 宋史卷263附李穆傳
李	煥	魏書卷36附李順傳
李	裔	魏書卷36附李順傳 北史33
李	退	魏書卷39附李寶傳 舊唐書卷116宗室（即均王） 舊五代史卷93晉書
李	道	魏書卷49附李靈傳 宋史卷465外戚
李	瑒	魏書卷53附李孝伯傳
李	會	魏書卷71附李元護傳
李	歆	魏書卷99附私署涼王李暠傳
李	詢	北史卷59附李賢傳 隋書卷37附李穆傳

七畫

李

李	珹	舊唐書卷60宗室附河間王孝恭傳
李	瑗	舊唐書卷60宗室(卽廬江王) 新唐書卷78
李	勛	舊唐書卷67 新唐書卷93
李	瑞	舊唐書卷67 新唐書卷93
李	寬	舊唐書卷76宗室(卽楚王)
李	愼	舊唐書卷76宗室(卽紀王) 新唐書卷80宗室
李	傑	舊唐書卷100 新唐書卷128
李	琬	舊唐書卷107宗室(卽靖恭太子) 新唐書卷82宗室
李	英	舊唐書卷107宗室(卽庶人瑛) 新唐書卷82宗室(卽太子瑛)
李	瑝	舊唐書卷107宗室(卽信王)
李	逾	舊唐書卷116宗室(卽丹王)
李	珥	舊唐書卷107宗室(卽壽王) 新唐書卷82宗室
李	運	舊唐書卷116宗室(卽嘉王)
李	遇	舊唐書卷116宗室(卽端王)
李	僅	舊唐書卷116宗室(卽彭王) 新唐書卷82宗室
李	遡	舊唐書卷116宗室(卽蜀王)
李	詳	舊唐書卷150宗室(卽蕭王) 新唐書卷82宗室
李	經	舊唐書卷150宗室(卽鄆王) 新唐書卷82宗室 金史卷126文藝
李	絿	舊唐書卷150宗室(卽冀王)
李	脩	舊唐書卷162
李	溶	新唐書卷206外戚 舊唐書卷175宗室(卽安王) 新唐書卷
李	滋	舊唐書卷175宗室(卽襄王) 新唐書卷82宗室(卽通王)
李	裕	舊唐書卷175宗室(卽德王) 新唐書卷82宗室 明史卷160
李	祺	舊唐書卷175宗室(卽祈王)
李	源	舊唐書卷187下忠義附李憕傳 新唐書卷191忠義附李憕傳
李	戟	新唐書卷78宗室附渤海王奉慈傳
李	瑀	新唐書卷81宗室附讓皇帝憲傳(卽漢中王)
李	愚	舊五代史卷67唐書 新五代史卷54雜傳
李	暉	舊五代史卷129周書
李	筠	宋史卷484周三臣
李	溥	宋史卷299
李	戩	宋史卷333
李	椿	宋史卷389
李	瑋	宋史卷464外戚附李用和傳
李	愈	金史卷96
李	楨	元史卷124
李	新	明史卷132 明史卷294忠義附許文歧傳
李	達	明史卷174附史昭傳

七畫	李	銑	明史卷199
	李	煜	新五代史卷62南唐世家附李昇傳 宋史卷478南唐世家
	李	楷	明史卷203附李中傳
	李	遂	明史卷205
李	李	14壽	晉書卷121後蜀載記附李雄傳 魏書卷96附竇李雄傳
	李	構	北齊書卷35
	李	輔	魏書卷39附李寶傳
	李	韶	魏書卷39附李寶傳 宋史卷423
	李	獎	魏書卷65附李平傳 北史卷43附李崇傳
	李	暠	魏書卷99(目作私署涼王李暠) 舊唐書卷112 新唐書卷78宗室附淮安王神通傳
	李	遠	周書卷25附李賢傳 北史卷59附李賢傳 明史卷145附邱福傳
	李	綱	舊唐書卷62 新唐書99 宋史卷358至359 明史卷159附李侃傳
	李	鳳	舊唐書卷64宗室(即銳王) 新唐書卷79宗室
	李	禕	舊唐書卷76宗室附吳王千里傳(即信安王) 舊唐書卷175宗室(即遂王) 新唐書卷80宗室附鬱林王恪傳(即信安王)
	李	福	舊唐書卷76宗室(即趙王) 舊唐書卷172附李石傳
李	瑤		新唐書卷131宗室宰相附李石傳 舊唐書卷107宗室(即庶人瑤) 新唐書卷82宗室(即鄂王)
李	璂		舊唐書卷107宗室(即恆王)
李	倜		舊唐書卷116宗室(即袞王)
李	榮		舊唐書卷116宗室(即郇王)
李	債		舊唐書卷116宗室(即褒王) 新唐書卷82宗室
李	信		舊唐書卷116宗室(即淮陽王)
李	遒		舊唐書卷116宗室(即簡王)
李	愿		舊唐書卷133附李晟傳 新唐書卷154附李晟傳
李	愬		舊唐書卷133附李晟傳 新唐書卷154附李晟傳
李	說		舊唐書卷146 新唐書卷78宗室附安王神通傳
李	誠		舊唐書卷150宗室(即昭王)
李	綱		舊唐書卷150宗室(即密王)
李	綜		舊唐書卷150宗室(即鄅王)
李	綺		舊唐書卷150宗室(即松王)
李	綰		舊唐書卷150宗室(即隔王)
李	緄		舊唐書卷150宗室(即岳王)
李	繪		舊唐書卷150宗室(即桂王)
李	綽		舊唐書卷150宗室(即冀王)
李	遜		舊唐書卷155 新唐書卷162
李	鄘		舊唐書卷157 新唐書卷146

李	禔	舊唐書卷175宗室 （卽沂王）				魏書卷39附李寶傳	七 畫
李	禩	舊唐書卷175宗室 （卽虔王）	李	徹	魏書卷49附李靈傳 北史卷66附李和傳 隋書卷54	
李	潢	舊唐書卷175宗室 （卽靖懷太子） 舊唐書卷171 新唐書卷78宗室附 淮陽王道玄傳	李	賢	周書卷25 北史卷59 舊唐書卷86宗室（卽 章懷太子） 新唐書卷81 明史卷156附薛斌傳 明史卷176	
李	憤	舊唐書卷175宗室 （卽榮王）				李
李	寧	舊唐書卷175宗室 （卽惠昭太子） 新唐書卷82宗室	李	嶠	舊唐書卷94 新唐書卷123	
			李	撝	舊唐書卷95宗室（卽 惠莊太子） 新唐書卷81	
李	熅	舊唐書卷175宗室 （卽嗣襄王） 新唐書卷82宗室附 襄王僙傳（卽嗣襄 王） 新五代史卷62南唐 世家 宋史卷478	李	範	舊唐書卷95宗室（卽 惠文太子） 新唐書卷81	
			李	麟	舊唐書卷112（新唐 書14作李鱗）	
李	廓	新唐書卷131宗室宰 相附李程傳	李	澄	舊唐書卷132 新唐書卷141	
李	彙	新唐書卷136附李光 弼傳	李	實	舊唐書卷135 新唐書卷167 明史卷171附楊善傳	
李	廌	宋史卷444文苑				
李	維	宋史卷282附李沆傳	李	誼	舊唐書卷150宗室 （卽舒王） 新唐書卷82宗室	
李	演	金史卷121忠義				
李	齊	元史卷194忠義	李	諒	舊唐書卷150宗室 （卽虔王） 新唐書卷82宗室	
李	禎	明史卷221				
李	睿	明史卷289忠義附楊 忠傳	李	緯	舊唐書卷150宗室 （卽均王）	
李	15廣	史記卷109（卽李將 軍） 漢書卷54 北齊書卷45文苑 北史卷83文苑 明史卷304宦官	李	緗	舊唐書卷150宗室 （卽集王）	
			李	質	舊唐書卷156附韓弘 傳 明史卷138附周楨傳	
李	蔡	史記卷111附衞將軍 驃騎傳	李	憬	舊唐書卷175宗室 （卽郇王）	
李	敷	魏書卷36附李順傳	李	震	舊唐書卷175宗室 （卽建王） 宋史卷448忠義 明史卷166	
李	瑾	北齊書卷29附李璵 傳				

七畫	李	禎	舊唐書卷175宗室（即雅王）		李		宋史卷467宦者
	李	潤	舊唐書卷175宗室（即郳王）		李	熹	晉書卷41
	李	蔚	舊唐書卷173 新唐書卷181		李	譜	魏書卷65附李平傳 北史卷43附李崇傳
	李	橙	舊唐書卷187下忠義 新唐書卷191忠義		李	暉	魏書卷36附李順傳
李	李	適	舊唐書卷190中文苑附閻朝隱傳 新唐書卷2.2文藝		李	曉	北齊書卷29附李璵傳
	李	璆	新唐書卷81宗室附許王素節傳（即襄信王） 宋史卷377		李	穆	周書卷30附于翼傳 北史卷59附李賢傳 隋書卷37 宋史卷263
	李	緝	舊唐書卷150宗室（即蘄王）		李	諤	北史卷77 隋書卷66
	李	緘	新唐書卷138附李抱玉傳				舊唐書卷150宗室（即欽王）
	李	碏	新唐書卷146附李廓傳		李	璆	舊唐書卷107宗室
	李	璋	新唐書卷152附李絳傳 宋史卷464外戚附李用和傳		李	璘	舊唐書卷107宗室（即永王） 新唐書卷82 宋史卷456孝義
	李	嶧	新唐書卷194卓行附元德秀傳		李	錡	舊唐書卷112附李國貞傳 新唐書卷224上叛臣
	李	穀	宋史卷262				
	李	穆	宋史卷334附徐禧傳 元史卷185		李	嶼	舊唐書卷112附李峘傳
	李	靚	宋史卷453忠義附孫暉傳		李	選	舊唐書卷175宗室（即德王） 舊唐書卷116宗室（即荊王）
	李	慶	明史卷150		李	遷	舊唐書卷116宗室（即韶王）
	李	儀	明史卷159		李	通	舊唐書卷116宗室（即循王）
	李	鋐	明史卷175附張俊傳		李	愿	舊唐書卷133附李晟傳
	李	標	明史卷251		李	諲	舊唐書卷150宗室（即通王） 新唐書卷82宗室
	李	16憲	後漢書卷42 魏書卷36附李順傳 舊唐書卷133附李晟傳 舊唐書卷95宗室（即讓皇帝） 新唐書卷154附李晟傳 新唐書卷81宗室（即讓皇帝）		李	諲	舊唐書卷150宗室（即代王）
					李	誠	舊唐書卷150宗室（即珍王）
					李	翔	舊唐書卷160 新唐書卷177
					李	懌	舊唐書卷175宗室（即祭王）

七畫

李

傳

李　績　晉書卷110前燕載記附李產傳
　　　　舊唐書卷150（即欽王）
李　瓚　魏書卷49附李繇傳
　　　　北史卷33附李靈傳
李　謐　魏書卷90逸士
　　　　北史卷33附李孝伯傳
李　璵　北齊書卷29
李　樹　周書卷15附李弼傳
李　璥　舊唐書卷107宗室（即潁王）
　　　　新唐書卷82宗室
李　環　舊唐書卷107宗室（即濟王）
李　璬　舊唐書卷107宗室（即汴哀王）
　　　　新唐書卷82宗室（即汴王）
李　繁　舊唐書卷130附李泌傳
　　　　新唐書卷139附李泌傳
李　聰　舊唐書卷133附李晟傳
　　　　新唐書卷154附李晟傳
李　譓　舊唐書卷150宗室（即文敬太子）
　　　　新唐書卷82宗室
李　謙　舊唐書卷150宗室（即賛王）
　　　　元史卷160
李　縱　舊唐書卷150宗室（即激王）
李　濬　舊唐書卷185下良吏
　　　　明史卷146
李　頻　新唐書卷203文藝
李　濤　宋史卷262
李　覯　宋史卷432儒林

舊五代史卷92晉書
新五代史卷55雜傳
李　憺　舊唐書卷175宗室（即衡王）
李　澤　舊唐書卷175宗室（即濮王）
李　憻　舊唐書卷175宗室（即信王）
李　濰　舊唐書卷175宗室（即廣王）
李　翰　舊唐書卷190下文苑附蕭穎士傳
　　　　新唐書卷203文藝附李華傳
李　璵　新唐書卷81宗室附讓皇帝憲傳（即汝陽王）
李　寰　新唐書卷148附牛元翼傳
李　燁　新唐書卷180附李德裕傳
李　鄴　舊五代史卷73唐書
李　瀚　宋史卷262附李濤傳
　　　　遼史卷103文學附蕭韓家奴傳
李　諧　宋史卷292
李　衡　宋史卷390
李　燔　宋史卷430道學朱氏門人
李　獻　明史卷202
李　錫　明史卷212
李　遜　明史卷222附殷正茂傳
李　頤　明史卷227
李　橒　明史卷249
李　濂　明史卷286文苑
李　豫　明史卷297孝義附孫清傳
李　燮　後漢書卷93附李固傳
李　膺　後漢書卷97黨錮
　　　　南史卷55附鄧元起

七畫					
李		懋	金史卷131方技		新五代史卷26唐臣
李		瓊	元史卷216叛臣	李 騫	魏書卷36附李順傳
李	18	離	史記卷119循吏	李 寶	魏書卷39 宋史卷370
李		敳	魏書卷36附李順傳	李 瓌	舊唐書卷60宗室附河間王孝恭傳
李		豐	魏書卷94閹官附劉騰傳（或作手豐）		新唐書卷78宗室（即漢陽王） 新五代史卷14唐家人
李		簡	舊唐書卷76宗室（即代王）	李 繟	舊唐書卷150宗室（即會王）
李		璡	舊唐書卷107宗室（即涼王）	李 鐐	舊五代史卷108漢書
李		邈	舊唐書卷116宗室（即昭靖太子） 新唐書卷82宗室 宋史卷447忠義 舊唐書卷150宗室（即珍王）	李 覺	新五代史卷57雜傳 宋史卷431儒林
李		燾	宋史卷388	李 簹	宋史卷456孝義附毛恂傳
李		壁	宋史卷398	李 21囂	舊唐書卷76宗室（即江王）
李		濆	宋史卷457隱逸	李 灌	舊唐書卷175宗室（即衛王）
李		瞻	金史卷128循吏	李 蘗	宋史卷393
李		戴	明史卷225		
李	19	譔	三國蜀志卷12或42	李 23巘	新唐書卷80宗室附鬱林王恪傳（即嗣吳王）
李		檜	北齊書卷29附李渾傳	李 麟	新唐書卷142（舊唐書112作李鱗）
李		潘	舊唐書卷148 新唐書卷169	李 巖	新唐書卷197循吏附李素立傳
李		璟	舊五代史卷94晉書 新五代史卷47雜傳 宋史卷261 宋史卷456孝義附顗折傳	李 24靈	魏書卷49 北史卷33
				李 25觀	舊唐書卷144 新唐書卷156 新唐書卷203文藝附李華傳
李		韜	宋史卷271	李 27諲	舊五代史卷19梁書
李		釋	宋史卷307附李若拙傳	李 驥	明史卷281循吏
李		譓	宋史卷355附李南公傳	李 32爓	宋史卷428道學
李		黼	元史卷194忠義	李 3千里	舊唐書卷76宗室附吳王恪傳（即成王）
李	20	嚴	三國蜀志卷10或40 舊五代史卷70唐書		新唐書卷80宗室附鬱林王恪傳（即成王）

李 上 金	舊唐書卷86宗室(即澤王) 新唐書卷81宗室	李 少 良	舊唐書卷118附元載傳 新唐書卷145附元載傳
李 上 達	金史卷92	李 少 植	舊唐書卷62附李綱傳
李 三 才	明史卷232	李 允 正	宋史卷273附李謙溥傳
李 三 錫	金史卷75	李 允 則	宋史卷324
李 士 業	晉書卷87附涼武昭王李玄盛傳	李 允 簡	明史卷200附張岳傳
李 士 衡	宋史卷299	李 中 正	明史卷292忠義
李 士 謙	北史卷33附李孝伯傳 隋書卷77隱逸	李 中 師	宋史卷331
李 大 同	宋史卷423	李 中 敏	舊唐書卷171 新唐書卷118
李 大 性	宋史卷395	李 公 逸	舊唐書卷187上忠義 新唐書卷19 忠義附李育德傳
李 大 亮	舊唐書卷62 新唐書卷99	李 公 緒	北齊書卷29附李悺傳 北史卷33附李璽傳
李 大 臨	宋史卷331		
李 子 和	舊唐書卷56附梁師都傳 新唐書卷92	李 公 麟	宋史卷444文苑
李 子 通	舊唐書卷56 新唐書卷87	李 仁 矩	舊五代史卷70唐書 新五代史卷26唐臣
李 子 雄	北史卷33附李商傳 隋書卷70附楊玄盛傳	李 仁 禱	舊五代史卷132 新五代史卷40雜傳
		李 仁 實	舊唐書卷73附令狐德棻傳 新唐書卷102附令狐德棻傳
李 子 預	魏書卷33附李先傳		
李 子 敬	元史卷197李友附探秀實傳	李 日 知	舊唐書卷188李友 新唐書卷116
李 孝及之	宋史卷310附李迪傳	李 日 宣	明史卷254
李 心 傳	宋史卷438儒林	李 日 華	明史卷288文苑附王穉儉傳
李 化 龍	明史卷228	李 日 輔	明史卷258附鏡呈潤傳
李 天 寵	明史卷205附張經傳	李 之 才	宋史卷431儒林
李 方 子	宋史卷480道學朱氏門人	李 之 芳	新唐書卷80附蔣王惲傳
李 方 玄	新唐書卷162附李遜傳	李 之 純	宋史卷344
		李 之 紹	元史卷164

七畫	李 之 儀	宋史卷344附李之純傳		李 元 素	舊唐書卷132附李澄傳
	李 文 忠	明史卷126			新唐書卷106附李敬玄傳
李	李 文 郁	明史卷149附夏原吉傳			新唐書卷147
	李 文 祥	明史卷189		李 元 祥	舊唐書卷64宗室(即江王)
	李 文 詠	明史卷297孝義			新唐書卷79宗室
	李 文 博	北史卷83文苑 隋書卷58		李 元 景	舊唐書卷64宗室(即荊王)
	李 文 暕	舊唐書卷60宗室附襄邑王神符傳			新唐書卷79宗室
	李 元 方	舊唐書卷64宗室(即周王) 新唐書卷79宗室(即周王)		李 元 裕	舊唐書卷64宗室(即鄧王) 新唐書卷79宗室
	李 元 平	舊唐書卷130附關播傳 新唐書卷151附關播傳		李 元 愷	舊唐書卷192隱逸 新唐書卷196隱逸
	李 元 本	舊唐書卷142附李寶臣傳		李 元 嘉	舊唐書卷64宗室(即韓王) 新唐書卷79宗室
	李 元 吉	舊唐書卷64宗室(即巢王) 新唐書卷79宗室		李 元 履	南史卷46附李安人傳
	李 元 名	舊唐書卷64宗室(即舒王) 新唐書卷79宗室		李 元 慶	舊唐書卷64宗室(即道王) 新唐書卷79宗室
	李 元 亨	舊唐書卷64宗室(即鄷王) 新唐書卷79宗室		李 元 諒	舊唐書卷144 新唐書卷156
	李 元 忠	北齊書卷22 北史卷33附李靈傳		李 元 操	北史卷33附李順傳(名孝貞)
	李 元 昌	舊唐書卷64宗室(即漢王) 新唐書卷79宗室		李 元 曉	舊唐書卷64宗室(即密王) 新唐書卷79宗室
	李 元 則	舊唐書卷64宗室(即彭王) 新唐書卷79宗室		李 元 嬰	舊唐書卷64宗室(即滕王) 新唐書卷79宗室
	李 元 軌	舊唐書卷64宗室(即霍王) 新唐書卷79宗室		李 元 禮	舊唐書卷64宗室(即徐王) 新唐書卷79宗室 元史卷176
	李 元 紘	舊唐書卷98 新唐書卷126		李 元 護	魏書卷71 北史卷45
				李 元 霸	舊唐書卷64宗室(即衛王) 新唐書卷79宗室

李	元	懿	舊唐書卷64宗室（卽鄖王） 新唐書卷79宗室
李	5正	己	舊唐書卷124 新唐書卷213藩鎭
李	巨	川	舊唐書卷190下文苑 新唐書卷224下叛臣
李	用	和	宋史卷464外戚
李	永	貞	明史卷305宦官附王體乾傳
李	令	問	舊唐書卷67附李靖傳 新唐書卷93附李靖傳
李	仕	魯	明史卷139
李	幼	良	舊唐書卷60宗室附長平王叔良傳 新唐書卷78宗室（卽長樂王）
李	幼	廉	北史卷33附李義琛傳（北齊書卷43作李稚廉）
李	可	登	明史卷192附張㴻傳
李	可	舉	舊唐書卷180 新唐書卷212藩鎭附李茂勳傳
李	玄	通	舊唐書卷187上忠義 新唐書卷191忠義附王行敏傳
李	玄	植	舊唐書卷189上儒學附賈公彥傳
李	玄	道	舊唐書卷72附褚亮傳 新唐書卷102附褚亮傳
李	玄	霸	舊唐書卷64宗室（卽衞王）
李	世	哲	魏書卷66附李崇傳
李	世	勣	明史卷290忠義附龔萬祿傳
李	世	達	明史卷220
李	世	祺	明史卷258附黃紹杰傳

李	6向	中	明史卷276附張肯堂傳
李	吉	甫	舊唐書卷148 新唐書卷146附李栖筠傳
李	多	祚	舊唐書卷109 新唐書卷110諸夷蕃將
李	休	復	舊唐書卷175宗室（卽梁王）
李	充	嗣	明史卷201
李	老	僧	金史卷132逆臣
李	夷	簡	新唐書卷131宗室宰相
李	行	簡	宋史卷301
李	百	藥	舊唐書卷72 新唐書卷102
李	全	忠	舊唐書卷180 新唐書卷212藩鎭
李	全	略	舊唐書卷143 新唐書卷213藩鎭
李	同	軌	魏書卷36附李順傳 魏書卷84儒林
李	同	捷	舊唐書卷143附李全略傳 新唐書卷213藩鎭附李全略傳
李	汝	華	明史卷220
李	汝	璨	明史卷258附傅朝祐傳
李	匡	威	舊唐書卷180附李全忠傳 新唐書卷212藩鎭附李全忠傳
李	匡	籌	舊唐書卷180附李全忠傳 新唐書卷212藩鎭附李全忠傳
李	至	剛	明史卷151
李	至	遠	舊唐書卷185上良吏附李素立傳 新唐書卷197循吏附李素立傳
李	好	文	元史卷183

七畫	李 好 義	宋史卷402		李 守 賢	元史卷150
	李 自 成	明史卷309流賊		李 守 禮	舊唐書卷86宗室附章懷太子賢傳(卽邠王)
	李 自 良	舊唐書卷146 新唐書卷159			新唐書卷81宗室附章懷太子賢傳(卽邠王)
	李 自 倫	新五代史卷34一行			
李	李 光 弼	舊唐書卷110 新唐書卷136		李 安 人	南史卷46(南齊書卷27作李安民)
	李 光 進	舊唐書卷161 新唐書卷136附李光弼傳 新唐書卷171		李 安 仁	舊唐書卷62附李綱傳 新唐書卷99附李綱傳
	李 光 翰	明史卷188附毅銳傳		李 安 民	南齊書卷27(南史卷46作李安人)
	李 光 顏	舊唐書卷101附李光進傳 新唐書卷171附李光進傳		李 安 世	魏書卷53附李孝伯傳
	李 如 松	明史卷238附李成梁傳		李 安 期	舊唐書卷72附李百藥傳 新唐書卷102附李百藥傳
	李 如 栢	明史卷238附李成梁傳		李 安 遠	舊唐書卷57附劉文靜傳 新唐書卷88附裴寂傳
	李 如 梅	明史卷238附李成梁傳			
	李 如 楨	明史卷238附李成梁傳		李 安 靜	新唐書卷99附李綱傳
	李 如 樟	明史卷238附李成梁傳		李 存 乂	舊五代史卷51唐書宗室(卽隨王) 新五代史卷14唐家人
	李 仲 尚	魏書卷39附李寶傳			
	李 仲 容	宋史卷262附李濤傳		李 存 孝	舊五代史卷53唐書義兒 新五代史卷36義兒
	李 仲 琁	魏書卷36附李順傳		李 存 信	舊五代史卷53唐書義兒 新五代史卷36義兒
	李 仲 略	金史卷96			
	李 仲 寓	宋史卷478南唐世家		李 存 紀	舊五代史卷51唐書宗室附通王存確傳(卽雅王) 新五代史卷14唐家人
	李 仲 遷	魏書卷39附李寶傳			
	李 守 貞	舊五代史卷109漢書 新五代史卷52雜傳		李 存 美	舊五代史卷51唐書宗室(卽邕王) 新五代史卷14唐家人
	李 守 恩	宋史卷273附李漢超傳			
	李 守 素	舊唐書卷72附褚亮傳 新唐書卷102附褚亮傳		李 存 進	舊五代史卷53唐書義兒 新五代史卷36義兒
				李 存 渥	舊五代史卷51唐書宗室(卽申王) 新五代史卷14唐家人
	李 守 德	新唐書卷121附王毛仲傳			

李	存	璋	舊五代史卷53唐書 新五代史卷36義兒		李	成	名	明史卷242附陳伯友 傳	七畫
李	存	確	舊五代史卷51唐書 宗室(即通王) 新五代史卷14唐家 人		李	成	美	舊唐書卷175宗室 (即陳王) 新唐書卷82宗室	
李	存	賢	舊五代史卷53唐書 新五代史卷36義兒		李	成	梁	明史卷238	
李	存	禮	舊五代史卷51唐書 宗室(即薛王) 新五代史卷14唐家 人		李	希	孔	明史卷246附王允成 傳	李
					李	希	宗	魏書卷36附李順傳	
李	存	霸	舊五代史卷51唐書 宗室(即永王) 新五代史卷14唐家 人		李	希	烈	舊唐書145 新唐書卷225中逆臣	
李	佐	之	新唐書卷214藩鎮附 劉悟傳		李	希	顏	明史卷137附桂彥良 傳	
李	秀	林	魏書卷36附李順傳		李	邦	彥	宋史卷352	
李	玖	省	明史卷307佞幸		李	邦	華	明史卷265	
李	忻	榮	魏書卷71附江悅之 傳		李	邦	瑞	元史卷153	
李	罕	之	新唐書卷187 舊五代史卷15梁書 新五代史卷42雜傳		李	邦	寧	元史卷204宦者	
					李	克	修	舊五代史卷50唐書 宗室 新五代史卷14唐家 人	
李	罕	澄	宋史卷456孝義		李	克	恭	舊五代史卷50唐書 宗室 新五代史卷14唐家 人	
李	廷	珪	宋史卷479西蜀世家 附孟昶傳						
李	廷	機	明史卷217		李	克	寧	新唐書卷141附李澄 傳 舊五代史卷50唐書 宗室 新五代史卷14唐家 人	
李	君	球	舊唐書卷185上良吏						
李	君	羨	舊唐書卷69附薛萬 徹傳 新唐書卷94附薛萬 均傳		李	克	讓	舊五代史卷50唐書 宗室 新五代史卷14唐家 人	
李	君	賜	明史卷292忠義附史 記言傳		李	延	古	新唐書卷180附李德 裕傳	
李	伯	玉	宋史卷424		李	延	年	史記卷125佞幸 漢書卷93佞幸	
李	伯	尚	魏書卷39附李寶傳		李	延	孫	周書卷43 北史卷66	
李	伯	宗	宋史卷354		李	延	寔	魏書卷83下外戚	
李	伯	溫	元史卷193忠義						
李	成	大	宋史卷452忠義		李	延	渥	宋史卷273附李進卿 傳	

七畫

李	延	壽	舊唐書卷73附令狐德棻傳 新唐書卷102附令狐德棻傳
李	孝	友	舊唐書卷60宗室附淮安王神通傳
李	孝	本	舊唐書卷169 新唐書卷179附王璠傳

李

李	孝	同	舊唐書卷60宗室附淮安王神通傳
李	孝	光	元史卷190儒學
李	孝	伯	魏書卷53 北史卷33
李	孝	怡	魏書卷36附李順傳
李	孝	協	舊唐書卷60宗室附長平王叔良傳 新唐書卷78宗室附長平王叔良傳(即郇國公)
李	孝	貞	隋書卷57
李	孝	恭	舊唐書卷60宗室(即河間王) 新唐書卷78宗室
李	孝	基	舊唐書卷60宗室(即永安王) 新唐書卷78宗室 宋史卷310附李迪傳
李	孝	逸	舊唐書卷60宗室附淮安王神通傳(即梁郡公) 新唐書卷78宗室
李	孝	斌	舊唐書卷60宗室附長平王叔良傳
李	孝	節	舊唐書卷60宗室附淮安王神通傳
李	孝	稱	宋史卷310附李迪傳
李	孝	義	舊唐書卷60宗室附淮安王神通傳
李	孝	壽	宋史卷310附李迪傳
李	孝	察	舊唐書卷60宗室附淮安王神通傳
李	孝	慈	舊唐書卷60宗室附淮安王神通傳

李	8金	全	舊五代史卷97晉書 新五代史卷48雜傳
李	固	言	舊唐書卷173 新唐書卷182
李	林	甫	舊唐書卷106 新唐書卷223上姦臣
李	忠	臣	舊唐書卷145 新唐書卷224下叛臣 明史卷290忠義附董盡倫傳
李	侃	晞	魏書卷83上外戚附李惠傳
李	性	傳	宋史卷419
李	奉	慈	新唐書卷78宗室(即渤海王)
李	明	德	元史卷198孝友
李	育	德	新唐書卷191忠義
李	尚	隱	舊唐書卷185下良吏 新唐書卷130
李	長	仁	魏書卷72附李叔虎傳
李	長	庚	明史卷256
李	東	之	宋史卷310附李迪傳
李	東	陽	明史卷181
李	抱	玉	舊唐書卷132 新唐書卷138
李	抱	貞	舊唐書卷132 新唐書卷138附李抱玉傳
李	孟	傳	宋史卷363附李光傳 宋史卷401
李	孟	嘗	舊唐書卷57附劉文靜傳 新唐書卷88附裴寂傳
李	昌	祺	明史卷161
李	昌	齡	宋史卷287
李	季	卿	舊唐書卷99李適之傳
李	季	凱	魏書卷39附李寶傳
李	季	操	宋史卷478南唐世家

李	知	本	舊唐書卷188孝友 / 新唐書卷195孝友
李	知	孝	宋史卷422
李	知	柔	新唐書卷81宗室附惠宣太子業傳(即嗣薛王)
李	知	損	舊五代史卷131周書
李	叔	仁	北史卷37
李	叔	正	明史卷137
李	叔	良	舊唐書卷60宗室(即長平王) / 新唐書卷78
李	叔	明	舊唐書卷122 / 新唐書卷147
李	叔	虎	魏書卷72(北史卷45作叔彪)
李	叔	彪	北史卷45(魏書卷72作李叔虎)
李	宗	昉	明史卷154附柳升傳
李	宗	勉	宋史卷405
李	宗	訥	宋史卷265附李昉傳
李	宗	閔	舊唐書卷176 / 新唐書卷174
李	宗	儆	舊唐書卷175宗室(即蔣王)
李	宗	諤	宋史卷265附李昉傳
李	承	之	宋史卷310附李迪傳
李	承	宏	新唐書卷81宗室附章懷太子賢傳(即廣武王)
李	承	約	舊五代史卷90晉書 / 新五代史卷47雜傳
李	承	寀	新唐書卷81宗室附章懷太子賢傳(即燉煌王)
李	承	乾	舊唐書卷76宗室(即恆山王) / 新唐書卷80宗室(即常山王)
李	承	勛	明史卷199
李	承	嗣	舊五代史卷55唐書
李	承	福	舊五代史卷90晉書
李	承	箕	明史卷283儒林附陳獻章傳
李	承	勳	舊五代史卷55唐書
李	則	之	舊唐書卷112附李巨傳
李	南	公	宋史卷355
李	俊	民	元史卷158附竇默傳
李	信	圭	明史卷281循吏
李	迥	秀	舊唐書卷62附李大亮傳 / 新唐書卷99附李大亮傳
李	春	芳	明史卷193
李	待	問	明史卷277附沈猶龍傳
李	宣	茂	魏書卷49附李靈傳
李	客	師	舊唐書卷67附李靖傳 / 新唐書卷92附李靖傳
李	保	殷	舊五代史卷68唐書
李	貞	佐	明史卷293忠義
李	貞	素	新唐書卷179附王璠傳
李	茂	貞	舊五代史卷132世襲 / 新五代史卷40雜傳
李	茂	勳	新唐書卷212藩鎮 / 舊五代史卷132世襲附李茂貞傳
李	洪	之	魏書卷89酷吏 / 北史卷87酷吏
李	洪	建	舊五代史卷107漢書
李	洪	信	宋史卷252
李	洪	義	宋史卷252附李洪信傳

七畫	李	建	中	宋史卷441文苑	李	彥	仙	宋史卷448忠義
	李	建	及	舊五代史卷65唐書（新五代史25作王建及）	李	彥	忠	元史卷197孝友附邵敬祖傳
	李	建	成	舊唐書卷64宗室（卽隱太子）新唐書卷79宗室	李	彥	芳	舊唐書卷67附李靖傳新唐書卷93附李靖傳
李	李	建	泰	明史卷253附鏡濮德傳	李	彥	威	新五代史43雜傳
	李	建	崇	舊五代史卷129周書	李	彥	珣	舊五代史卷94晉書
	李	昭	玘	宋史卷347	李	彥	從	舊五代史卷106漢書
	李	昭	述	宋史卷265附李昉傳	李	彥	顔	舊五代史卷129周書
	李	昭	亮	宋史卷464外戚	李	彥	潁	宋史卷386
	李	昭	德	舊唐書卷87新唐書卷117	李	彥	韜	舊五代史卷88晉書
	李	若	水	舊唐書卷112附李喬傳宋史卷446忠義	李	重	允	舊五代史卷19梁書
					李	重	吉	舊五代史卷51唐書宗室新五代史卷16唐家人
	李	若	初	舊唐書卷146新唐書卷149附劉宴傳	李	重	茂	舊唐書86（卽殤帝）
	李	若	谷	宋史卷291	李	重	俊	舊五代史卷88晉書附李從琛傳舊唐書卷86宗室（卽節愍太子）新唐書卷81宗室
	李	若	拙	宋史卷307				
	李	若	星	明史卷248	李	重	美	舊五代史卷51唐書宗室（卽雍王）新五代史卷16唐家人
	李	思	文	新唐書卷93附李勣傳				
	李	思	行	舊唐書卷57附劉文靜傳新唐書卷88裴寂傳	李	重	貴	宋史卷279
					李	重	進	宋史卷484周三臣
	李	思	安	舊五代史卷19梁書	李	重	福	舊唐書86（卽庶人重福）新唐書卷81宗室（卽譙王）
	李	思	訓	舊唐書卷60宗室附長平王叔良傳（卽彭國公）新唐書卷78				
					李	重	誨	宋史卷280
	李	思	誨	舊唐書卷60宗室附長平王叔良傳	李	重	潤	舊唐書卷86宗室（卽懿德太子）新唐書卷91宗室
	李	思	穆	魏書卷39附李寶傳				

李10珪	之	南齊書卷53良政　南史卷70循吏附王洪軌傳	
李	悅祖	魏書卷49附李璀傳	
李	家奴	元史卷197孝友附寧猪狼傳	
李	原名	明史卷136	
李	純甫	金史卷126文藝	
李	祖昇	北齊書卷48外戚	
李	庭芝	宋史卷421	
李	格非	宋史卷444文苑	
李	流芳	明史卷288文苑附唐時升傳	
李	桐客	舊唐書卷185上良吏　新唐書卷197循吏附張允濟傳	
李	乘雲	明史卷293忠義	
李	栖筠	新唐書卷146	
李	唐賓	舊五代史卷21梁書　新五代史卷21梁臣	
李	离遷	舊唐書卷57附劉文靜傳　新唐書卷88附裴寂傳	
李	虔縱	舊唐書卷191方技附張文仲傳	
李	素立	舊唐書卷185上良吏　新唐書卷197循吏	
李	素節	舊唐書卷86宗室(即許王)　新唐書卷81宗室	
李	時勉	明史卷163	
李	時珍	明史卷299方技	
李	時敏	明史卷172附孔鏞傳	
李	神軌	魏書卷66附李崇傳	
李	神祐	宋史卷466宦者附李神福傳	
李	神通	舊唐書卷60宗室(即淮安王)　新唐書卷78宗室	
李	神符	舊唐書卷60宗室(即襄邑王)　新唐書卷78宗室	
李	神福	宋史卷466宦者	
李	神儁	魏書卷39附李寶傳	
李	師中	宋史卷332	
李	師古	舊唐書卷124附李正己傳　新唐書卷213藩鎮附李正己傳	
李	師晦	新唐書卷214藩鎮附劉悟傳	
李	師雄	金史卷86	
李	師道	舊唐書卷124附李正己傳　新唐書卷213藩鎮附李正己傳	
李	師聖	明史卷291忠義附閻生斗傳	
李	師轟	金史卷75	
李11軏	中	舊唐書卷175宗室(即襄王)	
李	紹文	舊五代史卷59唐書	
李	逢吉	舊唐書卷167　新唐書卷174	
李	清臣	宋史卷328	
李	淳風	舊唐書卷79　新唐書卷204方技	
李	專美	舊五代史卷93晉書	
李	商隱	舊唐書卷190下文苑　新唐書卷203文藝	
李	崇祖	北史卷81儒林附李鉉興傳	
李	崇矩	宋史卷257	
李	崇德	明史卷291忠義附喬若雯傳	
李	處恭	舊唐書卷188孝友附梁文貞傳	

七畫

李

七畫	李	嵐	耘	宋史卷257	李	從	璋	舊五代史卷38晉書 新五代史卷15唐家 人
	李	處	溫	遼史卷102	李	從	璙	舊五代史卷51唐書 宗室 新五代史卷15唐家 人(目作繼璙又名從 索)
李	李	國	臣	新唐書卷136附李光 弼傳	李	從	璨	舊五代史卷51唐書 宗室 新五代史卷15唐家 人
	李	國	貞	舊唐書卷112 新唐書卷78宗室附 淮安王神通傳	李	從	曮	舊五代史卷132世襲 附李茂貞傳
	李	國	楨	舊唐書卷130附王璵 傳	李	12博	乂	舊唐書卷60宗室(卽 隴西公) 新唐書卷78
	李	國	檔	明史卷251附李標傳	李	盧	己	宋史卷300
	李	惟	岳	舊唐書卷142附李寶 臣傳 新唐書卷211藩鎮附 李寶臣傳	李	琰	之	魏書卷82
	李	惟	淸	宋史卷267	李	登	之古	舊唐書卷190中文苑 附賀知章傳
	李	惟	誠	舊唐書卷142附李寶 臣傳	李	象	古	舊唐書卷131附李皐 傳 新唐書卷80宗室附 曹王明傳
	李	惟	簡	舊唐書卷142附李寶 臣傳 新唐書卷211藩鎮附 李寶臣傳	李	彭	年	舊唐書卷90附李懷 遠傳 新唐書卷116附李懷 遠傳
	李	惟	鸞	明史卷271附黃龍傳	李	開	先	明史卷287文苑附陳 束傳
	李	從	昶	舊五代史卷132世襲 附李茂貞傳				明史卷294忠義附陳 萬策傳
	李	從	益	舊五代史卷51唐書 宗室(卽許王) 新五代史卷15唐家 人	李	曾	伯	宋史卷420
	李	從	晦	新唐書卷78宗室附 襄邑王神符傳	李	善	長	明史卷127
	李	從	敏	舊五代史卷123周書 新五代史卷15唐家 人	李	隆	悌	舊唐書卷95宗室(卽 隋王)
	李	從	善	宋史卷478南唐世家	李	進	卿	宋史卷273
	李	從	溫	舊五代史卷88晉書 新五代史卷15唐家 人	李	智	雲	舊唐書卷64宗室(卽 楚王) 新唐書卷79宗室
	李	從	榮	舊五代史卷51唐書 宗室(卽秦王) 新五代史卷15唐家 人	李	惠	登	舊唐書卷185下良吏 新唐書卷197循吏
	李	從	誧	宋史卷478南唐世家				

李	順	興	北史卷89藝術
李	朝	隱	舊唐書卷100 新唐書卷129
李	復	圭	宋史卷291附李若谷傳
李	復	亨	金史卷100
李	舜	臣	宋史卷404
李	舜	舉	宋史卷467宦者
李	景	伯	舊唐書卷90附李懷遠傳 新唐書卷116附李懷遠傳
李	景	略	舊唐書卷152 新唐書卷170
李	景	溫	新唐書卷177附李景讓傳
李	景	儉	舊唐書卷171 新唐書卷81附讓皇帝憲傳
李	景	讓	舊唐書卷187下忠義附李僙傳 新唐書卷177
李13肅	之	宋史卷310附李迪傳
李	虞	仲	舊唐書卷163 新唐書卷177
李	聖	伯	南史卷73孝義附封延伯傳
李	稚	廉	北齊書卷43(北史卷33作李幼廉)
李	圓	通	北史卷75 隋書卷64
李	載	義	舊唐書卷180 新唐書卷212藩鎮
李	熙	靖	宋史卷357 宋史卷453忠義附孫逢傳
李	業	興	魏書卷84儒林 北史卷81儒林
李	敬	玄	舊唐書卷81 新唐書卷106
李	敬	業	舊唐書卷67附李勣傳 新唐書卷93附李勣傳
李	敬	義	舊五代史卷60唐書
李	義	府	舊唐書卷82 新唐書卷223上姦臣
李	義	深	北齊書卷22 北史卷33
李	義	琰	舊唐書卷81 新唐書卷105
李	義	琛	新唐書卷105附李義琰傳
李	萬	全	宋史卷261
李	萬	超	宋史卷261
李	萬	榮	舊唐書卷145附劉玄佐傳
李	萬	慶	明史卷269附劉國能傳
李	嗣	本	舊五代史卷52唐書 新五代史卷36義兒
李	嗣	肱	舊五代史卷50唐書宗室附李克修傳 新五代史卷14唐家人
李	嗣	昭	舊五代史卷52唐書 新五代史卷36義兒
李	嗣	眞	舊唐書卷191方技 新唐書卷91
李	嗣	恩	舊五代史卷52唐書 新五代史卷36義兒
李	嗣	弼	新五代史卷14唐家人
李	嗣	業	舊唐書卷109 新唐書卷138
李	道	古	舊唐書卷131附李皋傳 新唐書卷80宗室附曹王明傳
李	道	玄	舊唐書卷60宗室(即淮陽王) 新唐書卷78
李	道	宗	舊唐書卷60宗室(即江夏王) 新唐書卷78
李	道	兒	宋書卷94恩倖
李	道	彥	舊唐書卷60宗室附淮安王神通傳(即膠東王) 新唐書卷78

七畫	李	道	傳	宋史卷436儒林	相		
	李	道	裕	新唐書卷99附李大亮傳	李	廣 利	漢書卷61
	李	道	興	新唐書卷78宗室附江夏王道宗傳(即廣寧縣公)	李	慶 嗣	金史卷131方技
李					李	慶 緒	南史卷74孝義
	李14誠		之	宋史卷449忠義	李	德 休	舊五代史卷60唐書
	李	禎	寧	明史卷291忠義附孫士美傳	李	德 良	舊唐書卷60宗室附長平王叔良傳
	李	壽	朋	宋史卷291附李若谷傳	李	德 成	明史卷296孝義
	李	鈗	英	明史卷294忠義附徐學顏傳	李	德 林	北史卷72隋書卷42
	李	鳴	復	宋史卷419	李	德 修	新唐書卷146附李栖筠傳
	李	維	禎	明史卷288文苑	李	德 珫	舊五代史卷90晉書
	李	維	翰	明史卷259附楊鎬傳	李	德 裕	舊唐書卷174新唐書卷180
	李	齊	物	舊唐書卷112附李齊傳	李	德 輝	元史卷163
	李	齊	運	新唐書卷78宗室附淮安王神通傳 舊唐書卷135 新唐書卷167	李	德 懋	舊唐書卷60宗室附襄邑王神符傳
	李	輔	明	明史卷272附曹變蛟傳	李	德 饒	北史卷33附李鑑傳隋書卷72孝義
	李	輔	國	舊唐書卷184宦官新唐書卷208宦者	李16遺		元 魏書卷36附李順傳
	李	漢	超	宋史卷273	李	遷 哲	周書卷44北史卷66
	李	漢	韶	舊五代史卷53唐書附李存進傳	李	遵 勗	宋史卷464外戚
	李	漢	瓊	宋史卷260	李17謙		溥 宋史卷273
	李	端	愿	宋史卷464外戚附李遵勗傳	李	懋	檜 明史卷234
	李	端	懿	宋史卷464外戚附李遵勗傳	李	彌 大	宋史卷382附李燔遜傳
	李	端	慤	宋史卷464外戚附李遵勗傳	李	彌 遜	宋史卷382
	李	夢	辰	明史卷264	李	應 昇	明史卷245
	李	夢	庚	明史卷135附郭景祥傳	李	應 祥	明史卷247
	李	夢	陽	明史卷286文苑	李	應 期	明史卷290忠義附管良相傳
	李15適		之	舊唐書卷99新唐書卷131宗室宰	李18遵		行 新唐書卷110諸夷蕃將
					李	禮 成	隋書卷50

李	弇	超	舊五代史卷132世襲附李仁福傳	李	繼	貞	明史卷248
李	弇	與	舊五代史卷132世襲附李仁福傳	李	繼	隆	宋史卷257附李處耘傳
李19	懷	仙	舊唐書卷143 新唐書卷212藩鎮	李	繼	嵩	舊五代史卷51唐書宗室附魏王繼岌傳 新五代史卷14唐家人
李	懷	光	舊唐書卷121 新唐書卷224上叛臣				
李	懷	忠	舊五代史卷124周書 宋史卷260	李	繼	蒙	舊五代史卷51唐書宗室附魏王繼岌傳 新五代史卷14唐家人
李	懷	信	明史卷439				
李	懷	遠	舊唐書卷90 新唐書卷116	李	繼	潼	舊五代史卷51唐書宗室附魏王繼岌傳 新五代史卷14唐家人
李	懷	儼	舊唐書卷59附李襲志傳				
李	鵬	飛	元史卷197孝友附羊仁傳	李	繼	勳	宋史卷254
李	攀	龍	明史卷287文苑	李	繼	璟	舊五代史卷51唐書宗室(又名從審) 新五代史卷15唐家人(目作從璟)
李20	寶	臣	舊唐書卷142 新唐書卷211藩鎮				
李	獻	可	金史卷86附李石傳 明史卷233	李	繼	蟾	舊五代史卷51唐書宗室附魏王繼岌傳 新五代史卷14唐家人
李	獻	甫	金史卷110				
李	獻	明	明史卷291忠義	李	繼	韜	舊五代史卷52唐書附李嗣昭傳
李	獻	能	金史卷126文藝	李22	襲	吉	舊五代史卷60唐書 新五代史卷28唐臣
李	騰	芳	明史卷216	李	襲	志	舊唐書卷59 新唐書卷91
李	繼	先	明史卷192附郭楠傳	李	襲	譽	舊唐書卷59附李襲志傳 新唐書卷91附李襲志傳
李	繼	岌	舊五代史卷51唐書宗室(即魏王) 新五代史卷14唐家人				
李	繼	周	宋史卷253	李23	顯	忠	宋史卷367
李	繼	忠	舊五代史卷91晉書 宋史卷257附李崇矩傳	李	顯	達	魏書卷86孝感 北史卷84孝行
李	繼	和	宋史卷257附李處耘傳 宋史卷468宦者	李24	護	夷	舊唐書卷176 新唐書卷181
				李	靈	夔	舊唐書卷64宗室(即魯王) 新唐書卷79宗室
李	繼	昌	宋史卷257附李崇矩傳	李25	觀	象	魏史卷483湖南世家附周行逢傳
李	繼	宣	宋史卷308	李	忽	蘭	吉元史162

七畫

李

八畫

金史卷76（本名斜也）
金史卷84（本名撒离合）
金史卷70（本名迪吉乃）
金史卷93

彤	後漢書卷51
韋	三國魏志卷18
虔	後漢書卷109下儒林
峯	周書卷17 / 北史卷65
師	舊唐書卷191方技附一行傳
孫	金史卷65
淵	明史卷172附張駿傳
寬	漢書卷58
德	金史卷132逆臣（本名乙辛）
賢	周書卷14 / 北史卷49 / 明史卷161
鍾	漢書卷72
靈	晉書卷95藝術
兒	元史卷128附土土哈傳 / 明史卷140
勝	史記卷67仲尼弟子
贊	宋史卷279
曙	宋史卷326
之淳	梁書卷18 / 南史卷55 / 三國魏志卷21附王粲傳

无文不延其義邪

超	北史卷85節義
龍木兒不花	元史卷117 / 元史卷132
沓帖木兒不花	金史卷65（本名吳都）
昂吉兒	元史卷132
昂吉	
邴吉	史記卷96附張蒼傳（漢書74作丙吉）
邴原	三國魏志卷11
邴乘	漢書卷51
枚皋	漢書卷51附枚乘傳
花茂	明史卷134
花雲	明史卷289忠義
怯烈	元史卷133
怯里	元史卷123
怯嶷	魏書卷94閹官 / 北史卷92恩倖
抱老壽	魏書卷94閹官附抱嶷傳
抱官忠	明史卷239
官秉賢	明史271
官維資	
松方朔	隋書卷71誠節附堯君素傳
東郭先	史記卷126滑稽 / 漢書卷65
東方生	史記卷126滑稽
宛孔氏	史記卷129貨殖
陀滿斜	漢書卷91貨殖
陀滿烈	金史卷122忠義
陀滿胡	七 門 金史卷123忠義
京	金史卷74附宗望傳
京房	漢書卷75 / 漢書卷88儒林
京鏜	宋史卷394

昊忠玠邴典服怡泓劭竺兒秉念況兩幸琳青宓呼侍昌邯
昊忠玠邴沓帖昂邴典服怡泓劭竺兒秉念況兩幸琳青宓

姓名					出處
法	正				三國蜀志卷7或37
法	真				後漢書卷113逸民
法	雄				後漢書卷68
邸	珍				北齊書卷47酷吏 北史卷87酷吏
邸	順				元史卷151
邸	琮				元史卷151附邸順傳
承	宮				後漢書卷57
承	裕				金史卷93
承	暉				金史卷101（本名福興）
季	布				史記卷100 漢書卷37
季	陵				宋史卷377
季	豐				魏書卷94閹官附劇鵬傳（或作李豐）
杭	昱				明史卷300外戚
杭	雄				明史卷174
杭	忽	思			元史卷132
虎	臣				明史卷164附高璿傳
虎	大	威			明史卷269
虎	都	鐵	木	祿	元史卷122附鐵邇赤傳
拔	達				金史卷65附謝德庫傳
拔	里	速			金史卷72
拔	都	兒			元史卷132
門	達				明史卷307佞幸
門	文	愛			魏書卷87節義 北史卷85節義
門	克	新			明史卷139附盧政傳
直	不	疑			史記卷103 漢書卷46
直	脫	兒			元史卷123
直	魯	古			遼史卷108方技
抹	兀	答	兒		元史卷120附肯乃台傳
抹	然	盡	忠		金史卷101
抹	然	史	扢	搭	金史卷93貨殖
卓	氏				史記卷129貨殖
卓	茂				後漢書卷55
卓	敬				明史卷141
卓	英	璘			新唐書卷145附元載傳
昔	班				元史卷134
昔	都	兒			元史卷133
昔	兒	吉	思		元史卷122
昔	里	鈐	部		元史卷122
叔	孫	建			魏書卷29 北史卷20
叔	孫	俊			魏書卷29附叔孫建傳
叔	孫	通			史記卷99 漢書卷43
叔	孫	隣			魏書卷29附叔孫建傳
忽	辛				元史卷125附賽典赤瞻忠丁傳
忽	都				元史卷135
忽	覩				金史卷120世戚
忽	憐				元史卷118附李禿傳
忽	林	失			元史卷135
忽	剌	川			元史卷133
祁	宰				金史卷83
祁	瞱				宋史卷456孝義
祁	嘉				晉書卷94隱逸

八畫

祁尚易到沮岳

姓	名	出處
祁	廷訓	宋史卷261
祁	秉忠	明史卷271附羅一貫傳
祁	彪佳	明史卷275
尚	文	元史卷170
尚	野	元史卷164
尚	褫	明史卷164附劉煒傳
尚	大倫	明史卷294忠義附丁泰運傳
尚	可孤	舊唐書卷144　新唐書卷110諸夷蕃將
尚	獻甫	舊唐書卷191方技　新唐書卷204方技
易	青	宋史卷449忠義
易	雄	晉書卷89忠義
易	延慶	宋史卷456孝義
易	紹宗	明史卷289忠義
易	道遷	明史卷294忠義附馮雲路傳
易	應昌	明史卷254附喬允升傳
到	沆	梁書卷49文學　南史卷25附到彥之傳
到	洽	梁書卷27　南史卷25附到彥之傳
到	溉	梁書卷40　南史卷25附到彥之傳
到	撝	南齊書卷37　南史卷25附到彥之傳
到	仲舉	陳書卷20　南史卷25附到彥之傳

姓	名	出處
到	彥之	宋書卷46　南史卷25
沮渠	秉	魏書卷99附盧水胡沮渠蒙遜傳　北史卷93僭偽附庸北涼附沮渠蒙遜傳
沮渠	安周	魏書卷99附盧水胡沮渠蒙遜傳　北史卷93僭偽附庸北涼附沮渠蒙遜傳
沮渠	牧犍	魏書卷99附盧水胡沮渠蒙遜傳　北史卷93僭偽附庸北涼附沮渠蒙遜傳
沮渠	無諱	魏書卷99附盧水胡沮渠蒙遜傳　北史卷93僭偽附庸北涼附沮渠蒙遜傳
沮渠	萬年	魏書卷99附盧水胡沮渠蒙遜傳　北史卷93僭偽附庸北涼附沮渠蒙遜傳
沮渠	蒙遜	晉書卷129北涼載記　魏書卷99(目作盧水胡沮渠蒙遜)　北史卷93僭偽附庸
岳	正	明史卷176
岳	存	元史卷152
岳	飛	宋史卷365
岳	柱	元史卷130附阿魯渾薩里傳
岳	雲	宋史卷365附岳飛傳
岳	璧	明史卷294忠義附郭以重傳
岳	具仰	明史卷249附王三善傳

八畫

岳明邱屈來和

岳	璘	帖	穆	爾 元史卷124
明	安			元史卷135
明	亮			魏書卷88良吏 / 北史卷86循吏
明	睿			明史卷294忠義附馮雲路傳
明	鎬			宋史卷292
明	山	賓		梁書卷27 / 南史卷50附明僧紹傳
明	玉	珍		明史卷123
明	克	讓		北史卷83文苑 / 隋書58
明	崇	儼		舊唐書卷191方技 / 新唐書卷204方技
明	僧	紹		南齊書卷54高逸 / 南史卷50
邱	弘			明史卷180
邱	禴			明史卷145
邱	赭			明史卷297孝義
邱	橋			明史卷226
邱	瑜			明史卷251附方岳貢傳
邱	濬			明史卷181
邱	鐸			明史卷296孝義
邱	之	陶		明史卷251附方岳貢傳
邱	民	仰		明史卷261
邱	禾	嘉		明史卷261附邱民仰傳
邱	祖	德		明史卷277
屈	伸			明史卷180
屈	拔			魏書卷33附屈遵傳
屈	恆			魏書卷33附屈遵傳
屈	原			史記卷84

屈	堅			宋史卷453忠義
屈	遵			魏書卷33 / 北史卷27
屈	道	賜		魏書卷33附屈遵傳
屈	突	通		舊唐書卷59 / 新唐書卷89
屈	突	詮		舊唐書卷59附屈突通傳
屈	突	壽		舊唐書卷59附屈突通傳
屈	突	仲	翔	舊唐書卷59附屈突通傳
來	和			北史卷89藝術 / 隋書卷78藝術
來	恆			新唐書卷105附來濟傳
來	敏			三國蜀志卷12或42
來	瑱			舊唐書卷114 / 新唐書卷144
來	歙			後漢書卷45
來	歷			後漢書卷45附來歙傳
來	嶷			南史卷72文學附祖沖之傳
來	濟			舊唐書卷80 / 新唐書卷105
來	大	干		魏書卷30 / 北史卷25
來	子	珣		舊唐書卷186上酷吏 / 新唐書卷209酷吏附來俊臣傳
來	之	邵		宋史355
來	之	知 德		明史卷283儒林
來	俊	臣		舊唐書卷186上酷吏 / 新唐書卷209酷吏
來	護	兒		北史卷76 / 隋書卷64
來	阿	八	赤	元史卷129
和	尚			元史卷134 / 元史卷135
和	洽			三國魏志卷23
和	洪			北史卷73 / 隋書卷55

八畫	和	勇	明史卷156
	和	峴	宋史卷439文苑
	和	跋	魏書卷28 北史卷20
	和	斌	宋史卷350
	和	詵	宋史卷350附和斌傳
和邵金	和	嶠	晉書卷45
	和	凝	舊五代史卷127周臣 新五代史卷56雜傳
	和	㠓	宋史卷439文苑附和峴傳
	和	歸	魏書卷28附和跋傳
	和 士	開	北齊書卷50恩倖 北史卷92恩倖
	和 其	奴	魏書卷44 北史卷25
	和 逢	堯	舊唐書卷185下良吏附強循傳 新唐書卷123附趙彥昭傳
	邵	亢	宋史卷317
	邵	必	宋史卷317附邵亢傳
	邵	玘	明史卷158附顧佐傳
	邵	眞	舊唐書卷187下忠義
	邵	雲	宋史卷448忠義附李彥仙傳
	邵	喜	明史卷300外戚
	邵	雍	宋史卷427道學
	邵	說	舊唐書卷137 新唐書卷203文藝
	邵	曄	宋史卷426循吏
	邵	寶	明史卷282儒林
	邵	續	晉書卷63
	邵 元	節	明史卷307佞幸
	邵 成	章	宋史卷469宦者

邵 伯	溫	宋史卷433儒林
邵 伯宗	元	明史卷295忠義附問復傳
邵 洪 哲	春	魏書卷87節義 北史卷85節義
邵 捷	春	明史卷260
邵 經	邦	明史卷206
邵 敬	祖	元史卷197孝友
邵 榮	興	南史卷73孝義附封延伯傳
邵 繼	祖	明史卷284儒林附孔希學傳
金	玉	明史卷155附薛祿傳
金	忠	明史卷150 明史卷156
金	英	明史卷304宦官
金	祚	北齊書卷27 北史卷53
金	淵	宋史卷419
金	順	明史卷156附吳成傳
金	純	明史卷157
金	鉉	明史卷266
金	實	明史卷137附桂彥良傳
金	濂	明史卷160
金	應	宋史卷454忠義附鄭鳳傳
金	聲	明史卷277
金 士	衡	明史卷236
金 日	磾	漢書卷68
金 日	觀	明史卷271
金 幼	孜	明史卷147
金 光	辰	明史卷254附張瑋傳
金 安	上	漢書卷68附金日磾傳

金	安	節	宋史卷386
金	國	鳳	明史卷272
金	梁	鳳	舊唐書卷191方技 新唐書卷204方技附 袁天綱傳
金	朝	與	明史卷131
金	鉥	峒	明史卷295忠義
金	履	祥	元史卷189儒學
金	與	旺	明史卷134
金	獻	民	明史卷194
房		兆	北史卷73附劉方傳 隋書卷53附劉方傳
房		式	舊唐書卷111附房琯 傳 新唐書卷139附房琯 傳
房		亮	魏書72 北史卷45
房		苑	北史卷73附劉方傳
房		豹	北齊書卷46循吏 北史卷39附房法壽 傳
房		啓	新唐書卷139附房琯 傳
房		堅	魏書卷43附房法壽 傳
房		琯	舊唐書卷111 新唐書卷139
房		滕	明史卷146附孫巖傳
房		寬	明史卷145附陳亨傳
房		鳳	漢書卷88儒林
房		暠	舊五代史卷96晉書
房		謨	北史卷55
房	士	達	魏書卷43附房法壽 傳
房	天	樂	魏書卷61附沈文秀 傳

房	玄	齡	舊唐書卷66 新唐書卷96
房	伯	玉	魏書卷43附房法壽 傳
房	知	溫	舊五代史卷91晉書 新五代史卷46雜傳
房	法	壽	魏書卷43 北史39
房	彥	謙	北史卷39附房法壽傳 隋書卷66
房	恭	懿	北史卷55附房謨傳 隋書73循吏
房	崇	吉	魏書卷43附房法壽 傳
房	景	先	魏書卷43附房法壽 傳
房	景	伯	魏書卷43附房法壽 傳 北史卷39附房法壽 傳
房	景	遠	魏書卷43附房法壽 傳
房	暉	遠	北史卷82儒林 隋書卷75儒林
房	遺	直	舊唐書卷66附房玄 齡傳
房	遺	愛	舊唐書卷66附房玄 齡傳 新唐書卷96附房玄 齡傳
房	孺	復	舊唐書卷111附房琯 傳 新唐書卷139附房琯 傳
武		亢	金史卷131方技附武 楨傳 遼史卷82
武		白	金史卷118
武		仙	
武		陔	晉書卷45
武		英	宋史卷325附任福傳
武		恪	元史卷199隱逸
武		都	金史卷128循吏
武	禎		金史卷131方技
武		德	明史卷134附廖大亨 傳

八畫	武		徽	明史卷180附胡獻傳	武	懿	宗	舊唐書卷183外戚附武承嗣傳 新唐書卷206外戚附武士彟傳
	武	三	思	舊唐書卷183外戚附武承嗣傳 新唐書卷206外戚附武士彟傳	長		壽	元史卷197孝友
	武	大	烈	明史卷293忠義	長	孫	平	北史卷22附長孫嵩傳 隋書卷46
武長	武	士	逸	舊唐書卷58附武士彟傳 新唐書卷206外戚附武士彟傳	長	孫	幼	北史卷22附長孫道生傳(魏書卷25作長孫稚)
	武	士	稜	舊唐書卷58附武士彟傳 新唐書卷206外戚附武士彟傳	長	孫	兒	周書卷26附長孫紹遠傳 北史卷22附長孫道生傳
	武	士	彠	舊唐書卷58 新唐書卷206外戚	長	孫	肥	魏書卷26 北史卷22
	武	元	衡	舊唐書卷158 新唐書卷152	長	孫	眞	魏書卷26附長孫肥傳
	武	平	一	新唐書卷119	長	孫	陳	魏書卷26附長孫肥傳
	武	弘	度	新唐書卷195孝友	長	孫	晟	北史卷22附長孫道生傳 隋書卷51附長孫覽傳
	武	安	侯	史記卷107(卽田蚡)				
	武	行	德	宋史卷252	長	孫	敦	魏書卷25附長孫嵩傳
	武	延	秀	舊唐書卷183外戚附武承嗣傳	長	孫	敞	舊唐書卷183外戚 新唐書卷105附長孫無忌傳
	武	攸	曁	舊唐書卷183外戚附武承嗣傳 新唐書卷206外戚附武士彟傳				
	武	攸	緒	舊唐書卷183外戚附武承嗣傳 新唐書卷196隱逸	長	孫	稚	魏書卷25附長孫道生傳(北史卷22作長孫幼)
	武	承	嗣	舊唐書卷183外戚 新唐書卷206外戚附武士彟傳	長	孫	嵩	魏書卷25 北史卷22
					長	孫	詮	新唐書卷105附長孫無忌傳
	武	起	潛	明史卷291忠義附李獻明傳	長	孫	澄	周書卷26附長孫紹遠傳 北史卷22附長孫道生傳
	武	崇	訓	舊唐書卷183外戚附武承嗣傳				
	武	漢	球	舊五代史卷106漢書	長	孫	慮	魏書卷86孝感 北史卷84孝行
	武	儒	衡	舊唐書卷158附武元衡傳 新唐書卷152附武元衡傳	長	孫	儉	周書卷26 北史卷22附長孫嵩傳

長	孫	翰	魏書卷26附長孫肥傳
長	孫	穎	魏書卷25附長孫萬傳
長	孫	熾	北史卷22附長孫道生傳
			隋書卷51附長孫覽傳
長	孫	操	舊唐書卷183外戚附長孫敞傳
			新唐書卷105附長孫無忌傳
長	孫	蘭	魏書卷26附長孫肥傳
長	孫	覽	北史卷22附長孫道生傳
			隋書卷51
長	孫	觀	魏書卷25附長孫道生傳
長	孫子	彥	魏書卷25附長孫道生傳
長	孫亦	千	魏書卷26附長孫肥傳
長	孫紹	遠	周書卷26
			北史卷22附長孫道生傳
長	孫無	忌	舊唐書卷65
			新唐書卷105
長	孫順	德	舊唐書卷58
			新唐書卷105附長孫無忌傳
長	孫道	生	魏書卷25
			北史卷22
長	孫冀	歸	北史卷22附長孫萬傳
阿	台	仡	元史卷124附塔本傳
阿	尢		元史卷128
阿	疎		金史卷67
阿	寄		明史卷297孝義
阿	喜		金史卷66
阿	璡		金史卷69
阿	榮		元史卷143

阿		鄰	金史卷73
阿尼	哥		元史卷203工藝(一作阿爾尼格)
阿尢	魯		元史卷123
阿虎	帶		金史卷124忠義附烏古孫奴申傳
阿剌	罕		元史卷129
阿哈	瑪		元史卷205姦臣(一作阿合馬)
阿徒	罕		金史卷81
阿答	赤		元史卷135
阿离	補		金史卷80
阿塔	海		元史卷129
阿魯	圖		元史卷139
阿魯	補		金史卷68附斜訂傳
阿史	那	忠	舊唐書卷109附阿史那杜尒傳
			新唐書卷110諸夷蕃將附阿史那杜尒傳
阿老	瓦	丁	元史卷203工藝(一作阿喇卜丹)
阿沙	不	花	元史卷136
阿里	海	牙	元史卷128
阿兒	思	蘭	元史卷123
阿离	合	懣	金史卷73
阿禮	海	牙	元史卷137
阿史	那社	尒	舊唐書卷109 新唐書卷110諸夷蕃將
阿史	那道	貞	舊唐書卷109附

八畫

阿　剌　瓦　而　思　阿史那杜尒傳 元史卷123

阿　勒　根　彦　忠　金史卷90

阿　隣　帖　木　兒　元史卷124附哈剌赤哈剌北魯傳

阿宗

阿　魯　渾　薩　理　元史卷130

阿　史　那　蘇　尼　失　舊唐書卷109附阿史那杜尒傳

阿　勒　根　沒　都　魯　金史卷81

阿　里　乞　失　鐵　木　兒　元史卷124附塔本傳

阿　勒　呼　木　特　穆　爾　元史卷206叛臣

阿　剌　兀　思　剔　吉　忽　里　元史卷118

宗　4夬　梁書卷19 南史卷37附宗愨傳

宗　尹　金史卷73(本名阿里罕)

宗　5永　金史卷65附斡賽傳

宗　本　金史卷76(本名阿魯)

宗　7秀　金史卷66附昂傳

宗　亨　金史卷70(本名塔不也)

宗　杞　元史卷197孝友

宗　9炳　宋書卷93隱逸(南史卷75作宗少文)

宗　固　金史卷76(本名胡魯)

宗　敍　金史卷71(本名徳壽)

宗　10浩　金史卷93

宗　11望　金史卷74(本名斡离不)

宗　敏　金史卷69(本名阿魯補)

宗　12越　宋書卷83 南史卷40

宗　測　南齊書卷54高逸 南史卷75隱逸附宗少文傳

宗　欽　魏書卷52 北史卷34附段承根傳

宗　傑　金史卷69(本名木里也)

宗　强　金史卷69(本名阿魯)

宗　雄　金史卷73(本名謀良虎)

宗　殉　金史卷77(本名兀朮)

宗　13預　三國蜀志卷15或45

宗　愛　魏書卷94閹官 北史卷92恩倖

宗　雋　金史卷69(本名訛魯觀)

宗　道　金史卷73(本名八十)

宗　義　金史卷76(本名宇吉)

宗　幹　金史卷76(本名斡本)

宗　14慈　後漢書卷97黨錮

宗　寧　金史卷73(本名阿土古)

宗　15懃　宋書卷76 南史卷37

宗　磐　金史卷76(本名蒲盧虎)

宗　16懍　梁書卷41附王規傳 周書卷42 北史卷70

宗　澤　宋史卷360

宗	賢	金史卷66（本名阿魯）	林	逋	宋史卷457隱逸
		金史卷70（本名賽里）	林	熑	明史卷163附林瀚傳
宗	憲	金史卷70（本名阿鄰）	林	培	明史卷234附馬經綸傳
宗	翰	金史卷74（本名粘罕）	林	釬	明史卷351附徐光啓傳
宗	18禮	明史卷205附胡宗憲傳	林	12尊	漢書卷88儒林
宗	4少文	南史卷75隱逸（宋書卷93作宗炳）	林	琦	宋史卷454忠義附鄧鳳傳
宗	元卿	南史卷73孝義附解叔謙傳	林	達	明史卷194附林俊傳
宗	元饒	陳書卷29 南史卷68	林	13槩	宋史卷432儒林
宗	6如周	周書卷48附蕭詧傳 北史卷93僭偽附廧附蕭詧傳	林	14碩	明史卷161
			林	15廣	宋史卷334
宗	10彧之	宋書卷93隱逸 南史卷75隱逸附宗少文傳	林	霆	宋史卷436儒林附鄭樵傳 宋史卷449忠義附林冲之傳
宗	晉卿	新唐書卷109附宗楚客傳	林	震	宋史卷449忠義附林冲之傳
宗	13楚客	舊唐書卷92附蕭至忠傳 新唐書卷109	林	潤	明史卷210
			林	16勳	宋史卷422
宗	14端修	金史卷100	林	錦	明史卷165
林	5旦	宋史卷343附林希傳	林	17㻛	明史卷163附林瀚傳
林	7希	宋史卷343	林	聰	明史卷177
林	材	明史卷242	林	鴻	明史卷286文苑
林	9郁	宋史卷449忠義附林冲之傳	林	18攄	宋史卷351
林	英	明史卷143附王叔英傳	林	瀚	明史卷163
林	塾	明史卷277附林汝翥傳	林	19蘊	新唐書卷200儒學
林	俊	明史卷194	林	鸚	明史卷157
林	10特	宋史卷283附王欽若傳	林	22攢	新唐書卷195孝友
林	栗	宋史卷394	林	3大中	宋史卷393
林	11略	宋史卷419	林	士弘	舊唐書卷56附李子通傳

				出處
				新唐書卷87附李子通傳
八畫				
林	4	之	奇	宋史卷433儒林
林		日	瑞	明史卷263
林	6	光	朝	宋史卷433儒林
林		兆	鼎	明史卷249附朱燮元傳
林		汝	翥	明史卷277
林	7	希	元	明史卷282儒林附蔡清傳
林		冲	之	宋史卷449忠義
林	8	秉	漢	明史卷242附朱吾弼傳
林		空	齋	宋史卷452忠義
林		長	懋	明史卷162附戴綸傳
林	10	庭	㭿	明史卷163附林瀚傳
林		庭	機	明史卷163附林瀚傳
林	13	熙	春	明史卷234附馬經綸傳
林	14	嘉	猷	明史卷141附方孝孺傳
林	16	興	祖	元史卷192良吏
林	17	應	聰	明史卷207附朱㬊傳
林	21	蘭	友	明史卷276附何楷傳
林	24	靈	素	宋史卷462方技
孟	4		元	宋史卷323
孟	6		光	三國蜀志卷12或42
孟	7		玘	明史卷162附鍾同傳
孟	8		表	魏書卷61　北史卷37
孟	9		陋	晉書卷94隱逸
孟			威	魏書卷44　北史卷50
孟			信	北史卷70
孟			郊	舊唐書卷160　新唐書卷176附韓愈傳
孟			景	新五代史卷64後蜀世家附孟知祥傳　舊五代史卷136僭偽附孟知祥傳　宋史卷479西蜀世家
孟			奎	金史卷104
孟			秋	明史卷283儒林附孟化鯉傳
孟	10		珙	宋史卷412
孟			浩	金史卷89
孟			卿	漢書卷83儒林
孟	12		軻	史記卷74
孟			喜	漢書卷88儒林
孟			欽	晉書卷95藝術
孟			華	新唐書卷193忠義
孟			善	明史卷146
孟	13		業	北齊書卷46循吏　北史卷86循吏　元史卷160
孟			祺	元史卷160
孟	14		嘉	晉書卷98叛逆
孟			詵	舊唐書191方技　新唐書卷196隱逸
孟	15		嘗	漢書卷106循吏
孟			德	元史卷166
孟	16		遷	新唐書卷187附孟方立傳
孟			興	金史卷127孝友
孟	18		簡	舊唐書卷163　新唐書卷160
孟			鵠	舊五代史卷69唐書
孟	22		鑄	金史卷100

林 孟

孟	23樂	北史卷92恩倖（魏書卷94作孟巒）	孟　養	浩	明史卷233	八畫
孟	25觀	晉書卷60	孟16龍	符	宋書卷47附孟懷玉傳 南史卷17附孟懷玉傳	
孟	30巒	魏書卷94閹官（北史卷92作孟巒）	孟19懷	玉	宋書卷47 南史卷17	
孟　一	脈	明史卷235	孟　攀	鱗	元史卷164	
孟 4方	立	新唐書卷187 舊五代史卷62唐書 新五代史卷42雜傳	孟21蘭	强	魏書卷87節義附石文德傳	孟 周
孟　元	陽	舊唐書卷151 新唐書卷170	周	4文	史記卷103（漢書卷46作周仁）	
孟　化	鯉	明史卷283儒林	周	仁	漢書卷46（史記卷103作周文）	
孟　仁	裕	宋史卷479西蜀世家附孟昶傳	周	中	宋史卷448忠義附韓浩傳	
孟　仁	操	宋史卷479西蜀世家附孟昶傳	周	5札	晉書卷58附周處傳	
孟　仁	贄	宋史卷479西蜀世家附孟昶傳	周	玉	明史卷174附周賢傳	
孟 6兆	祥	明史卷265	周	用	明史卷202	
孟 7希	文	明史卷234儒林附孔希學傳	周	6光	晉書卷58附周訪傳	
孟　利	貞	舊唐書卷190上文苑	周	全	元史卷165	
孟 8宗	政	宋史卷403	周	7防	後漢書卷109上儒林	
孟　忠	厚	宋史卷465外戚	周	玘	晉書卷58附周處傳	
孟　知	祥	舊五代史卷136僭偽 新五代史卷64後蜀世家	周	沆	宋史卷331	
孟　承	光	明史卷290忠義附姬文允傳	周	辛	宋史卷448忠義附韓浩傳	
孟　承	誨	舊五代書卷96晉書	周	忱	明史卷153	
孟 9彥	卿	宋史卷453忠義	周	延	明史卷202	
孟10浩	然	舊唐書卷190下文苑 新唐書卷203文藝	周	8昌	史記卷96 漢書卷42	
孟11章	明	明史卷265附孟兆祥傳	周	炅	陳書卷13 南史卷67	
孟　速	思	元史卷124	周	迪	陳書卷35 南史卷80賊臣	
孟14夢	恂	元史卷190儒學附周仁榮傳	周	昂	金史卷126文藝	
孟　漢	瓊	舊五代史卷72唐書	周	武	明史卷130附吳復傳	
			周	金	明史卷201	

129

八畫	周	怡	明史卷209
	周	勃	漢書卷40(史記卷57作絳侯周勃世家)
	周	9紆	後漢書卷107酷吏
	周	宜	三國魏志卷29方技
	周	美	宋史卷323
周	周	南	宋史卷393附黃庾傳 明史卷187
	周	逸	明史卷152
	周	奎	明史卷300外戚
	周	10奉	三國吳志卷10或55
	周	姚	晉書卷58附周訪傳
	周	浚	晉書卷61
	周	起	宋史卷288
	周	琉	明史卷205附張經傳
	周	敖	明史卷297孝義
	周	能	明史卷300外戚
	周	紱	明史卷157附周王宣傳
	周	或	明史卷300外戚附周能傳
	周	11章	後漢書卷63
	周	處	晉書卷58
	周	訪	晉書卷58
	周	崎	晉書卷89忠義
	周	朗	宋書卷82 南史卷34
	周	敍	明史卷152
	周	拾	梁書卷25 南史卷34附周朗傳
	周	密	舊五代史卷124周書
	周	常	宋史卷356

周	淙	宋史卷390
周	冕	明史卷210 明史卷284儒林附孔希學傳
周	12堪	漢書卷88儒林
周	景	後漢書卷75附周榮傳
周	閔	晉書卷69附周顗傳
周	幾	魏書卷30 北史卷25
周	曾	新唐書卷193忠義
周	湛	宋史卷300
周	渭	宋史卷304
周	滇	明史卷138附周楨傳
周	鐵	明史卷207附王與齡傳
周	琬	明史卷296孝義
周	13瑜	三國吳志卷9或54
周	羣	三國蜀志卷12或42
周	楚	晉書卷58附周訪傳
周	筵	晉書卷58附周處傳
周	嵩	晉書卷61附周浚傳
周	該	晉書卷89忠義
周	搖	北史卷73 隋書卷55
周	葵	宋史卷385
周	楨	明史卷133
周	瑄	明史卷157
周	新	明史卷161
周	經	明史卷183
周	瑛	明史卷282儒林

周	幹	明史卷289忠義附周憙傳
周	14 榮	後漢書卷75
周	嘉	後漢書卷111獨行
周	堪	舊唐書卷176 / 新唐書卷182
周	壽	明史卷300外戚附周能傳
周	15 緤	史記卷98 / 漢書卷41
周	磐	後漢書卷69
周	䃅	後漢書卷91附周舉傳 / 晉書卷58附周處傳
周	魴	三國吳志卷15
周	撫	晉書卷58附周訪傳
周	敷	陳書卷13 / 南史卷67
周	確	陳書卷24附周弘正傳 / 南史卷34附周朗傳
周	憬	舊唐書卷187上忠義附王同皎傳 / 新唐書卷191忠義附王同皎傳
周	瑩	宋史卷268
周	廣	宋史卷271 / 明史卷188
周	樂	元史卷198孝友
周	16 翠	後漢書卷91
周	澤	後漢書卷109下儒林
周	澹	魏書卷91藝術 / 北史卷90藝術
周	興	舊唐書卷186上酷吏 / 新唐書卷209酷吏附來俊臣傳
周	稻	明史卷143
周	賢	明史卷174

周	憲	明史卷282儒林附薛瑄傳
周	憙	明史卷289忠義
周	燮	後漢書卷83
周	濟	明史卷281循吏
周	18 謨	晉書卷61附周浚傳
周	馥	晉書卷61附周浚傳
崔	顗	南齊書卷41 / 南史卷34附周朗傳
周	璕	明史卷141附茅大芳傳
周	19 瓊	晉書卷58附周訪傳
周	顗	晉書卷69
周	鎧	元史卷195忠義
周	瑄	明史卷174附劉寧傳 / 明史卷188
周	顥	明史卷299方技
周	20 讜	後漢書卷113逸民
周	寶	新唐書卷186
周	瓊	舊五代史卷95晉書
周	23 顥	明史卷133附賣良臣傳
周	鑑	明史卷274附姜日廣傳
周	25 觀	魏書卷30 / 北史卷25
周	鑰	明史卷188附許天錫傳
周	二 南	明史卷294忠義附蔡道憲傳
周	卜 歷	明史卷293忠義附李貞佐傳
周	3 山 圖	南齊書卷29 / 南史卷46
周	士 樸	明史卷264
周	4 允 元	舊唐書卷90附豆盧欽望傳 / 新唐書卷114附豆盧欽望傳

八畫

周

八畫	周	天	佐	明史卷209附楊爵傳	周	延	儒	明史卷308姦臣

八畫

周

周	天	佐	明史卷209附楊爵傳
周	文	育	陳書卷8 南史卷66
周	元	豹	舊五代史卷71唐書
周	仁	美	宋史卷279
周	仁	榮	元史卷190儒學
周	5必	大	宋史卷391
周	仔	肩	元史卷190儒學附周仁榮傳
周	石	珍	南史卷77恩倖
周	生	烈	三國魏志卷13附王朗傳
周	永	春	明史卷259附楊鎬傳
周	永	清	宋史卷350
周	弘	正	陳書卷24 南史卷34附周朗傳
周	弘	直	陳書卷24附周弘正傳 南史卷34附周朗傳
周	弘	祖	明史卷215
周	弘	禴	明史卷234附李沂傳
周	弘	讓	南史卷34附周朗傳
周	6仲	孫	晉書卷58附周訪傳
周	行	逢	宋史卷483湖南世家 新五代史卷66楚世家附馬竇傳
周	自	強	元史卷192良吏
周	光	輔	舊五代史卷91晉書
周	7克	明	宋史卷461方技
周	邦	彥	宋史卷444文苑
周	利	貞	舊唐書卷186下酷吏 新唐書卷209酷吏
周	伯	琦	元史卷187

周	延	儒	明史卷308姦臣
周	8亞	夫	漢書卷40附周勃傳
周	定	仍	明史卷278附詹兆恒傳
周	尚	文	明史卷211
周	法	尚	北史卷76 隋書卷65
周	奉	叔	南史卷46附周盤龍傳
周	宗	建	明史卷245
周	知	裕	舊五代史卷64唐書 新五代史卷45雜傳
周	孟	陽	宋史卷322
周	孟	簡	明史卷152附周述傳
周	9是	修	明史卷143
周	述	學	明史卷299方技
周	洪	謨	明史卷184
周	炳	謨	明史卷251附文震孟傳
周	茂	蘭	明史卷245附周順昌傳
周	思	茂	舊唐書卷190中文苑附元萬頃傳 新唐書卷201文藝附元萬頃傳
周	思	彙	明史卷208
周	10起	元	明史卷245
周	時	從	明史卷189附胡爛傳
周	11啟	明	宋史卷458隱逸
周	執	羔	宋史卷388
周	惟	簡	宋史卷478南唐世家附李景傳
周	12陽	由	史記卷122酷吏 漢書卷90酷吏附嚴成傳
周	順	昌	明史卷245

周　善　徵　宋史卷456孝義附王光濟傳

周　堯　卿　宋史卷432儒林

周　惠　達　周書卷22
北史卷63

周　喜　同　元史卷194忠義（目標喜同）

周　朝　瑞　明史卷244

周　期　雍　明史卷202

周　敦　吉　明史卷271附童仲揆傳

周　敦　頤　宋史卷427道學

周　智　光　舊唐書卷114
新唐書卷224上叛臣

周　智　爽　舊唐書卷188孝友附王君操傳

周　智　壽　舊唐書卷183孝友附王君操傳
（智爽，智壽，新唐書俱姓「同蹄」目無名，附孝友張琇傳。）

周13敬　心　明史卷139

周　遇　吉　明史卷268

周　道　登　明史卷251附李標傳

周14漢　卿　明史卷299方技

周　嘉　謨　明史卷241

周　鳳　岐　明史卷294忠義附陳瑄傳

周　鳳　翔　明史卷266

周15審　玉　宋史卷308

周　盤　龍　南齊書卷29
南史卷46

周　德　威　舊五代史卷56唐書
新五代史卷25唐臣

周　德　興　明史卷132

周16興　嗣　梁書卷49文學
南史卷72文學

周17應　秋　明史卷306閹黨附王紹徽傳

周　鴻　圖　明史卷249附蔡復一傳

周19懷　政　宋史卷466宦者

周　羅　睺　北史卷76
隋書卷65

周20寶　安　陳書卷8附周文育傳
南史卷66附周文育傳

周21續　之　宋書卷93隱逸
南史卷75隱逸

周　鐵　虎　陳書卷10
南史卷67

周25觀　政　明史卷139附韓宜可傳

184

		夷蕃將		九畫
郅		都	史記卷122酷吏 漢書卷90酷吏	
郅		惲	後漢書卷59	
郅		壽	後漢書卷59附郅惲傳	
柯		潛	明史卷152	
柯		暹	明史卷164附鄭辟傳	
柯	維	騏	明史卷287文苑	
苟		晞	晉書卷61	
苟		頹	魏書卷44 北史卷25	
苟	與	齡	宋史卷456孝義	
宣		秉	後漢書卷57	
宣		繒	宋史卷419	
宣	曲	任	氏漢書卷91貨殖	
姬		澹	魏書卷23附衛操傳	
姬	文	允	明史卷290忠義	
姬	汝	作	金史卷123忠義	
柏		耆	舊唐書卷154 新唐書卷175	
柏	良	器	新唐書卷136附李光弼傳	
柏	帖	穆	爾元史卷196忠義	
信	苴	日	元史卷166	
信	都	芳	北齊書卷49方技 魏書卷91藝術附張淵傳 北史卷89藝術	
按	扎	兒	元史卷122	
按	竺	爾	元史卷121	
按	答	海	金史卷73	
迭	里	特	遼史卷112逆臣附轄底傳(姓耶律)	

迭	里	威		失	元史卷124附塔本傳
迭	里	彌		實	元史卷196忠義
胥			偓		宋史卷294
胥			鼎		金史卷108
胥			謙		金史卷124忠義附萬慶祥傳
胥	持	國			金史卷129佞幸
查		陶			宋史卷296附查道傳
查		道			宋史卷296
查		鐸			明史卷227附蕭彥傳
查	秉	彝			明史卷210附鄔汝迪傳
拜		延			元史卷133
拜		住			元史卷136
拜		降			元史卷131
拜	延	八	都	魯	元史卷123
茅		成			明史卷133
茅		坤			明史卷287文苑
茅		容			後漢書卷98附郭太傳
茅		維			明史卷287文苑附茅坤傳
茅	大	芳			明史卷141
泉		介			北史卷66(周書卷44作泉企)
泉		企			周書卷44(北史卷66作泉介)
泉	元	禮			周書卷44附泉企傳
泉	男	生			新唐書卷110諸夷蕃將
泉	仲	遵			周書卷44附泉企傳
泉	獻	誠			新唐書卷110諸夷蕃將附泉男生傳
垣		閎			南史卷25附垣護之傳

九畫					
	垣	榮	祖	南齊書卷25 南史卷25附垣護之傳	
	垣	榮	祖	南齊書卷28 南史卷25附垣護之傳	
	垣	曇	深	南史卷25附垣護之傳	
垣南紀苗施哈苻	垣	護	之	宋書卷50 南史卷25	
	南	企	仲	明史卷264附南居益傳	
	南	居	益	明史卷264	
	南	居	業	明史卷264附南居益傳	
	南	宮	括	史記卷67仲尼弟子	
	南	壽	雲	新唐書卷192忠義附許遠傳	
	紀		綱	明史卷307侫幸	
	紀		瞻	晉書卷68	
	紀	少	瑜	南史卷72文學	
	紀	天	錫	金史卷131方技	
	紀	處	訥	舊唐書卷92附蕭至忠傳 新唐書卷109附宋楚客傳	
	紀	僧	眞	南齊書卷56倖臣 南史卷77恩倖	
	苗		訓	宋史卷461方技	
	苗		授	宋史卷350	
	苗		傅	宋史卷475叛臣	
	苗		履	宋史卷350附苗授傳	
	苗	守	信	宋史卷461方技附苗訓傳	
	苗	時	中	宋史卷331	
	苗	神	客	舊唐書卷190中文苑附元萬頃傳	
	苗	晉	卿	舊唐書卷113 新唐書卷140	

苗	道	潤	金史卷118	
施		聚	明史卷174附巫凱傳	
施		讐	漢書卷88儒林	
施	文	慶	南史卷77恩倖	
施	合	德	元史卷197孝友附王初應傳	
施	邦	曜	明史卷265	
施	宜	生	金史卷79	
施	昌	言	宋史卷299	
施	師	點	宋史卷385	
施	敬	本	新唐書卷200儒學	
哈		銘	明史卷167附袞彬傳	
哈	都	赤	元史卷198孝友	
哈	散	納	元史卷123	
哈	剌	觽	元史卷132	
哈	瑪	爾	元史卷205姦臣（總目探哈麻）	
哈	八	兒	禿元史卷123	
哈	剌	哈	孫元史卷136	
哈	剌	亦	哈 赤 比 魯 元史卷124	
苻		生	晉書卷112前秦載記 魏書卷95附臨渭氐苻健傳	
苻		丕	晉書卷115前秦載記 魏書卷95附臨渭氐苻健傳	
苻		洪	晉書卷112前秦載記 魏書卷95附臨渭氐苻健傳	
苻		朗	晉書卷114前秦載記	

九畫

苻種紇俞

紇石烈	志寧	金史卷87
紇石烈	阿疎	金史卷67
紇石烈	胡剌	金史卷82
紇石烈	桓端	金史卷103
紇石烈	麻產	金史卷67附紇石烈胡鵬陸傳
紇石烈	鈍恩	金史卷67
紇石烈	執中	金史卷132逆臣（本名胡沙虎）
紇石烈	膱酷	金史卷67
紇石烈	鶴壽	金史卷122忠義
紇石烈	牙吾塔	金史卷111
紇石烈	胡失門	金史卷104
俞	山	明史卷152附陳濟傳
俞	充	宋史卷333
俞	全玉	元史卷197孝友附羊仁傳
俞	玫	明史卷297孝義
俞	淵	明史卷133附兪通海傳
俞	僉叟	南史卷73孝義附殿之傳
俞	畟	宋史卷354
俞	敬	明史卷192附郭楠傳
俞	綱	明史卷152附陳濟傳
俞	諫	明史卷187
俞	士吉	明史卷149附夏原吉傳

苻	健	晉書卷112前秦載記 魏書卷95（目作臨渭氏苻健）
苻	崇	魏書卷95附臨渭氏苻健傳
苻	雄	晉書卷112前秦載記
苻	堅	晉書卷113至114前秦載記 魏書卷95附臨渭氏苻健傳
苻	登	晉書卷115前秦載記附苻丕傳 魏書卷95附臨渭氏苻健傳
苻	融	晉書卷114前秦載記
苻承	祖	魏書卷94閹官 北史卷92恩倖
种	古	宋史卷335附种世衡傳
种	朴	宋史卷335附种世衡傳
种	劭	後漢書卷86附种暠傳
种	岱	後漢書卷86附种暠傳
种	拂	後漢書卷86附种暠傳
种	放	宋史卷457隱逸
种	暠	後漢書卷86
种	誼	宋史卷335附种世衡傳
种	諤	宋史卷335附种世衡傳
种世	衡	宋史卷335
种師	中	宋史卷335附种世衡傳
种師	道	宋史卷335附种世衡傳
紇突	鄰奚	魏書卷103附高車傳
紇石	烈德	金史卷128循吏
紇石	烈良弼	金史卷88

（天）

九畫

俞

俞封洪

姓	名	出處
俞	子俊	明史卷178
俞	大猷	明史卷212
俞	允文	明史卷288文苑附王稚登傳
俞	文俊	舊唐書卷187上忠義
俞	汝尚	宋史卷458隱逸
俞	述祖	元史卷195忠義
俞	通海	明史卷133
俞	通源	明史卷133附俞通海傳
俞	獻卿	宋史卷300
封	回	魏書卷32附封懿傳／北史卷24附封懿傳
封	孚	晉書卷128南燕載記
封	津	魏書卷94閹宦／北史卷92恩倖
封	軌	魏書卷32附封懿傳
封	述	北齊書卷43／北史卷24附封懿傳
封	敖	舊唐書卷168／新唐書卷177
封	倫	舊唐書卷63／新唐書卷100
封	琳	魏書卷32附封懿傳
封	愷	魏書卷32附封懿傳
封	肅	魏書卷85文苑／北史卷24附封懿傳
封	憑	魏書卷94閹宦附封津傳
封	瓊	魏書卷32附封懿傳
封	懿	魏書卷32／北史卷24
封	子繪	北齊書卷21附封隆之傳
封	玄之	魏書卷32附封懿傳
封	行高	舊唐書卷63附封倫傳
封	延伯	南齊書卷55孝義／南史卷73孝義
封	言道	舊唐書卷63附封倫傳
封	敕文	魏書卷51／北史卷37
封	偉伯	魏書卷32附封懿傳
封	常清	舊唐書卷104／新唐書卷135
封	隆之	北齊書卷21／北史卷24附封懿傳
封	舜卿	舊五代史卷68唐書
封	輔相	北史卷53附張保洛傳
封	磨奴	魏書卷32附封懿傳
封	顯之	魏書卷32附封懿傳
封	靈祐	魏書卷32附封懿傳
洪	芹	宋史卷425
洪	衍	金史卷93
洪	垣	明史卷208
洪	适	宋史卷373附洪皓傳
洪	皓	宋史卷373
洪	湛	宋史卷441文苑
洪	裕	金史卷93
洪	靖	金史卷93
洪	熙	金史卷93
洪	經	金史卷93
洪	萬輝	元史卷154附洪福源傳
洪	輝	金史卷93
洪	遵	宋史卷373附洪皓傳
洪	擬	宋史卷381
洪	邁	宋史卷373附洪皓傳
洪	蘊	宋史卷461方技(總目標沙門洪蘊)

（天）

洪		鎛	明史卷187
洪	天	錫	宋史卷424
洪	文	撫	宋史卷456孝義
洪	文	衡	明史卷242
洪	君	祥	元史卷154附洪福源傳
洪	彥	昇	宋史卷348
洪	俊	奇	元史卷154附洪福源傳
洪	咨	夔	宋史卷406
洪	雲	蒸	明史卷260附熊文燦傳
洪	經	綸	舊唐書卷127
洪	福	源	元史卷154
洪	興	祖	宋史卷433儒林
皇		侃	南史卷71儒林（梁書卷48作皇偘）
皇		偘	梁書卷48儒林（南史卷71作皇侃）
皇	甫	奴	魏書卷86孝感附閭元明傳
皇	甫	玉	北齊書卷49方技　北史卷89藝術
皇	甫	冉	新唐書卷202文藝附蕭士頴傳
皇	甫	立	舊五代史卷106漢書
皇	甫	冲	明史卷287文苑附皇甫涍傳
皇	甫	汸	明史卷287文苑附皇甫涍傳
皇	甫	坦	宋史卷462方技
皇	甫	和	北齊書卷35　北史卷38附裴陀傳　晉書卷60
皇	甫	真	晉書卷111前燕載記
皇	甫	涍	明史卷287文苑
皇	甫	規	後漢書卷95
皇	甫	湜	新唐書卷176附韓愈傳
皇	甫	殉	明史卷289忠義附皇甫斌傳
皇	甫	斌	明史卷289忠義
皇	甫	嵩	後漢書卷101
皇	甫	瑒	魏書卷71附裴叔業傳
皇	甫	遐	周書卷46孝義　北史卷84孝行
皇	甫	遇	舊五代史卷95晉書　新五代史卷47雜傳
皇	甫	暉	新五代史卷49雜傳
皇	甫	誕	北史卷70附皇甫璠傳　隋書卷71誠節
皇	甫	璠	周書卷39　北史卷70　晉書卷51
皇	甫	謐	
皇	甫	徽	魏書卷71附裴悅之傳
皇	甫	績	北史卷74　隋書卷38
皇	甫	鎛	舊唐書卷135　新唐書卷167
皇	甫	濂	明史卷287文苑附皇甫涍傳
皇	甫	鏞	舊唐書卷135附皇甫鎛傳　新唐書卷167附皇甫鎛傳
皇	甫	方	回晉書卷51附皇甫謐傳
皇	甫	仲	和明史卷299方技
皇	甫	無	逸舊唐書卷62　新唐書卷91
皇	甫	繼	明宋史卷259
皇	甫	繼	勳宋史卷478南唐世家附李景傳
段		永	周書卷36　北史卷67
段		民	明史卷158
段		灼	晉書卷48

九畫

段

段		佐	舊唐書卷152
段		夸	明史卷239忠義附霍恩傳
段		直	元史卷192良吏
段		珂	新唐書卷153附段秀實傳
段		展	明史卷291忠義附崔儒秀傳
段		深	舊五代史卷24梁書
段		進	魏書卷7節義　北史卷85節義
段		達	隋書卷85附王充傳　北史卷79
段		琛	北史卷53附張保洛傳
段		堅	明史卷281循吏
段		暉	魏書卷52附段承根傳
段		榮	北齊書卷16　北史卷54
段		韶	北齊書卷16附段榮傳　北史卷54附段榮傳
段		熲	後漢書卷95
段		凝	舊五代史卷73唐書　新五代史卷45雜傳
段		巖	新唐書卷153附段秀實傳
段		翳	後漢書卷112上方術
段		霸	魏書卷94閹宦　北史卷92恩倖附仇洛齊傳
段	少	連	宋史卷297
段	四	碣	晉書卷63
段	文	昌	舊唐書卷167　新唐書卷89附段志玄傳
段	文	振	北史卷76　隋書卷60
段	文	楚	新唐書卷153附段秀實傳

段	平	仲	舊唐書卷153　新唐書卷162
段	志	玄	舊唐書卷68　新唐書卷89
段	秀	實	舊唐書卷128　新唐書卷153
段	成	式	舊唐書卷167附段文昌傳　新唐書卷89附段志玄傳
段	孝	言	北史卷54附段榮傳
段	希	堯	舊五代史卷128周書　新五代史卷57雜傳
段	伯	炓	明史卷249附蔡復一傳
段	伯	倫	舊唐書卷128附段秀實傳　新唐書卷153附段秀實傳
段	承	根	魏書卷52　北史卷34
段	思	恭	宋史卷270
段	復	興	明史卷294忠義
段	會	宗	漢書卷70

姜

姜	3 才	宋史卷451忠義
姜	5 永	魏書卷71附江悅之傳
姜	8 肱	後漢書卷83
姜	昂	明史卷165
姜	9 洪	明史卷180
姜	埰	明史卷258附姜垓傳
姜	10 彧	元史卷167
姜	彖	元史卷198孝友
姜	11 皎	舊唐書卷59附姜謩傳　新唐書卷91附姜謩傳
姜	晞	舊唐書卷59附姜謩傳　舊唐書卷59附姜謩傳

		新唐書卷91附姜蓍傳	
姜	垛	明史卷258	
姜	14維	三國蜀志卷14或44	
姜	漢	魏書卷71附姜悅之傳	
姜	綏	宋史卷453忠義	
姜	漢	明史卷174	
姜	綰	明史卷180	
姜	15儉	魏書卷45附韋閬傳	
姜	撫	新唐書卷204方技	
姜	潛	宋史卷458隱逸	
姜	奭	明史卷174附姜漢傳	
姜	16遵	宋史卷288	
姜	寵	明史卷165附姜昂傳	
姜	18簡	舊唐書卷59附姜蓍傳	
姜	蓍	舊唐書卷59 新唐書卷91	
姜	3士昌	明史卷230	
姜	4日廣	明史卷274	
姜	公輔	舊唐書卷138 新舊唐書卷152	
姜	6行本	舊唐書卷59附姜蓍傳 新唐書卷91附姜蓍傳	
姜	名武	明史卷269	
姜	7志禮	明史卷237	
姜	9柔遠	舊唐書卷59附姜蓍傳	
姜	思睿	明史卷233附姜應麟傳	
姜	10特立	宋史卷470佞幸	
姜	師度	舊唐書卷185下良吏 新唐書卷100	

姜	11產之	宋書卷94恩倖	
姜	15慶初	舊唐書卷59附姜蓍傳	
		新唐書卷91附姜蓍傳	
姜	應熊	明史卷174附姜漢傳	
姜	應麟	明史卷233	
姜	20寶誼	新唐書卷88附裴寂傳	
姚	古	宋史卷349附姚兕傳	
姚	6合	新唐書卷124附姚崇傳	
姚	8況	新唐書卷147附馮河清傳	
姚	泓	晉書卷119後秦載記 魏書卷95附羌姚萇傳 北史卷93僭偽附庸後秦附姚萇傳	
姚	坦	宋史卷277	
姚	兕	宋史卷349	
姚	玭	明史卷296孝義	
姚	9弈	新唐書卷124附姚崇	
姚	洪	舊五代史卷70唐書 新五代史卷33死事	
姚	10班	舊唐書卷89附姚璹傳 新唐書卷102附姚恩廉傳	
姚	祐	宋史卷354	
姚	11崇	舊唐書卷96 新唐書卷124	
姚	勗	新唐書卷124附姚崇傳	
姚	涑	明史卷200附姚鏌傳	
姚	12萇	晉書卷116後秦載記 魏書卷95(目作羌姚萇) 北史卷93僭偽附庸後秦	

九畫	姚	最	周書卷47藝術附姚僧垣傳
	姚	渙	宋史卷333
	姚	雄	宋史卷349附姚兕傳
	姚	善	明史142
姚侯	姚	13鉉	宋史卷441文苑
	姚	14察	陳書卷27 南史卷69
	姚	15闓	舊唐書卷187下忠義附張巡傳 新唐書卷192忠義附許遠傳
	姚	樞	元史卷158
	姚	16興	晉書卷117至118後秦載記 魏書卷95附羌姚萇傳 北史卷93僭偽附膺後秦附姚萇傳 宋史卷453忠義
	姚	燧	元史卷174
	姚	17襄	晉書卷116後秦載記 魏書卷95附羌姚萇傳
	姚	18璹	舊唐書卷89 新唐書卷10 附姚思廉傳
	姚	19顗	舊五代史卷92晉書 新五代史卷55雜傳
	姚	鎮	明史卷200
	姚	23夔	明史卷177
	姚	麟	宋史卷349附姚兕傳
	姚	顯	明史卷164附單字傳
	姚	3弋仲	晉書卷116後秦載記 魏書卷95附羌姚萇傳 北史卷93僭偽附膺後秦附姚萇傳

姚	4允	恭	明史卷292忠義附龔元祥傳
姚	內	斌	宋史卷273
姚	天	福	元史卷168
姚	5令	言	舊唐書卷127
姚	6仲	孫	宋史卷300
姚	邦	基	宋史卷453忠義
姚	希	孟	明史卷216
姚	希	得	宋史卷421
姚	8奇	允	明史卷278附郭維經傳
姚	宗	明	宋史卷456孝義
姚	9南	仲	舊唐書卷153 新唐書卷162
姚	若	時	明史卷293忠義附張維世傳
姚	思	廉	舊唐書卷73 新唐書卷102
姚	11紹	之	舊唐書卷186下酷吏 新唐書卷209酷吏
姚	12景	行	遼史卷96
姚	黃	眉	魏書卷83上外戚 北史卷80外戚
姚	14僧	垣	周書卷47藝術 北史卷90藝術
姚	15廣	孝	明史145
侯	5白		隋書卷58附臨汝傳
侯	可		宋史卷456孝義
侯	7均		元史卷189儒學附蕭㪺傳
侯	9畐		宋史卷454忠義
侯	保		明史卷154附陳冶傳
侯	10剛		魏書卷93恩倖 北史卷92恩倖
侯	益		宋史卷254
侯	泰		明史卷142附暴昭傳

侯	11淵	魏書卷80（北史卷49作侯深）	
侯	深	北史卷49（魏書卷80作侯淵）	
侯	章	宋史卷252	
侯	陟	宋史卷270	
侯	12景	梁書卷56 南史卷80賊臣	
侯	植	周書卷29 北史卷66	
侯	13義	宋史卷456孝義	
侯	14瑱	陳書卷9 南史卷66	
侯	蒙	宋史卷351	
侯	15瑾	後漢書卷110下文苑	
侯	摯	金史卷108	
侯	16璡	明史卷172	
侯	18寶	宋史卷274	
侯	21霸	後漢書卷56	
侯	22覽	後漢書卷108宦者	
侯	23顯	明史卷304宦官附鄭和傳	
侯	3小叔	金史卷122忠義	
侯	4文和	魏書卷91藝術附蔣少游傳	
侯	天錫	明史卷269附侯良住傳	
侯	仁矩	宋史卷254附侯益傳	
侯	仁寶	宋史卷254附侯益傳	
侯	5史光	晉書卷45	
侯	世祿	明史卷269	
侯	6行果	新唐書卷200儒學附康子元傳	
侯	仲莊	新唐書卷136附李光弼傳	
侯	安都	陳書卷8 南史卷66	
侯	7希逸	舊唐書卷124 新唐書卷144	
侯	良柱	明史卷269	
侯	廷訓	明史卷191附薛蕙傳	
侯	延廣	宋史卷254附侯益傳	
侯	君集	舊唐書卷69 新唐書卷94	
侯	君擢	明史卷293忠義附關永傑傳	
侯	8知道	新唐書卷195孝友	
侯	9思止	舊唐書卷186上酷吏 新唐書卷209酷吏	
侯	拱極	明史卷269附侯世祿傳	
侯	峒曾	明史卷277	
侯	11偉時	附明史卷279附吳炳傳	
侯	15震暘	明史卷246	
侯莫陳	相	北齊書卷19 北史卷53	
侯莫陳	悅	魏書卷80 北史卷49	
侯莫陳	崇	周書卷16 北史卷60	
侯莫陳	順	周書卷19 北史卷60附侯莫陳崇傳	
侯莫陳	凱	周書卷16附侯莫陳崇傳	
侯莫陳	穎	北史卷60附侯莫陳崇傳 隋書卷55	
侯莫陳	瓊	周書卷16附侯莫陳崇傳	
侯莫陳	利用	宋史卷470侯幸	
柳	4升	明史卷154	
柳	5弘	周書卷22附柳慶傳 北史卷64附柳虯傳	
柳	旦	北史卷64附柳虯傳 隋書卷47附柳機傳	
柳	6冲	舊唐書卷189下儒學 新唐書卷199儒學	

九畫

侯柳

343

九畫

柳

柳	7忱	梁書卷12附柳惔傳 南史卷38附柳元景傳
柳	虯	周書卷38 北史卷64
柳	亨	舊唐書卷77
柳	8昂	周書卷32附柳敏傳 北史卷67附柳敏傳 隋書卷47附柳機傳
柳	玭	舊唐書卷165附柳公綽傳 新唐書卷163附柳公綽傳
柳	芳	新唐書卷132
柳	并	新唐書卷202文藝附蕭穎士傳
柳	9洋	周書卷48附蕭詧傳
柳	津	南史卷38附柳元景傳
柳	盼	南史卷38附柳元景傳
柳	述	北史卷64附柳蚪傳 隋書卷47附柳機傳
柳	約	宋史卷404
柳	10彧	北史卷77 隋書卷62
柳	珪	新唐書卷163附柳公綽傳
柳	11惔	梁書卷12 南史卷38附柳元景傳
柳	崇	魏書卷45 北史卷27
柳	莊	周書卷42附柳霞傳 北史卷70附柳遠傳 隋書卷66
柳	偃	南史卷38附柳元景傳
柳	敏	周書卷32 北史卷67
柳	冕	舊唐書卷149附柳登傳 新唐書卷132附柳芳傳
柳	晟	舊唐書卷183外戚 新唐書卷159
柳	12惲	梁書卷21 南史卷38附柳元景傳
柳	蕡	北史卷83文苑 隋書卷58
柳	斌	北史卷64附柳蚪傳
柳	渙	舊唐書卷77附柳亨傳
柳	渾	舊唐書卷125 新唐書卷142
柳	登	舊唐書卷149 新唐書卷132附柳芳傳
柳	植	宋史卷294
柳	開	宋史卷440文苑
柳	貫	元史卷181附黃溍傳
柳	13靖	周書卷42附柳霞傳 北史卷70附柳遠傳
柳	遐	北史卷70(周書卷42作柳霞)
柳	庸	北史卷64附柳蚪傳 隋書卷47附柳機傳
柳	裘	北史卷74 隋書卷38
柳	14遠	魏書卷71附裴叔業傳
柳	15橙	南史卷38附柳元景傳
柳	慶	周書卷22 北史卷64附柳蚪傳
柳	儉	北史卷86循吏 隋書卷73循吏
柳	調	隋書卷47附柳機傳
柳	奭	舊唐書卷77附柳亨傳 新唐書卷112附柳澤傳
柳	範	舊唐書卷77附柳亨傳 新唐書卷112附柳澤傳
柳	16諧	魏書卷71附裴叔業傳

九畫

柳范

柳	機	周書卷22附柳慶傳 北史卷64附柳虯傳 隋書卷4
柳	澤	舊唐書卷77附柳亨傳 新唐書卷112
柳	璟	舊唐書卷149附柳登傳 新唐書卷132附柳芳傳
柳	璧	舊唐書卷165附柳公綽傳 新唐書卷163附柳公綽傳
柳	璞	新唐書卷163附柳公綽傳
柳	17霞	周書卷42(北史卷70作柳遐)
柳	檜	周書卷46孝義 北史卷64附柳虯傳
柳	璨	舊唐書179 新唐書卷223下姦臣
柳	19識	新唐書卷142附柳渾傳
柳	21鷟	周書卷22附柳慶傳
柳	3子華	舊唐書卷165附柳公綽傳 新唐書卷163附柳公綽傳
柳	4元景	宋書卷77 南史卷38
柳	公度	舊唐書卷165附柳公綽傳
柳	公綽	舊唐書卷165 新唐書卷163
柳	公權	舊唐書卷165附柳公綽傳 新唐書卷163附柳公綽傳
柳	5玄達	魏書卷71附裴叔業傳
柳	世隆	南齊書卷24 南史卷38附柳元景傳
柳	6仲郢	舊唐書卷165附柳公綽傳 新唐書卷163附柳公綽傳
柳	仲禮	南史卷38附柳元景傳
柳	8宗元	舊唐書卷160 新唐書卷168
柳	叔夜	南史卷73孝義附劉渢傳
柳	11帶韋	周書卷22附柳慶傳
柳	12雄亮	隋書卷47附柳機傳
柳	13敬禮	梁書43 南史卷38附柳元景傳
柳	14僧習	魏書卷71附裴叔業傳
柳	15慶遠	梁書卷9 南史卷38附柳元景傳
柳	17謇之	北史卷64附柳虯傳 隋書卷47附柳機傳
范	4升	後漢書卷66
范	5冉	後漢書卷111獨行(一名丹)
范	平	晉書卷91儒林
范	弘	明史卷304宦官附金英傳
范	6式	後漢書卷111獨行
范	同	宋史卷380
范	7汪	晉書卷75
范	沖	宋史卷435儒林
范	8岫	梁書卷26 南史卷60
范	昊	宋史卷249附范質傳
范	旻	宋史卷249附范質傳
范	坦	宋史卷288附范雍傳
范	青	宋史卷303附范祥傳
范	旺	宋史卷449忠義
范	9宣	晉書卷91儒林

九畫	范		迪	周書卷48附蕭誉傳	范	17鍾	宋史卷417
	范		恪	宋史卷323	范	濟	明史卷164
	范		拱	金史卷105	范	鎮	宋史卷337
	范	10泰		宋書卷60 南史卷33	范	19鏓	明史卷199
	范		庚	明史卷281循吏	范	儶	明史卷234附盧洪春傳
范	范	11紹		魏書卷79 北史卷46	范	22蠡	史記卷129貨殖 漢書卷91貨殖
	范		祥	宋史卷303	范 3子	奇	宋史卷288附范雍傳
	范		樟	元史卷181附虞集傳	范 4文	光	明史卷279附樊一蘅傳
	范		常	明史卷135	范	天 順	宋史卷450忠義
	范		敏	明史卷138附楊思義傳	范	元 琰	梁書卷51處士 南史卷76隱逸
	范	12堅		晉書卷75附范汪傳	范 5弘	之	晉書卷91儒林
	范		晷	晉書卷90良吏	范	正 平	宋史卷314附范杻仁傳
	范		隆	晉書卷91儒林	范	正 辭	宋史卷304
	范		喬	晉書卷94隱逸附范粲傳	范 6如	圭	宋史卷381
	范		雲	梁書卷13 南史卷57	范	安 祖	南史卷73孝義附封延伯傳
	范	13睢		史記卷79	范	仲 淹	宋史卷314
	范		滂	後漢書卷97黨錮	范	百 祿	宋史卷337附范鎮傳
	范		粲	晉書卷94隱逸	范 7成	大	宋史卷386
	范		雍	宋史卷288	范	廷 召	宋史卷289
	范		輅	明史卷188	范	延 光	舊五代史卷97晉書 新五代史卷51雜傳
	范	14寧		晉書卷75附范汪傳	范	志 完	明史卷259附趙光汴傳
	范	15質		宋史卷249	范	希 正	明史卷281循吏
	范		廣	明史卷173	范	希 朝	舊唐書卷151 新唐書卷170
	范	16曄		宋書卷69 南史卷33附范泰傳	范 8宗	尹	宋史卷362
	范		縝	梁書卷48儒林 南史卷57附范雲傳	范	承 吉	金史卷128循吏
	范		諷	宋史卷304附范正辭傳	范	叔 孫	宋書卷91孝義 南史卷73孝義

146

范	居	實	舊五代史卷19梁書	胡 松 明史卷202（明史胡松有二；一字汝茂滁人，一字茂卿績溪人，二人同一傳。）
范	舍	樂	北史卷53附張保洛傳	
范	9柏	年	南史卷47附胡諧之傳	
范	述	曾	梁書卷53良吏 南史卷70循吏	胡 侍 明史卷191附薛蕙傳
范	10致	虛	宋史卷362	胡 9建 漢書卷67
范	師	道	宋史卷302	胡 昭 三國魏志卷11附管寧傳
范	祖	禹	宋史卷337附范鎮傳	胡 威 三國魏志卷27附胡質傳 晉書卷90良吏
范	祖	幹	明史卷282儒林	
范	純	仁	宋史卷314	胡 叟 魏書卷52 北史卷34
范	純	祐	宋史卷314附范仲淹傳	胡 則 宋史卷299
范	純	粹	宋史卷314附范仲淹傳	胡 美 明史卷129
范	純	禮	宋史卷314附范仲淹傳	胡 10虔 魏書卷83下外戚附胡國珍傳
范	11淑	泰	明史卷267	胡 真 舊五代史卷16梁書
范	12景	文	明史卷265	胡 紘 宋史卷394
范	傳	正	舊唐書卷185下良吏 新唐書卷172	胡 海 明史卷130
范	復	粹	明史卷253附程國祥傳	胡 純 明史卷199附胡世寧傳
范	13道	根	南史卷73孝義附封延伯傳	胡 㳌 明史卷215附陳吾德傳
范	14寧	兒	魏書卷91藝術附蔣少游傳	胡 11規 舊五代史卷19梁書
范	15履	冰	舊唐書卷190中文苑附元萬頃傳 新唐書卷201文藝附元萬頃傳	胡 宿 宋史卷318
				胡 寅 宋史卷435儒林附胡安國傳
范	蔵	德	明史卷295忠義附湯文瓊傳	胡 深 明史卷133
范	17應	鈴	宋史卷410	胡 12証 舊唐書卷163 新唐書卷164
胡	5旦		宋史卷432儒林	胡 斌 宋史卷449忠義
胡	7沂		宋史卷388	胡 閏 明史卷141
胡	宏		宋史卷435儒林附胡安國傳	胡 富 明史卷186
胡	8泥		魏書卷89酷吏 北史卷87酷吏	胡 13裝 舊五代史卷69唐書

九畫	胡	瑗	宋史卷432儒林	
	胡	14綜	三國吳志卷17或62	
	胡	銓	宋史卷374	
	胡	寧	宋史卷435儒林附胡安國傳	
胡	胡	榮	明史卷300外戚	
	胡	15廣	後漢書卷74 明史卷147	
	胡	質	三國魏志卷27	
	胡	璉	明史卷192附張溁傳	
	胡	16奮	晉書卷57	
	胡	穎	陳書卷12 南史卷67 宋史卷416	
	胡	憲	宋史卷453隱逸	
	胡	翰	明史卷285文苑	
	胡	檟	明史卷290忠義附董蕘綸傳	
	胡	17濙	明史卷169	
	胡	19瀋	宋書卷50 南史卷17	
	胡	瓊	明史卷192附張日韜傳	
	胡	20饒	舊五代史卷96晉書	
	胡	礪	金史卷125文藝	
	胡	獻	明史卷180	
	胡	繼	明史卷199附胡世寧傳	
	胡	21鐸	明史卷196附張璁傳	
	胡	22儼	明史卷147	
	胡	爐	明史卷189	
	胡	23瓚	明史卷223附劉東星傳 明史卷200附蔡天祐傳	

胡	一	桂	元史卷189儒學
胡	十	門	金史卷66
胡	九	韶	明史卷282儒林附吳與弼傳
胡	大	海	明史卷133
胡	3小	虎	魏書卷87節義（北史卷85作胡小彪）
胡	小	彪	北史卷85節義（魏書卷87作胡小虎）
胡	士	容	明史卷248附耿如杞傳
胡	上	琛	明史卷277附鄭爲虹傳
胡	子	昭	明史卷141附方孝孺傳
胡	4方	回	魏書卷52 北史卷34
胡	天	作	金史卷118
胡	友	信	明史卷287文苑附歸有光傳
胡	5石	改	金史卷66
胡	平	表	明史卷249附朱燮元傳
胡	世	將	宋史卷370
胡	世	寧	明史卷199
胡	6交	修	宋史卷378
胡	安	國	宋史卷435儒林
胡	光	遠	元史卷197孝友
胡	汝	霖	明史卷210附桑喬傳
胡	仲	容	宋史卷456孝義附胡仲堯傳
胡	仲	倫	明史卷164附聊讓傳
胡	仲	堯	宋史卷456孝義
胡	7伴	侶	元史卷198孝友
胡	沙	補	金史卷121忠義
胡	良	機	明史卷258附魏呈潤傳

胡	8居	仁	明史卷282儒林
胡	松	年	宋史卷379
胡	長	仁	北齊書卷48外戚 北史卷80外戚
胡	長	粲	北史卷80外戚附胡 國珍傳
胡	長	儒	元史卷190儒學
胡	宗	回	宋史卷318附胡宿傳
胡	宗	炎	宋史卷318附胡宿傳
胡	宗	愈	宋史卷318附胡宿傳
胡	宗	憲	明史卷205
胡	9炳	文	元史卷189儒學附胡 一桂傳
胡	棋	辰	明史卷157
胡	10唐	老	宋史卷453忠義
胡	晉	臣	宋史卷391
胡	祗	遹	元史卷170
胡	11國	珍	魏書卷83下外戚 北史卷80外戚
胡	惟	庸	明史卷308姦臣
胡	從	儀	明史卷249附蔡復一 傳
胡	12順	之	宋史卷303
胡	閎	休	宋史卷368
胡	舜	涉	宋史卷378
胡	13楚	賓	舊唐書卷190中文苑 附元萬頃傳 新唐書卷201文藝附 元萬頃傳
胡	14僧	祐	梁書卷46 南史卷64
胡	夢	泰	明史卷278附詹兆恒 傳
胡	爾	純	明史卷292忠義附王 國訓傳
胡	15德	新	金史卷131方技

胡	德	濟	明史卷133附胡大海 傳
胡	16諧	之	南齊書卷37 南史卷47
胡	17應	嘉	明史卷215附歐陽一 敬傳
胡	應	麟	明史卷287文苑附王 世貞傳
胡	20攀	鳳	明史卷133附胡大海 傳
胡	25瓚	宗	明史卷202附劉珝傳
胡	母	生	史記卷121儒林 漢書卷88儒林
胡	母	輔	之 晉書卷49
胡	母	謙	之 晉書卷49附胡 母輔之傳
胡	大	且	渠 蒙 遜 宋書卷 98氏胡 魏書卷 99(目標 盧水胡 沮渠蒙 遜)

章	4丹		新唐書卷197循吏
章	5正		南史卷58附章誕傳
章	6冲		隋書卷47附章世康 傳
章	事		新唐書卷158附章阜 傳
章	7抗		舊唐書卷92附章安 石傳 新唐書卷122附章安 石傳
章	況		舊唐書卷92附章安 石傳
章	彤		新唐書卷200儒學
章	8忠		晉書卷89忠義
章	放		梁書卷28 南史卷58附章誕傳 舊唐書卷185上良吏 附章機傳 (新唐書卷100作章 岳子)
章	岳		

九畫

胡 章

九畫	韋	武	新唐書卷93附韋挺傳
	韋	岫	新唐書卷197循吏附韋丹傳
	韋	宙	新唐書卷197循吏附韋丹傳
	韋	9胐	魏書卷45附韋閬傳
	韋	珍	魏書卷45附韋閬傳
韋	韋	洸	隋書卷47附韋世康傳
			北史卷64附韋孝寬傳
	韋	述	舊唐書卷102
			新唐書卷132
	韋	迪	舊唐書卷102附韋述傳
	韋	恆	新唐書卷116附韋思謙傳
	韋	10彧	魏書卷45附韋閬傳
	韋	祐	周書卷43
			北史卷66
	韋	師	北史卷64附韋瑱傳
			隋書卷46
	韋	挺	舊唐書卷77
			新唐書卷93
	韋	益	舊唐書卷108附韋見素傳
	韋	倫	舊唐書卷138
			新唐書卷143
	韋	11彪	後漢書卷56
	韋	崇	魏書卷45附韋閬傳
	韋	陟	舊唐書卷92附韋安石傳
			新唐書卷122附韋安石傳
	韋	逌	舊唐書卷102附韋述傳
	韋	淵	宋史卷405外戚
	韋	12斌	舊唐書卷92附韋安石傳
			新唐書卷122附韋安石傳
	韋	湊	舊唐書卷101
			新唐書卷118
	韋	堅	舊唐書卷105
			新唐書卷134
韋	皋	舊唐書卷140
		新唐書卷158
韋	博	新唐書卷177
韋	琮	新唐書卷182
韋	13義	後漢書卷56附韋彪傳
韋	愛	梁書卷12附韋叡傳
韋	粲	梁書卷43
		南史卷58附韋叡傳
韋	載	陳書卷18
		南史卷58附韋閬傳
韋	鼎	南史卷58附韋叡傳
		隋書卷78藝術
韋	稜	南史卷53附韋叡傳
韋	溫	舊唐書卷168
		舊唐書卷183外戚
		新唐書卷169附韋貫之傳
		新唐書卷206外戚
韋	14誕	三國魏志卷21附劉劭傳
韋	瑱	周書卷39
		北史卷64
韋	壽	隋書卷47附韋世康傳
		北史卷64附韋孝寬傳
韋	綬	舊唐書卷158附韋貫之傳
		舊唐書卷162
		新唐書卷160
		新唐書卷169附韋貫之傳
韋	維	新唐書卷118附韋湊傳
韋	說	舊五代史卷67唐書
韋	15賢	史記卷96附服蒼傳
		漢書卷73
韋	僑	魏書卷45附韋閬傳
韋	閱	魏書卷45
		北史卷26
韋	復	周書卷31
		北史卷64附韋孝寬傳

九畫　韋

韋		澳	舊唐書卷158附韋貫之傳 新唐書卷169附韋貫之傳
韋		震	新五代史卷43雜傳
韋	16	叡	梁書卷12 南史卷58
韋		謏	晉書卷91儒林
韋		諤	舊唐書卷108附韋見素傳 新唐書卷118附韋湊傳
韋		機	舊唐書卷185上良吏（新唐書卷100作韋弘機）
韋		紹	新唐書卷122附韋安石傳
韋	17	濟	新唐書卷116附韋思謙傳
韋	18	曜	三國吳志卷20或65
韋		薈	隋書卷38附皇甫績傳
韋	19	翽	陳書卷18附韋載傳
韋		藝	隋書卷47附韋世康傳 北史卷64附韋孝寬傳
韋		顗	舊唐書卷108附韋見素傳 新唐書卷118附韋湊傳
韋		繵	舊唐書卷158附韋貫之傳
韋		辭	舊唐書卷160
韋		繩	新唐書卷118附韋湊傳
韋	20	闌	南史卷58附韋叡傳
韋		纂	南史卷58附韋叡傳
韋	21	驪	南史卷58附韋叡傳
韋	22	瓛	新唐書卷162附韋夏卿傳 北史卷64附韋孝寬傳
韋	25	纉	魏書卷45附韋閬傳
韋	3	子粲	北齊書卷27 北史卷26附韋閬傳
韋	4	公廙	新唐書卷200儒學
韋		仁壽	舊唐書卷185上良吏 新唐書卷197循吏
韋		方質	舊唐書卷75附韋雲起傳 新唐書卷103附韋雲起傳
韋		元旦	新唐書卷202文藝附李適傳
韋		元甫	舊唐書卷115
韋		元恢	魏書卷45附韋閬傳
韋	5	玄成	史記卷96附張蒼傳 漢書卷73韋賢傳
韋		正貫	新唐書卷158附韋皐傳
韋		巨源	舊唐書卷92附韋安石傳 新唐書卷123
韋		永壽	宋史卷453忠義附屈堅傳
韋		弘景	舊唐書卷157 新唐書卷116附韋思謙傳
韋		弘機	新唐書卷100（舊唐書185作韋機）
韋		世康	北史卷64附韋孝寬傳 隋書卷47
韋	6	安石	舊唐書92 新唐書卷122
韋	7	伯昕	魏書卷71附裴叔業傳
韋		見素	舊唐書卷108 新唐書卷118附韋湊傳
韋		孝寬	周書卷31 北史卷64
韋	8	知人	新唐書卷118附韋湊傳
韋		岳子	新唐書卷100附韋弘機傳

九畫			（舊唐書卷185上作韋岳）
	韋	宗孝	明史卷290忠義附蘇廖暘傳
	韋	叔夏	舊唐書卷189下儒學 新唐書卷122附韋安石傳
韋	韋	表微	舊唐書卷189下儒學 新唐書卷177
耶	韋	承慶	舊唐書卷88附韋思謙傳 新唐書卷116附韋思謙傳
	韋9	昭度	舊唐書卷179 新唐書卷185
	韋	待價	舊唐書卷77附韋挺傳 新唐書卷98附韋挺傳
	韋	保衡	舊唐書卷177 新唐書卷184附路巖傳
	韋	思謙	舊唐書卷88 新唐書卷116
	韋10	夏卿	舊唐書卷165 新唐書卷162
	韋	師康	隋書卷47
	韋11	商臣	明史卷208
	韋	處厚	舊唐書卷159 新唐書卷142
	韋	執誼	舊唐書卷135 新唐書卷168
	韋12	盧心	舊唐書卷101附韋湊傳 新唐書卷118附韋湊傳
	韋	盧舟	舊唐書卷101附韋湊傳
	韋	貫之	舊唐書卷158 新唐書卷169
	韋	渠牟	舊唐書卷135 新唐書卷167
	韋	雲起	舊唐書卷75 新唐書卷103
	韋	貽範	新唐書卷182附盧光啟傳
	韋	景駿	舊唐書卷185上良吏附韋機傳

			新唐書卷197循吏
韋13	萬石	舊唐書卷77附韋挺傳 新唐書卷98附韋挺傳
韋	嗣立	舊唐書卷88附韋思謙傳 新唐書卷116附韋思謙傳
韋	道福	魏書卷45附韋閬傳
韋	道遜	北齊書卷45文苑附顏之推傳
韋14	慈藏	舊唐書卷191方技附張文仲傳
耶律5	古	遼史卷75附耶律鐸臻傳
耶律7	良	遼史卷96
耶律	沙	遼史卷84
耶律	吼	遼史卷77
耶律8	抹	遼史卷91
耶律9	注	遼史卷77
耶律	昭	遼史卷104文學
耶律10	倍	遼史卷72宗室（即義宗）
耶律	恕	金史卷82
耶律11	朗	遼史卷113逆臣
耶律17	滑	遼史卷72宗室（即順宗）
耶律22	儼	遼史卷98
耶律	鑄	元史卷146附耶律楚材傳
耶律	乙辛	遼史卷110姦臣
耶律	八哥	遼史卷80
耶律4	引吉	遼史卷97
耶律	仁先	遼史卷96
耶律	化哥	遼史卷94

耶	律	5弘	古	遼史卷88 遼史卷95		九畫
耶	律	官	奴	遼史卷106卓行		
耶	律	尢	者	遼史卷100		
耶	律	和	尙	遼史卷89		
耶	律	世	良	遼史卷94		
耶	律	的	琭	遼史卷88		
耶	律	石	柳	遼史卷99		
耶	律	孟	簡	遼史卷104文學		
耶	律	古	昱	遼史卷92		耶
耶	律	阿	思	遼史卷96		
耶	律	仙	童	遼史卷95		
耶	律	阿	海	元史卷150		
耶	律	奴	瓜	遼史卷85		
耶	律	9重	元	遼史卷112逆臣		
耶	律	6羽	之	遼史卷75附耶 律觀烈傳		
耶	律	制	心	遼史卷82附耶 律隆逴傳		
耶	律	老	古	遼史卷73附耶 律綰揑赤傳		
耶	律	胡	呂	遼史卷98		
耶	律	有	尙	元史卷174		
耶	律	信	先	遼史卷90附耶 律義先傳		
耶	律	休	哥	遼史卷83		
耶	律	侯	哂	遼史卷92		
耶	律	合	住	遼史卷86		
耶	律	屋	質	遼史卷77		
耶	律	合	魯	遼史卷111姦臣		
耶	律	昜	魯	遼史卷73		
耶	律	安	博	遼史卷77		
耶	律	宻	魯	遼史卷81		
耶	律	安	禮	金史卷83		
耶	律	盆	奴	遼史卷88		
耶	律	7那	也	遼史卷94		
耶	律	盆	都	遼史卷113逆臣 附耶律劉哥傳		
耶	律	武	末	元史卷193忠義		
耶	律	10朔	古	遼史卷76		
耶	律	禿	花	元史卷149		
耶	律	唐	古	遼史卷81 遼史卷91		
耶	律	李	胡	遼史卷72宗室 （卽章肅皇帝）		
耶	律	奚	低	遼史卷83		
耶	律	希	亮	元史卷180		
耶	律	留	奇	元史卷149		
耶	律	谷	欲	遼史卷104文學		
耶	律	特	歷	遼史卷95		
耶	律	伯	堅	元史卷192良吏		
耶	律	海	里	遼史卷73 遼史卷84		
耶	律	余	睹	金史卷133叛臣		
耶	律	海	思	遼史卷113逆臣		
耶	律	余	覩	遼史卷102		
耶	律	馬	六	遼史卷95		
耶	律	8虎	古	遼史卷82		
耶	律	馬	哥	遼史卷83附耶 律休哥傳		
耶	律	抹	只	遼史卷84		
耶	律	11章	奴	遼史卷100		

九畫	耶	律	斜	軫遼史卷83	耶	律 蒲	古遼史卷87
	耶	律	速	撒遼史卷94	耶	律 蒲	魯遼史卷89附耶律庶成傳
	耶	律	欲	穩遼史卷73	耶	律 頗	的遼史卷86
	耶	律	庶	成遼史卷89	耶	律 頗	德遼史卷73附耶律斜涅赤傳
	耶	律	庶	箴遼史卷89附耶律庶成傳	耶	律15德	威遼史卷82附耶律隆運傳
耶	耶	律12棠	古遼史卷100		耶	律 劉	哥遼史卷113逆臣
	耶	律	解	里遼史卷76	耶	律 適	祿遼史卷95
	耶	律	滑	哥遼史卷112逆臣	耶	律 撒	合遼史卷85
	耶	律	喜	孫遼史卷97	耶	律 撒	剌遼史卷99
	耶	律	喜	隱遼史卷72宗室附章肅皇帝李胡傳(即宋王)	耶	律 敵	剌遼史卷74
	耶	律	隆	先遼史卷72宗室附義宗倍傳(即平王)	耶	律 敵	烈遼史卷96
					耶	律 敵	祿遼史卷90
	耶	律	隆	運遼史卷82	耶	律 敵	魯遼史卷108方技
	耶	律13塗	山金史卷82		耶	律 敵	獵遼史卷113逆臣
	耶	律	義	先遼史卷90	耶	律16學	古遼史卷83
	耶	律	資	忠遼史卷88	耶	律 諧	里遼史卷85
	耶	律	楚	材元史卷146	耶	律 頦	昱遼史卷77
	耶	律	善	補遼史卷84	耶	律 撻	烈遼史卷77
	耶	律	滌	魯遼史卷82附耶律隆運傳	耶	律 燕	哥遼史卷110姦臣
	耶	律	道	隱遼史卷72宗室附義宗倍傳(即晉王)	耶	律 賢	適遼史卷79
					耶	律 褭	履遼史卷86
	耶	律14察	割遼史卷112逆臣		耶	律 獨	攧遼史卷92
	耶	律	瑤	質遼史卷88	耶	律17轄	底遼史卷112逆臣
	耶	律	斡	臈遼史卷94	耶	律 韓	八遼史卷91
	耶	律	膿	蠟遼史卷113逆臣	耶	律 韓	留遼史卷89
					耶	律18題	子遼史卷85

九畫

耶

耶	律	19懷	義	金史卷81
耶	律	21鐸	軫	遼史卷93
耶	律	鐸	臻	遼史卷75
耶	律	22覿	烈	遼史卷75
耶	律	乙	不	哥	遼史卷108方技
耶	律	大	悲	奴	遼史卷95
耶	律	合	理	只	遼史卷86
耶	律	夷	臈	葛	遼史卷78
耶	律	何	魯	不	遼史卷77附耶律吼傳
耶	律	拔	里	得	遼史卷76
耶	律	阿	沒	里	遼史卷79
耶	律	阿	息	保	遼史卷101
耶	律	勃	古	哲	遼史卷82
耶	律	突	呂	不	遼史卷75附耶律鐸臻傳
耶	律	迭	里	特	遼史卷112逆臣附耶律轄底傳
耶	律	烏	不	呂	遼史卷83附耶律學古傳
耶	律	敖	盧	斡	遼史卷72宗室（即苔王）
耶	律	陳	家	奴	遼史卷95
耶	律	斜	捏	赤	遼史卷73
耶	律	湼	魯	古	遼史卷112逆臣附耶律重元傳

耶	律	搭	不	也	遼史卷111姦臣
耶	律	漚	里	思	篤	遼史卷76
耶	律	僕	里	篤	剌	遼史卷91
耶	律	斡	特	古	思	遼史卷97
耶	律	魯	不	古	思	遼史卷76
耶	律	歐	里			遼史卷81附耶律室魯傳
	律	撒	剌	竹	窘	遼史卷114逆臣
	律	撻	不	也	遼史卷75
耶	律	磨	魯	古	遼史卷96附耶律仁先傳遼史卷99
耶	律	鐸	魯	斡	遼史卷82附耶律虎古傳
耶	律	何	魯	掃	古	遼史卷105能吏遼史卷94

晏		嬰	史記卷62
晏	敦	復	宋史卷381
神		秀	舊唐書卷191方技
神		周	明史卷175附神英傳
神		英	明史卷175
神	士	濟	金史卷91
涂		燕	明史卷233附王學曾傳
涂		棐	明史卷179附羅綸傳
涂		禎	明史卷188附周璽傳
涂	文	輔	明史卷305宦官附王體乾傳
紐		回	隋書卷72孝義
紐		因	北史卷84孝行
紐		璘	元史卷129
紐	的	該	元史卷139
荊		可	周書卷46孝義北史卷84孝行
荊		軻	史記卷86刺客
荊		嗣	宋史卷272附荊罕儒傳
荊	罕	儒	宋史卷272
班		宏	舊唐書卷123新唐書卷149
班		固	後漢書卷70下附班彪傳
班		勇	後漢書卷77附班超傳
班		彪	後漢書卷70
班		超	後漢書卷77
留		正	宋史卷391
留		可	金史卷67
留		異	陳書卷35南史卷80賊臣

留		贊	三國吳志卷19或64附孫峻傳
留	從	效	宋史卷483漳泉世家
時		青	金史卷117
時		彥	宋史卷354
時		溥	舊唐書卷182新唐書卷188舊五代史卷13梁書
時	立	愛	金史卷78
時	茂	先	金史卷122忠義
茹		皓	魏書卷93恩倖北史卷92恩倖
茹		瑺	明史卷151
茹	太	素	明史卷139
茹	法	亮	南齊書卷56倖臣南史卷77恩倖
茹	法	珍	南史卷77恩倖
晁		迥	宋史卷305
晁		崇	魏書卷91藝術北史卷89藝術
晁		清	金史卷87節義北史卷85節義
晁	宗	愨	宋史卷305附晁迥傳
晁	詠	之	宋史卷444文苑附晁補之傳
晁	補	之	宋史卷444文苑
翁	大	立	明史卷223附朱衡傳
翁	正	春	明史卷216
翁	世	資	明史卷157附楊鼎傳
翁	伊	歸	漢書卷76
翁	萬	達	明史卷198
翁	憲	祥	明史卷234
師		丹	漢書卷86

十畫

師桑祝庫納郎郤

師		史	史記卷129貨殖 漢書卷91貨殖
師		遂	明史卷150
師		頑	宋史296
師	安	石	金史卷108
師	夜	光	新唐書卷204方技附張果傳
師	覺	授	南史卷73孝義
桑		悅	明史卷286文苑附徐禎卿傳
桑		喬	明史卷210
桑		虞	晉書卷88孝友
桑		懌	宋史卷325附任福傳
桑	世	傑	明史卷133
桑	道	茂	舊唐書卷191方技 新唐書卷204方技
桑	維	翰	舊五代史卷89晉書 新五代史卷29晉臣
祝		淵	明史卷255附劉宗周傳
祝		雄	明史卷211附梁震傳
祝	允	明	明史卷286文苑附徐禎卿傳
祝	公	明	宋史卷453忠義附王士言傳
祝	公	榮	元史卷198孝友
祝	欽	明	舊唐書卷189下儒學 新唐書卷109
祝	萬	齡	明史卷294忠義
庫	狄	干	北齊書卷15 北史卷54
庫	狄	昌	周書卷27 北史卷65
庫	狄	峙	周書卷33 北史卷69
庫	狄	盛	北齊書卷19 北史卷53
庫	狄	嶔	隋書卷46附張煚傳
庫	狄	士文	北齊書卷15附庫狄干傳

				北史卷54附庫狄干傳 隋書卷74酷吏
庫	狄	伏	連	北史卷53附慕容儼傳
庫	狄	迴	洛	北齊書卷19 北史卷53
納			麟	元史卷142
納	速	剌	丁	元史卷125附賽典赤瞻思丁傳 元史卷194忠義
納	合	椿	年	金史卷83
納	坦	謀	嘉	金史卷104
納	蘭	綽	赤	金史卷121忠義
納	合	蒲剌	都	金史卷122忠義
納	坦	胡失	打	金史卷124忠義附溫敦昌孫傳
納	蘭	胡魯	剌	金史卷103
郎			岌	舊唐書卷187上忠義附燕欽客傳
郎			茂	隋書卷66
郎			基	北史卷55附郎基傳 北齊書卷46酷吏 北史卷55
郎			敏	明史卷140附盧熙傳
郎			簡	宋史卷299
郎			顗	後漢書卷60下
郎	方		貴	隋書卷72孝義 北史卷85節義
郎	餘		令	舊唐書189下儒學 新唐書卷199儒學
郎	餘		慶	新唐書卷199儒學附郎餘令傳
郤			恢	晉書卷67附郤鑒傳
郤			紹	南史卷33附徐廣傳
郤			超	晉書卷67附郤鑒傳

郗		愔	晉書卷67附郗鑒傳
郗		隆	晉書卷67附郗鑒傳
郗		曇	晉書卷67附郗鑒傳
郗		鑒	晉書卷67
郗	士	美	舊唐書卷157 新唐書卷143
郗	僧	施	晉書卷67附郗鑒傳
柴		車	明史卷157
柴		紹	舊唐書卷58 新唐書卷90
柴	中	行	宋史卷401
柴	守	禮	新五代史卷20周家人
柴	成	務	宋史卷306
柴	宗	慶	宋史卷463外戚
柴	禹	錫	宋史卷268
柴	通	玄	宋史卷462方技
柴	國	柱	明史卷239
席		旦	宋史卷347
席		固	周書卷44 北史卷66
席		春	明史卷197附席書傳
席		書	明史卷197
席		篆	明史卷197附席書傳
席		豫	舊唐書卷190中文苑 新唐書卷128
席	上	珍	明史卷295忠義
席	世	雅	周書卷44附席固傳
席	法	友	魏書卷71 北史卷45
席	闡	文	梁書卷12 南史卷55
倪		岳	明史卷183

倪		思	宋史卷398
倪		敬	明史卷162
倪		濤	宋史卷444文苑
倪		瓚	明史卷298隱逸
倪	元	璐	明史卷265
倪	孟	賢	明史卷140附盧熙傳
倪	若	水	舊唐書卷185下良吏 新唐書卷128
倪	思	輝	明史卷246附侯震暘傳
倪	維	德	明史卷299方技
索		泮	晉書卷115前秦載記附苻丕傳
索		紞	晉書卷95藝術
索		敞	魏書卷52 北史卷34
索		湘	宋史卷277
索		靖	晉書卷60
索		虜	宋書卷95
索		綝	晉書卷60附索靖傳
索		襲	晉書卷94隱逸
索	元	禮	舊唐書卷186上酷吏 新唐書卷209酷吏 舊五代史卷65唐書
索	自	盧	後漢書卷111獨行
奚		斤	魏書卷29 北史卷20
奚		牧	魏書卷28 北史卷20
奚		拔	魏書卷34附萬安國傳
奚		陟	舊唐書卷149 新唐書卷164
奚		眷	魏書卷30 北史卷20
奚		兜	魏書卷29附奚斤傳

十畫

姓名	出處
奚難	魏書卷73附奚康生傳
奚他觀	魏書卷29附奚斤傳
奚康生	魏書卷73 北史卷37
奚買奴	魏書卷29附奚斤傳
奚回離保	遼史卷114逆臣
奚和朔奴	遼史卷85
奚王回离保	金史卷67
祖約	晉書卷100
祖納	晉書卷62附祖逖傳
祖逖	晉書卷62
祖珽	北齊書卷39 北史卷47附祖瑩傳
祖皓	南史卷72文學附祖冲之傳
祖寬	明史卷273
祖瑩	魏書卷82 北史卷47
祖士衡	宋史卷299
祖台之	晉書卷75
祖冲之	南齊書卷52文學 南史卷72文學
祖孝孫	舊唐書卷79
祖君彥	北史卷83文苑附潘徽傳 隋書卷76文學 新唐書卷84附李密傳
祖無擇	宋史卷331
祖陌之	南史卷72文學附祖冲之傳
祖鴻勳	北齊書卷45文苑 北史卷83文苑
徒單貞	金史卷132逆臣
徒單恭	金史卷120世戚
徒單航	金史卷123忠義
徒單益	金史卷99
徒單銘	金史卷120世戚
徒單繹	金史卷120世戚
徒單兀典	金史卷116
徒單公弼	金史卷120世戚
徒單四喜	金史卷120世戚
徒單合喜	金史卷87
徒單克寧	金史卷92(本名習顯)
徒單思忠	金史卷120世戚
徒單益都	金史卷117
徒單阿里出虎	金史卷132逆臣
郝玭	舊唐書卷152 新唐書卷170附高固傳
郝杰	明史卷221
郝祐	元史卷174附郝天挺傳
郝彬	元史卷170
郝經	元史卷157
郝敬	明史卷288文苑附李維楨傳
郝戭	宋史卷456孝義
郝質	宋史卷349
郝天挺	金史卷127隱逸 元史卷174
郝仲連	宋史卷452忠義
郝廷玉	舊唐書卷152 新唐書卷136附李光弼傳

郝	處	俊	舊唐書卷84 新唐書卷115	耿	定	力	明史卷221附耿定向傳
郝	景	春	明史卷292忠義	耿	定	向	明史卷221
郝	象	賢	新唐書卷115附郝處俊傳	耿	定	理	明史卷221附耿定向傳
郝	道	福	南史卷73孝義附封延伯傳	耿	炳	文	明史卷130
郝	鳴	鑾	明史卷292忠義附郝景春傳	耿	南	仲	宋史卷352
郝	和	尙 拔 都	元史卷150	耿	端	義	金史卷101
耿		玄	魏書卷91藝術 北史卷89藝術	耿	蔭	樓	明史卷267附馬從聘傳
耿		秉	後漢書卷49附耿弇傳	殷	冲	半	宋書卷59附殷淳傳
耿		定	明史卷172附張駬傳	殷	孚		宋書卷59附殷淳傳
耿		弇	後漢書卷49	殷	芸		梁書卷41 南史卷60附殷鈞傳
耿		恭	後漢書卷49附耿弇傳	殷	侑		舊唐書卷165 新唐書卷164
耿		純	後漢書卷51	殷	浩		晉書卷77
耿		國	後漢書卷49附耿弇傳	殷	淡		宋書卷59附殷淳傳
耿		通	明史卷162	殷	淳		宋書卷59 南史卷27附殷景仁傳
耿		傅	宋史卷325附任福傳	殷	紹		魏書卷91藝術 北史卷89藝術
耿		詢	北史卷89藝術 隋書卷78藝術附庾季才傳	殷	寅		新唐書卷199儒學附殷踐猷傳
耿		裕	明史卷183	殷	琰		宋書卷87 南史卷39附殷孝祖傳
耿		豪	周書卷29 北史卷66	殷	鈞		梁書卷27 南史卷60
耿		夔	後漢書卷49附耿弇傳	殷	嶠		舊唐書卷58（新唐書卷90作殷開山）
耿	九	疇	明史卷158	殷	覬		晉書卷83
耿	世	安	宋史卷454忠義	殷	鵬		舊五代史卷89晉書
耿	如	杞	明史卷248	殷	士	儋	明史卷193附趙貞吉傳
耿	再	成	明史卷133	殷	不	佞	陳書卷32孝行附殷不害傳 南史卷74孝義附殷不害傳
耿	全	斌	宋史卷279				
耿	廷	籙	明史卷295忠義				

十畫

殷荀秦

姓	名	出處
殷	不害	陳書卷32孝行 / 南史卷74孝義
殷	正茂	明史卷222
殷	仲文	晉書卷99
殷	仲堪	晉書卷84
殷	孝祖	宋書卷86 / 南史卷39
殷	承敍	明史卷192附張濂傳
殷	盈孫	舊唐書卷165附殷侑傳 / 新唐書卷164附殷侑傳
殷	開山	新唐書卷90(舊唐書卷58作殷嶠)
殷	景仁	宋書卷63 / 南史卷27
殷	雲霄	明史卷286文苑附鄭善夫傳
殷	踐猷	新唐書卷199儒學 / 舊唐書卷102附韋述傳
荀	匠	梁書卷47孝行 / 南史卷74孝義
荀	攸	三國魏志卷10
荀	奕	晉書卷39附荀勗傳
荀	悅	後漢書卷92附荀淑傳
荀	彧	後漢書卷100 / 三國魏志卷10
荀	爽	後漢書卷92附荀淑傳
荀	崧	晉書卷75
荀	淑	後漢書卷92
荀	組	晉書卷39附荀勗傳
荀	卿	史記卷74
荀	羨	晉書卷75附荀崧傳
荀	朗	陳書卷13 / 南史卷67
荀	惲	三國魏志卷10附荀彧傳
荀	勗	晉書卷39
荀	彘	史記卷111附衛將軍驃騎傳 / 漢書卷55附霍去病傳
荀	炮	三國魏志卷10附荀彧傳
荀	緯	三國魏志卷21附王粲傳
荀	蕤	晉書卷75附荀崧傳
荀	邃	晉書卷39附荀勗傳
荀	濟	北史卷83文苑
荀	闓	晉書卷39附荀勗傳
荀	寓	三國魏志卷10附荀彧傳
荀	藩	晉書卷39附荀勗傳
荀	顗	晉書卷39
荀	士遜	北齊書卷45文苑 / 北史卷83文苑
荀	仲舉	北齊書卷45文苑附顏之推傳
荀	伯玉	南齊書卷31 / 南史卷47
荀	伯子	宋書卷60 / 南史卷33
荀	法尚	陳書卷13附荀朗傳
荀	萬秋	南史卷33附荀伯子傳
秦	元	宋史卷452忠義附牛皓傳
秦	秀	晉書卷50
秦	系	新唐書卷196隱逸
秦	昊	宋史卷449忠義附李誡之傳
秦	宓	三國蜀志卷8或38
秦	松	魏書卷94閹官 / 北史卷92恩倖
秦	金	明史卷194
秦	柱	明史卷194附秦金傳

秦	彥	舊唐書卷182附高騈傳	
秦	紘	明史卷178	
秦	族	周書卷46孝義 北史卷84孝行	
秦	彭	後漢書卷106循吏	
秦	逵	明史卷138附薛祥傳	
秦	綿	南史卷73孝義附潘綜傳	
秦	鉅	宋史卷449忠義附李誠之傳	
秦	翰	宋史卷466宦者	
秦	羲	宋史卷309	
秦	檜	宋史卷473姦臣	
秦	瓊	新唐書卷89(舊唐書68作秦叔寶)	
秦	鼇	明史卷206附魏良弼傳	
秦	觀	宋史卷444文苑	
秦子徵		北史卷92恩倖齊諸宦者	
秦三輔		明史卷290忠義附朱萬年傳	
秦民湯		明史卷295忠義附王國精傳	
秦行師		新唐書卷88附裴寂傳	
秦良玉		明史卷270	
秦長卿		元史卷168	
秦叔寶		舊唐書卷68(新唐書89作秦瓊)	
秦宗權		舊唐書卷200下 新唐書卷255下逆臣	
秦起宗		元史卷176	
秦從龍		明史卷135附陳遇傳	
秦越人		史記卷105(即扁鵲)	
秦傳序		宋史卷446忠義	
秦景通		舊唐書卷189上儒學 新唐書卷198儒學附	

			敬播傳
秦裕伯			明史卷285文苑附張以寧傳
秦榮先			周書卷46孝義附秦族傳
桓		玄	晉書卷99 魏書卷97(目標島夷桓玄)
		冲	晉書卷74附桓彝傳
		伊	晉書卷81附桓宣傳
		典	後漢書卷67附桓榮傳
		郁	後漢書卷67附桓榮傳
		威	三國魏志卷21附王粲傳
		胤	晉書卷74附桓彝傳
		宣	晉書卷81
		振	晉書卷74附桓彝傳
		修	晉書卷74附桓彝傳
		祕	晉書卷74附桓彝傳
		階	三國魏志卷22
		康	南齊書卷30 南史卷46
		彬	後漢書卷67附桓榮傳
		焉	後漢書卷67附桓榮傳
		雲	晉書卷74附桓彝傳
		雄	晉書卷89忠義
		斁	金史卷67
		嗣	晉書卷74附桓彝傳
		溫	晉書卷98叛臣
		榮	後漢書卷67
		範	三國魏志卷9附曹真傳

十畫

秦桓

十畫							烏	古	孫	良	楨	元史卷187
桓		暉		後漢書卷67附桓榮傳			烏	古	論	誼		金史卷120世戚附烏古論元忠傳
桓		謙		晉書卷74附桓彝傳								
桓		豁		晉書卷74附桓彝傳			烏	古	論	鎬		金史卷119
桓		彝		晉書卷74			烏	古	論	禮		金史卷103
桓		譚		後漢書卷58上			烏	古	論	三	合	金史卷82
桓烏夏	桓	鸞		後漢書卷67附桓榮傳			烏	古	論	元	忠	金史卷120世戚
	桓	石	生	晉書卷74附桓彝傳			烏	古	論	仲	溫	金史卷121忠義
	桓	石	民	晉書卷74附桓彝傳			烏	古	論	長	壽	金史卷103
	桓	石	秀	晉書卷74附桓彝傳			烏	古	論	留	可	金史卷67
	桓	石	虔	晉書卷74附桓彝傳			烏	古	論	黑	漢	金史卷123忠義
	桓	石	康	晉書卷74附桓彝傳			烏	古	論	榮	祖	金史卷121忠義
	桓	石	綏	晉書卷74附桓彝傳			烏	古	論	德	升	金史卷122忠義
	桓	彥	範	舊唐書卷91 新唐書卷120			烏	古	論	慶	壽	金史卷101
	烏		春	金史卷67			烏	古	論	粘	沒	合 金史卷120世戚
	烏		帶	金史卷132逆臣								
	烏		震	舊五代史卷59唐書 新五代史卷26唐臣			烏	古	論	蒲	魯	虎 金史卷120世戚
	烏	氏	臝	漢書卷91貨殖								
	烏	承	玼	新唐書卷136附李光弼傳			烏	延	查	利		金史卷86
	烏	洛	侯	魏書卷100 北史卷94			烏	延	吾	里	補	金史卷82
	烏	重	胤	舊唐書卷161 新唐書卷171			烏	延	胡	里	改	金史卷82
	烏	孫	訛	論 金史卷82			烏	延	蒲	盧	渾	金史卷80
	烏	古	出	金史卷65			烏	延	蒲	轄	奴	金史卷86
	烏	古	孫	澤	元史卷163		烏	延	蒲	离	黑	金史卷86
	烏	古	孫	兀	屯	金史卷12忠義	烏	林	答	復		金史卷120世戚
	烏	古	孫	奴	申	金史卷124忠義	烏	林	答	琳		金史卷120世戚
	烏	古	孫	仲	端	金史卷124忠義						

烏	林	答		與金史卷104
烏	林	答		暉金史卷120世戚
烏	林	答	乞住	金史卷122忠義
烏	林	答	石顯	金史卷67
烏	林	答	胡士	金史卷111
夏		方		晉書卷88孝友
夏		升		明史卷281循吏附謝子襄傳
夏		言		明史卷196
夏		㷊		明史卷286文苑附王叙傳
夏		恭		後漢書卷110上文苑
夏		時		明史卷161
夏		寅		明史卷161
夏		統		晉書卷94隱逸
夏		竦		宋史卷283
夏		煜		明史卷135附宋思顏傳
夏		隨		宋史卷290附夏守恩傳
夏		儒		明史300外戚
夏		壎		明史卷159
夏		鍭		明史卷159附夏勛傳
夏		馥		後漢書卷97黨錮
夏	子	孝		明史卷297孝義
夏	允	彝		明史卷277附陳子龍傳
夏	行	美		遼史卷87
夏	安	期		宋史卷283附夏竦傳
夏	守	恩		宋史卷290
夏	守	贇		宋史卷290附夏守恩傳

夏	良	勝	明史卷189
夏	尙	樸	明史卷283儒林附薛諒傳
夏	時	正	明史卷157
夏	原	吉	明史卷149
夏	統	春	明史卷294忠義
夏	萬	亨	明史卷278附王養正傳
夏	嘉	遇	明史卷236
夏	魯	奇	舊五代史卷70唐書 新五代史卷33死事
夏	侯	夬	魏書卷71附夏侯道遷傳
夏	侯	玄	三國魏志卷9附夏侯尙傳
夏	侯	玫	舊唐書卷177 新唐書卷182附劉瑑傳
夏	侯	尙	三國魏志卷9
夏	侯	承	晉書卷55附夏侯湛傳
夏	侯	淵	三國魏志卷9
夏	侯	惇	三國魏志卷9
夏	侯	淳	晉書卷55附夏侯湛傳
夏	侯	勝	漢書卷75 漢書卷88儒林
夏	侯	惠	三國魏志卷21附劉劭傳
夏	侯	湛	晉書卷55
夏	侯	詳	梁書卷10 南史卷55
夏	侯	端	舊唐書卷187上忠義 新唐書卷191忠義
夏	侯	亶	梁書卷28 南史卷55附夏侯詳傳
夏	侯	嶠	宋史卷292
夏	侯	嬰	史記卷95 漢書卷41

十畫	夏侯夔	梁書卷28附夏侯亶傳 南史卷55附夏侯詳傳	唐紹	舊唐書卷85附唐臨傳 新唐書卷113附唐臨傳
	夏侯始	昌漢書卷75	唐皎	新唐書卷113附唐臨傳
	夏侯道	遷魏書卷71 北史卷45	唐寅	明史卷286文苑附徐禎卿傳
	夏侯嘉	正宋史卷440文苑	唐12琦	宋史卷448忠義
夏唐	唐4介	宋史卷316	唐雲	明史卷146附亞信傳
	唐5永	北史卷67	唐13詢	宋史卷303附唐廓傳
	唐6次	舊唐書卷190下文苑 新唐書卷89附唐儉傳	唐蕭	宋史卷203 明史卷285文苑附王行傳
	唐7扶	舊唐書卷190下文苑附唐次傳 新唐書卷89附唐儉傳	唐鼎	明史卷2?0忠義附汪一中傳
	唐8固	三國吳志卷8或53附闞澤傳	唐15瑾	周書卷32 北史卷67附唐永傳
	唐林	漢書卷72附鮑宣傳	唐俊	舊唐書卷58 新唐書卷89
	唐和	魏書卷43 北史卷27	唐震	宋史卷450忠義
	唐庚	宋史卷443文苑	唐慶	元史卷152
	唐侃	明史卷281循吏	唐樞	明史卷206
	唐9咨	三國魏志卷28附諸葛誕傳	唐16憲	新唐書卷89附唐儉傳
	唐持	舊唐書卷190下文苑附唐次傳 新唐書卷89附唐儉傳	唐璘	宋史卷409
	唐坰	宋史卷327附王安石傳	唐龍	明史卷202
	唐恪	宋史卷352	唐17檀	後漢書卷112下方術
	唐重	宋史卷447忠義	唐臨	舊唐書卷85 新唐書卷113
	唐胄	明史卷203	唐21鐸	明史卷138
	唐10邕	北齊書卷40 北史卷55	唐22衢	舊唐書卷160
	唐恕	宋史卷316附唐介傳	唐儼	明史卷297孝義
	唐11彬	晉書卷42	唐1一岑	明史卷290忠義附錢鍒傳
			唐3子清	明史卷142附顏伯瑋傳
			唐4仁祖	元史卷134

唐	文	若	宋史卷388
唐	文	獻	明史卷216
唐 5玄	達	魏書卷43附唐和傳
唐 6汝	楫	明史卷202附唐龍傳
唐	休	璟	舊唐書卷93 新唐書卷111
唐 7伯	元	明史卷282儒林
唐	伯	虎	宋史卷443文苑附唐 庚傳
唐 8其	勢	元史卷138附燕鐵木 兒傳
唐 9彥	謙	舊唐書卷190下文苑 附唐儉傳 新唐書卷89附唐儉 傳
唐10時	升	明史卷288文苑
唐	時	明	明史卷294忠義
唐11敏	求	宋史卷453忠義
唐	淑	問	宋史卷316附唐介傳
唐12順	之	明史卷205
唐	勝	宗	明史卷131
唐	景	思	舊五代史卷124周書 新五代史卷49雜傳
唐13義	問	宋史卷316附唐介傳
唐14夢	鯤	明史卷294忠義附唐 時明傳
唐21鶴	徵	明史卷205附唐順之 傳
唐	括	�劯	金史卷120世戚
唐	括	辯	金史卷132逆臣
唐	括	安	禮金史卷88
唐	括	德	溫金史卷120世戚
唐	括	字果 送	金史卷 121忠義 附完顏 九住傳

袁	6安	後漢書卷75
袁	式	魏書卷38 北史卷27
袁	充	北史卷74 隋書卷69
袁	7甫	晉書卷52 宋史卷405
袁	宏	晉書卷92文苑
袁	抗	宋史卷301
袁	8尚	三國魏志卷6附袁紹 傳
袁	昂	梁書卷31 南史卷 26 附袁滋 傳
袁	泌	陳書卷18 南史卷 26 附袁滋 傳
袁	9彥	宋史卷261
袁	10盎	史記卷101（漢書卷 49作爰盎）
袁	豹	晉書卷83附袁瓌傳 宋書卷53附袁湛傳 南史卷26附袁滋傳
袁	耽	晉書卷83附袁瓌傳
袁	峻	梁書卷49文學 南史卷72文學
袁	彖	南齊書卷48 南史卷26附袁滋傳
袁	高	舊唐書卷153 新唐書卷120附袁恕 巳傳
袁	琪	明史卷299方技
袁	11紹	後漢書卷104 三國魏志卷6
袁	術	後漢書卷105 三國魏志卷6
袁	淑	宋書卷70 南史卷26附袁滋傳
袁	朗	舊唐書卷190上文苑 新唐書卷201文藝
袁	桷	元史卷172

十
畫

唐
袁

（天）

十畫

袁

袁	彬	明史卷167
袁	敏	明史卷167附袁彬傳
袁	12閎	後漢書卷75附袁安傳
袁	敞	後漢書卷75附袁安傳 / 周書卷48附蕭詧傳 / 北史卷93僭偽附廁梁附蕭詧傳
袁	渙	三國魏志卷11
袁	喬	晉書卷83附袁瓌傳
袁	湛	晉書卷83附袁瓌傳 / 宋書卷52 / 南史卷26
袁	象	南齊書卷48
袁	善	明史卷249附蔡復一傳
袁	凱	明史卷285文苑
袁	13猷	晉書卷83附袁瓌傳
袁	準	晉書卷83附袁瓌傳
袁	粲	宋書卷89 / 南史卷26附袁湛傳
袁	敬	陳書卷17 / 南史卷26附袁湛傳
袁	滋	舊唐書卷185下良吏 / 新唐書卷151
袁	裕	元史卷170
袁	義	明史卷134附寧正傳
袁	煒	明史卷193附嚴訥傳
袁	愷	明史卷253附薛國觀傳
袁	14毅	南史卷72文學附卞彬傳
袁	郭	宋史卷276
袁	韶	宋史卷415
袁	15質	晉書卷83附袁瓌傳

袁	奭	北齊書卷45文苑附顏之推傳
袁	誼	舊唐書卷190上文苑附袁朗傳 / 新唐書卷201文藝附袁朗傳
袁	樞	陳書卷17附陳敬傳 / 南史卷26附袁滋傳 / 宋史卷389
袁	16憲	陳書卷24 / 南史卷26附袁滋傳
袁	17變	宋史卷400
袁	18翻	北史卷47(魏書卷69作袁飜)
袁	19譚	後漢書卷104下附袁紹傳 / 三國魏志卷6附袁紹傳
袁	20瓌	晉書卷83
袁	顗	宋書卷84 / 南史卷26附袁湛傳
袁	21飜	魏書卷69(北史卷47總作翻)
袁	躍	魏書卷85文苑 / 北史卷47附袁翻傳
袁	1一 鸚	明史卷221附袁洪愈傳
袁	3山 松	晉書卷83附袁瓌傳
袁	4化 中	明史卷244
袁	天 綱	舊唐書卷191方技 / 新唐書卷204方技
袁	6仲 明	南史卷72文學附丘巨源傳
袁	光 庭	舊唐書卷187下忠義 / 新唐書卷193忠義附程千里傳
袁	聿 修	北齊書卷42 / 魏書卷85文苑附袁躍傳 / 北史卷47附袁翻傳
袁	7君 正	梁書卷31附袁昂傳 / 南史卷26附袁湛傳

（天）

袁	利	貞	舊唐書卷190上文苑 附袁朗傳 新唐書卷201文藝附 袁朗傳
袁	宏	道	明史卷288文苑
袁8	承	序	舊唐書卷190上文苑 附袁朗傳 新唐書卷201文藝附 袁朗傳
袁	宗	儒	明史卷208
袁	忠	徹	明史卷299方技附袁 珙傳
袁9	洪	愈	明史卷221
袁	建	豐	舊五代史卷61唐書 新五代史卷25唐臣
袁	客	師	新唐書卷204附袁天 綱傳
袁10	恕	己	舊唐書卷91 新唐書卷120
袁	悅	之	晉書卷75
袁11	逢	吉	宋史卷277
袁	崇	煥	明史卷259
袁12	象	先	舊五代史卷59唐書 新五代史卷45雜傳
袁17	應	泰	明史卷259
袁20	繼	忠	宋史卷259
袁	繼	咸	明史卷277
馬	4	公	明史卷300外戚
馬	5	永	明史卷211
馬	6	光	北史卷82儒林 隋書卷75儒林
馬		全	明史卷300外戚
馬	7	成	後漢書卷52
馬		防	後漢書卷54附馬援 傳
馬		良	三國蜀志卷9或39
馬		伸	宋史卷455忠義

馬		亨	元史卷163
馬	8	武	後漢書卷52
馬		忠	三國蜀志卷13或43
馬		周	舊唐書卷74 新唐書卷98
馬		京	明史卷150附陳憲傳
馬		昊	明史卷187
馬		芳	明史卷211
馬		林	明史卷211附馬芳傳
馬		怡	明史卷219附馬自強 傳
馬	9	炫	舊唐書卷134附馬燧 傳 新唐書卷155附馬燧 傳
馬		郁	舊五代史卷71唐書
馬		亮	宋史卷298 明史卷155附陳懷傳
馬		俊	宋史卷449忠義
馬		宣	明史卷142
馬	10	宮	漢書卷81
馬		殷	新唐書卷190附劉建 鋒傳 舊五代史卷133世襲 新五代史卷66楚世 家
馬		峯	宋史卷482北漢世家 附劉繼元傳
馬	11	紹	元史卷173
馬		炯	明史卷211附馬芳傳
馬		理	明史卷282儒林
馬		乾	明史卷295忠義附耿 廷籙傳
馬	12	援	後漢書卷54
馬		棱	後漢書卷54附馬援 傳

十畫	馬	超	三國蜀志卷6或36
	馬	植	舊唐書卷176 新唐書卷184
	馬	尋	宋史卷300附陳太素傳
	馬	琪	金史卷95
	馬	欽	金史卷129佞幸
馬	馬	昊	明史卷134附葉旺傳
	馬	愉	明史卷148附楊溥傳
	馬	森	明史卷214
	馬	13隆	晉書卷57
	馬	萬	舊五代史卷106漢書
	馬	載	新唐書卷98附馬周傳
	馬	遂	宋史卷446忠義
	馬	皋	宋史卷451忠義
	馬	14廖	後漢書卷54附馬援傳
	馬	暢	舊唐書卷134附馬燧傳 新唐書卷155附馬燧傳
	馬	韶	宋史卷461方技
	馬	愷	明史卷219附馬自強傳
	馬	15樞	陳書卷19 南史卷76隱逸
	馬	賽	新唐書卷190附劉建鋒傳
	馬	16融	後漢書卷90上
	馬	燧	舊唐書卷134 新唐書卷155
	馬	璘	舊唐書卷152 新唐書卷138
	馬	縞	舊五代史卷71唐書 新五代史卷55雜傳
	馬	遵	宋史卷302附呂景初傳
	馬	默	宋史卷344

馬		諷	金史卷90
馬		錄	明史卷206
馬		17謖	三國蜀志卷9或39附馬良傳
馬		總	舊唐書卷157 新唐書卷163
馬		應	宋史卷439文苑附鄭起傳
馬		18謹	明史卷172
馬		19爌	明史卷211附馬芳傳
馬		20嚴	後漢書卷54附馬援傳
馬		飈	明史卷211附馬芳傳
馬		23麟	明史卷308姦臣附陳瑛傳
馬		27驤	金史卷122忠義
馬	2人	望	遼史卷105能吏
馬		八龍	魏書卷87節義 北史卷85節義
馬	3士	英	明史卷308姦臣
馬		子結	北史卷81儒林附孫惠蔚傳
馬		三寶	舊唐書卷58附柴紹傳 新唐書卷88附裴寂傳
馬	4文	升	明史卷182
馬	孔	英	明史卷247
馬	仁	瑀	宋史卷273
馬	中	錫	明史卷187
馬	天	驥	宋史卷420
馬	元	方	宋史卷301
馬	元	規	新唐書卷191忠義附呂子臧傳
馬	元	熙	北齊書卷44儒林附馬敬德傳 北史卷81儒林附馬敬德傳

馬	5仙	琕	梁書卷17 南史卷26附責港之傳
馬	令	琮	宋史卷271
馬	世	奇	明史卷266
馬	世	龍	明史卷270
馬	6仲	甫	宋史卷331
馬	存	亮	新唐書卷207宦者
馬	光	祖	宋史卷416
馬	自	強	明史卷219
馬	如	蛟	明史卷292忠義附蔡弘業傳
馬	全	節	舊五代史卷90晉書 新五代史卷47雜傳
馬	全	義	宋史卷278
馬	7足	輕	明史卷292忠義附李中正傳
馬	百	祿	金史卷97
馬	汝	驥	明史卷179附舒芳傳
馬	廷	鸞	宋史卷414
馬	希	範	舊五代史卷133世襲附馬殷傳 新五代史卷66楚世家附馬殷傳
馬	希	聲	新五代史卷66楚世家附馬殷傳
馬	8季	良	宋史卷463外戚附劉美傳
馬	押	忽	元史卷197孝友附郭全傳
馬	定	國	金史卷125文藝
馬	孟	禎	明史卷230
馬	知	節	宋史卷278附馬全義傳
馬	肩	龍	金史卷123忠義附愛申傳
馬	明	衡	明史卷207附朱淛傳
馬	9胤	孫	新五代史卷55雜傳
馬	思	聰	明史卷289忠義附黃宏傳
馬	重	績	舊五代史卷96晉書 新五代史卷57雜傳
馬	10祖	常	元史卷143
馬	11紹	宏	舊五代史卷72唐書
馬	從	先	宋史卷331
馬	從	聘	明史卷267
馬	從	謙	明史卷209附楊允繩傳
馬	12貴	中	金史卷131方技
馬	惠	迪	金史卷95
馬	13裔	孫	舊五代史卷127周書
馬	經	綸	明史卷234
馬	敬	德	北齊書卷44儒林 北史卷81儒林
馬	嗣	明	北齊書卷49方技 北史卷90藝術
馬	嗣	勳	舊五代史卷20梁書 新五代史卷23梁臣
馬	14嘉	運	舊唐書卷73附孔穎達傳 新唐書卷198儒學附孔穎達傳
馬	15德	臣	遼史卷80
馬	慶	祥	金史卷124忠義
馬	17應	魁	明史卷272附劉肇基傳
馬	19懷	素	舊唐書卷102 新唐書卷199儒學
馬	懷	德	宋史卷323
馬	札	台	兒 元史卷138
徐		4文	金史卷79
徐		5申	新唐書卷143 明史卷207附劉世龍傳

十畫	徐	6份	陳書卷26附徐陵傳 南史卷62附徐摘傳	徐	俯	宋史卷372

徐	6份	陳書卷26附徐陵傳 南史卷62附徐摘傳
徐	7防	後漢書卷74
徐	均	明史卷140附劉仕翺傳
徐	8招	周書卷37附趙肅傳 北史卷70
徐	岳	周書卷48附蕭督傳
徐	岱	舊唐書卷189下儒學 新唐書卷161
徐	的	宋史卷300
徐	忠	明史卷146
徐	9弈	三國魏志卷12
徐	宣	三國魏志卷22
徐	苗	晉書卷91儒林
徐	爰	宋書卷94恩倖 南史卷77恩倖
徐	勉	梁書卷25 南史卷60
徐	度	陳書卷12 南史卷67
徐	紇	魏書卷93恩倖 北史卷92恩倖
徐	則	北史卷88隱逸 隋書卷77隱逸
徐	約	新唐書卷190附張雄傳
徐	珏	元史卷197孝友
徐	政	明史卷154附張輔傳
徐	恪	明史卷185
徐	泮	明史卷267
徐	晃	三國魏志卷17
徐	10眞	三國吳志卷5妃嬪附吳主權徐夫人傳
徐	耕	宋書卷91孝義 南史卷73孝義
徐	浩	舊唐書卷137 新唐書卷160
徐	起	宋史卷301
徐	俯	宋史卷372
徐	舫	明史卷298隱逸
徐	珪	明史卷189附孫磐傳
徐	陞	明史卷213附徐諧傳
徐	杕	明史卷220附劉應節傳
徐	11祥	明史卷146
徐	陵	陳書卷26 南史卷62附徐摘傳
徐	晦	舊唐書卷165
徐	商	新唐書卷113附徐有功傳
徐	理	明史卷145附陳亨傳
徐	問	明史卷201
徐	12登	後漢書卷112下方術
徐	現	三國吳志卷5妃嬪附吳主權徐夫人傳
徐	盛	三國吳志卷10或55
徐	堅	舊唐書卷102 新唐書卷199儒學附徐齊聃傳
徐	揆	宋史卷447忠義
徐	復	宋史卷457隱逸
徐	琦	明史卷158附章敞傳
徐	階	明史卷213
徐	貢	明史卷285文苑附高啓傳
徐	渭	明史卷288文苑
徐	13幹	三國魏志卷21附王粲傳
徐	詳	三國吳志卷17或62附胡綜傳
徐	嵩	晉書卷115前秦載記附苻丕傳
徐	嗣	南齊書卷23附褚淵傳(南史卷32作徐嗣)

伯）

徐	路	魏書卷91藝術附張淵傳
徐	勣	宋史卷348
徐	鉉	宋史卷441文苑
徐	溢	明史卷125
徐	溥	明史卷181
徐	愛	明史卷283儒林附錢德洪傳
徐	14寧	晉書卷74附桓彝傳
徐	搁	梁書卷30 南史卷62
徐	遠	北齊書卷25 北史卷55附張亮傳
徐	儒	宋史卷422
徐	15樂	漢書卷64上
徐	璆	後漢書卷78
徐	廣	晉書卷82 宋書卷55 南史卷33
徐	儉	陳書卷26附徐陵傳 南史卷62附徐摛傳
徐	儀	陳書卷26附徐陵傳 南史卷62附徐摛傳
徐	嶠	新唐書卷199儒學附徐齊聃傳
徐	誼	宋史卷397
徐	範	宋史卷423
徐	16稺	後漢書卷83
徐	興	宋史卷280
徐	霖	宋史卷425
徐	臻	宋史卷454忠義附鄒測傳
徐	積	宋史卷459卓行
徐	瑤	明史卷213附徐階傳

徐	澤	明史卷291忠義附李獻明傳
徐	17峪	宋書卷92良吏 南史卷33附徐廣傳
徐	賽	魏書卷91藝術 北史卷90藝術
徐	禧	宋史卷334
徐	18邈	三國魏志卷27 晉書卷91儒林
徐	21鐸	宋史卷319
徐	22驎	南史卷77恩倖附陸驗傳
徐	23鑑	明史卷281循吏附李驥傳
徐	1一 蘷	明史卷285文苑
徐	2九 思	明史卷281循吏
徐	3大 化	明史卷306閹黨附畢懋華傳
徐	大 相	明史卷234
徐	4之 才	北齊書卷33 北史卷90藝術附徐謇傳
徐	中 行	宋史卷159隱逸
徐	元 杰	宋史卷424
徐	仁 紀	舊唐書卷192隱逸
徐	日 泰	明史卷293忠義附武大烈傳
徐	天 麟	宋史卷438儒林附徐夢莘傳
徐	允 讓	明史卷296孝義
徐	文 伯	南史卷32附張邵傳
徐	文 盛	梁書卷46 南史卷64
徐	文 華	明史卷191
徐	文 溥	明史卷188
徐	文 遠	舊唐書卷189上儒學 新唐書卷198儒學
徐	5生 之	南史卷73孝義附封延伯傳

十畫							
徐	司	馬	明史卷134附何文煇傳	徐	9貞	明	明史卷223
徐	石	麒	明史卷275	徐	彥	伯	舊唐書卷94 新唐書卷114
徐	世	淳	明史卷292忠義	徐	彥	若	舊唐書卷179 新唐書卷113附徐有功傳
徐	世	隆	元史卷160				
徐	世	譜	陳書卷13 南史卷67	徐	11國	全	明史卷291忠義附何廷魁傳
徐	6安	貞	舊唐書卷190中文苑附席豫傳 新唐書卷200儒學附褚无量傳	徐	從	治	明史卷248
				徐	得	之	宋史卷438儒林附徐夢莘傳
徐	如	珂	明史卷249附朱燮元傳	徐	處	仁	宋史卷371
徐	光	啓	明史卷251	徐	清	叟	宋史卷420
徐	休	復	宋史卷276	徐	鹿	卿	宋史卷424
徐	有	功	舊唐書卷85 新唐書卷113	徐	12湛	之	宋書卷71 南史卷15附徐湛之傳
徐	有	貞	明史卷171				
徐	7甫	宰	明史卷222附譚綸傳	徐	羨	之	宋書卷43 南史卷15
徐	君	蒨	南史卷15附徐湛之傳（一名絪）	徐	善	述	明史卷152附鄭濟傳
徐	孚	遠	明史卷277附陳子龍傳	徐	朝	綱	明史卷290忠義
徐	邦	憲	宋史卷404	徐	普	濟	梁書卷47孝行附滕曇恭傳 南史卷74孝義附滕曇恭傳
徐	伯	珍	南齊書卷54高逸 南史卷76隱逸	徐	13敬	成	陳書卷12附徐庾傳 南史卷67附徐庾傳
徐	伯	陽	陳書卷34文學 南史卷72文學	徐	嗣	伯	南史卷32附遲邵傳（南齊書23作徐嗣）
徐	孝	克	陳書卷26附徐陵傳 南史卷62附徐摛傳	徐	經	孫	宋史卷410
徐	孝	嗣	南齊書卷44 南史卷15附徐湛之傳	徐	義	恭	魏書卷93恩倖附茹皓傳
徐	孝	蕭	北史卷84孝行 隋書卷72孝義	徐	圓	朗	舊唐書卷55 新唐書卷86附劉黑闥傳
徐	8承	珪	宋史卷456孝義				
徐	尙	卿	明史卷292忠義	徐	道	明	宋史卷455忠義
徐	宗	仁	宋史卷425	徐	道	隆	宋史卷451忠義附趙良淳傳
徐	宗	實	明史卷137附桂彥良傳	徐	達	興	明史卷295忠義

徐14禎	卿	明史卷286文苑	孫	甫	宋史卷295
徐 榮	叟	宋史卷419	孫	何	宋史卷306
徐 夢	莘	宋史卷438儒林	孫	抑	元史卷198孝友
徐 齊	聃	舊唐書卷190上文苑 新唐書卷199儒學	孫	作	明史卷285文苑附陶宗儀傳
徐 肇	梁	明史卷292忠義附徐世淳傳	孫	8武	史記卷65
徐16遵	明	魏書卷84儒林 北史卷81儒林	孫	和	三國吳志卷14或59
徐 縉	芳	明史卷248附劉策傳	孫	放	晉書卷82附孫盛傳
徐 學	詩	明史卷210	孫	抱	南史卷72文學附卞彬傳
徐 學	顏	明史卷294忠義	孫	伾	新唐書卷106附孫處約傳
徐17徽	言	宋史卷447忠義	孫	岳	舊五代史卷69唐書
徐 應	龍	宋史卷395	孫	沔	宋史卷288
徐 應	慶	宋史卷451忠義	孫	固	宋史卷341
徐19懷	玉	舊五代史卷21梁書 新五代史卷22梁臣	孫	侔	宋史卷458隱逸
徐 懷	英	新五代史卷22梁臣	孫	炎	明史卷289忠義
孫	3小	魏書卷94閹官 北史卷92恩倖	孫	忠	明史卷300外戚
孫	4卞	宋史卷292	孫	9亮	三國吳志卷3或48
孫	升	宋史卷347	孫	奐	三國吳志卷6或51宗室附孫靜傳
孫	元	明史卷194附孫交傳	孫	拯	晉書卷54附陸機傳
孫	文	明史卷297孝義附俞孜傳	孫	洵	晉書卷56附孫楚傳
孫	5永	宋史卷342	孫	洙	宋史卷321
孫	6休	三國吳志卷3或48	孫	威	元史卷203工藝
孫	匡	三國吳志卷6或51宗室	孫	10桓	三國吳志卷6或51宗室
孫	冲	宋史卷299	孫	峻	三國吳志卷19或64
孫	交	明史卷191	孫	旂	晉書卷60
孫	7成	舊唐書卷190中文苑附孫逖傳 新唐書卷202文藝附孫逖傳	孫	恩	晉書卷100
			孫	益	宋史卷446忠義 宋史卷452忠義

十畫

徐孫

175

十畫	孫 浦	宋史卷456孝義附裴承詢傳	孫 傅 宋史卷353
	孫 浩	明史卷231循吏附李信圭傳	孫 復 宋史卷432儒林
	孫 翊 11	三國吳志卷6或51宗室	孫 楘 宋史卷454忠義附鄒�傳
	孫 乾	三國蜀志卷8或38	孫 策 三國吳志卷1或46
	孫 皎	三國吳志卷6或51宗室附孫靜傳	孫 瑜 13 三國吳志卷6或51宗室附孫靜傳 宋史卷330
孫	孫 統	晉書卷56附孫楚傳	
	孫 處	宋書卷49 南史卷17	孫 詨 三國魏志卷21附劉劭傳
	孫 淡	南齊書卷55孝義 南史卷73孝義	孫 楚 晉書卷56
	孫 紹	魏書卷78 北史卷46	孫 瑒 陳書卷25 南史卷67
	孫 逢	宋史卷453忠義	孫 廉 南史卷70循吏附孫謙傳
	孫 逖	舊唐書卷190中文苑 新唐書卷202文藝	孫 詵 南史卷72文學附丘巨源傳
	孫 偓	新唐書卷183附朱朴傳	孫 僅 宋史卷306附孫何傳
	孫 晟	舊五代史卷131周書 新五代史卷33死事	孫 路 宋史卷332
	孫 祥	明史卷167	孫 暉 宋史卷453忠義
	孫 清	明史卷297孝義	孫 祿 明史卷187附周南傳
	孫 程 12	後漢書卷108宦者	孫 瑋 明史卷241
	孫 期	後漢書卷109上儒林	孫 鉁 明史卷250附孫承宗傳
	孫 堅	三國吳志卷1或46	孫 鼎 明史卷161附彭勖傳 明史卷282儒林附劉觀傳
	孫 皓	三國吳志卷3或48	
	孫 賁	三國吳志卷6或51宗室	孫 輔 14 三國吳志卷6或51宗室
	孫 登	三國吳志卷14或59 晉書卷94隱逸	孫 韶 三國吳志卷6或51宗室
	孫 衆	晉書卷56附孫楚傳	孫 綝 三國吳志卷19或64
	孫 惠	晉書卷71	孫 綽 晉書卷56附孫楚傳
	孫 盛	晉書卷82	孫 棘 宋書卷91孝義 南史卷73孝義
	孫 晷	晉書卷88孝友	孫 搴 北齊書卷24 北史卷55
	孫 揆	新唐書卷193忠義附黃碣傳	孫 節 宋史卷290附狄青傳

孫		構	宋史卷331
孫		需	明史卷172附孫原貞傳
孫	15鄰		三國吳志卷6或51宗室附孫賁傳
孫		慮	三國吳志卷14或59
孫		潛	晉書卷82附孫盛傳
孫		璙	舊五代史卷61唐書
孫		奭	宋史卷431儒林
孫		㧑	元史卷194忠義
孫		瑾	元史卷197孝友
孫		磐	明史卷189
孫	16靜		三國吳志卷6或51宗室
孫		奮	三國吳志卷14或59
孫		儒	新唐書卷188
孫		諤	宋史卷346
孫		蕡	明史卷285文苑
孫	17謙		梁書卷53良吏 南史卷70循吏
孫		樾	明史卷203
孫		臨	明史卷277附楊文聰傳
孫		燧	明史卷289忠義
孫	18禮		三國魏志卷24
孫		簡	新唐書卷202文藝附孫逖傳
孫	19聰		明史卷289忠義附吳景傳
孫		轍	元史卷199隱逸
孫		鏜	明史卷173 明史卷290忠義
孫	20寶		漢書卷77
孫		纂	晉書卷56附孫楚傳

孫		勝	北齊書卷18 北史卷54
孫		覺	宋史卷344
孫	21霸		三國吳志卷14或59
孫		騭	舊五代史卷24梁書
孫		繄	宋史卷347
孫	22權		三國吳志卷2或47（即吳主權）
孫		鐸	金史卷99
孫		覽	宋史卷344附孫覺傳
孫	23鑠		晉書卷33
孫		巖	明史卷146
孫	24鑰		明史卷224
孫	25觀		三國魏志卷18附臧霸傳
孫	1一	元	明史卷298隱逸
孫	3子	秀	宋史卷424
孫	士	美	明史卷291忠義
孫	4允	中	明史卷209附楊允繩傳
孫	方	諫	舊五代史卷125周書 新五代史卷49雜傳
孫	5丕	揚	明史卷224
孫	必	顯	明史卷236附孫振基傳
孫	6自	一	明史卷233附樊玉衡傳
孫	行	友	宋史卷253
孫	伏	伽	舊唐書卷75 新唐書卷103
孫	安	道	宋史卷452忠義附李宜傳
孫	守	榮	宋史卷462方技
孫	光	憲	宋史卷483荊南世家附高保澥傳
孫	如	法	明史卷224附孫鑨傳

十畫							
孫	如	游	明史卷240	孫1	逢	吉	宋史卷404
孫	全	照	宋史卷253附孫行友傳	孫	處	玄	舊唐書卷192隱逸
孫	7孝	哲	舊唐書卷200上新唐書卷225上逆臣附安祿山傳	孫	處	約	舊唐書卷31新唐書卷106
				孫12傳	庭		明史卷262
孫	克	恕	明史卷290忠義附徐朝綱傳	孫	惠	素	南史卷16附毛修之傳
孫	秀	實	元史卷197孝友	孫	惠	蔚	魏書卷84儒林北史卷81儒林
孫	希	賢	元史卷197孝友附尹莘傳	孫13愼	行		明史卷343
孫	8季	良	舊唐書卷189下儒學附尹知章傳	孫	鼎	相	明史卷254附孫居相傳
孫	法	宗	宋書卷91孝義南史卷73孝義	孫	萬	壽	北史卷81儒林附孫蕙蔚傳隋書卷76文學
孫	居	相	明史卷254				
孫	長	卿	宋史卷331	孫	道	夫	宋史卷332
孫	叔	敖	史記卷119循吏	孫	道	登	魏書卷87節義北史卷85節義
孫	承	宗	明史卷250	孫14漢	英		舊五代史卷129周書
孫	承	祐	宋史卷483吳越世家附錢俶傳	孫	維	城	明史卷227
孫	9昭	遠	宋史卷453忠義	孫	嘉	績	明史卷240附孫如游傳
孫	卽	康	金史卷99	孫	夢	觀	宋史卷424
孫	思	恭	宋史卷322	孫15僧	化		魏書卷91藝術附張淵傳
孫	彥	韜	舊五代史卷94晉書	孫	德	昭	舊五代史卷15梁書新五代史卷43雜傳
孫	思	誠	明史卷193附李春芳傳	孫	德	淵	金史卷128循吏
孫	思	邈	舊唐書卷191方技新唐書卷196隱逸	孫16興	祖		明史卷133
孫10原	貞		明史卷172	孫17應	元		明史卷269
孫	唐	卿	宋史卷443文苑	孫	應	奎	明史卷202（孫應奎明史卷202有二人。一字文宿洛陽人。一字文卿餘姚人。二人合爲一傳。）
孫	振	基	明史卷236				
孫	益	德	魏書卷86孝感北史卷84孝行				
孫	祖	壽	明史卷271附滿桂傳	孫20繼	有		明史卷231附安希范傳
孫	祖	德	宋史卷299	孫	繼	先	明史卷229附劉臺傳

孫	繼	忠	明史卷300外戚附孫忠傳	高	明	明史卷159

孫　繼　忠　明史卷300外戚附孫忠傳　　　高　明　明史卷159

孫　繼　魯　明史卷204　　　高　金　明史卷209附楊最傳

孫　繼　鄴　宋史卷290附曹利用傳　　　高　9相　漢書卷88儒林

孫24靈　暉　北齊書卷44儒林　北史卷81儒林附孫惠蔚傳　　　高　柔　三國魏志卷24

高　洽　北齊書卷10（即漢陽敬懷王）　北史卷51齊宗室諸王

高　4允　魏書卷43　北史卷31

高　化　宋史卷323

高　貞　北齊書卷12（即北平王）　北史卷52齊宗室諸王

高　元　明史卷290忠義附萱盎偷傳

高　5弁　宋史卷432儒林　　　高　重　新唐書卷95附高儉傳

高　正　遼史卷83　　　高　衍　金史卷90

高　6光　晉書卷41　明史卷290忠義附萱盎偷傳　　　高　竑　金史卷100

高　宣　元史卷153

高　7沐　舊唐書卷187下忠義　新唐書卷193忠義　　　高　拱　明史卷213

高　劢　舊五代史卷20梁書　　　高　10眞　魏書卷32附高湖傳

高　防　宋史卷270　　　高　祐　魏書卷57　北史卷31附高允傳

高　8昚　魏書卷32附高湖傳　　　高　柴　史記卷67仲尼弟子

高　昂　北齊書卷21附高乾傳　北史卷31附高允傳　　　高　浚　北齊書卷10（即永安簡平王）　北史卷51齊宗室諸王

高　岳　北齊書卷13（即河清王）　北史卷51齊宗室諸王　　　高　澈　北齊書卷10（即彭城景思王）　北史卷51齊宗室諸王

高　定　舊唐書卷147附高郵傳　新唐書卷165附高郵傳　　　高　郢　舊唐書卷147　新唐書卷165

高　偉　明史卷275

高　固　舊唐書卷152　新唐書卷170　　　高　11彪　後漢書卷110下文苑　金史卷81

高　尙　舊唐書卷200上　新唐書卷225上逆臣附安祿山傳　　　高　崧　晉書卷71

高　陵　魏書卷24附崔玄伯傳

高　松　金史卷82　　　高　推　魏書卷48附高允傳

十畫	高	崇	魏書卷77	高	盛	北齊書卷14（即廣平王）
	高	爽	南史卷72文學附卞彬傳			北史卷51齊宗室諸王
	高	乾	北齊書卷21	高	琳	周書卷29
			北史卷31附高允傳	高		北史卷66
	高	淹	北齊書卷10（即平陽靖翼王）	高	湘	新唐書卷177附高鋷傳
			北史卷51齊宗室諸王	高	登	宋史卷399
高	高	清	北齊書卷10（即襄城景王）	高	閌	宋史卷433儒林
			北史卷51齊宗室諸王	高	翔	明史卷141附胡閌傳
	高	鉄	舊唐書卷168	高	傑	明史卷273
			新唐書卷177	高	13訥	後漢卷109下儒林
	高	鼊	宋史卷269附高錫傳			
	高	敏	宋史卷452忠義	高	幹	魏書卷32附高湖傳
	高	猛	魏書卷83下外戚附高聳傳	高	普	北齊書卷14（即武興王）
	高	第	明史卷257附王洽傳			北史卷51齊宗室諸王
	高	啓	明史卷285文苑	高	瑀	舊唐書卷162
						新唐書卷171
	高	淮	明史卷305宦官附陳增傳	高	萬	宋史卷452忠義附牛皓傳
	高	12湖	魏書卷32	高	楨	金史卷84
	高	植	魏書卷83下外戚附高聳傳	高	源	元史卷170
	高	雲	魏書卷95附徒河慕容廆傳	高	勛	明史卷279附吳貞毓傳
	高	渙	北齊書卷10（即上黨剛肅王）	高	14鳳	後漢書卷113逸民
			北史卷51齊宗室諸王	高	綽	魏書卷48附高允傳
	高	潛	北齊書卷10（即任城王）			北齊書卷12（即南陽王）
			北史卷51齊宗室諸王			北史卷52齊宗室諸王
	高	湜	北齊書卷10（即高陽康穆王）	高	肇	魏書卷83下外戚
			北史卷51齊宗室諸王			北史卷80外戚
			新唐書卷177附高鋷傳	高	廓	北齊書卷12（即齊安王）
						北史卷52齊宗室諸王
	高	琛	北齊書卷13（即趙郡王）	高	賓	周書卷37附裴文舉傳
			北史卷51齊宗室諸王	高	熲	北史卷77
						隋書卷66

180

高	銖	舊唐書卷168附高�傳 新唐書卷177附高銖傳
高	頎	宋史卷440文苑
高	睿	元史卷125附高智耀傳
高	鳴	元史卷160
高	璿	明史卷164
高	15閭	魏書卷54 北史卷34
高	諒	魏書卷57附高祐傳
高	緒	魏書卷77附高崇傳
高	勱	北齊書卷13附清河 王岳傳 隋書卷55 北史卷51齊宗室諸 王附清河王岳傳
高	潤	北齊書卷10(卽馮翊 王) 北史卷51齊宗室諸 王
高	熲	北史卷72 隋書卷41
高	適	舊唐書卷111 新唐書卷143
高	儉	新唐書卷95(舊書 65作高士廉)
高	賦	宋史卷426循吏
高	稼	宋史卷449忠義
高	談	宋史卷453忠義
高	儀	明史卷193
高	穀	明史卷169
高	16遵	魏書卷89酷吏
高	叡	北齊書卷13附趙郡 王琛傳 北史卷51齊宗室附 趙郡王琛傳 舊唐書卷187上忠義 新唐書卷191忠義

高	凝	北齊書卷10(卽華山 王) 北史卷51齊宗室諸 王
高	錫	宋史卷269 金史卷121忠義
高	懌	宋史卷457隱逸
高	勳	遼史卷85
高	霖	金史卷104
高	興	元史卷162
高	17護	後漢書卷112上方術
高	徽	魏書卷32附高湖傳
高	謐	魏書卷32附高湖傳
高	聰	魏書卷68 北史卷40
高	濟	北齊書卷10(卽博陵 文簡王) 北史卷51齊宗室諸 王 新唐書卷177附高元 裕傳
高	鍇	舊唐書卷168附高銖 傳 新唐書卷177附高銖 傳
高	18瞻	晉書卷108前燕載記
高	駢	舊唐書卷182 新唐書卷224下叛臣
高	19璩	宋史卷289
高	儼	北齊書卷12(卽琅琊 王) 北史卷52齊宗室諸 王下 元史卷169
高	𪗱	元史卷169
高	顥	魏書卷57附高䐗傳
高	21巍	明史卷143
高	22觀	宋史卷301
高	2力士	舊唐書卷184宦官 新唐書卷207宦者

十畫

高

高	3士	文	明史卷154附袞輔傳
高	士	林	宋史卷464外戚附高遵裕傳
高	士	廉	舊唐書卷65(新唐書卷95作高儉)
高	子	武	北史卷5、齊宗室附平秦王歸彥傳
高	子	貢	舊唐書卷189下儒學 新唐書卷106附邢文偉傳
高	子	儒	魏書卷77附高崇傳 宋史卷452忠義附劉惟輔傳
高	4文	虎	宋史卷394
高	少	逸	舊唐書卷171附高元裕傳 新唐書卷177附高元裕傳
高	日	臨	明史卷292忠義附何永光傳
高	公	紀	宋史卷464外戚附高遵裕傳
高	公	韶	明史卷208附楊鳴鳳傳
高	元	海	北齊書卷14附上洛王思忠傳 北史卷51齊宗室附上洛王思忠傳
高	元	裕	舊唐書卷171 新唐書卷177
高	允	韜	舊五代史卷132世襲附高萬興傳
高	允	權	舊五代史卷125周書
高	斗	南	明史卷281循吏
高	斗	垣	明史卷293忠義附許永禧傳
高	斗	樞	明史卷260
高	仁	光	北齊書卷12(即淮南王) 北史卷52齊宗室諸王
高	仁	直	北齊書卷12(即丹陽王) 北史卷52齊宗室諸王
高	仁	英	北齊書卷12(即高平王) 北史卷52齊宗室諸王
高	仁	邕	北齊書卷12(即樂平王) 北史卷52齊宗室諸王
高	仁	厚	新唐書卷189
高	仁	幾	北齊書卷12(即西河王) 北史卷52齊宗室諸王
高	仁	雅	北齊書卷12(即安陽王) 北史卷52齊宗室諸王
高	仁	儉	北齊書卷12(即潁川王) 北史卷52齊宗室諸王
高	仁	謙	北齊書卷12(即東海王) 北史卷52諸王齊宗室
高	5仙	芝	舊唐書卷104 新唐書卷135
高	世	則	宋史卷464外戚附高遵裕傳
高	市	貴	北齊書卷19
高	必	達	元史卷198孝友
高	弘	圖	明史卷274
高	永	年	宋史卷453忠義
高	永	能	宋史卷334
高	永	樂	北齊書卷14(即陽州公) 北史卷51諸王齊宗室
高	6守	約	金史卷121忠義
高	名	衡	明史卷267
高	伏	護	北齊書卷14附長樂太守靈山傳
高	汝	礪	金史卷107

高	行	周	舊五代史卷123周書 新五代史卷48雜傳
高	行	珪	舊五代史卷65唐書 新五代史卷48雜傳 附高行周傳
高	仲	振	金史卷127隱逸
高	仲	舒	舊唐書卷187上忠義 附高叡傳 新唐書卷191忠義附 高叡傳
高	百	年	北齊書卷12(即樂陵 王) 北史卷52齊宗室諸 王
高	百	忠	北齊書卷12 北史卷52齊宗室諸 王
高	百	康	北齊書卷12 北史卷52齊宗室諸 王
高	百	理	北齊書卷12 北史卷52齊宗室諸 王
高	百	基	北齊書卷12 北史卷52齊宗室諸 王
高	百	德	北齊書卷12 北史卷52宗齊室諸 王
高 7 邦	佐	明史卷291忠義
高	延	宗	北齊書卷11(即安德 王) 北史卷52齊宗室諸 王
高	孝	珩	北齊書卷11(即廣寧 王) 北史卷52齊宗室諸 王
高	孝	琬	北齊書卷11(即河間 王) 北史卷52齊宗室諸 王
高	孝	瑜	北齊書卷11(河南康 舒王)

			北史卷52齊宗室諸 王
高	孝	誌	明史卷293忠義附盛 以恆傳
高	孝	瓘	北齊書卷11(即蘭陵 武王) 北史卷52齊宗室諸 王
高	8定	子	宋史卷409
高	叔	嗣	明史卷287文苑
高	昌	福	金史卷128循吏
高	其	勳	明史卷295忠義
高	承	簡	舊唐書卷151附高崇 文傳 新唐書卷170附高崇 文傳
高	居	簡	宋史卷468宦者
高	長	卿	北齊書卷14附陽州 公永樂傳
高	長	弼	北齊書卷14附陽州 公永樂傳
高	季	式	北齊書卷21附高乾 傳 北史卷31附高允傳
高	季	輔	舊唐書卷78 新唐書卷104
高	季	興	舊五代史卷133世襲 新五代史卷69南平 世家
高	9若	訥	宋史卷238
高	思	好	北史卷51齊宗室附 上洛王思宗傳
高	思	宗	北齊書卷14(即上洛 王) 北史卷51齊宗室諸 王
高	彥	忠	北齊書卷12(即汝陽 王)
高	彥	基	北齊書卷12(即城陽 王)
高	彥	康	北齊書卷12(即定陽 王)
高	彥	理	北齊書卷12(即汝南 王)

十畫	高	彦	暉	宋史卷255附廉延澤傳
	高	彦	德	北齊書卷12(即始平王)
	高	彦	儔	宋史卷479西蜀世家附孟昶傳
	高	保	寅	宋史卷483荊南世家附高保融傳
	高	保	勗	舊五代史卷133世襲附高季興傳 新五代史卷69南平世家附高季興傳 宋史卷483荊南世家
	高	保	寧	北齊書卷41
	高	保	融	宋史卷483荊南世家 新五代史卷69南平世家附高季興傳
	高10寔	行	舊唐書卷65附高士廉傳 新唐書卷95附高儉傳
	高	起	潛	明史卷305宦官
	高11堂	隆	三國魏志卷25
	高	從	誨	舊五代史卷133世襲附高季興傳 新五代史卷69南平世家附高季興傳
	高	崇	文	舊唐書卷151 新唐書卷170
	高	崇	祖	魏書卷91藝術附張淵傳
	高	紹	仁	北齊書卷12(即西河王) 北史卷52齊宗室諸王
	高	紹	信	北齊書卷11(即漁陽王) 北史卷52齊宗室諸王
	高	紹	義	北齊書卷12(即范陽王) 北史卷52齊宗室諸王
	高	紹	廉	北齊書卷12(即隴西王) 北史卷52齊宗室諸王

高	紹	德	北齊書卷12(即太原王) 北史卷52齊宗室諸王
高12隆	之	北齊書卷18 北史卷54
高	斯	得	宋史卷409
高	開	道	舊唐書卷55 新唐書卷86
高	智	周	舊唐書卷185上良吏 新唐書卷106
高	智	耀	元史卷125
高13闓	兒	元史卷151
高	騰	兒	魏書卷32附高湖傳(魏書目作拔弟騰兒但無拔傳不知拔爲何人)
高	萬	興	舊五代史卷132世襲 新五代史卷40雜傳
高	道	悅	魏書卷62 北史卷40
高	道	穆	魏書卷77附高崇傳(名恭之) 北史卷50
高14遜	志	明史卷143附王艮傳
高	漢	筠	舊五代史卷94晉書
高15閭	山	金史卷129酷吏
高	履	行	舊唐書卷65附高士廉傳 新唐書卷95附高儉傳 遼史卷76
高	模	翰	
高	德	正	北史卷31附高允傳(北齊書卷30作高德政)
高	德	政	北齊書卷30(北史卷31作高德正)
高	德	基	金史卷90
高16樹	生	魏書卷32附高湖傳
高	賢	寧	明史卷143

高 遵 惠	宋史卷464外戚附高遵裕傳		
高 遵 裕	宋史卷464外戚		

十 一 畫

高17謙 之	魏書卷77附高崇傳 北史卷50附高道穆傳	勗	金史卷66（本名烏也）
		爽	金史卷69（本名阿懰）
高 霞 寓	舊唐書卷162 新唐書卷141	衰	金史卷76（本名潸甲）
高 應 松	宋史卷454忠義	宿	魏書卷30 北史卷25
高 歸 彥	北齊書卷14（卽平秦王） 北史卷51齊宗室諸王	石谷	宋史卷459卓行
		集	
高 歸 義	魏書卷32附高湖傳	喋 助	新唐書卷200儒學
高18攀 龍	明史卷243	終 軍	漢書卷64下
高19懷 貞	金史卷129佞幸	涼 茂	三國魏志卷11
高 懷 德	宋史卷250	密 祐	宋史卷451忠義
高20繼 冲	新五代史卷69南平世家附高季興傳 宋史卷483荆南世家附高保融傳	逢 萌	後漢書卷113逸民
		猗 頓	史記卷129貨殖 漢書卷91貨殖
高 繼 宣	宋史卷289附高瓊傳	專 諸	史記卷86刺客
高 繼 勳	宋史卷289附高瓊傳	堅 鐔	後漢書卷52
高23顯 國	北齊書卷14（卽襄樂公） 北史卷51	聊 讓	明史卷164
		雲 台	元史卷122
高24靈 山	北齊書卷14（卽長樂太守） 北史史51（卽長樂王）	不	
		奄 海 兒	元史卷122
		木	
		紹 古 兒	元史卷123
高 阿 那 肱	北齊書卷50恩倖 北史卷92恩倖	猛 如 虎	明史卷269
		探 馬 赤	元史卷132
		執 失 思 力	新唐書卷110諸夷蕃將
		眭 弘	漢書卷75
		眭 夸	魏書卷90逸士 北史卷88隱逸
		牽 招	三國魏志卷26
		牽 秀	晉書卷60

十一畫

朗祭崇國婆訛鹿連速麥野從習第屜魚

				出處
朗		茂		北史卷55附朗基傳
朗		基		北史卷55
祭		肜		後漢書卷50附祭遵傳
祭		遵		後漢書卷50
崇		成		金史卷65 （本名僕灰）
崇		剛		明史卷142附陳性善傳
國		淵		三國魏志卷11
國	用	安		金史卷117
婆		利		北史卷95
婆	盧	火		金史卷71
訛	古	乃		金史卷68
訛	古	里	也	金史卷121忠義
鹿		生		魏書卷88良吏
鹿		念		魏書卷79
鹿	善	繼		明史卷267
連		庶		宋史卷458隱逸
連		楹		明史卷141附景清傳
連	萬	夫		宋史卷453忠義
速		哥		元史卷131
速	哥	台		元史卷124
速	不	台		元史卷121
速	渾	察		元史卷119附木華黎傳
速		里		元史卷132
麥	而	炫		明史卷278附陳子壯傳
麥	鐵	杖		北史卷78 隋書卷64
野	峻	台		元史卷195忠義
野	詩	良	輔	舊唐書卷152附史敬奉傳

			出處
			新唐書卷170附高固傳
從		坦	金史卷122忠義
從		恪	金史卷93
從		憲	金史卷93
從		彝	金史卷93
習		室	金史卷70
習	不	失	金史卷70
習	古	酒	金史卷72
習	鑿	齒	晉書卷82
第	五	倫	後漢書卷71
第	五	訪	後漢書卷106循吏
第	五	琦	舊唐書卷123 新唐書卷149
第	五	種	後漢書卷71附第五倫傳
屜		載	舊五代史卷131周書 新五代史卷31周臣
屜		蒙	宋史卷269
屜		鐸	元史卷197孝友
屜	冉	興	宋史卷403
屜	彥	珂	宋史卷254
魚		弘	梁書卷28附夏侯亶傳 南史卷55附夏侯詳傳
魚	周	詢	宋史卷302
魚	俱	羅	北史卷78 隋書卷64
魚	崇	諒	宋史卷269
魚	朝	恩	舊唐書卷184宦官 新唐書卷207宦者
脫		脫	元史卷119附木華黎傳 元史卷138

脫		歡		元史卷133
脫	因	納		元史卷135
脫	力	世	官	元史卷133
脫	烈	海	牙	元史卷137
斜		哥		金史卷74附宗翰傳
斜		烈		金史卷123附完顏陳和尚傳
斜	卯	阿	里	金史卷80
斜	卯	愛	實	金史卷114
斜	卯	鵑	謀　琶	金史卷81
商		挺		元史卷159
商		輅		明史卷176
商		衡		金史卷124忠義
商		瞿		史記卷67仲尼弟子
商	大	節		明史卷204
商	君	鞅		史記卷68
商	飛	卿		宋史卷404
戚		袞		陳書卷33儒林　南史卷71儒林
戚		綸		宋史卷306
戚		賢		明史卷208
戚	同	文		宋史卷457隱逸
戚	繼	光		明史卷212
戚	繼	美		明史卷212附戚繼光傳
粘	合	重	山	元史卷146
粘	哥	荊	山	金史卷117
粘	蔦	奴	申	金史卷119
粘	割	貞		金史卷122忠義

粘	割	韓	奴	金史卷121忠義
粘	割	斡	特　剌	金史卷95
莊		周		史記卷63
莊		杲		明史卷179
莊		夏		宋史卷395
莊		得		明史卷142附羅能傳
莊		鑑		明史卷174附劉寧傳
莊	子	固		明史卷272附劉髦基傳
莊	祖	誥		明史卷295忠義附尹伸傳
莊		鰲	獻	明史卷258附傅朝佑傳
淳	于	長		漢書卷93佞幸
淳	于	恭		後漢書卷69
淳	于	晏		舊五代史卷71唐書
淳	于	髠		史記卷74　史記卷126滑稽
淳	于	智		晉書卷95藝術
淳	于	量		陳書卷11　南史卷66
淳	于	意		宋史卷105(即倉公)
淳	于	誕		魏書卷71　北史卷45
麻		吉		金史卷72
麻		產		金史卷67附膘酷傳
麻		貴		明史卷238
麻		顔		金史卷65
麻		錦		明史卷238附麻貴傳
麻		禧		明史卷264
麻	九	疇		金史卷126文藝
麻	識	里		元史卷145

十一畫

脫斜商戚粘莊淳麻

梅		福	漢書卷67
梅		詢	宋史卷301
梅		摯	宋史卷298
梅	之	煥	明史卷248
梅	思	祖	明史卷131
梅	國	禎	明史卷228附魏學曾傳
梅	執	禮	宋史卷357
梅	堯	臣	宋史卷443文苑
梅	蟲	兒	南史卷77恩倖附茹法珍傳
凌		統	三國吳志卷10或55
凌		策	宋史卷307
凌		雲	明史卷299方技
凌		準	新唐書卷168附王叔文傳
凌		漢	明史卷138附楊靖傳
凌		儒	明史卷207附楊思忠傳
凌	唐	佐	宋史卷452忠義
凌	雲	翼	明史卷222
凌	義	渠	明史卷265
斛	律	光	北齊書卷17附斛律金傳 北史卷54附斛律金傳
斛	律	金	北齊書卷17 北史卷54
斛	律	羨	北齊書卷17附斛律金傳 北史卷54附斛律金傳
斛	律	孝卿	北史卷53附斛律羨舉傳
斛	律	羌舉	北齊書卷20 北史卷53
斛	斯	政	北史卷49附斛斯椿傳

			隋書卷70附楊玄感傳
斛	斯	椿	魏書卷80 北史卷49
斛	斯	徵	周書卷26 北史卷49附斛斯椿傳
斛	斯	萬善	隋書卷64附王辯傳
莫		含	魏書卷23 北史卷20
莫		雲	魏書卷23附莫含傳
莫		愚	明史卷161附陳本深傳
莫		濛	宋史卷380
莫		題	魏書卷23附莫含傳 魏書卷28 北史卷20
莫	如	忠	明史卷288文苑附董其昌傳
莫	謙	之	宋史卷455忠義
莫	多	婁貸文	北齊書卷19 北史卷53
莫	多	婁敬顯	北史卷53附莫多婁貸文傳
陰		壽	北史卷73 隋書卷39
陰		興	後漢書卷62附陰識傳
陰		識	後漢書卷62
陰		鏗	南史卷64附陰子春傳
陰	子	春	梁書卷46 南史卷64
陰	世	師	北史卷73附陰壽傳 隋書卷39附陰壽傳
陰	世	隆	魏書卷52附索敞傳
陰	仲	達	魏書卷52
陰	道	方	魏書卷52附陰仲達傳

十一畫

梅凌斛莫陰

陰	遵	和	魏書卷52附陰仲達傳
寇		治	魏書卷42附寇讚傳
寇		恂	後漢書卷46
寇		洛	周書卷15 北史卷59
寇		猛	魏書卷93恩倖 北史卷92恩倖附王仲興傳
寇		準	宋史卷281
寇		珹	宋史卷301
寇		榮	後漢書卷46附寇恂傳
寇		儁	周書卷37 北史卷27附寇讚傳
寇		臻	魏書卷42附寇讚傳
寇		讚	魏書卷42 北史卷27
寇	天	敍	明史卷203
寇	彦	卿	舊五代史卷20梁書 新五代史卷21梁臣
符		智	舊五代史卷59唐書 新五代史卷26唐臣
符		融	後漢書卷98
符		璘	舊唐書卷187下忠義 新唐書卷193忠義附符令奇傳
符	令	奇	新唐書卷193忠義
符	存	審	舊五代史卷56唐書 新五代史卷25唐臣
符	昭	愿	宋史卷251附符彦卿傳
符	昭	壽	宋史卷251附符彦卿傳
符	彦	卿	宋史卷251
符	彦	超	舊五代史卷56唐書附符存審傳
符	彦	饒	舊五代史卷91晉書
符	惟	忠	宋史卷463外戚

符	道	昭	舊五代史卷21梁書 新五代史卷21梁臣
裵	圭	昭	三國魏志卷12附崔琰傳
裵	昭		北齊書卷15 北史卷54
裵	室		金史卷72
裵	國		遼史卷112逆臣
裵	堅		明史卷288文苑附唐時升傳
裵	提		魏書卷87節義 北史卷85忠義
裵	敬		漢書卷43(史記卷99作劉敬)
裵	諒		明史卷283儒林
裵	叡		北齊書卷15附裵昭傳 北齊書卷48外戚 北史卷54附裵昭傳
裵	機		宋史卷410
裵	寶		北史卷20附裵伏連傳
裵	幼	瑜	南史卷76隱逸附徐伯珍傳
裵	伏	連	北史卷20(魏書卷30作裵伏連)
裵	師	德	舊唐書卷93 新唐書卷108
裵	寅	亮	宋史卷399
裵	繼	英	新五代史卷51雜傳
移	剌	成	金史卷91
移	剌	益	金史卷97
移	剌	溫	金史卷82
移	剌	道	金史卷88（本名趙三） 金史卷90（本名按）
移	剌	愷	金史卷89
移	剌	履	金史卷95
移	剌	子敬	金史卷89

十一畫							
移	刺	光		祖		金史卷88附移剌道傳	
移	刺	按		答		金史卷91	
移	刺	担		兒		元史卷149	
移	刺	蒲		阿		金史卷112	
移	刺	福		僧		金史卷104	
移	刺	窩		幹		金史卷133叛臣	
移	刺	古	與	涅		金史卷12忠義	
移	刺	阿	里	合		金史卷122忠義	
移	刺	衆	家	奴		金史卷118	
移	刺	塔	不	也		金史卷106	
移	刺	幹	里	朶		金史卷90	
尉	元					魏書卷50 北史卷25	
尉	羽					魏書卷50附尉元傳	
尉	眷					魏書卷26附尉古眞傳	
尉	景					北齊書卷15 北史卷54	
尉	標					北史卷53附張保洛傳	
尉	瑾					魏書卷26附尉古眞傳 北齊書卷40 北史卷20附尉古眞傳	
尉	撥					魏書卷30 北史卷25	
尉	諾					魏書卷26附尉古眞傳	
尉	古	眞				魏書卷26 北史卷20	
尉	地	干	侯			魏書卷26附尉古眞傳	
尉	多	命	貴			魏書卷26附尉古眞傳	
尉	長	命				北齊書卷19 北史卷53	
尉	相	貴				北史卷53附張保洛傳	

尉	慶	賓		魏書卷26附尉古眞傳	
尉	遲	迥		周書卷21 北史卷62	
尉	遲	勝		舊唐書卷144 新唐書卷110諸夷蕃將	
尉	遲	運		周書卷40 北史卷62附尉遲迥傳	
尉	遲	綱		周書卷20 北史卷62附尉遲迥傳	
尉	遲	敬	德	舊唐書卷68 新唐書卷89	
尉	遲	誠		元史卷76	
畢	卓			晉書卷49	
畢	軌			三國魏志卷9附曹眞傳	
畢	栩			新唐書卷128附畢構傳	
畢	構			舊唐書卷100 新唐書卷128	
畢	誠			舊唐書卷177 新唐書卷183	
畢	贊			宋史卷456孝義附郭琮傳	
畢	鏘			明史卷220	
畢	耀			舊唐書卷186下酷吏附敬羽傳	
畢	士	安		宋史卷281	
畢	元	賓		魏書卷61附畢衆敬傳	
畢	再	遇		宋史卷402	
畢	自	嚴		明史卷256	
畢	仲	衍		宋史卷281附畢士安傳	
畢	仲	遊		宋史卷281附畢士安傳	
畢	師	鐸		舊唐書卷182附高駢傳	
畢	祖	朽		魏書卷61附畢衆敬傳	

移 尉 畢

十一畫

畢康常

畢	祖	暉	魏書卷61附畢衆敬傳
畢	衆	敬	魏書卷61
畢	資	倫	金史卷124忠義
畢	義	雲	北齊書卷47酷吏 北史卷39附畢衆敬傳
畢	閏	懃	魏書卷61附畢衆敬傳
畢	懋	良	明史卷242附畢懋康傳
畢	懋	康	明史卷242
畢也速答立			元史卷197孝友
康	海	絢	明史卷286文苑附李夢陽傳
康		絢	梁書卷18 南史卷55
康		傑	宋史卷452忠義附彊覽傳
康	福	德	舊五代史卷91晉書 新五代史卷46雜傳
康		德	北史卷53附張保洛傳
康		履	宋史卷469宦者附藍珪傳
康	子	元	新唐書卷200儒學
康	日	知	新唐書卷148
康	公	弼	金史卷75附烏仲文傳
康	元	弼	金史卷97
康	永	韶	明史卷180附魏元傳
康	君	立	舊五代史卷55唐書
康	志	睦	新唐書卷148附康日知傳
康	延	孝	舊五代史卷74唐書 新五代史卷44雜傳
康	延	壽	遼史卷74附康默記傳
康	延	澤	宋史卷255
康	承	訓	新唐書卷148附康日知傳

康	茂	才	明史卷130
康	思	立	舊五代史卷70唐書 新五代史卷27唐臣
康	保	裔	宋史卷446忠義
康	義	誠	舊五代史卷66唐書 新五代史卷27唐臣
康	德	興	記 宋史卷326
康	默	記	遼史卷74
康	懷	英	舊五代史卷23梁書 新五代史卷22梁臣
康里脫脫			元史卷138
常		同	宋史卷376
常		林	三國魏志卷23
常		旻	宋史卷456孝義附常眞傳
常		英	魏書卷83上外戚附閭毗傳
常		思	舊五代史卷129周書 新五代史卷49雜傳
常		秩	宋史卷329
常		袞	舊唐書卷119 新唐書卷150
常		挺	宋史卷421
常		眞	宋史卷456孝義
常		爽	魏書卷84儒林 北史卷42
常		惠	漢書卷70
常		景	魏書卷82 北史卷42附常爽傳
常		善	周書卷27 北史卷65
常		達	舊唐書卷187上忠義 新唐書卷191忠義
常		棟	宋史卷421
常		榮	明史卷133附曹良臣傳
常		播	三國蜀志卷15或45附楊戲傳
常	安	民	宋史卷346

十一畫	常	存延	揔信 明史卷292忠義附方國儒傳 宋史卷309
	常	季	賢奇 魏書卷93恩倖附茹皓傳
	常	珍	奇 魏書卷61附畢衆敬傳
	常	思	得 宋史卷275
常章陶	常	得	志 隋書卷76文學 北史卷83文苑附潘徵傳
	常	遇	春 明史卷125
	常	德	志 北史卷83文苑附潘徵傳
	章		拯 明史卷179附章懋傳
	章		惇 宋史卷471姦臣
	章		華 陳書卷30附傅縡傳 南史卷69附傅縡傳
	章		敞 明史卷158
	章		鎰 宋史卷328
	章		詧 宋史卷458隱逸
	章		溢 明史卷128
	章		綸 明史卷162
	章		僑 明史卷208
	章		潢 明史卷283儒林附鄧元錫傳
	章		誼 宋史卷379
	章		衡 宋史卷347
	章		穎 宋史卷404
	章		頻 宋史卷301
	章		懋 明史卷179
	章		簡 明史卷277附沈猶龍傳
	章		曠 明史卷280附何騰蛟傳
章			鑑 宋史卷418
章	文		炳 明史卷290忠義附張振德傳
章	元		應 明史卷162附章綸傳
章	世		純 明史卷288文苑附艾南英傳
章	正		宸 明史卷258
章	全		益 新唐書卷195孝友
章	存		道 明史卷128附章溢傳
章	昭		達 陳書卷11 南史卷66
章	卿		孫 元史卷197孝友附羊仁傳
章	望		之 宋史卷443文苑
章	得		象 宋史卷311
陶	6		回 晉書卷78
陶			安 明史卷136
陶	7		成 明史卷165
陶	8		侃 晉書卷66
陶			岱 晉書卷66附陶侃傳
陶	9		洪 晉書卷66附陶侃傳
陶	10		夏 晉書卷66附陶侃傳
陶	11		淡 晉書卷94隱逸
陶	12		琦 晉書卷66附陶侃傳
陶			斌 晉書卷66附陶侃傳
陶			弼 宋史卷334
陶			凱 明史卷136
陶			琰 明史卷201
陶	13		滋 明史卷201附陶琰傳
陶			旗 晉書卷66附陶侃傳

陶		稱	晉書卷66附陶淵明傳
陶	15	穀	宋史卷269
陶		潛	晉書卷94隱逸 宋書卷93隱逸 南史卷75隱逸
陶		模	隋書卷71誠節附皇甫誕傳
陶		魯	明史卷165附陶成傳
陶	16	璜	晉書卷57
陶		臻	晉書卷66附陶侃傳
陶		範	晉書卷66附陶侃傳
陶		諧	明史卷203
陶	17	謙	後漢書卷103 三國魏志卷8
陶	18	瞻	晉書卷66附陶侃傳
陶		輿	晉書卷66附陶侃傳
陶	3大	順	明史卷203附陶諧傳
陶	大	臨	明史卷203附陶諧傳
陶	子	鏞	南史卷74孝義
陶	5弘	景	梁書卷51處士 南史卷76隱逸
陶	6仲	文	明史卷307佞幸
陶	8居	仁	宋史卷452忠義
陶	宗	儀	明史卷285文苑
陶	季	直	梁書卷52止足 南史卷74孝義
陶	季	容	明史卷154附王通傳
陶	9屋	仲	明史卷140
陶	11望	齡	明史卷216附唐文獻傳
陶	15節	夫	宋史卷348
梁	5	永	明史卷305宦官

梁	7	材	明史卷194
梁	8	松	後漢書卷63附梁統傳
梁		昕	周書卷39 北史卷70
梁		固	宋史卷296附梁燾傳
梁		芳	明史卷304宦官
梁	9	毗	北史卷77 隋書卷62
梁		迥	宋史卷274
梁	10	祐	魏書卷71附裴叔業傳
梁		祚	魏書卷84儒林 北史卷81儒林
梁		剛	隋書卷40附梁士彥傳
梁		琥	金史卷131佞者
梁		益	元史卷190儒學附臨川文圭傳
梁	11	商	後漢書卷64附梁統傳
梁		智	三國魏志卷15
梁		寅	明史卷282儒林
梁	12	統	後漢書卷64
梁		竦	後漢書卷64附梁統傳
梁		越	魏書卷84儒林 北史卷81儒林
梁		曾	元史卷178
梁	13	椿	周書卷27 北史卷65
梁		肅	新唐書卷202文藝附蘇源明傳 金史卷89
梁		鼎	宋史卷304
梁	14	懂	後漢書卷77
梁		臺	周書卷27 北史卷65
梁		榮	周書卷39附梁昕傳

十一畫

陶梁

十一畫	梁	睿	北史卷59附梁㮮傳（隋書卷37作梁叡）
	梁	銘	明史卷154
	梁	15適	宋史卷285
	梁	潛	明史卷152附鄭濟傳
	梁	震	明史卷211
	梁	16冀	後漢書卷64附梁統傳
梁	梁	穎	魏書卷45附章闊傳
許	梁	禦	周書卷17 北史卷59
	梁	叡	隋書卷37（北史卷59作梁睿）
	梁	默	隋書卷40附梁士彥傳
	梁	璟	明史卷185
	梁	17鴻	後漢書卷113逸民
	梁	儲	明史卷190
	梁	襄	金史卷96
	梁	18燾	宋史卷342
	梁	22覽	北史卷49
	梁	24灝	宋史卷296
	梁	3子 美	宋史卷285附梁適傳
	梁	士 彥	周書卷31 北史卷73 隋書卷40
	梁	于 涘	明史卷278附萬元吉傳
	梁	4文 貞	舊唐書卷188孝友 新唐書卷195孝友
	梁	文 矩	舊五代史卷92晉書
	梁	5丘 賀	漢書卷88儒林
	梁	外 僧	元史卷197孝友附長壽傳
	梁	6仲 善	明史卷271附童仲揆傳
	梁	汝 嘉	宋史卷394
	梁	有 譽	明史卷287文苑附李攀龍傳
	梁	7成 大	宋史卷422
	梁	志 仁	明史卷292忠義
	梁	克 家	宋史卷384
	梁	延 嗣	宋史卷483荊南世家附高保融傳
	梁	廷 棟	明史卷257
	梁	8周 翰	宋史卷439文苑
	梁	9彥 光	北史卷86循吏 隋書卷73循吏
	梁	持 勝	金史卷122忠義
	梁	10師 成	宋史卷468宦者
	梁	師 都	舊唐書卷56 新唐書卷87
	梁	11從 吉	宋史卷467宦者
	梁	崇 義	舊唐書卷121 新唐書卷224上叛臣
	梁	13載 言	舊唐書卷190中文苑附劉憲傳
	梁	嵩 遵	魏書卷45附章闊傳
	梁	14夢 龍	明史卷225
	梁	夢 環	明史卷306閹黨附劉志選傳
	梁	漢 璋	舊五代史卷95晉書
	梁	漢 顒	舊五代史卷88晉書
	梁	15德 珪	元史卷170
	許	4元	宋史卷299
	許	5古	金史卷109
	許	7劭	後漢書卷98
	許	攸	三國魏志卷12附崔琰傳
	許	孜	晉書卷88孝友

許	亨	陳書卷34文學 南史卷60附許懋傳
許	均	宋史卷279
許	忻	宋史卷422
許	希	宋史卷462方技
許	8坦	舊唐書卷188孝友附 王君操傳
許	直	明史卷266
許	9彥	魏書卷46 北史卷26
許	弈	宋史卷406
許	洞	宋史卷441文苑附黃 夷簡傳
許	宜	明史卷293忠義附陳 豫抱傳
許	10荊	後漢書卷106循吏
許	祚	宋史卷456孝義
許	辰	元史卷168附許國禎 傳
許	泰	明史卷307倿幸附江 彬傳
許	11曼	後漢書卷112下方術
許	惇	北齊書卷43 北史卷26附許彥傳
許	淹	舊唐書卷189上儒學 附曹憲傳
許	寂	舊五代史卷71唐書
許	將	宋史卷343
許	彬	明史卷168
許	國	明史卷219
許	紳	明史卷299方技附吳 傑傳
許	絢	魏書卷46附許彥傳
許	12詔	舊唐書卷59 新唐書卷90
許	幾	宋史卷353
許	揖	元史卷191良吏

許	貴	明史卷174
許	進	明史卷186
許	逵	明史卷289忠義
許	琰	明史卷295忠義
許	13瑗	明史卷289忠義附花 雲傳
許	慎	後漢書卷109下儒林
許	楊	後漢書卷112上方術
許	靖	三國蜀志卷8或38
許	14慈	三國蜀志卷12或42
許	遠	舊唐書卷187下忠義 新唐書卷192忠義
許	寧	明史卷174附許貴傳
許	誥	明史卷186附許逵傳
許	15褚	三國魏志卷18
許	論	明史卷186附許逵傳
許	16遵	北齊書卷49方技 北史卷89藝術 宋史卷330
許	遷	舊五代史卷129周書
許	翰	宋史卷363
許	衡	元史卷158
許	17邁	晉書卷80
許	懋	梁書卷40 南史卷60
許	謙	魏書卷24 北史卷21 元史卷189儒學
許	26讚	明史卷186附許進傳
許	27驤	宋史卷277
許	2力士	舊唐書卷59附許詔 傳

十一畫

許

十一畫

許

許	3及	之	宋史卷394
許		士	柔	明史卷216
許		子	儒	舊唐書卷189上儒學附許叔牙傳 新唐書卷198儒學附蕭德言傳
許	4文	歧	明史卷294忠義
許		天	錫	明史卷188
許	5仕	達	明史卷164附曹凱傳
許		世	緒	舊唐書卷57附劉文靜傳 新唐書卷88附婆寂傳
許		永	禧	明史卷293忠義
許	6有	壬	元史卷182
許		存	仁	明史卷137附宋訥傳
許		仲	宣	宋史卷270
許		安	仁	金史卷96
許		安	都	魏書卷24附許謙傳
許	7赤	虎	魏書卷46附許彥傳
許		孝	敬	周書卷48附蕭詧傳
許		伯	會	新唐書卷195孝友
許		孚	遠	明史卷283儒林
許	8宗	之	魏書卷46附許彥傳
許		叔	牙	舊唐書卷189上儒學 新唐書卷198儒學附蕭德言傳
許		季	同	新唐書卷162附許孟容傳
許		孟	容	舊唐書卷154 新唐書卷162
許		法	慎	新唐書卷195孝友
許	9昭	先	宋書卷91孝義 南史卷73孝義

許	胤	宗	舊唐書卷191方技 新唐書卷204方技附甄權傳
許	相	卿	明史卷208
許	洛	陽	魏書卷24附許謙傳
許	思	溫	明史卷150附陳壽傳
許	11康	佐	舊唐書卷189下儒學 新唐書卷200儒學
許	圉	師	舊唐書卷59附許紹傳 新唐書卷90附許紹傳
許	彪	孫	宋史卷449忠義
許	國	楨	元史卷168
許	12善	心	北史卷83文苑 隋書卷58
許	敦	仁	宋史卷356
許	智	仁	舊唐書卷59附許紹傳
許	智	藏	北史卷90藝術 隋書卷78藝術
許	景	先	舊唐書卷190中文苑 新唐書卷128
許	景	衡	宋史卷363
許	欽	明	舊唐書卷59附許紹傳 新唐書卷90附許紹傳
許	欽	寂	舊唐書卷59附許紹傳 新唐書卷90附許紹傳
許	13義	夫	元史卷192良吏
許	敬	宗	舊唐書卷82 新唐書卷223上姦臣
許	14維	楨	元史卷191良吏
許	15德	興	宋史卷326
許	17應	龍	宋史卷419
許	19懷	德	宋史卷324

許20聲 卿	明史卷258	
許23顥 純	明史卷306閹黨附田 衡耕傳	
陸 5印	北齊書卷35 北史卷28附陸俟傳	
陸 6亘	舊唐書卷162 新唐書卷159	
陸 羽	新唐書卷196隱逸	
陸 7抗	三國吳志卷13或58 附陸遜傳	
陸 延	魏書卷30附陸眞傳	
陸 佃	宋史卷343	
陸 完	明史卷187	
陸 8玩	晉書卷77附陸曄傳	
陸 杲	梁書卷26 南史卷48	
陸 玠	陳書卷34文學附陸 琰傳 南史卷48附陸慧曉 傳	
陸 昕	北史卷28附陸俟傳	
陸 9胤	三國吳志卷16或61 附陸凱傳	
陸 俟	魏書卷40 北史卷28	
陸 昶	魏書卷40附陸俟傳	
陸 炳	明史卷307倖幸	
陸 昰	元史卷177附減夢瑑 傳	
陸 10耽	晉書卷54附陸機傳	
陸 納	晉書卷77附陸曄傳	
陸 倕	梁書卷27 南史卷48附陸慧曉 傳	
陸 眞	魏書卷30 北史卷25	
陸 展	舊唐書卷179 新唐書卷183	
陸 容	明史卷286文苑附張 泰傳	

陸 11康	後漢書卷61	
陸 琇	魏書卷40附陸俟傳	
陸 逞	周書卷32附陸通傳 北史卷69附陸通傳	
陸 通	周書卷32 北史卷69	
陸 爽	隋書卷58	
陸 崑	明史卷188	
陸 堅	新唐書卷200儒學附 趙冬曦傳	
陸 培	明史卷277附陳濟夫 傳	
陸 深	明史卷286文苑	
陸 鈇	明史卷286文苑附張 泰傳	
陸 12凱	三國吳志卷16或61 魏書卷40附陸俟傳	
陸 雲	晉書卷54附陸機傳	
陸 喜	晉書卷54附陸機傳	
陸 厥	南齊書卷52文學 南史卷48附陸慧曉 傳	
陸 絳	南齊書卷55孝義 南史卷48附陸慧曉 傳	
陸 琰	陳書卷34文學 南史卷48附陸慧曉 傳	
陸 琛	陳書卷34文學附陸 琰傳 南史卷48附陸慧曉 傳	
陸 閑	南史卷48附陸慧曉 傳	
陸 罩	南史卷48附陸杲傳	
陸 游	宋史卷395	
陸 13賈	史記卷97 漢書卷43	

十一畫	陸	珸	三國吳志卷12或57	陸	璪	新唐書卷116附陸元方傳
	陸	詡	陳書卷33儒林附鄭灼傳 南史卷71儒林附鄭灼傳	陸	18繕	陳書卷23 南史卷48附陸慧曉傳
	陸	瑜	陳書卷34文學附陸琰傳 南史卷48附陸慧曉傳	陸	贄	舊唐書卷139 新唐書卷157
陸	陸	暐	魏書卷40附陸俟傳	陸	19瓊	陳書卷30 南史卷48附陸慧曉傳
	陸	詵	宋史卷332	陸	20騫	北史卷28附陸俟傳
	陸	粲	明史卷206	陸	藴	宋史卷354
	陸	14遜	三國吳志卷13或58	陸	21續	後漢書卷111獨行
	陸	馛	魏書卷40附陸俟傳	陸	麗	魏書卷40附陸俟傳
	陸	粲	明史卷131	陸	騰	周書卷28 北史卷28附陸俟傳
	陸	15澄	南齊書卷39 南史卷48 明史卷197附黃綰傳	陸	23驗	南史卷77恩倖
	陸	慶	南史卷71儒林附王元規傳	陸	2九淵	宋史卷434儒林
	陸	儁	魏書卷40附陸俟傳	陸	九韶	宋史卷434儒林附陸九齡傳
	陸	質	舊唐書卷189下儒學 新唐書卷168	陸	九齡	宋史卷434儒林
	陸	震	明史卷189	陸	3山才	陳書卷18 南史卷8
	陸	16機	晉書卷54	陸	大受	明史卷235附何士晉傳
	陸	曄	晉書卷77	陸	子隆	陳書卷22 南史卷67
	陸	叡	魏書卷40附陸俟傳 北史卷28附陸俟傳	陸	子彰	魏書卷40附陸俟傳
	陸	據	舊唐書卷190下文苑 新唐書卷202文藝附蕭穎士傳	陸	4元方	舊唐書卷88 新唐書卷116
	陸	17績	三國吳志卷12或57	陸	文圭	元史卷190儒學
	陸	徽	宋書卷92良吏	陸	6仲亨	明史卷131
	陸	襄	梁書卷27 南史卷48附陸慧曉傳	陸	光祖	明史卷224
				陸	7秀夫	宋史卷451忠義
				陸	希道	魏書卷40附陸俟傳
				陸	希質	魏書卷40附陸俟傳

陸	希	聲	新唐書卷116附陸元方傳	陸14夢	龍	明史卷241附張問達傳
陸8昕	之		魏書卷40附陸俟傳	陸 趙	璧	舊唐書卷188孝友附陸南金傳
陸 居	仁		明史卷285文苑附楊維楨傳	陸15德	明	舊唐書卷189上儒學 新唐書卷198儒學
陸 知	命		北史卷77 隋書卷66	陸 餘	慶	新唐書卷116附陸元方傳
陸 法	和		北齊書卷32 北史卷89藝術	陸 慧	曉	南齊書卷46 南史卷48
陸 定	國		魏書卷40附陸俟傳	陸16龍	成	魏書卷40附陸俟傳
陸 長	源		舊唐書卷145 新唐書卷151附晝晉傳	陸 龜	蒙	新唐書卷196隱逸
				陸 樹	德	明史卷227
陸 尙	質		明史卷296孝義附趙紳傳	陸 樹	聲	明史卷216
陸9持	之		宋史卷424	曹	3上	三國魏志卷20
陸 南	金		舊唐書卷188孝友 新唐書卷195孝友	曹	4仁	三國魏志卷9
陸 彥	師		隋書卷72孝義	曹	元	明史卷306閹黨附焦芳傳
陸 彥	章		明史卷216附陸樹聲傳	曹	5丕	三國魏志卷2（即文帝丕）
陸 思	孝		元史卷198孝友	曹	6休	三國魏志卷9
陸 思	閔		宋史卷332附陸詵傳	曹	冲	三國魏志卷20（即郾哀王）
陸 思	鐸		舊五代史卷90晉書 新五代史卷45雜傳		宇	三國魏志卷20（即燕王）
陸10恭	之		魏書卷40附陸俟傳	曹	7均	三國魏志卷20（即樊安公）
陸11從	典		陳書卷30附陸瓊傳 南史卷48附陸慧曉傳		志	晉書卷50
				曹	8沫	史記卷86刺客
陸12雲	公		梁書卷50文學 南史卷48附陸慧曉傳	曹	芳	三國魏志卷4（即齊王芳）
				曹	昂	三國魏志卷20（即豐愍王）
陸 象	先		舊唐書卷88附陸元方傳 新唐書卷116附陸元方傳			魏書卷79附馮元興傳
陸 景	倩		新唐書卷116附陸元方傳	曹	林	三國魏志卷20（即沛穆王）
陸 景	融		新唐書卷116附陸元方傳	曹	京	三國魏志卷20
陸13萬	友		宋史卷271	曹	協	三國魏志卷20（贊哀王）
				曹	虎	南齊書卷30

十一畫

陸

曹

十一畫	曹	昇	魏書卷79附馮元興傳	曹	華	舊唐書卷162 新唐書卷171
	曹	武	南史卷46	曹	琮	宋史卷258附曹彬傳
	曹	俏	宋史卷464外戚	曹	勛	宋史卷379
	曹	9奐	三國魏志卷4（即陳留王）	曹	琦	宋史卷452忠義附王仙傳
	曹	洪	三國魏志卷9	曹	詳	宋史卷464外戚附曹俏傳
曹	曹	珪	三國魏志卷20（即濟陽懷王）	曹	凱	明史卷164
	曹	茂	三國魏志卷20（即樂陵王）	曹	雄	明史卷175
	曹	毗	晉書卷92文苑	曹	琥	明史卷188附周廣傳
	曹	英	舊五代史卷129周書	曹	13節	後漢書卷108宦者
	曹	10真	三國魏志卷9	曹	幹	三國魏志卷20（即趙王）
	曹	純	三國魏志卷9附曹仁傳	曹	勤	三國魏志卷20
	曹	訓	三國魏志卷9附曹眞傳	曹	道	魏書卷79附馮元興傳
	曹	峻	三國魏志卷20（即陳留恭王）	曹	瑋	宋史卷258附曹彬傳
	曹	矩	三國魏志卷20（即范陽閔王）	曹	義	明史卷174附巫凱傳
	曹	乘	三國魏志卷20	曹	蕭	明史卷295忠義附許琰傳
	曹	邕	三國魏志卷20（即邯鄲哀王）	曹	14髦	三國魏志卷4（即高貴鄉公）
	曹	貢	三國魏志卷20（即濟河悼王）	曹	肇	三國魏志卷9附曹休傳
	曹	珪	金史卷121忠義	曹	彰	三國魏志卷19（即任城威王）
	曹	琥	明史卷254	曹	熊	三國魏志卷19（即蕭懷王）
	曹	11參	漢書卷39（史記卷54作曹相國世家）	曹	棘	三國魏志卷20
	曹	爽	三國魏志卷9附曹眞傳	曹	輔	宋史卷352
	曹	袞	三國魏志卷20（即中山恭王）	曹	誘	宋史卷464外戚附曹俏傳
	曹	彪	三國魏志卷20（即楚王）	曹	端	明史卷282儒林
	曹	彬	宋史卷258	曹	15襃	後漢書卷65
	曹	偕	宋史卷464外戚附曹俏傳	曹	確	舊唐書卷177 新唐書卷181
	曹	12植	三國魏志卷19（即陳思王）	曹	鼐	明史卷167

曹	震	明史卷132附藍玉傳
曹	16操	三國魏志卷1（即魏武帝）
曹	叡	三國魏志卷3（即魏明帝）
曹	據	三國魏志卷20（即彭城王）
曹	整	三國魏志卷20
曹	霖	三國魏志卷20（即東海定王）
曹	憲	舊唐書卷189上儒林 新唐書卷193儒學
曹	翰	宋史卷260
曹	與	明史卷132附藍玉傳
曹	璲	明史卷180
曹	17襄	史記卷111附衞將軍驃騎傳
曹	羲	三國魏志卷9附曹眞傳
曹	徽	三國魏志卷20（即東平靈王）
曹	棘	三國魏志卷20（即北海悼王）
曹	璨	宋史卷258附曹彬傳
曹	圖	宋史卷416附曹叔遠傳
曹	謙	明史卷175附曹雄傳
曹	18禮	三國魏志卷20（即元城哀王）
曹	據	晉書卷90良吏
曹	覲	宋史卷446忠義
曹	20騰	後漢書卷108宦者
曹	22鑒	三國魏志卷20（即東武陽懷王）
曹	儼	三國魏志卷20（即廣平哀王）
曹	鑑	元史卷186
曹	23鑠	三國魏志卷20（即相殤王）
曹	3于汴	明史卷254

曹	大埜	明史卷215附劉養廉傳
曹	4元用	元史卷172
曹	友聞	宋史卷449忠義
曹	文詔	明史卷268
曹	文耀	明史卷268附曹文詔傳
曹	5正儒	明史卷234附曹學程傳
曹	世表	魏書卷72 北史卷45
曹	世宗	南史卷46附曹武傳
曹	6吉祥	明史卷304宦者
曹	光實	宋史卷272
曹	7利用	宋史卷290
曹	良臣	明史卷133
曹	克明	宋史卷272附曹光實傳
曹	志明	明史卷278附陳泰來傳
曹	伯啓	元史卷176
曹	邦輔	明史卷205
曹	廷隱	舊五代史卷71唐書
曹	8叔遠	宋史卷416
曹	9修古	宋史卷297
曹	彥約	宋史卷410
曹	勇義	金史卷75附廣仲文傳
曹	11望之	金史卷92
曹	國珍	舊五代史卷93晉書
曹	12景宗	梁書卷9 南史卷55
曹	欽程	明史卷306閹黨
曹	16穎叔	宋史卷304

十一畫 曹郭						
曹	學	佺	明史卷288文苑			新五代史卷19周家人
曹	學	程	明史卷234	郭	侃	元史卷149附郭寶玉傳
曹22變		蛟	明史卷272	郭	昂	元史卷165
郭	4丹		後漢書卷57	郭	9弈	晉書卷45
郭	太		後漢書98	郭	彥	周書卷37 北史70
郭	文		晉書卷94隱逸	郭	衍	北史卷74 隋書卷61
郭	5伋		後漢書卷61	郭	映	舊唐書卷120附郭子儀傳 新唐書卷137附郭子儀傳
郭	玉		後漢書卷112下方術			
郭	永		宋史卷448忠義	郭	信	舊五代史卷122周書宗室(卽杞王) 新五代史卷19周家人
郭	用		金史卷122忠義附從坦傳			
郭	6汜		三國魏志卷6附董卓傳	郭	俣	金史卷104
郭	全		元史卷197孝友	郭	英	明史130
郭	回		元史卷197孝友	郭	亮	明史卷146
郭	任		明史卷141附卓敬傳	郭	奎	明史卷285文苑附王冕傳
郭	朴		明史卷213附高拱傳	郭	10躬	後漢書卷76
郭	7秀		北齊書卷50恩倖 北史卷92恩倖	郭	祚	魏書卷64 北史43
郭	均		隋書卷46附張煚傳	郭	釗	舊唐書卷120附郭子儀傳 新唐書卷137附郭子儀傳
郭	言		舊五代史卷21梁書			
郭	成		宋史卷350 元史卷197孝友附邵敬祖傳 明史卷212附劉顯傳	郭	恩	宋史卷326
				郭	浩	宋史卷367
郭	佑		明史卷164附聊讓傳	郭	11淮	三國魏志卷26
郭	8昌		史記卷111附衛將軍驃騎傳 漢書卷55附霍去病傳	郭	荷	晉書卷94隱逸
				郭	晤	舊唐書卷120附郭子儀傳
郭	昕		舊唐書卷120附郭子儀傳 新唐書卷137附郭子儀傳	郭	晞	舊唐書卷120附郭子儀傳 新唐書卷137附郭子儀傳
郭	侗		舊五代史卷122周書宗室(卽剋王)	郭	崇	宋史卷255

十畫一

郭

郭	密	宋史卷275
郭	庸	元史卷196忠義附丁好禮傳
郭	12賀	後漢書卷56附蔡茂傳
郭	絢	北史卷86循吏 隋書卷73循吏附柳儉傳
郭	舒	晉書卷43
郭	象	晉書卷50
郭	琦	晉書卷94隱逸
郭	琰	北史卷85節義
郭	進	宋史卷273
郭	逵	宋史卷290
郭	琮	宋史卷456孝義
郭	雲	明史卷134
郭	敦	明史卷157
郭	循	明史卷162附陳祚傳
郭	登	明史卷173
郭	貫	元史卷174
郭	傳	明史卷285文苑附王蒙傳
郭	13解	史記卷124游俠 漢書卷92游俠
郭	瑀	晉書卷94隱逸
郭	載	宋史卷276附樊知古傳
郭	裕	宋史卷439文苑附鄭起傳
郭	靖	宋史卷449忠義附楊震仲傳
郭	義	宋史卷456孝義 明史卷155附薛祿傳
郭	雍	宋史卷459隱逸
郭	資	明史卷151

郭	楠	明史卷192
郭	裕	明史卷294忠義附陳美傳
郭	14嘉	三國魏志卷14 元史卷194忠義
郭	彰	晉書卷40
郭	榮	北史卷75 隋書卷50
郭	銛	新唐書卷137附郭子儀傳
郭	遜	新五代史卷19周家人
郭	誠	新五代史卷20周家人
郭	僎	宋史卷452忠義
郭	濟	宋史卷452忠義
郭	15賢	周書卷28附權景宣傳
范	偁	隋書卷72孝義（北史卷85作郭世偁）
郭	震	新唐書卷122（舊唐書97作郭元振）
郭	誼	舊五代史卷122（即趙王亨誼）
郭	諲	新五代史卷20周家人
郭	稹	宋史卷301
郭	緒	明史卷165
郭	鋐	明史卷166附王信傳
郭	宣	明史卷234附晝學程傳
郭	16憲	後漢書卷112上方術
郭	默	晉書卷63
郭	璞	晉書卷72
郭	遵	北史卷81儒林 宋史卷325附劉平傳
郭	鋼	舊唐書卷120附郭子儀傳
郭	翰	新唐書卷117附劉蕡之傳
郭	璘	舊五代史卷95晉書

十一畫

郭

郭		馘	新五代史卷20周家人
郭		興	明史卷131
郭		璡	明史卷157
郭	17	曆	舊唐書卷120附郭子儀傳 / 新唐書卷137附郭子儀傳
郭		曖	舊唐書卷120附郭子儀傳 / 新唐書卷137附郭子儀傳
郭		謹	舊五代史卷106漢臣
郭		諲	宋史卷326
郭	18	鎮	後漢書卷76附郭伋傳
郭		翻	晉書卷94隱逸
郭		曜	舊唐書卷120附郭子儀傳 / 新唐書卷137附郭子儀傳
郭		贄	宋史卷266
郭	19	鏦	舊唐書卷120附郭子儀傳 / 新唐書卷137附郭子儀傳
郭		瓊	宋史卷261
郭		贇	宋史卷452忠義附郭儀傳
郭	20	麐	晉書卷95藝術
郭		勸	宋史卷297
郭	21	霸	舊唐書卷186上酷吏(新唐書209作郭弘霸)
郭	22	襲	遼史卷79
郭	3山	惲	舊唐書卷189下儒學 新唐書卷109附祝欽明傳
郭	子	儀	舊唐書卷120 新唐書卷137
郭	子	興	明史卷122
郭	4允	明	舊五代史卷107漢書 新五代史卷30漢臣
郭	天	吉	明史卷263附林日瑞傳
郭	天	信	宋史卷462方技
郭	文	恭	魏書卷86孝感 北史卷84孝行
郭	文	振	金史卷118
郭	元	振	舊唐書卷97(新唐書122作郭震)
郭	元	遘	宋史卷449忠義附魏行可傳
郭	5幼	明	舊唐書卷120附郭子儀傳 新唐書卷137附郭子儀傳
郭	以	重	明史卷294忠義
郭	申	錫	宋史卷330
郭	正	一	舊唐書卷190中文苑 新唐書卷106
郭	正	域	明史卷226
郭	弘	化	明史卷207
郭	弘	霸	新唐書卷209酷吏(舊唐書186作郭霸)
郭	世	通	南史卷73孝義(宋書卷91作郭世道)
郭	世	道	宋書卷91孝義(南史卷73作郭世通)
郭	世	儁	北史卷85節義(隋書卷72作郭儁)
郭	6企	忠	金史卷82
郭	安	國	金史卷82附郭藥師傳
郭	行	餘	舊唐書卷169 新唐書卷179附王璠傳
郭	守	文	宋史卷259
郭	守	敬	元史卷164
郭	守	愿	新五代史卷19周家人

郭	7希	林	宋史卷93隱逸 南史卷75隱逸
郭	孝	恪	舊唐書卷83 新唐書卷111
郭	廷	煒	元史卷197孝友附郭 道卿傳
郭	廷	謂	宋史卷271
郭	延	魯	舊五代史卷94晉書 新五代史卷46雜傳
郭	延	澤	宋史卷271附郭延謂 傳
郭	延	濬	宋史卷271附郭延謂 傳
郭	8狗	狗	元史卷197孝義
郭	長	倩	金史卷125文藝
郭	奉	超	新五代史卷19周家 人
郭	宗	皋	明史卷200
郭	尙	賓	明史卷242附黎鳳翔 傳
郭	忠	孝	宋史卷447忠義附唐 重傳
郭	忠	恕	宋史卷442文苑
郭	金	海	舊五代史卷94晉書
郭	金	城	明史卷294忠義附郭 以重傳
郭	承	祐	宋史卷253附郭從義 傳
郭	承	嘏	舊唐書卷165 新唐書卷137附郭子 儀傳
郭	知	章	宋史卷355
郭	知	運	舊唐書卷103 新唐書卷133
郭	9英	乂	舊唐書卷117 新唐書卷133附郭知 運傳
郭	英	傑	舊唐書卷103附郭知 運傳 新唐書卷133附郭知 運傳
郭	10原	平	南史卷73孝義附郭 世通傳

郭	祖	深	南史卷70循吏
郭	虔	瓘	舊唐書卷103 新唐書卷133
郭	11祥	正	宋史卷444文苑
郭	惟	賢	明史卷227
郭	崇	仁	宋史卷463外戚
郭	崇	韜	舊五代史卷57唐書 新五代史卷24唐臣
郭	從	義	宋史卷252
郭	從	謙	新五代史卷37伶官
郭	12無	爲	宋史卷482北漢世家 附劉繼元傳
郭	景	祥	明史卷135
郭	景	嵩	明史卷292忠義附張 允登傳
郭	13道	卿	元史卷197孝友
郭	熙	誨	新五代史卷20周家 人 舊五代史卷122周宗 室(卽蘄王)
郭	熙	諤	新五代史卷20 舊五代史卷122周宗 室(卽紀王)
郭	熙	讓	新五代史卷20 舊五代史卷122周宗 室(卽曹王宗讓)
郭	14維	經	明史卷278
郭	15澄	之	晉書卷92文苑
郭	德	海	元史卷149附郭寶玉 傳
郭	蝦	蟆	金史卷124忠義
郭	17應	聘	明史卷221
郭	應	響	明史卷292忠義附張 允登傳
郭	19藥	師	宋史卷427叛臣附趙 良嗣傳 金史卷82

十一畫

郭

十一畫

郭

崔

郭	20 寶 玉	元史卷149			明史卷136
崔	4 文	明史卷175附楊銳傳	崔	胤	舊唐書卷177附崔慎由傳 / 新唐書卷223下姦臣
崔	5 立	宋史卷426循吏 / 金史卷115	崔	衍	舊唐書卷188孝友 / 新唐書卷164
崔	6 光	魏書卷67 / 北史卷44	崔	咸	舊唐書卷190下文苑 / 新唐書卷177
崔	休	魏書卷69 / 北史卷24附崔逞傳	崔	10 剖	魏書卷24附崔玄伯傳
崔	戎	舊唐書卷162 / 新唐書卷159	崔	恕	魏書卷24附崔玄伯傳
崔	7 宏	北史卷21	崔	挺	魏書卷57 / 北史卷32
崔	閎	北史卷24附崔逞傳	崔	振	魏書卷57附崔挺傳 / 北史卷32附崔挺傳
崔	邪	舊唐書卷155 / 新唐書卷163	崔	彧	魏書卷91藝術 / 北史卷24附崔逞傳 / 元史卷173
崔	汙	舊唐書卷188孝友 / 新唐書卷129	崔	浩	魏書卷35 / 北史卷21附崔宏傳
崔	沆	新唐書卷163附崔元略傳 / 新唐書卷160附崔元略傳	崔	琪	舊唐書卷177 / 新唐書卷182
崔	沂	舊五代史卷63唐書	崔	能	舊唐書卷177附崔慎由傳 / 新唐書卷114附崔融傳
崔	8 林	三國魏志卷24	崔	涓	新唐書卷182附崔琪傳
崔	和	魏書卷24附崔玄伯傳	崔	俊	舊唐書卷119附崔祐甫傳 / 新唐書卷142附崔祐甫傳
崔	秉	魏書卷49附崔鑒傳	崔	恭	明史卷159
崔	昂	北齊書卷30 / 北史卷32附崔挺傳	崔	桐	明史卷179附舒芬傳
崔	劫	北齊書卷42 / 北史卷44附崔光傳	崔	陞	明史卷180附汪奎傳
崔	協	舊五代史卷58唐書	崔	11 逸	魏書卷53附崔辯傳
崔	9 洪	晉書卷45	崔	接	魏書卷57附崔挺傳
崔	恬	魏書卷24附崔玄伯傳	崔	訦	周書卷35附崔謙傳
崔	朏	魏書卷24附崔玄伯傳	崔	逞	魏書卷32 / 北史卷24
崔	軌	魏書卷24附崔玄伯傳	崔	㥄	北齊書卷23 / 北史卷24附崔逞傳
崔	勉	魏書卷57附崔挺傳			
崔	庠	魏書卷67附崔光傳			
崔	亮	魏書卷66 / 北史卷44			

崔	液	舊唐書卷74附崔仁師傳
		新唐書卷99附崔仁師傳
崔	密	舊唐書卷117附崔寧傳
崔	造	舊唐書卷130
		新唐書150
崔	球	舊唐書卷177附崔珙傳
崔	梲	舊五代史卷93晉書
		新五代史卷55雜傳
崔	從	新唐書卷114附崔融傳
崔	敏	明史卷296孝義
崔	12寔	後漢書卷82附崔駰傳
崔	琦	後漢書卷110上文苑
崔	琰	三國魏志卷12
崔	做	魏書卷24附崔玄伯傳
崔	彭	北史卷32附崔辯傳
		隋書卷54
崔	渥	舊唐書卷74附崔仁師傳
		新唐書卷99附崔仁師傳
崔	澳	舊唐書卷108
		新唐書卷120附崔玄暐傳
崔	植	舊唐書卷119附崔祐甫傳
		新唐書卷142附崔祐甫傳
崔	鄲	舊唐書卷155附崔邠傳
		新唐書卷163附崔邠傳
崔	琯	舊唐書卷177附崔珙傳
		新唐書卷182附崔珙傳
崔	琳	舊唐書卷187上忠義附高叡傳
		新唐書卷109附崔義玄傳
崔	斌	元史卷173

崔		後漢書卷82附崔駰傳
崔	遊	晉書卷91儒林
		魏書卷57附崔挺傳
崔	寬	魏書卷24附崔玄伯傳
		舊唐書卷117附崔寧傳
崔	楷	魏書卷56附崔辯傳
崔	歆	周書卷35
崔	滌	舊唐書卷74附崔仁師傳（新唐書卷99作崔澄）
崔	圓	舊唐書卷108
		新唐書卷140
崔	損	舊唐書卷136
		新唐書卷167
崔	羣	舊唐書卷159
		新唐書卷165
崔	鉉	舊唐書卷163附崔元略傳
		新唐書卷160附崔元略傳
崔	雍	新唐書卷159附崔戎傳
崔	頌	宋史卷431儒
崔	敬	元史卷184
崔	14說	北史卷32附崔辯傳
崔	廓	北史卷88隱逸
		隋書卷77隱逸
崔	瑨	舊唐書卷177附崔珙傳
崔	寧	舊唐書卷117
		新唐書144
崔	遠	舊唐書卷177附崔珙傳
		新唐書卷182附崔珙傳
崔	碭	新唐書卷120附崔玄暐傳
崔	嘏	新唐書卷180附李德裕傳
崔	銑	新唐書卷201文藝附崔行功傳
		明史卷282儒林

十一畫

崔

崔	福	宋史卷419附陳韡傳
崔	15 粲	明史卷154附柳升傳
崔	適	魏書卷32附崔逞傳（北史卷24作崔遹）
崔	潛	魏書卷24附崔玄伯傳
崔	模	魏書卷24附崔玄伯傳 魏書卷56附崔辯傳
崔	論	舊唐書卷74附崔仁師傳
崔	郜	舊唐書卷155附崔郔傳 新唐書卷163附崔郔傳
崔	器	舊唐書卷115 新唐書卷209酷吏
崔	鄲	舊唐書卷155附崔郔傳 新唐書卷163附崔郔傳
崔	澄	新唐書卷99附崔仁師傳（舊唐書卷74作崔滌）
崔	16 駰	後漢書卷82
崔	衡	魏書卷24附崔玄伯傳
崔	頤	魏書卷32附崔逞傳 北史卷24附崔逞傳
崔	辨	魏書卷56
崔	遵	魏書卷89酷吏 北齊書卷30 北史卷32附崔挺傳 北史卷87酷吏
崔	遹	北史卷24附崔逞傳（魏書卷32作崔適）
崔	融	舊唐書卷94 新唐書卷114
崔	羲	舊唐書卷117附崔寧傳 新唐書卷144附崔寧傳
崔	澹	舊唐書卷177附崔珙傳 新唐書卷182附崔珙傳

崔	翰	宋史卷260
崔	17 徽	魏書卷24附崔玄伯傳
崔	鍾	魏書卷24附崔玄伯傳
崔	勵	魏書卷67附崔光傳
崔	鴻	魏書卷67附崔光傳 北史卷44附崔光傳
崔	謙	周書卷35
崔	儦	北史卷24附崔逞傳 隋書卷76文學
崔	縱	舊唐書卷108附崔渙傳 新唐書卷120附崔玄暐傳 宋史卷449忠義
崔	璪	舊唐書卷177附崔珙傳
崔	璵	舊唐書卷177附崔珙傳
崔	嶧	宋史卷299
崔	18 簡	魏書卷24附崔玄伯傳
崔	瞻	北齊書卷23附崔㥄傳（北史卷24作崔贍）
崔	覲	舊唐書卷192隱逸 新唐書卷196隱逸
崔	賾	北史卷88隱逸附崔廓傳（賾或作頤） 隋書卷77隱逸附崔廓傳
崔	20 膺	周書卷38附呂思禮傳
崔	贍	北史卷24附崔逞傳（北齊書卷32作崔瞻）
崔	鷗	宋史卷356
崔	21 纂	魏書卷57附崔挺傳
崔	辯	北史卷32
崔	矅	舊唐書卷117附崔寧傳

十一畫

崔

姓	名	出處
崔		新唐書卷114附豆盧欽望傳
崔	元翰	舊唐書卷137 / 新唐書卷203文藝
崔	元儒	舊唐書卷163附崔元略傳
崔	5巨倫	魏書卷56附崔辯傳
崔	台符	宋史卷355
崔	弘昇	隋書卷74酷吏附崔弘度傳
崔	弘度	北史卷32附崔辯傳 / 隋書卷74酷吏
崔	弘禮	舊唐書卷163 / 新唐書卷164
崔	玄伯	魏書卷24
崔	玄亮	舊唐書卷165 / 新唐書卷164
崔	玄暐	舊唐書卷91（玄作元）/ 新唐書卷120
崔	6行功	舊唐書卷190上文苑 / 新唐書卷201文藝
崔	安潛	舊唐書卷177附崔慎由傳 / 新唐書卷114附崔融傳
崔	仲方	北史卷32附崔挺傳 / 隋書卷60
崔	仲哲	魏書卷49附崔鑒傳
崔	光伯	魏書卷66附崔亮傳
崔	光韶	魏書卷66附崔亮傳 / 北史卷44附崔亮傳
崔	光遠	舊唐書卷111 / 新唐書卷141
崔	7呈秀	明史卷306閹黨
崔	延伯	魏書卷73 / 北史卷37
崔	廷勛	舊五代史卷98晉書
崔	伯鳳	魏書卷24附崔玄伯傳
崔	伯謙	北齊書卷46循吏 / 北史卷32附崔鑒傳
崔	孝直	魏書卷57附崔挺傳

姓	名	出處
崔	顗	舊唐書卷117附崔寧傳
崔	顥	舊唐書卷190下文苑 / 新唐書卷203文藝附孟浩然傳
崔	22璆	舊唐書卷115 / 新唐書卷141附鄧景山傳
崔	23鑒	魏書卷49 / 北史卷32
崔	鑑	明史卷297孝義
崔	3士謙	北史卷32附崔辯傳
崔	子元	魏書卷67附崔光傳
崔	子朗	魏書卷57附崔挺傳
崔	4公度	宋史卷353
崔	仁師	舊唐書卷74 / 新唐書卷99
崔	日用	舊唐書卷99
崔	日知	舊唐書卷99附崔日用傳 / 新唐書卷121附崔日用傳
崔	文仲	南史卷47附崔祖思傳
崔	文昇	明史卷305宦官
崔	文榮	明史卷294忠義
崔	元式	舊唐書卷163附崔元略傳 / 新唐書卷160附崔元略傳
崔	元受	舊唐書卷163附崔元略傳 / 新唐書卷160附崔元略傳
崔	元珍	魏書卷57附崔挺傳
崔	元祖	南史卷47附崔祖思傳
崔	元略	舊唐書卷163 / 新唐書卷160
崔	元綜	舊唐書卷90附豆盧欽望傳

十一畫

崔

崔	孝	芬	魏書卷57附崔挺傳 北史卷32附崔挺傳
崔	孝	政	魏書卷57附崔挺傳
崔	孝	暐	魏書卷57附崔挺傳
崔	孝	演	魏書卷57附崔挺傳
崔 8	長	文	魏書卷67附崔光傳
崔	宗	之	新唐書卷121附崔日用傳
崔	承	宗	魏書卷86孝感附吳悉達傳
崔	周	度	舊五代史卷130周書附閻宏魯傳
崔	季	舒	北齊書卷39 北史卷32附崔挺傳
崔	居	儉	新五代史卷55雜傳
崔	知	悌	新唐書卷106附崔知溫傳
崔	知	溫	舊唐書卷185上良吏 新唐書卷106
崔 9	信	明	舊唐書卷190上文苑 新唐書卷201文藝
崔	宣	猷	北史卷32附崔挺傳
崔	昭	緯	舊唐書卷179 新唐書卷223下姦臣
崔	彥	昭	舊唐書卷178 新唐書卷183
崔	彥	曾	舊唐書卷177附崔慎由傳 新唐書卷114附崔融傳
崔	彥	進	宋史卷259
崔	彥	穆	周書卷36 北史卷67
崔 10	祐	甫	舊唐書卷119 新唐書卷142
崔	神	基	新唐書卷109附崔義玄傳
崔	神	慶	舊唐書卷77附崔義玄傳 新唐書卷109附崔義玄傳
崔	祖	蚪	魏書卷24附崔玄伯傳
崔	祖	思	南齊書卷28 南史卷47

崔	祖	螭	魏書卷24附崔玄伯傳
崔 12	隆	宗	魏書卷32附崔逞傳
崔	達	挐	北齊書卷30附崔逞傳
崔	貽	孫	舊五代史卷69唐書
崔	善	為	舊唐書卷191方技 新唐書卷91
崔	無	詖	舊唐書卷187下忠義 新唐書卷191忠義附張介然傳
崔	敦	禮	舊唐書卷81 新唐書卷106
崔	景	眞	南史卷47附崔祖思傳
崔	景	榮	明史卷256
崔 13	與	之	宋史卷406
崔	義	玄	舊唐書卷77（玄作元） 新唐書卷109
崔	慎	由	舊唐書卷177 新唐書卷114附崔融傳
崔	道	固	宋書卷88 魏書卷24附崔玄伯傳 北史卷44附崔亮傳
崔	敬	友	魏書卷67附崔光傳
崔	敬	邕	魏書卷57附崔挺傳
崔 14	漢	衡	舊唐書卷122 新唐書卷143
崔	僧	祐	魏書卷24附崔玄伯傳
崔	僧	淵	魏書卷24附崔玄伯傳
崔 15	慰	祖	南齊書卷52文學 南史卷72文學
崔	慧	景	南齊書卷51 南史卷45
崔 16	頤	正	宋史卷431儒林
崔	儒	秀	明史卷291忠義

崔	遵	度	宋史卷441文苑
崔	龜	從	舊唐書卷176 新唐書卷160附崔元略傳
崔17隱		甫	舊唐書卷185下良吏 新唐書卷130
崔19懷		順	南史卷73孝義 （南齊書卷55作崔懷慎）
崔	懷	慎	南齊書卷55孝義 （南史卷73作崔懷順）
崔24靈		恩	梁書卷48儒林 南史卷71儒林
陳	2义		舊五代史卷68唐書
陳	4元		後漢書卷66
陳		文	舊五代史卷96晉書 明史卷134附蔡遷傳 明史卷168
陳		友	明史卷166附方瑛傳
陳		仁	明史卷186附韓文傳
陳		公	明史卷300外戚
陳	5平		漢書卷40（史記卷56作陳丞相世家）
陳		禾	宋史卷363
陳		汀	明史卷154附王通傳
陳	6充		宋史卷441文苑
陳		旭	明史卷146
陳	7忻		周書卷43（北史卷66作陳欣）
陳		孚	元史卷190儒學
陳		亨	明史卷145
陳		志	明史卷146
陳		壯	明史卷161
陳		沂	明史卷286文苑附顧璘傳

陳		束	明史卷287文苑
陳		見	明史卷290忠義附黃鉞傳
陳	8忠		後漢書卷76附陳寵傳 明史卷154附陳洽傳
陳		武	三國吳志卷10或55
陳		表	三國吳志卷10或55附陳武傳
陳		邵	晉書卷91儒林
陳		奇	魏書卷84儒林 北史卷81儒林
陳		昕	南史卷61附陳慶之傳
陳		昌	陳書卷14（卽衡陽獻王） 南史卷65陳宗室諸王
陳		欣	北史卷66（周書卷43作陳忻）
陳		京	新唐書卷200儒學
陳		卓	宋史卷406附陳居仁傳
陳		東	宋史卷455忠義
陳		宓	宋史卷408
陳		宗	宋史卷456孝義
陳		金	明史卷187
陳		奉	明史卷305宦官附陳增傳
陳	9俊		後漢書卷48 明史卷157
陳		咸	漢書卷66附陳萬年傳 宋史卷412
陳		紀	後漢書卷92附陳寔傳
陳		重	後漢書卷111獨行
陳		建	魏書卷34 北史卷25
陳		胤	南史卷65陳宗室諸王

十一畫

陳

陳	彥	陳書卷28 （即吳興王） 南史卷65陳宗室諸王
陳	佺	陳書卷28 （即永嘉王） 南史卷65陳宗室諸王
陳	恬	陳書卷28 （即東陽王） 南史卷65陳宗室諸王
陳	茂	陳書卷28 （即錢唐王） 北史卷75附李圓通傳 隋書卷64
陳	亮	宋史卷436儒林
陳	炤	宋史卷450忠義
陳	犖	宋史卷454忠義
陳	衍	宋史卷468宦者
陳	迪	明史卷141
陳	洽	明史卷154
陳	勉	明史卷158附顧佐傳
陳	音	明史卷184附張元禎傳
陳	美	明史卷294忠義
陳	洞	明史卷298隱逸附楊恆傳
陳	容 (10)	三國魏志卷7附臧洪傳
陳	祗	三國蜀志卷9或39附董允傳 南史卷65陳宗室諸王 陳書卷28 （即信義王）
陳	泰	三國魏志卷22附陳羣傳 明史卷159
陳	訓	晉書卷95藝術
陳	虔	南史卷65陳宗室諸王 陳書卷28 （即南海王）
陳	恕	宋史卷267
陳	祐	宋史卷346
陳	軒	宋史卷346
陳	烈	宋史卷458隱逸
陳	祐	元史卷168
陳	旅	元史卷190儒學
陳	桓	明史卷132附藍玉傳
陳	修	明史卷138
陳	珪	明史卷146
陳	祚	明史卷162
陳	迒	明史卷207附朱澜傳
陳	矩	明史卷305宦官
陳	球 (11)	後漢書卷86
陳	敏	晉書卷100 宋史卷402 明史卷165
陳	深	南史卷65陳宗室諸王 陳書卷28（即皇太子深）
陳	莊	陳書卷28 （即會稽王） 南史卷65陳宗室諸王
陳	淵	宋史卷376
陳	桷	宋史卷377
陳	規	宋史卷377 金史卷109
陳	淳	宋史卷430道學朱氏門人
陳	寅	宋史卷449忠義

陳	淬	宋史卷452忠義
陳	紹	明史卷210附徐學詩傳
陳	12軫	史記卷70
陳	湯	漢書卷70
陳	勝	漢書卷31（史記卷48作陳涉世家）
陳	寔	後漢書卷92
陳	翔	後漢書卷7黨錮
陳	登	三國魏志卷7附張邈傳
陳	琳	三國魏志卷21附王粲傳
陳	琰	宋史卷301
陳	貫	宋史卷303
陳	越	宋史卷441文苑
陳	植	明史卷142附陳性善傳
陳	復	明史卷158附軒輗傳
陳	循	明史卷168
陳	策	明史卷271附盧仲撰傳
陳	琛	明史卷282儒林附蔡清傳
陳	13羣	三國魏志卷22
陳	詳	陳書卷15宗室 南史卷65陳宗室諸王（即途興侯）
陳	暄	南史卷61附陳慶之傳
陳	稜	北史卷78 隋書卷64
陳	楚	舊唐書卷141附張孝忠傳 新唐書卷148附張孝忠傳
陳	塤	宋史卷423
陳	塏	宋史卷425
陳	靖	宋史卷426循吏
陳	暘	宋史卷432儒林
陳	源	宋史卷469宦者
陳	遇	明史卷135
陳	瑄	明史卷153
陳	鼎	明史卷188附張文明傳
陳	瑛	明史卷308姦臣
陳	14壽	晉書卷82 明史卷150 明史卷186
陳	兢	南史卷65陳宗室諸王 陳書卷28（即邵陵王） 宋史卷456孝義
陳	蒙	宋史卷423附陳塤傳
陳	遘	宋史卷447忠義
陳	摶	宋史卷457隱逸
陳	漸	宋史卷284附陳堯佐傳
陳	寧	明史卷308姦臣附胡惟庸傳
陳	演	明史卷253
陳	15震	三國蜀志卷9或39
陳	德	明史卷131
陳	質	明史卷142附張倫傳
陳	賢	明史卷146
陳	蔡	明史卷203
陳	增	明史卷305宦官
陳	16餘	史記卷89 漢書卷32

十一畫	陳 遵	漢書卷92游俠
	陳 龜	後漢書卷81
	陳 蕃	後漢書卷96
	陳 顏	晉書卷71
陳	陳 遺	南史卷73孝義附緒綜傳
	陳 儒	新唐書卷186
	陳 諫	新唐書卷168附王叔文傳
	陳 與	宋史卷279
	陳 橐	宋史卷388
	陳 選	明史卷161
	陳 諤	明史卷162附耿通傳
	陳 璸	明史卷247
	陳 鋼	明史卷281循吏
	陳 17禪	後漢書卷81
	陳 矯	三國魏志卷22
	陳 輿	晉書卷35附陳騫傳
	陳 擬	陳書卷15宗室 南史卷65陳宗室諸王(即永修侯)
	陳 嶷	南史卷65陳宗室諸王 陳書卷28(即南平王)
	陳 襄	宋史卷321
	陳 薦	宋史卷322
	陳 謙	宋史卷396
	陳 懋	明史卷145附陳亨傳
	陳 濟	明史卷152
	陳 18顏	金史卷127孝友

陳 鑑		明史卷159
陳 鎬		明史卷187附洪鐘傳
陳 謨		明史卷282儒林
陳 璚		明史卷294忠義
陳 19寵		後漢書卷76
陳 藩		陳書卷28(即吳郡王) 南史卷65陳宗室諸王
陳 繹		宋史卷329
陳 瞹		宋史卷393
陳 樵		元史卷189儒學
陳 鑪		明史卷154附柳升傳
陳 懷		明史卷155
陳 20騫		晉書卷35
陳 繼		明史卷152附陳濟傳
陳 繼		明史卷263附陳士奇傳
陳 21韡		宋史卷419
陳 顥		元史卷177
陳 灝		明史卷281循吏
陳 22瓘		宋史卷345
陳 鑑		明史卷162
陳 23瓚		宋史卷451忠義附陳文龍傳 明史卷221附魏時亮傳
陳 1一 元		明史卷248附劉策傳
陳 2九 疇		明史卷204
陳 3乞 兒		元史卷197孝友附孔全傳
陳 士 奇		明史卷263

陳	士	啓	明史卷161
陳	于	王	明史卷269
陳	于	廷	明史卷254
陳	于	陛	明史卷217
陳	子	壯	明史卷278
陳	子	昂	舊唐書卷190中文苑 新唐書卷107
陳	子	敬	宋史卷454忠義附何 時傳
陳	子	龍	明史卷277
陳	升	之	宋史卷312
陳	太	素	宋史卷300
陳	天	祥	元史卷168附陳祐傳
陳	少	遊	舊唐書卷126 新唐書卷224上叛臣
陳	公	輔	宋史卷379
陳	仁	錫	明史卷288文苑附焦 竑傳
陳	方	泰	陳書卷14附南康愍 王曇朗傳 南史卷65陳宗室附 南康愍王曇朗傳
陳	方	慶	陳書卷14附南康愍 王曇朗傳 南史卷65陳宗室附 南康愍王曇朗傳
陳	友	定	明史卷124
陳	友	諒	明史卷123
陳	元	桂	宋史卷450忠義
陳	元	康	北齊書卷24 北史卷55
陳	元	達	晉書卷102前趙載記
陳	文	龍	宋史卷451忠義
陳	文	頊	宋史卷483漳泉世家 附陳洪進傳
陳	文	顗	宋史卷483漳泉世家 附陳洪進傳
陳	文	顥	宋史卷483漳泉世家 附陳洪進傳
陳	文	顯	宋史卷483漳泉世家 附陳洪進傳
陳	世	卿	宋史卷307
陳	本	深	明史卷161
陳	永	貴	北史卷73附劉方傳 隋書卷53附劉方傳
陳	以	勤	明史卷193
陳	弘	緒	明史卷241附陳道亨 傳
陳	幼	學	明史卷281循吏
陳	玄	子	南史卷73孝義附封 延伯傳
陳	玄	禮	舊唐書卷106附王毛 仲傳 新唐書卷121附王毛 仲傳
陳	次	升	宋史卷346
陳	安	石	宋史卷303附陳貫傳
陳	汝	石	明史卷289忠義附琴 彭傳
陳	夷	行	舊唐書卷173 新唐書卷181
陳	有	年	明史卷224
陳	仲	微	宋史卷422
陳	自	仁	宋史卷452忠義附趙 士隆傳
陳	自	彊	宋史卷394
陳	利	貞	新唐書卷136附李光 弼傳
陳	亨	祖	宋史卷453忠義
陳	孝	意	北史卷85節義附堯 君素傳 隋書卷71誠節附堯 君素傳
陳	求	道	宋史卷448忠義
陳	汝	輝	明史卷139附李仕魯 傳
陳	吾	德	明史卷215

十一畫	陳	希	亮	宋史卷298			南史卷65陳宗室諸王
	陳	希	烈	舊唐書卷97附張垍傳 新唐書卷223上姦臣	陳 伯 義	陳書卷28諸王(即江夏王) 南史卷65陳宗室諸王
	陳	邦	彥	明史卷278	陳 伯 謀	陳書卷28諸王(即桂陽王) 南史卷65陳宗室諸王
陳	陳	邦	瞻	明史卷242			
	陳	君	用	元史卷195忠義	陳 伯 禮	陳書卷28諸王(即武陵王) 南史卷65陳宗室諸王
	陳	君	賓	舊唐書卷185上良吏 新唐書卷197循吏			
	陳	良	祐	宋史卷388	陳 居 仁	宋史卷406
	陳	良	謨	明史卷266	陳 宜 中	宋史卷418
	陳	良	翰	宋史卷387	陳 其 赤	明史卷295忠義附張繼孟傳
	陳	伯	山	陳書卷28諸王(即鄱陽王) 南史卷65陳宗室諸王	陳 承 昭	宋史卷261
					陳 性 善	明史卷142
	陳	伯	之	梁書卷20 魏書卷61附田益宗傳 南史卷61	陳 尙 象	明史卷23附李獻可傳
					陳 奇 瑜	明史卷260
	陳	伯	仁	陳書卷28諸王(即廬陵王) 南史卷65陳宗室諸王	陳 知 微	宋史卷307
					陳 函 輝	明史卷276附余煌傳
	陳	伯	友	明史卷242	陳 宗 禮	宋史卷421
	陳	伯	信	陳書卷28諸王(即衡陽王) 南史卷65陳宗室附衡陽獻王昌傳	陳 叔 文	陳書卷28諸王(即晉熙王) 南史卷65陳宗室諸王
	陳	伯	固	陳書卷36諸王(即新安王) 南史卷65陳宗室諸王	陳 叔 平	陳書卷28諸王(即湘東王) 南史卷65陳宗室諸王
	陳	伯	茂	陳書卷28諸王(即始興王) 南史卷65陳宗室諸王	陳 叔 匡	陳書卷28諸王(即太原王) 南史卷65陳宗室諸王
	陳	伯	恭	陳書卷28諸王(即晉安王) 南史卷65陳宗室諸王	陳 叔 明	陳書卷28諸王(即宜都王) 南史卷65陳宗室諸王
	陳	伯	智	陳書卷28諸王(即永陽王)	陳 叔 坦	陳書卷28諸王(即新會王)

陳	叔	英	南史卷65陳宗室諸王 陳書卷28諸王（即豫章王） 南史卷65陳宗室諸王	陳	叔	虞	陳書卷28諸王（即武昌王） 南史卷65陳宗室諸王	十一畫
陳	叔	重	陳書卷28諸王（即始興王） 南史卷65陳宗室諸王	陳	叔	隆	陳書卷28諸王（即新寧王） 南史卷65陳宗室諸王	陳
陳	叔	宣	陳書卷28諸王（即陽山王） 南史卷65陳宗室諸王	陳	叔	齊	陳書卷28諸王（新蔡王） 南史卷65陳宗室諸王	
陳	叔	卿	陳書卷28諸王（即建安王） 南史卷65陳宗室諸王	陳	叔	韶	陳書卷28諸王（即岳山王） 南史卷65陳宗室諸王	
陳	叔	敖	陳書卷28諸王（即臨賀王） 南史卷65陳宗室諸王	陳	叔	榮	陳書卷28諸王（即新昌王） 南史卷65陳宗室諸王	
陳	叔	純	陳書卷28諸王（即新興王） 南史卷65陳宗室諸王	陳	叔	穆	陳書卷28諸王（即西陽王） 南史卷65陳宗室諸王	
陳	叔	陵	陳書卷36諸王（即始興王） 南史卷65陳宗室諸王	陳	叔	儉	陳書卷28諸王（即南安王） 南史卷65陳宗室諸王	
陳	叔	堅	陳書卷28諸王（即長沙王） 南史卷65陳宗室諸王	陳	叔	澄	陳書卷23諸王（即南郡王） 南史卷65陳宗室諸王	
陳	叔	彪	陳書卷28諸王（即淮南王） 南史卷65陳宗室諸王	陳	叔	興	陳書卷28諸王（即沅陵王） 南史卷65陳宗室諸王	
陳	叔	雄	陳書卷28諸王（即巴山王） 南史卷65陳宗室諸王	陳	叔	謨	陳書卷28諸王（即巴東王） 南史卷65陳宗室諸王	
陳	叔	慎	陳書卷28諸王（即岳陽王） 南史卷65陳宗室諸王	陳	叔	獻	陳書卷28諸王（即河東王） 南史卷65陳宗室諸王	
陳	叔	達	陳書卷28諸王（即義陽王） 南史卷65陳宗室諸王 舊唐書卷61 新唐書卷100	陳	叔	儼	陳書卷28諸王（即尋陽王） 南史卷65陳宗室諸王	
				陳	叔	顯	陳書卷28諸王（即臨海王） 南史卷65陳宗室諸王	

十一畫

陳

陳 9彥	回	明史卷142
陳 若	拙	宋史卷261附陳思讓傳
陳 茂	烈	明史卷233儒林
陳 俊	卿	宋史383
陳 洪	進	宋史卷483漳泉世家
陳 保	極	舊五代史卷93晉書
陳 貞	節	新唐書卷200儒學
陳 南	賓	明史卷137附桂彥良傳
陳 昭	袞	遼史卷81
陳 思	道	宋史卷456孝義
陳 思	賢	明史卷143
陳 思	濟	元史卷168
陳 思	謙	元史卷184
陳 思	讓	宋史卷261
陳10祖	仁	元史卷186
陳 泰	來	明史卷278 明史卷231附于孔兼傳
陳 眞	晟	明史卷282儒林
陳 純	德	明史卷266
陳 師	道	宋史卷444文苑
陳 師	錫	宋史卷346
陳11執	中	宋史卷285
陳 康	伯	宋史卷384
陳 搏	靜	魏書卷93恩倖附茹皓傳
陳 從	易	宋史卷300
陳 從	信	宋史卷276

陳12隆	之	宋史卷449忠義
陳 彭	年	宋史卷287
陳 景	行	明史卷300外戚
陳 傅	良	宋史卷434儒林
陳 象	明	明史卷278附張家玉傳
陳 舜	俞	宋史卷331附張問傳
陳 過	庭	宋史卷353
陳 集	原	舊唐書卷188孝友 新唐書卷195孝友
陳 登	雲	明史卷233
陳 貴	誼	宋史卷419
陳 堯	佐	宋史卷284
陳 堯	叟	宋史卷284附陳堯佐傳
陳 堯	咨	宋史卷284附陳堯佐傳
陳13新	甲	明史卷257
陳 道	亨	明史卷241
陳 與	義	宋史卷445文苑
陳 敬	宗	明史卷163
陳 敬	瑄	新唐書卷224下叛臣
陳 萬	年	漢書卷66
陳 萬	言	明史卷300外戚
陳 萬	策	明史卷294忠義
陳14詔	孫	元史卷197孝友
陳 際	泰	明史卷288文苑附艾南英傳
陳 輔	堯	明史卷291忠義附權儲秀傳
陳 閎	詩	明史卷290忠義
陳15慶	之	梁書卷32 南史卷61

陳	潛	夫	明史卷277		張汯傳
陳	慧	紀	陳書卷15宗室 南史卷65陳宗室諸 王(卽宜黃侯)	張 永	宋書卷53附張茂度 傳 南史卷31附張裕傳 明史卷304宦官
陳16	豫	抱	明史卷293忠義	張 平	宋史卷276
陳	曇	朗	陳書卷14(卽南康愍 王) 南史卷65陳宗室諸 王	張 玉	宋史卷290附狄青傳 元史卷166附張榮實 傳 明史卷145
陳	龍	正	明史卷258	張 旦	宋史卷308
陳	龍	復	宋史卷454忠義附鄒 㵦傳	張 田	宋史卷333
陳19	繹	曾	元史卷190儒學附陳 旅傳	張 立	元史卷165
陳20	饒	奴	新唐書卷195孝友	張 本	元史卷197孝友附楊 一傳 明史卷157
陳	獻	章	明史卷233儒林		
陳	寶	應	陳書卷35 南史卷80賊臣	張 合	明史卷269
陳	繼	之	明史卷141附王度傳	張6耳	史記卷89 漢書卷32
陳	繼	周	宋史卷454忠義附鄒 㵦傳	張 休	三國吳志卷7或52附 張昭傳
陳	繼	儒	明史卷298隱逸	張 光	晉書卷57
陳23	顯	元	明史卷293忠義附劉 麗傳	張 冲	南齊書卷49 南史卷32附張邵傳 北史卷82儒林 隋書卷75儒林
陳	顯	際	明史卷267附宋玫傳	張 充	梁書卷21 南史卷31附張裕傳
陳	顯	達	南齊書卷26 南史卷45	張 旭	新唐書卷202文藝附 李白傳
張4	升		後漢書卷110下文苑	張 存	宋史卷320
張	亢		晉書卷55附張載傳 宋史卷324	張 守	宋史卷375
張	方		晉書卷60	張 耒	宋史卷444文苑
張	元		周書卷46孝義 北史卷84孝行	張 吉	宋史卷452忠義附高 䖃傳
張	允		舊五代史卷108漢書 新五代史卷57雜傳	張 羽	明史卷285文苑附高 啟傳
張	中		明史卷299方技	張7良	漢書卷40 (史記卷55作留侯世 家)
張5	玄		後漢書卷66附張霸 傳 後漢書卷109下儒林 三國吳志卷8或53附		

十一畫	張	步	後漢書卷42	張	協	晉書卷55附張載傳
	張	完	南史卷31附張裕傳	張	忠	晉書卷94隱逸 宋史卷323 宋史卷326
	張	均	舊唐書卷97附張說傳 新唐書卷125附張說傳 元史卷166	張	昌	晉書卷100
張	張	巡	舊唐書卷187下忠義 新唐書卷192忠義	張	邵	宋書卷46 南史卷32 宋史卷373
	張	侁	舊唐書卷187下忠義 新唐書卷193忠義	張	岱	南齊書卷32 南史卷31附張裕傳
	張	沆	舊五代史卷131周書	張	昇	魏書卷86孝感 北史卷84孝行 宋史卷318 元史卷177 明史卷184 明史卷300外戚附張鶴齡傳
	張	宏	宋史卷257			
	張	旨	宋史卷301			
	張	孜	宋史卷324			
	張	昷	宋史卷326	張	佶	舊五代史卷17梁書 宋史卷308
	張	亨	宋史卷452忠義附牛皓傳 金史卷97	張	杲	舊唐書卷191方技 新唐書卷204方技
				張	秉	宋史卷301
	張	汴	宋史卷454忠義附鄧滉傳	張	近	宋史卷353
	張	玘	宋史卷453忠義	張	构	宋史卷361附張浚傳
	張	甫	金史卷118	張	所	宋史卷363
	張	位	明史卷219	張	昉	元史卷170
	張	臣	明史卷239	張	固	明史卷160附羅綺傳
	張	8 叔 權	史記卷103	張	岳	明史卷200 明史卷227
	張	放	漢書卷93佞幸	張	芹	明史卷208
	張	宗	後漢書卷68	張	采	明史卷288文苑附張溥傳
	張	武	後漢書卷111獨行 明史卷146	張	9 禹	漢書卷81 後漢書卷74
	張	尚	三國吳志卷8或53附張紘傳	張	奐	後漢書卷95
	張	承	三國魏志卷11附張範傳 三國吳志卷7或52附張昭傳	張	飛	三國蜀志卷6或36
				張	昭	三國吳志卷7或52 陳書卷32孝行

		魏書卷33附張蒲傳	張	珏	宋史卷451忠義
		南史卷74孝義			
		宋史卷263	張	弈	金史卷128循吏
		明史卷164			
張	郃	三國魏志卷17	張	柔	元史卷147
張	茂	晉書卷78	張	炤	元史卷170
		晉書卷86附張軌傳	張	昺	明史卷142
		魏書卷99附張寔傳			明史卷161
張	軌	晉書卷86	張	建	金史卷126文藝附呂中孚傳
		魏書卷99附張寔傳			
		周書卷37	張	信	明史卷145附張玉傳
		北史卷70			明史卷146
張	亮	北齊書卷25			明史卷293忠義附魯世任傳
		北史卷55			
		舊唐書卷69	張	津	明史卷186附雍泰傳
		新唐書卷94	張	春	明史卷291忠義
		明史卷277附袁繼咸傳	張	景	明史卷300外戚附張麒傳
張	度	魏書卷24附張袞傳			
張	恂	魏書卷88良吏	張	10敖	漢書卷32附張耳傳
		北史卷21附張袞傳			
張	盾	南史卷31附張裕傳	張	倉	漢書卷42
張	威	北史卷73	張	純	後漢書卷65
		隋書卷55			
		宋史卷403	張	紘	三國吳志卷8或53
張	垍	舊唐書卷97附張說傳	張	恭	三國魏志卷18附閻溫傳
		新唐書卷125附張說傳			元史卷197孝友
張	拯	新唐書卷126附張九齡傳	張	祚	晉書卷86
					魏書卷99附張寔傳
張	佶	舊五代史卷24梁書			陳書卷33儒林附鄭灼傳
張	美	宋史卷259			南史卷71儒林附鄭灼傳
張	洎	宋史卷267	張	倫	魏書卷24附張袞傳
					明史卷142
張	洞	宋史卷299	張	烈	魏書卷76
					北史卷45
張	述	宋史卷303	張	祐	魏書卷94閹官
					北史卷92恩倖
張	奎	宋史卷324附張亢傳			明史卷166
張	洽	宋史卷430道學朱氏門人	張	悌	南史卷74孝義附滕曇恭傳
張	俊	宋史卷369	張	格	舊五代史卷71唐書
		明史卷175			

十一畫

張

十一畫	張	耆	宋史卷290	張	涉	舊唐書卷127
	張	根	宋史卷356	張	宿	舊唐書卷154 新唐書175
	張	浚	宋史卷361	張	琇	舊唐書卷188孝友 新唐書卷195孝友
	張	栻	宋史卷429道學	張	朗	舊五代史卷90晉書
	張	浩	金史83	張	問	宋史卷331
	張	珪	元史卷175	張	掞	宋史卷333
張	張	桓	元史卷194忠義	張	莊	宋史卷348
	張	軏	明史卷145附張玉傳	張	盧	宋史卷407
	張	紞	明史卷151	張	逸	宋史卷426
	張	益	明史卷167附曹鼐傳	張	庸	元史卷196忠義附朴 賽田不花傳
	張	悅	明史卷185	張	康	元史卷203方技
	張	原	明史卷192	張	寅	明史卷206附魏良弼 傳
	張	獅	明史卷192 明史卷210	張	淳	明史卷281循吏
	張	庭	明史卷235附何士晉 傳	12 湯		史記卷122酷吏 漢書卷59
	張	泰	明史卷186 明史卷286文苑	張	敞	漢書卷76
	張	11 陵	後漢書卷66附張霸 傳	張	湛	後漢書卷57 魏書卷52 北史卷34
	張	敏	後漢書卷74			
	張	旣	三國魏志卷15	張	堪	後漢書卷61
	張	掖	宋書卷98氐胡	張	皓	後漢書卷86
	張	率	梁書卷33	張	超	後漢書卷110下文苑
	張	偉	南史卷31附張裕傳 魏書卷84儒林 北史卷81儒林	張	拼	三國魏志卷11附管 寧傳
	張	淵	魏書卷91藝術（北史 卷89作張深）	張	就	三國魏志卷18附閻 溫傳
	張	袞	魏書卷24 北史卷21	張	華	晉書卷36
	張	彪	南史卷64	張	寔	晉書卷86附張軌傳 魏書卷99（目標私署 涼州牧張寔）
	張	乾	南史卷74孝義附張 昭傳			
	張	深	北史卷89藝術（魏書 卷91作張淵）	張	登	南史卷55附張惠紹 傳

十一畫　張

張　楊　三國魏志卷8
張　裔　三國蜀志卷11或41
張　裕　三國蜀志卷12或42附周羣傳
張　溫　南史卷31(宋書卷53作張茂度)
　　　　三國吳志卷12或57
　　　　舊五代史卷59唐書
　　　　明史卷132附藍玉傳
張　載　晉書卷55
　　　　宋史卷427道學
張　嵊　梁書卷43
　　　　南史卷31附張裕傳
張　楚　南史卷73孝義附張進之傳
張　裏　北史卷75
　　　　隋書卷46
張　嵩　舊唐書卷103附郭虔瓘傳
張　暐　舊唐書卷106
　　　　新唐書卷121附王琚傳
　　　　金史卷106
張　煦　舊唐書卷122附裴獻誠傳
　　　　新唐書卷133附張守珪傳
　　　　宋史卷308
張　瑝　舊唐書卷188孝友附張琇傳
張　篤　舊五代史卷90晉書
　　　　新五代史卷47雜傳
張　暉　宋史卷272
張　雍　宋史卷307
張　誴　宋史卷331
張　運　宋史卷404
張　嵲　宋史卷445文苑
張　愈　宋史卷458隱逸
張　煒　金史卷100
張　瑴　金史卷128循吏

張　皐　舊唐書卷171附裴潾傳
　　　　新唐書卷118附裴潾傳
張　愔　新唐書卷158附張建封傳
張　雄　新唐書卷190
張　策　舊五代史卷18梁書
　　　　新五代史卷35唐六臣
張　進　宋史卷279
張　詠　宋史卷293
張　揆　宋史卷294
張　傅　宋史卷300
張　詔　宋史卷402
張　貴　宋史卷450忠義附張順傳
張　順　宋史卷450忠義
　　　　金史卷122忠義
張　雲　宋史卷454忠義附鄒淓傳
張　琳　遼史卷102
張　開　金史卷118
張　惠　元史卷167
張　閏　元史卷197孝友
張　琬　明史卷138附楊思義傳
張　欽　明史卷188
張　逵　明史卷206
張　棟　明史卷233附李獻可傳
張　弼　明史卷286文苑
張　鈞　明史卷297孝義
張　13楷　後漢書卷66附張霸傳
張　馴　後漢書卷109儒林上

十一畫

張

張	楨	元史卷186
張	瑄	明史卷160
張	經	明史卷205
張	瑋	明史卷254
張	詡	明史卷283儒林附陳獻章傳
張	溥	明史卷288文苑
張	瑛	明史卷289忠義
張	14蒼	史記卷96（目作張丞相） 漢書卷42
張	酺	後漢書卷75
張	綱	後漢書卷86附張皓傳 宋史卷390
張	輔	晉書卷60 明史卷154
張	賓	晉書卷105後趙載記附石勒傳
張	暢	宋書卷46附張邵傳 宋書卷59 南史卷32附張邵傳
張	齊	梁書卷17 南史卷46附王廣之傳
張	綰	梁書卷34附張纘傳 南史卷56附張弘策傳
張	種	陳書卷21 南史卷31附張裕傳
張	誕	魏書卷24附張袞傳
張	蒲	魏書卷33 北史卷27
張	翕	北史卷78 隋書卷64
張	說	舊唐書卷97 新唐書卷125 宋史卷470佞幸

張	韡	舊唐書卷162附張正甫傳 晉書卷89忠義
張	楊	舊唐書卷178
張	遜	宋史卷268
張	閣	宋史卷353
張	綸	宋史卷426循吏
張	戩	宋史卷427道學附張載傳
張	榮	元史卷150 元史卷151
張	銓	明史卷130 明史卷291忠義
張	赫	明史卷130
張	鳳	明史卷157
張	寧	明史卷180
張	嵿	明史卷200
張	漢	明史卷204附羅鴨傳
張	瑤	明史卷290忠義
張	綵	明史卷306閹黨
張	15儀	史記卷70
張	歐	漢書卷46
張	儉	後漢書卷97黨錮 舊唐書卷83 新唐書卷111 遼史卷80
張	魯	三國魏志卷8
張	範	三國魏志卷11
張	禕	晉書卷36附張華傳
張	敷	宋書卷62 南史卷32附張邵傳
張	緒	南齊書卷33 南史卷31附張裕傳
張	稷	梁書卷16 南史卷31附張裕傳

		明史卷180附王瑞傳
張	緬	梁書卷34 南史卷56附張弘策傳
張	黎	魏書卷28 北史卷25
張	熠	魏書卷79
張	慶	魏書卷94閹官附張祐傳 元史卷197孝友附楊一傳
張	儔	舊五代史卷24梁書
張	適	宋史卷277附牛皋傳
張	質	宋史卷309
張	頡	宋史卷331
張	愨	宋史卷363
張	確	宋史卷446忠義
張	潛	金史卷127隱逸
張	翥	元史卷186
張	緝	元史卷198孝友
張	輗	明史卷145附張玉傳
張	翀	明史卷186
張	瑤	明史卷196
張	震	明史卷297孝義附俞孜傳
張	16奮	後漢書卷65附張純傳 三國吳志卷7或52附張昭傳
張	衡	後漢書卷89 北史卷74 隋書卷56
張	輿	後漢書卷109上儒林 新唐書卷193忠義 明史卷146

張	燕	三國魏志卷8
張	遼	三國魏志卷17
張	遴	晉書卷75
張	融	南齊書卷41 南史卷32附張邵傳
張	雕	北齊書卷44儒林
張	薦	舊唐書卷149 新唐書卷161
張	錫	新唐書卷113附張文瓘傳 宋史卷262 宋史卷294
張	憲	舊五代史卷69唐書 新五代史卷28唐臣 宋史卷368 明史卷172附孫原貞傳 明史卷285文苑附陶宗儀傳
張	穎	舊五代史卷129周書
張	澹	宋史卷269
張	勔	宋史卷271
張	凝	宋史卷279
張	整	宋史卷350
張	樸	宋史卷356
張	翰	晉書卷92文苑 金史卷105
張	龍	明史卷130
張	濂	明史卷192
張	錄	明史卷206附解一貫傳
張	選	明史卷207
張	17嶷	三國蜀志卷13或43
張	駿	晉書卷86附張軌傳 魏書卷99附張寔傳
張	濟	魏書卷33 北史卷27

十一畫

張

張	應	魏書卷88良吏（北史卷86作張膺）
張	膺	北史卷86循吏（魏書卷88作張應）
張	濬	舊唐書179 新唐書卷185
張	璪	宋史卷328
張	礪	宋史卷420
張	擧	宋史卷458隱逸
張	懋	元史卷152附張子良傳
張	禧	元史卷165
張	頵	元史卷189儒學
張	瓛	明史卷194附林俊傳
張	檟	明史卷210附鄒應龍傳
張	18遼	三國魏志卷7
張	翼	三國蜀志卷15或45 明史卷132附藍玉傳
張	韙	晉書卷36附張華傳
張	闓	晉書卷7?
張	彝	魏書卷64 北史卷43
張	燿	北史卷46
張	曜	北史卷55
張	鎬	舊唐書卷111 新唐書卷139
張	鎰	舊唐書卷125 新唐書卷152
張	燾	宋史卷333 宋史卷382
張	礎	元史卷167
張	鏜	明史卷185附張悅傳
張	騏	明史卷300外戚
張	19繡	三國魏志卷8
張	譏	陳書卷33儒林 南史卷71儒林

張	瓊	北齊書卷20 北史卷53 宋史卷259
張	鵬	舊五代史卷100漢書 明史卷160
張	繹	宋史卷428道學
張	鎧	宋史卷454忠義附鄒測傳
張	瀚	明史卷225
張	鯨	明史卷305宦官
張	20騫	史記卷111附衛將軍驃騎傳 漢書卷61
張	瓌	南齊書卷24 南史卷31附張裕傳 宋史卷330
張	耀	北齊書卷25 明史卷133附曹良臣傳 明史卷295忠義
張	籍	舊唐書卷160 新唐書卷176附韓愈傳
張	礪	舊五史卷98晉書 遼史卷76
張	顥	宋史卷379
張	闡	宋史卷381
張	覺	宋史卷472姦臣附趙良嗣傳 金史卷133叛臣
張	鰲	明史卷133附沐亮傳
張	21霸	後漢書卷66
張	纂	魏書卷68附甄琛傳 北齊書卷25 北史卷55
張	鐸	宋史卷261
張	蘊	宋史卷350

十一畫

張

張	22讀	舊唐書卷149附張廱傳 新唐書卷161附張廱傳
張	篠	舊五代史卷90晉書附張筠傳 新五代史卷47雜傳附張筠傳
張	璨	舊五代史卷106漢書
張	鑄	宋史卷262
張	鑑	宋史卷277
張	黼	明史卷300外戚
張	23巖	宋史卷396
張	瓚	明史卷172
張	24讓	後漢書卷108宦者
張	25觀	宋史卷276 宋史卷282
張	續	梁書卷34附張緬傳 南史卷56附張弘策傳
張	27讜	魏書卷61 北史卷45 明史卷172
張	驥	
張	2又新	舊唐書卷149附張廱傳 新唐書卷175
張	九成	宋史卷374
張	九思	金史卷90 元史卷169
張	九齡	舊唐書卷99 新唐書卷126
張	3三丰	明史卷299方技
張	乞驢	金史卷121忠義附齊膺揚傳
張	山拊	漢書卷88儒林
張	山翁	宋史卷454忠義附高應松傳
張	大安	舊唐書卷63附張公謹傳 新唐書卷89附張公謹傳
張	大素	舊唐書卷68附張公謹傳
張	大經	宋史卷390
張	大節	金史卷97
張	子良	元史卷152
張	子信	北齊書卷49方技 北史卷89藝術
張	子蓋	宋史卷369附張俊傳
張	子麐	元史卷197孝友附孔全傳
張	士貴	舊唐書卷83 新唐書卷92
張	士隆	明史卷188
張	士遜	宋史卷311
張	士誠	明史卷123
張	士衡	舊唐書卷189上儒學 新唐書卷198儒學
張	4方平	宋史卷318
張	孔孫	元史卷174
張	仁愿	舊唐書卷93 新唐書卷111 舊五代史卷93晉書
張	日韜	明史卷192
張	巾宇	金史卷79
張	中孚	金史卷79
張	中彥	金史卷79
張	介然	舊唐書卷187下忠義 新唐書卷191忠義
張	介福	明史卷298隱逸
張	天綱	金史卷119
張	天錫	晉書卷86附張祚傳 魏書卷99附張寔傳
張	允伸	舊唐書卷180 新唐書卷212藩鎮
張	允登	明史卷292忠義

張

十一畫	張	允	濟	舊唐書卷185上良吏	張	文	謙	元史卷157
	張	允	素	舊唐書卷197循吏 舊唐書卷180 新唐書卷212落籍附 張允伸傳	張	文	禮	舊五代史卷62唐書
					張	文	寶	舊五代史卷68唐書
	張	公	謹	舊唐書卷68 新唐書卷89	張	文	瓘	舊唐書卷85 新唐書卷113
	張	公	藝	舊唐書卷188孝友附 劉君良傳	張	弓用	直	金史卷105
張	張	元	忭	明史卷283儒林附鄧 以讚傳	張	平	高	舊唐書卷57附劉文 靜傳
	張	元	亮	魏書卷71附江悅之 傳				新唐書卷88附裴寂 傳
	張	元	素	金史卷131方技	張	世	傑	宋史卷451忠義
	張	元	禎	明史卷184	張	立	道	元史卷167
	張	元	勳	明史卷212	張	以	寧	明史卷285文苑
	張	文	仲	舊唐書卷191方技 新唐書卷204方技附 甄權傳	張	甲	徵	明史卷219附張四維 傳
					張	白	澤	魏書卷24附張袞傳
	張	文	收	舊唐書卷85附張文 瓘傳 新唐書卷113附張文 瓘傳	張	令	鐸	宋史卷250
	張	文	表	宋史卷483湖南世家 附周行逢傳	張	四	知	明史卷253附程國祥 傳
	張	文	明	明史卷188	張	四	維	明史卷219
	張	文	規	舊唐書卷129附張延 賞傳 新唐書卷127附張嘉 貞傳	張	去	華	宋史卷306
					張	去	爲	宋史卷469宦者
	張	文	琮	舊唐書卷84附張文 瓘傳 新唐書卷113附張文 瓘傳	張	永	明	明史卷202
					張	永	德	宋史卷255
	張	文	詡	北史卷88隱逸 隋書卷77隱逸	張	正	見	陳書卷34文學 南史卷72文學
	張	文	�	明史卷284儒林附孔 希學傳	張	正	甫	舊唐書卷162
	張	文	蔚	舊唐書卷178附張禕 傳 舊五代史卷18梁書 新五代史卷35唐六 臣	張	正	常	明史卷299方技
					張	可	大	明史卷270
					張	可	仕	明史卷270附張可大 傳
					張	可	復	舊五代史卷131周書
	張	文	錦	明史卷200附蔡天祐 傳	張	玄	素	舊唐書卷75 新唐書卷103

金史卷83

張	玄	靖	魏書卷99附張袞傳
張	玄	靚	晉書卷86附張祚傳
張	弘	之	南史卷73孝義附卜天與傳
張	弘	至	明史卷180
張	弘	略	元史卷147附張柔傳
張	弘	策	梁書卷11 / 南史卷56
張	弘	靖	舊唐書卷129附張延賞傳 / 新唐書卷127附張嘉貞傳
張	弘	綱	元史卷165附張禧傳
張	弘	範	元史卷156
張	6 好	古	元史卷152附張晉亨傳
張	有	俊	明史卷292忠義附盧謙傳
張	名	振	舊唐書卷187下忠義附石演芬傳 / 新唐書卷193忠義
張	同	敞	明史卷213附張居正傳
張	至	發	明史卷253
張	存	敬	舊五代史卷20梁書 / 新五代史卷21梁臣
張	任	學	明史卷260
張	全	昌	明史卷239附張臣傳
張	全	義	舊五代史卷63唐書 / 新五代史卷45雜傳
張	安	世	漢書卷59附張湯傳
張	安	祖	魏書卷87節義 / 北史卷85節義
張	次	公	史記卷111附衛將軍驃騎傳 / 漢書卷55附霍去病傳
張	次	宗	舊唐書卷129附張延賞傳

新唐書卷127附張嘉貞傳

張	守	約	宋史卷350
張	守	珪	舊唐書卷103 / 新唐書卷133
張	仲	方	舊唐書卷99附張九齡傳 / 舊唐書卷171 / 新唐書卷126附張九齡傳
張	仲	武	舊唐書卷180 / 新唐書卷212藩鎮
張	仲	軻	金史卷129佞幸
張	行	成	舊唐書卷78 / 新唐書卷104
張	行	信	金史卷107
張	行	簡	金史卷106
張	光	前	明史卷242
張	光	奎	明史卷292忠義
張	光	晟	舊唐書卷127
張	光	輔	舊唐書卷90附豆盧欽望傳
張	汝	舟	明史卷289忠義附霍恩傳
張	汝	明	宋史卷348
張	汝	弼	金史卷83
張	汝	霖	金史卷83
張	7 利	一	宋史卷290附張耆傳
張	君	平	宋史卷326
張	吾	貴	魏書卷84儒林 / 北史卷81儒林
張	志	和	新唐書卷196隱逸
張	志	寬	舊唐書卷188孝友 / 新唐書卷195孝友
張	希	一	宋史卷290附張耆傳
張	希	崇	舊五代史卷88晉書 / 新五代史卷47雜傳

十一畫	張	希	復	舊唐書卷149附張薦傳
	張	克	公	宋史卷348附石公弼傳
	張	克	儉	明史卷292忠義
	張	克	勤	舊唐書卷141附張孝忠傳
張	張	克	戩	宋史卷446忠義
	張	伯	威	宋史卷456孝義
	張	伯	淳	元史卷173
	張	伯	儀	新唐書卷136附李光弼傳
	張	伯	鯨	明史卷267
	張	邦	昌	宋史卷475叛臣 金史卷77
	張	邦	奇	明史卷201
	張	邦	憲	金史卷123忠義附禹顯傳
	張	孝	秀	梁書卷51處士 南史卷76隱逸
	張	孝	忠	舊唐書卷141 新唐書卷143
	張	孝	起	明史卷279附朱天麟傳
	張	孝	祥	宋史卷389
	張	孝	傑	遼史卷110姦臣
	張	廷	珪	舊唐書卷101 新唐書卷118
	張	廷	裕	舊五代史卷65唐書
	張	廷	範	新唐書卷223下姦臣附柳璨傳
	張	廷	翰	宋史卷259 宋史卷271
	張	廷	藴	舊五代史卷94晉書 新五代史卷47雜傳
	張	延	師	新唐書卷111附張儉傳
	張	延	通	宋史卷274
	張	延	朗	舊五代史卷69唐書 新五代史卷26唐臣
	張	延	壽	漢書卷59附張湯傳
張	延	實	舊唐書卷129
張	延	播	舊五代史卷97晉書
張	延	賞	舊唐書卷129 新唐書卷127附張嘉貞傳
張	易之		舊唐書卷78附張行成傳 新唐書卷104附張行成傳
張	奇	化	明史卷271
張	秉	文	明史卷291忠義
張	佳	允	明史卷222
張	直	方	舊唐書卷180附張仲武傳 新唐書卷212藩鎮附張仲武傳
張	孟	男	明史卷221
張	定	和	北史卷78 隋書卷64
張	叔	夜	宋史卷353
張	季	珣	北史卷85節義附堯君素傳 隋書卷71誠節附堯君素傳
張	欣	泰	南齊書卷51 南史卷45附張興世傳
張	肯	堂	明史卷276
張	拔	都	元史卷151
張	旺	舅	元史卷197孝友
張	始	筠	魏書卷64附張彝傳
張	長	遜	舊唐書卷57附劉文靜傳（新唐書卷88作張長猻）
張	長	猻	新唐書卷88附裴寂傳（舊唐書卷57作張長遜）

				十一畫			
				張			

張 昌 宗 舊唐書卷78附張行成傳
新唐書卷104附張行成傳

張 昌 齡 舊唐書卷190上文苑
新唐書卷201文藝

張 居 正 明史卷213

張 居 翰 舊五代史卷72唐書
新五代史卷38宦者

張 忠 恕 宋史卷409

張 忠 輔 宋史卷448忠義

張 承 相 明史卷297孝義附張鈞傳

張 承 業 舊五代史卷72唐書
新五代史卷38宦者

張 承 廕 明史卷239附張臣傳

張 宗 之 魏書卷94閹官
北史卷92恩倖

張 宗 誨 宋史卷265附張齊賢傳

張 宗 演 元史卷202釋老

張 宗 璉 明史卷281循吏

張 宗 顏 宋史卷369

張 知 白 宋史卷310

張 知 玄 舊唐書卷185下良吏
附張知謇傳

張 知 泰 舊唐書卷185下良吏
附張知謇傳

張 知 晦 舊唐書卷185下良吏
附張知謇傳

張 知 默 舊唐書卷185下良吏
附張知謇傳

張 知 謇 舊唐書卷185下良吏
新唐書卷100

張 9柬 之 舊唐書卷91
新唐書卷120

張 郇 之 玄 宋史卷445文苑

張 胄 玄 北史卷89藝術
隋書卷78藝術

張 美 和 明史卷137附宋訥傳

張 建 封 舊唐書卷140
新唐書卷158

張 宣 軌 魏書卷68附甄琛傳

張 重 華 晉書卷86附張寔傳
魏書卷99附張軌傳

張 貞 觀 明史卷233

張 保 洛 北齊書卷19
北史卷53

張 保 續 宋史卷274

張 後 胤 舊唐書卷189上儒學
新唐書卷198儒學

張 後 覺 明史卷283儒林附尤
時熙傳

直 若 谷 宋史卷299

張 若 盧 舊唐書卷190中文苑
附賀知章傳

張 昭 允 宋史卷279附傅潛傳

張 昭 遠 宋史卷326

張 思 孝 元史卷197孝友

張 思 伯 北齊書卷44儒林
北史卷81儒林

張 思 明 元史卷177

張 思 鈞 宋史卷280

張 彥 方 明史卷142附陳彥回
傳

張 彥 弘 新唐書卷208宦者附
韓全晦傳

張 彥 成 舊五代史卷123周書

張 彥 超 舊五代史卷129周書

張 彥 澤 舊五代史卷98晉書
新五代史卷52雜傳

張 茂 宗 舊唐書卷141附張孝
忠傳
新唐書卷148附張孝
忠傳

張 茂 和 舊唐書卷141附張孝
忠傳

張 茂 直 宋史卷296

張 茂 度 宋史卷53(南史卷31
作張裕)

十一畫	張 茂 昭	舊唐書卷141附張孝忠傳	張 庭 堅 宋史卷346
		新唐書卷148附張孝忠傳	張 庭 瑞 元史卷167附張庭珍傳
	張 茂 則	宋史卷467宦者	張11通 古 金史卷83
	張10宴 之	北齊書卷35（北史卷43作張晏之）	張 雕 武 北史卷81儒林
	張 晏 之	北史卷43附張彝傳（北齊書卷35作張宴之）	張 乾 威 北史卷43附張彝傳（隋書卷66作張虔威）
張	張 盈 之	宋史卷303	張 商 英 宋史卷351
	張 特 立	金史卷128循吏 元史卷199隱逸	張 康 國 宋史卷351
	張 家 玉	明史卷278	張 赦 提 魏書卷89酷吏 北史卷87酷吏
	張 晉 亨	元史卷152	張 崇 貴 宋史卷466宦者
	張 神 武	明史卷271附童仲揆傳	張 淸 雅 明史卷297孝義
	張 唐 英	宋史卷351附張商英傳	張 問 達 明史卷241
	張 留 孫	元史卷202釋老附張宗演傳	張 惟 吉 宋史卷467宦者
	張 納 陛	明史卷231附顧允成傳	張 惟 孝 宋史卷412
	張 致 遠	宋史卷376	張 紹 祖 元史卷198孝友
	張 時 徹	明史卷201附張邦奇傳	張 紹 登 明史卷292忠義
	張 師 德	宋史卷306附張去華傳	張 從 正 金史卷131方技
	張 起 巖	元史卷182	張 從 吉 宋史卷276附張平傳
	張 虔 威	隋書卷66（北史卷43作張乾威）	張 從 恩 宋史卷254
	張 虔 釗	舊五代史卷74唐書	張 從 訓 舊五代史卷91晉書
	張 虔 誠	隋書卷66	張 從 賓 舊五代史卷97晉書
	張 振 秀	明史卷291忠義	張 國 紀 明史卷300外戚
	張 振 德	明史卷290忠義	張 國 欽 明史卷262附汪喬年傳
	張 泰 亨	元史卷166	張 國 勛 明史卷292忠義附張紹登傳
	張 泰 徵	明史卷219附張四維傳	張 國 維 明史卷276
	張 庭 珍	元史卷167	張 國 勳 明史卷294忠義附溫吉臣傳

張12進	之	宋書卷91孝義 南史卷73孝義
張	買 奴	北齊書卷44儒林 北史卷81儒林
張	堯 佐	宋史卷463外戚
張	須 陁	北史卷85節義 隋書卷71誠節
張	焜 芳	明史卷291忠義
張	雄 飛	元史卷163
張	華 原	北齊書卷46循吏 北史卷86循吏
張	惠 紹	梁書卷18 南史卷55
張	普 惠	魏書卷78 北史卷46
張	貽 憲	舊唐書卷178附張禍傳
張	敦 禮	宋史卷464外戚
張	善 安	舊唐書卷56附李子通傳 新唐書卷87附李子通傳
張	善 相	舊唐書卷187上忠義 新唐書卷191忠義附李育德傳
張	景 仁	北齊書卷44儒林 南史卷74孝義 北史卷81儒林 金史卷84
張	景 嵩	魏書卷94閹官附劉思逸傳 北史卷92恩倖附劉思逸傳
張	景 憲	宋史卷330
張13舜	民	宋史卷347
張	僅 言	金史卷133叛臣附張覺傳
張	楚 金	舊唐書卷187上忠義附張道源傳 新唐書卷191忠義附張道源傳
張	道 源	舊唐書卷187上忠義 新唐書卷191忠義
張	源 德	新五代史卷33死事

張	義 貞	舊唐書卷188孝友附梁文貞傳
張	慎 言	明史卷275
張	慎 思	舊五代史卷15梁書
張	萬 公	金史卷95
張	萬 進	舊五代史卷13梁書 舊五代史卷88晉書
張	萬 福	舊唐書卷152 新唐書卷170
張	敬 兒	南齊書卷25 南史卷45
張	敬 忠	新唐書卷111附張仁愿傳
張	敬 則	舊唐書卷144
張	敬 詢	舊五代史卷61唐書
張	敬 達	舊五代史卷70唐書 新五代史卷33死事
張14維	世	明史卷293忠義
張	漢 卿	明史卷192
張	僧 皓	魏書卷76附張烈傳
張	遠 遊	北史卷89藝術附由吾道榮傳
張	榮 實	元史卷166
張	齊 賢	新唐書卷199儒學 宋史卷265
張	嘉 貞	舊唐書卷99 新唐書卷127
張	嘉 祐	舊唐書卷99附張嘉貞傳 新唐書卷127附張嘉貞傳
張	鳳 奇	明史卷291忠義附鄧國昌傳
張	鳳 翮	明史卷294忠義附司五教傳
張	鳳 翼	明史卷257
張15毅	夫	舊唐書卷162附張正甫傳
張	履 旋	明史卷275附張慎言傳
張	敷 華	明史卷186

十一畫

張

張	憬	藏	舊唐書卷191方技 新唐書卷204方技附 袁天綱傳
張	養	浩	元史卷175
張	養	蒙	明史卷235
張	德	昌	明史卷239附張臣傳
張	德	勝	明史卷133
張	德	輝	元史卷163
張16興	世		宋書卷50 南史卷25
張	擇	行	宋史卷301
張	遵	誨	舊五代史卷61唐書
張	學	顏	明史卷222
張17濟	美		舊唐書卷178附張禕傳
張	應	治	明史卷215附路問禮傳
張	應	昌	明史卷239附張臣傳
張	薦	明	新五代史卷34一行
張	藏	英	宋史卷271
張18燮	憲		明史卷305宦官
張	歸	弁	舊五代史卷16梁書 新五代史卷22梁臣 附張歸霸傳
張	歸	厚	舊五代史卷16梁書 新五代史卷22梁臣 附張歸霸傳
張	歸	霸	舊五代史卷16梁書 新五代史卷22梁臣 附張歸霸傳
張19懷	義		魏書卷52附張湛傳
張	鵬	翼	明史卷294忠義
張	耀	靈	晉書卷86附張軌傳 魏書卷99附張寔傳
張	羅	彦	明史卷295忠義附張 羅俊傳
張	羅	俊	明史卷295忠義
張20釋	之		史記卷102 漢書卷50
張	蘊	古	舊唐書卷190上文苑
張	寶	積	南史卷32附張邵傳
張	繼	孟	明史卷295忠義
張	繼	祚	舊五代史卷96晉書
張	繼	能	宋史卷466宦者
張	獻	甫	舊唐書卷122附張獻 誠傳 新唐書卷133附張守 珪傳
張	獻	忠	明史卷309流賊
張	獻	恭	舊唐書卷122附張獻 誠傳 新唐書卷133附張守 珪傳
張	獻	誠	舊唐書卷122 新唐書卷133附張守 珪傳
張21鶴	鳴		明史卷257
張	鶴	騰	明史卷257附張鶴鳴 傳
張23巖	叟		金史卷97附張大節 傳
張24靈	符		魏書卷33附張蒲傳
張	萬	家奴	元史卷165

十二畫

琮　金史卷93
寮允　周書卷37附裴文舉傳
隁可　金史卷66
買奴　元史卷149附移剌捏兒傳
喜同　元史卷194忠義（即周喜同）
覃吉　明史卷304宦官附懷恩傳
減宣　史記卷122酷吏（前漢書卷90作咸宣）
鈍恩　金史卷67
閭孫　金史卷121忠義附訛里也傳
寒朗　後漢書卷71
揚雄　漢書卷87
跋黑　金史卷65
琴彭　明史卷289忠義
散達　金史卷67附桓毅傳
智緣　宋史卷462方技（目橾作智緣）
棧潛　三國魏志卷25附高堂隆傳
棗據　晉書卷92文苑
開濟　明史卷138
堵允錫　明史卷279
蛭拔寅　魏書卷87節義附冀提傳
雲定興　北史卷79附宇文述傳／隋書卷61附宇文述傳
湛若水　明史卷283儒林
掌禹錫　宋史卷294

萇從簡　舊五代史卷94晉書／新五代史卷47雜傳
黑齒常之　舊唐書卷109／新唐書卷110／諸夷蕃將
閔本　元史卷196忠義
閔珪　明史卷183
閔損　史記卷67仲尼弟子傳
都任　明史卷294忠義
都勝　明史卷166附王信傳
疏受　漢書卷71附疏廣傳
疏廣　漢書卷71
喻樗　宋史卷433儒林
喻希禮　明史卷207附薛侃傳
揓古刺　元史卷123
揓魯古　遼史卷112逆臣附重元傳（姓耶律）
揭重熙　明史卷278
揭傒斯　元史卷181
普寂　舊唐書卷191方技附神秀傳
普顏不花　元史卷196忠義
隋世昌　元史卷166
渾瑊　舊唐書134／新唐書155
渾鎬　舊唐書卷184附渾瑊傳／新唐書卷155附渾瑊傳
渾鐬　舊唐書卷134附渾瑊傳／新唐書卷155附渾瑊傳
堯雄　北齊書卷20／北史卷27附堯暄傳
堯暄　魏書卷42／北史卷27

十二畫

琮辜隁買喜覃減鈍閭寒揚跋琴散智棧棗開
堵蛭雲湛掌萇黑閔都疏喻揓揭普隋渾堯開

十二畫

堯屠甯遂答稑項富博強童單

姓	名	出處
堯	君素	北史卷85節義　隋書卷71誠節
屠	隆僑	明史卷288文苑附徐顯傳
屠	僑	明史卷202附周用傳
屠	應埈	明史卷287文苑附王慎中傳
甯	正	明史卷134
甯	成	史記卷122酷吏　漢書卷90酷吏
甯	猪狗	元史卷197孝友
遂	呆	明史卷307佞幸附門達傳
遂	中立	明史卷230
遂	魯曾	元史卷187
答	里麻	元史卷144
答	祿與權	明史卷136附崔亮傳
答	失八都魯	元史卷142
稑	含康	晉書卷89忠義附賚超傳　三國魏志卷21附王粲傳　晉書卷49
稑	紹	晉書卷89忠義
稑	穎	宋史卷298
項	羽	漢書卷31（即項籍）
項	忠	明史卷173
項	德	宋史卷453忠義附嗣復傳
項	安世	宋史卷397
富	弼	宋史卷313
富	直柔	宋史卷375
富	超庭	宋史卷313附富弼傳
富	嘉謨	舊唐書卷190中文苑　新唐書卷202文藝附
（尹元禮傳）		
博	爾尤	元史卷119
博	爾忽	元史卷119
博	羅歡	元史卷121
博	羅特穆爾	元史卷207逆臣（總目作孛羅帖木兒）
強	伸	金史卷111
強	珍	明史卷180
強	循	舊唐書卷185良吏　新唐書卷100附姜師度傳）
強	練	周書卷47藝術附褚該傳　北史卷89藝術
強	淵明	宋史卷356
童	恢	後漢書卷106循吏
童	貫	宋史卷468宦者
童	元鎮	明史卷47附李應祥傳
童	仲揆	明史卷271
童	漢臣	明史卷210附謝瑜傳
單	宇	明史卷164
單	超	後漢書卷108宦者
單	煦	宋史卷333
單	颺	後漢書卷112下方術
單	安仁	明史卷133
單	思仁	明史卷292忠義附梁志仁傳
單	雄信	新唐書卷84附李密傳

單	道	開	晉書卷95藝術
游		元	北史卷85節義 隋書卷71誠節
游		似	宋史卷417
游		雅	魏書卷54 北史卷34
游		酢	宋史卷428道學
游		肇	魏書卷55附游明根傳
游	仲	鴻	宋史卷400
游	明	根	魏書卷55 北史卷34附游雅傳
游	師	雄	宋史卷332
舒		元	宋史卷478南唐世家 附李景傳
舒		化	明史卷220
舒		芬	明史卷179
舒		雅	宋史卷441文苑附吳淑傳
舒		亶	宋史卷329
舒		璘	宋史卷410附沈渙傳
舒	元	輿	舊唐書卷169 新唐書卷179
舒	弘	緒	明史卷233附李獻可傳
景		丹	後漢書卷52
景		泰	宋史卷326
景		清	明史卷141
景		進	新五代史卷37伶官
景		範	舊五代史卷127周書
景		鸞	後漢書卷109下儒林
景	延	廣	舊五代史卷88晉書 新五代史卷29晉臣
景	思	立	宋史卷452忠義附景思忠傳
景	思	忠	宋史卷452忠義

盛		彥	晉書卷88孝友
盛		度	宋史卷292
盛		景	明史卷162附倪敬傳
盛		昭	元史卷194忠義
盛		陶	宋史卷347
盛		庸	明史卷144
盛		寅	明史卷299方技
盛		顒	明史卷162附楊瑄傳
盛	以	弘	明史卷243附孫慎行傳
盛	以	恆	明史卷293忠義
盛	彥	師	舊唐書卷69附薛萬徹傳 新唐書卷94附薛萬均傳
盛	端	明	明史卷307佞幸附顧可學傳
盛	應	期	明史卷223
焦		先	三國魏志卷11附管寧傳
焦		旭	金史卷97
焦		芳	明史卷306閹黨
焦		度	南齊書卷30 南史卷46
焦		竑	明史卷288文苑
焦		嵩	晉書卷89忠義附麴允傳
焦		禮	明史卷156
焦	守	節	宋史卷261附焦繼勳傳
焦	源	清	明史卷264附焦源溥傳
焦	源	溥	明史卷264
焦	養	直	元史卷164
焦	德	裕	元史卷153

焦	機	勗	宋史卷261
喬		宇	明史卷194
喬		侃	舊唐書卷190中文苑附喬知之傳
喬		備	舊唐書卷190中文苑附喬知之傳
喬		琳	舊唐書卷127新唐書卷224下叛臣
喬		彝	元史卷194忠義
喬	一	琦	明史卷247附劉綎傳
喬	允	升	明史卷254
喬	行	簡	宋史卷417
喬	知	之	舊唐書卷190中文苑
喬	若	雯	明史卷291忠義
喬	執	中	宋史卷347
喬	智	明	晉書卷90良吏
喬	維	岳	宋史卷307
喬	璧	星	明史卷229附艾穆傳
費		于	魏書卷44
費		宏	明史卷193
費		直	漢書卷88儒林
費		寀	明史卷193附費宏傳
費		詩	三國蜀志卷11或41
費		瑄	明史卷193附費宏傳
費		聚	明史卷131
費		禕	三國蜀志卷14或44
費		震	明史卷138附楊思義傳
費		穆	魏書卷44附費于傳北史卷50
費		瑮	明史卷155

費	子	賢	明史卷134附金興旺傳
費	長	房	後漢書卷112下方術
費	曾	謀	明史卷293忠義附劉振之傳
費	懋	中	明史卷193附費宏傳
費	懋	賢	明史卷193附費宏傳
湯		沐	明史卷206附馬祿傳
湯		宗	明史卷150
湯		和	明史卷126
湯		芬	明史卷276附朱繼祚傳
湯		漢	宋史卷438儒林
湯		霖	元史卷198孝友
湯		鼎	明史卷180
湯		璹	宋史卷411
湯	九	州	明史卷269
湯	文	瓊	明史卷295忠義
湯	兆	京	明史卷236
湯	克	寬	明史卷212附俞大猷傳
湯	思	退	宋史卷371
湯	紹	恩	明史卷281循吏
湯	開	遠	明史卷258
湯	禮	敬	明史卷188
湯	顯	祖	明史卷230
陽		尼	魏書卷72北史卷47
陽		固	魏書卷72附陽尼傳北史卷47附陽尼傳
陽		晏	新唐書卷156附陽惠元傳
陽		城	舊唐書卷192隱逸新唐書卷194卓行

十二畫

喬費湯陽

陽		球	後漢書卷107酷吏
陽		㢟	魏書卷72附陽尼傳
陽		雄	周書卷44 北史卷66
陽		斐	北齊書卷42 北史卷47附陽尼傳
陽		裕	晉書卷109前燕載記
陽		嶠	舊唐書卷185下良吏 新唐書卷130
陽		鶩	晉書卷111前燕載記
陽		藻	魏書卷72附陽尼傳 北史卷 7附陽尼傳
陽	元	景	北史卷47附陽尼傳
陽	休	之	北齊書卷42 北史卷47附陽尼傳
陽	孝	本	宋史卷458隱逸
陽	惠	元	舊唐書卷144 新唐書卷156
陽	黑	頭	南史卷73孝義附时 延伯傳
華		陀	後漢書卷112下方術 三國魏志卷29方技
華		表	晉書卷44
華		岳	宋史卷455忠義
華		恆	晉書卷44附華表傳
華		秋	北史卷84孝行 隋書卷72孝義
華		高	明史卷130
華		混	晉書卷44附華表傳
華		皎	陳書卷20 南史卷68
華		敏	明史卷164附聊鼠傳
華		軼	晉書卷61
華		歆	三國魏志卷13
華		鈺	明史卷237
華		廙	晉書卷44附華表傳

華		嶠	晉書卷44附華表傳
華		薈	晉書卷44附華表傳
華		覈	三國吳志卷20或65
華		譚	晉書卷52
華		寶	南齊書卷55孝義 南史卷73孝義
華	允	誠	明史卷258
華	雲	龍	明史卷130
華	溫	琪	舊五代史卷90晉書 新五代卷47雜傳
彭		二	明史卷 42附張鳳傳
彭		宣	漢書卷71
彭		修	後漢書卷111獨行
彭		乘	宋史卷293
彭		倫	明史卷166
彭		時	明史卷176
彭		羕	三國蜀志卷10或40
彭		偃	舊唐書卷127
彭		清	明史卷174
彭		越	史記卷90 漢書卷34
彭		勗	明史卷161
彭		華	明史卷168附萬安傳
彭		程	明史卷180
彭		瑜	宋史卷456孝義
彭		韶	明史卷183
彭		樂	北史卷53
彭		誼	明史卷159
彭		澤	明史卷198

十二畫	彭	龍	後漢書卷42
	彭汝	方	宋史卷346附彭汝礪傳
	彭汝	霖	宋史卷346附彭汝礪傳
	彭汝	實	明史卷208
	彭汝	礪	宋史卷346
	彭思	永	宋史卷320
彭曾	彭庭	堅	元史卷195忠義
	彭期	生	明史卷278附楊廷麟傳
	彭景	直	新唐書卷199儒學
	彭震	龍	宋史卷454忠義附鄒㵢傳
	彭遵	古	明史卷231附顧允成傳
	彭龜	年	宋史卷393
	曾	布	宋史卷471姦臣
	曾	悫	宋史卷448忠義
	曾	泉	明史卷231循吏
	曾	悟	宋史卷448忠義附曾忘傳
	曾	狎	明史卷209附馮恩傳
	曾	開	宋史卷382附曾幾傳
	曾	參	史記卷67仲尼弟子傳
	曾	幾	宋史卷382
	曾	鈞	明史卷203
	曾	篤	明史卷278附曾亨應傳
	曾	鼎	明史卷296孝義附錢瑛傳
	曾	誕	宋史卷345附鄒浩傳
	曾	蒧	史記卷67仲尼弟子
	曾	肇	宋史卷319附曾鞏傳
	曾	銑	明史卷204
	曾	鞏	宋史卷319
	曾	德	元史卷193孝友
	曾	魯	明史136
	曾	翬	明史卷159附李棠傳
	曾	潛	明史卷142附馮宣傳
	曾	櫻	明史卷276
	曾	覿	宋史卷470佞幸
	曾	鑑	明史卷185
曾三	曾三	復	宋史卷415
	曾三	聘	宋史卷422
	曾公	亮	宋史卷312
	曾同	亨	明史卷220
	曾亨	應	明史卷278
	曾孝	序	宋史卷453忠義
	曾孝	寬	宋史卷312附曾公亮傳
	曾孝	廣	宋史卷312附曾公亮傳
	曾孝	蘊	宋史卷312附曾公亮傳
	曾秉	正	明史卷139附茹太素傳
	曾叔	卿	宋史卷459卓行
	曾和	應	明史卷278附曾亨應傳
	曾致	堯	宋史卷441文苑
	曾乾	亨	明史卷220附曾同亨傳
	曾從	龍	宋史卷419
	曾異	撰	明史卷288文苑附曾學佺傳 明史卷295忠義附張繼傳

曾	鳳韶	明史卷143附黃鉞傳
曾	質粹	明史卷284儒林附孔希學傳
賀	邵	三國吳志卷20或65
賀	泥	魏書卷83上外戚附賀訥傳
賀	革	梁書卷48儒林附賀瑒傳 南史卷62附賀瑒傳
賀	祉	元史卷166
賀	迷	魏書卷83上外戚 北史卷80外戚
賀	悅	魏書卷83上外戚附賀訥傳
賀	訥	魏書卷83上外戚 北史卷80外戚
賀	循	晉書卷68
賀	琛	梁書卷38 南史卷62附賀瑒傳
賀	弼	北史卷68附賀若敦傳
賀	勝	元史卷179
賀	欽	明史卷283儒林
賀	瑒	梁書卷48儒林 南史卷62
賀	煬	明史卷164附張昭傳
賀	齊	三國吳志卷15或60
賀	誠	明史卷270附賀虎臣傳
賀	誼	北史卷68附賀若敦傳
賀	盧	魏書卷83上外戚附賀訥傳
賀	瓌	舊五代史卷23梁書 新五代史卷22梁臣
賀	鑄	宋史卷443文苑
賀	讚	明史卷270附賀虎臣傳
賀	龍	明史卷273附左良玉傳
賀	人傑	元史卷169

賀	令圖	宋史卷463外戚
賀	世賢	明史卷271
賀	狄干	魏書卷28 北史卷20
賀	虎臣	明史卷270
賀	知章	舊唐書卷190中文苑 新唐書卷196隱逸
賀	拔允	北史卷19 周書卷14附賀拔勝傳 北史卷49
賀	拔仁	北史卷53附張保洛傳
賀	拔岳	魏書卷80附賀拔勝傳 周書卷14附賀拔勝傳 北史卷49附賀拔允傳
賀	拔勝	魏書卷80 周書卷14 北史卷49附賀拔允傳
賀	若敦	周書卷28 北史卷68
賀	若弼	北史卷68附賀若敦傳 隋書卷52
賀	若誼	北史卷68附賀若敦傳 隋書卷39
賀	惟忠	宋史卷273
賀	逢聖	明史卷264
賀	揚庭	金史卷97
賀	朝萬	舊唐書卷190中文苑附賀知章傳
賀	德仁	舊唐書卷190上文苑 新唐書卷201文藝
賀	德倫	舊五代史卷21梁書 新五代史卷44雜傳
賀	德基	陳書卷33儒林附鄭灼傳 南史卷71儒林附鄭灼傳

十二畫

賀

庚

賀	蔞	詮	北史卷73附賀婁子幹傳
賀	婁	子幹	北史卷73 隋書53
賀	蘭	祥	周書卷20 北史卷61
賀	蘭	蘭棲真	宋史卷462方技
庚		希	晉書卷73附庾亮傳
庚		冰	晉書卷73附庾亮傳
庚		易	南齊書卷54高逸 南史卷50
庚		抱	舊唐書卷190上文苑 新唐書卷201文藝附賀蒍仁傳
庚		珉	晉書卷50附庾峻傳
庚		亮	晉書卷73
庚		持	陳書卷34文學 南史卷73孝義附庾道愍傳
庚		信	周書卷41 北史卷83文苑
庚		乘	後漢書卷98附郭太傳
庚		峻	晉書卷50
庚		純	晉書卷50
庚		倏	晉書卷73附庾亮傳
庚		悅	宋書卷52 南史卷35
庚		勇	晉書卷50附庾純傳
庚		彬	晉書卷73附庾亮傳
庚		袞	晉書卷88孝友
庚		域	梁書卷11 南史卷56
庚		琛	晉書卷93外戚
庚		準	舊唐書卷118 新唐書卷145附楊炎傳

庚		楷	晉書卷84
庚		詵	梁書卷51處士 南史卷76隱逸
庚		敳	晉書卷50附庾峻傳
庚		革	梁書卷53良吏 南史卷49附庾杲之傳
庚		震	南史卷73孝義附庾叔羆傳
庚		質	北史卷89藝術附庾季才傳 隋書卷78藝術附庾季才傳
庚		懌	晉書卷73附庾亮傳
庚		羲	晉書卷73附庾亮傳
庚		導	魏書卷71附江悅之傳
庚		翼	晉書卷73附庾亮傳
庚		龢	晉書卷73附庾亮傳
庚		闡	晉書卷92文苑
庚	子	輿	南史卷56附庾域傳
庚	弘	遠	南史卷35附庾悅傳
庚	自	直	北史卷83文苑 隋書卷76文學
庚	自	仲文	南史卷35附庾悅傳（宋書卷53作庾炳之）
庚	仲	容	梁書卷50文學 南史卷35附庾悅傳
庚	於	陵	梁書卷49文學 南史卷50附庾易傳
庚	沙	彌	梁書卷47孝行 南史卷73孝義附庾道愍傳
庚	杲	之	南齊書卷84 南史卷49
庚	季	才	北史卷89藝術 隋書卷78藝術
庚	承	先	梁書卷51處士 南史卷76隱逸

十二畫

庾傅

庾　肩　吾　梁書卷49文學附庾於陵傳／南史卷50附庾易傳
庾　炳　之　宋書卷53附庾登之傳(南史卷35作庾仲文)
庾　登　之　宋書卷53／南史卷35附庾悅傳
庾　業　延　魏書卷28／北史卷20
庾　敬　休　舊唐書卷187下忠義／新唐書卷161
庾　道　愍　南史卷73孝義
庾　黔　婁　梁書卷47孝行／南史卷50附庾易傳
傅　5玄　晉書卷47
傅　永　魏書卷70／北史卷45
傅　6伏　北齊書卷41／北史卷53
傅　7求　宋史卷330
傅　8歧　梁書卷12／南史卷70循吏附傅琰傳
傅　9俊　後漢書卷52
傅　咸　晉書卷47附傅玄傳
傅　宣　晉書卷47附傅玄傳
傅　亮　宋書卷43／南史卷15
傅　昭　梁書卷26／南史卷60
傅　映　梁書卷26附傅昭傳／南史卷60附傅昭傳
傅　弈　舊唐書卷79／新唐書卷107
傅　冠　明史卷264附賀逢聖傳
傅　10祇　晉書卷47附傅玄傳
傅　准　周書卷48附蕭詧傳
傅　珪　明史卷184

傅　11梅　明史卷241附張問達傳
傅　12喜　漢書卷82
傅　隆　宋書卷55／南史卷15附傅亮傳
傅　琰　南齊書卷53良政／南史卷70循吏
傅　13寬　史記卷98／漢書卷41
傅　楫　宋史卷348
傅　14暢　晉史卷47附傅玄傳
傅　15嘏　三國魏志卷21
傅　毅　後漢書卷110上文苑
傅　敷　晉書卷47附傅玄傳
傅　潛　宋史卷279
傅　察　宋史卷446忠義
傅　16縡　陳書卷30／南史卷69
傅　融　魏書卷70附傅堅眼傳
傅　17燮　後漢書卷88
傅　橄　明史卷297孝義
傅　19瀚　明史卷184
傅　4介　子　漢書卷70
傅　仁　均　舊唐書卷79
傅　友　德　明史卷129
傅　文　驥　魏書卷70附傅堅眼傳
傅　5弘　之　宋書卷48／南史卷16
傅　可　知　明史卷294忠義附馮雲路傳
傅　6作　霖　明史卷280附何騰蛟傳
傅　汝　為　明史卷262附楊文岳傳
傅　好　禮　明史卷237

十二畫	傅 7伯	戌	宋史卷415
	傅 良	弼	新唐書卷148附牛元翼傳
	傅 希	摯	明史卷223附吳桂芳傳
傅	傅 8宗	龍	明史卷262
程	傅 9思	讓	宋史卷275附郭密傳
	傅12朝	佑	明史卷258
	傅 堯	俞	宋史卷341
	傅13敬	和	魏書卷70附傅豎眼傳
	傅 愼	微	金史卷128循吏
	傅 鼎	詮	明史卷278附揭重熙傳
	傅 遊	藝	舊唐書卷186上酷吏 新唐書卷223上姦臣
	傅15豎	眼	魏書卷70 北史卷45
	傅17應	禎	明史卷229
	傅24靈	越	魏書卷70附傅豎眼傳
	傅 鑾	慶	魏書卷70附傅豎眼傳
	程 4文		元史卷190儒學附陳旅傳
	程 6羽		宋史卷262
	程	异	舊唐書卷135 新唐書卷168
	程 8秉		三國吳志卷8或53
	程 松		宋史卷396
	程 迪		宋史卷447忠義附唐重傳
	程 昉		宋史卷468宦者
	程 9昱		三國魏志卷14
	程 珌		宋史卷422
	程 信		明史卷172
	程 迥		宋史卷437儒林

程	10振		宋史卷357
程	俱		宋史卷415文苑
程	徐		明史卷139附綵唐傳
程	11宗		金史卷105
程	通		明史卷143
程	紹		明史卷242
程	12普		三國吳志卷10或55
程	曾		後漢書卷109下儒林
程	琳		宋史卷388
程	13戡		宋史卷292
程	瑀		宋史卷381
程	14遜		舊五代史卷93晉書
程	15鄭		史記卷129貨殖 漢書卷91貨殖
程	頤		宋史卷427道學
程	輝		金史卷95
程	震		金史卷110
程	16曉		三國魏志卷14附程昱傳
程	衢		晉書卷45
程	龍		明史卷269附陳于王傳
程	17駿		魏書卷60 北史卷40
程	濟		明史卷143附牛景先傳
程	21顥		宋史卷427道學
程	22權		舊唐書卷143附程日華傳 新唐書卷213落鑰附程日華傳
程 3千	里		舊唐書卷187下忠義 新唐書卷193忠義
程 大	昌		宋史卷433儒林

程 4之	邵	宋史卷353	
程 公	許	宋史卷415	
程 日	華	舊唐書卷143 新唐書卷213灤鐵	
程 元	振	舊唐書卷184宦官 新唐書卷207宦者	
程 元	鳳	宋史卷418	
程 文	季	陳書卷10附程靈洗傳 南史卷67附程靈洗傳	
程 文	德	明史卷283儒林附羅洪先傳	
程 5本	立	明史卷143	
程 7克	仁	明史卷284儒林附孔希學傳	
程 良	籌	明史卷294忠義	
程 8知	節	舊唐書卷68 新唐書卷90	
程 9思	廉	元史卷163	
程 10師	孟	宋史卷331 宋史卷426循吏	
程 務	挺	舊唐書卷83 新唐書卷111	
程 袁	師	新唐書卷195孝友	
程 俱	羅	新唐書卷195孝友附侯知道傳	
程 11啓	充	明史卷206	
程 敏	政	明史卷286文苑	
程 國	祥	明史卷253	
程 接	道	明史卷284儒林附孔希學傳	
程 13鉅	夫	元史卷172	
程 道	壽	明史卷294忠義附程良籌傳	
程 14嘉	燧	明史卷288文苑附唐時升傳	
程 福	贇	舊五代史卷95晉書 新五代史卷34一行	
程 端	學	元史卷190儒學附韓性傳	
程 端	禮	元史卷190儒學附韓性傳	
程 15德	玄	宋史卷309	
程 19懷	直	舊唐書卷143附程日華傳 新唐書卷213灤鐵附程日華傳	
程 懷	信	新唐書卷213灤鐵附程日華傳	
程 24靈	虯	魏書卷60附程駿傳	
程 靈	洗	陳書卷10 南史卷67	
馮	3三	元史卷195忠義附丑閭傳	
馮	4元	宋史卷294	
馮	5立	漢書卷79附馮奉世傳 舊唐書卷187上忠義 新唐書卷191忠義附敬君弘傳	
馮	玉	舊五代史卷89晉書 新五代史卷56雜傳	
馮	6伉	新唐書卷189下儒學 新唐書卷161	
馮	吉	宋史卷439文苑	
馮	8定	舊唐書卷168附馮宿傳 新唐書卷177附馮宿傳	
馮	京	宋史卷317	
馮	9衍	後漢書卷58	
馮	昱	北史卷73附劉行傳 隋書卷53附劉行傳	
馮	亮	魏書卷90逸士 北史卷88隱逸	
馮	拯	宋史卷285	
馮	保	明史卷305宦官	
馮	10唐	史記卷102 漢書卷50	
馮	豹	後漢書卷58下附馮衍傳	
馮	統	晉書卷39	

十二畫

程 馮

十二畫	馮	修	魏書卷83上外戚附馮熙傳	馮	15魴	後漢書卷68
	馮	益	舊唐書卷109 新唐書卷110諸夷蕃將	馮	審	舊唐書卷168附馮宿傳 新唐書卷177附馮宿傳
	馮	恩	明史卷209	馮	澥	宋史卷371
馮	馮	11逸	漢書卷79附馮奉世傳	馮	16穆	魏書卷83外戚附馮熙傳
	馮	參	漢書卷79附馮奉世傳	馮	遷	周書卷11附晉蕩公護傳 北史卷57附邵惠公顥傳
	馮	偉	北齊書卷44儒林 北史卷81儒林			
	馮	宿	舊唐書卷168 新唐書卷177	馮	17諡	宋史卷478南唐世家附李景傳
	馮	堅	明史卷139	馮	18璧	金史卷110
	馮	12異	後漢書卷47	馮	19贇	新五代史卷27唐臣附朱弘昭傳
	馮	跋	晉書卷125北燕載記 魏書卷97(自稱海夷馮跋) 北史卷93僭偽附廝 北燕	馮	23瓚	宋史卷270
				馮 3子	咸	明史卷216附馮琦傳
				馮 子	振	元史卷190儒學附陳孚傳
	馮	景	周書卷22 北史卷63	馮 子	琮	北齊書卷40 北史卷55
	馮	勝	明史卷129	馮 子	猷	新唐書卷110諸夷滿將附馮益傳
	馮	貴	明史卷154附陳洽傳	馮 4文	通	魏書卷97附海夷馮跋傳 北史卷93僭偽附廝 北燕附馮跋傳
	馮	智	明史卷154附陳洽傳			
	馮	琦	明史卷216	馮 文	智	宋史卷461方技
	馮	傑	明史卷289忠義附吳景傳	馮 元	淑	舊唐書卷185上良吏附馮元常傳 新唐書卷112附馮元常傳
	馮	13勤	後漢書卷56			
	馮	熙	魏書卷83上外戚 北史卷80	馮 元	常	舊唐書卷185上良吏 新唐書卷112
	馮	暉	舊五代史卷125周書 新五代史卷49雜傳	馮 元	興	魏書卷79 北史卷46
	馮	道	舊五代史卷126周書 新五代史卷54雜傳	馮 元	颺	明史卷257附馮元飆傳
	馮	14緄	後漢書卷68	馮 元	飆	明史卷257
	馮	誕	魏書卷83上外戚附馮熙傳	馮 5去	非	宋史卷425
	馮	禎	明史卷145	馮 生	虞	明史卷233附何選傳

馮弘	鐸	新唐書卷193附張雄傳
馮世基		隋書卷46附張晏傳
馮世寧		宋史卷468宦者
馮6守禮		明史卷91忠義附邢應鷴傳
馮行己		宋史卷285附溫拯傳
馮行可		明史卷209附馮恩傳
馮行襲		新唐書卷186附劉巨容傳
馮7仲己		舊五代史卷15梁書 新五代史卷42雜傳 宋史卷285附溫拯傳
馮成益		宋史卷469宦者
馮延登		金史卷124忠義
馮8奉世		漢書卷79
馮河清		舊唐書卷125附張鎰傳 新唐書卷147
馮10師孔		明史卷263
馮素弗		晉書卷125北燕載記附馮跋傳
馮時可		明史卷209附馮恩傳
馮11野王		漢書卷79附馮奉世傳
馮國用		明史卷129附馮勝傳
馮從吾		明史卷243
馮惟訥		明史卷216附馮琦傳
馮康國		宋史卷375
馮12景隆		明史卷229附劉臺傳
馮雲路		明史卷294忠義
馮智戴		新唐書卷110諸夷蕃將附馮盎傳
馮13道根		梁書卷18 南史卷55
馮14慈明		北史卷55附馮子琮傳 隋書卷71誠節
馮17應京		明史卷237
馮20繼業		宋史卷253
黃4允		後漢書卷89附郭太傳
黃中		宋史卷382
黃亢		宋史卷442文苑
黃介		宋史卷452忠義
黃友		宋史卷452忠義
黃5申		宋史卷454忠義
黃6回		宋書卷83 南史卷40
黃亘		隋書卷68附何稠傳
黃7佐		明史卷287文苑
黃宏		明史卷289忠義
黃8昌		後漢書卷107酷吏
黃忠		三國蜀志卷6或36
黃泓		晉書卷95藝術
黃直		明史卷207附楊名傳
黃9香		後漢書卷110上文苑
黃庠		宋史卷443文苑附孫唐卿傳
黃洽		宋史卷387
黃度		宋史卷393
黃珂		明史卷185
黃10溍		元史卷196忠義
黃11裳		隋書卷68附何稠傳
黃巢		舊唐書卷200下 新唐書卷225下逆臣

十二畫

馮黃

十二畫	黃	晞	宋史卷458隱逸
	黃	彬	明史卷131
	黃	淮	明史卷147
	黃	絃	明史卷185
	黃	綱	明史卷263附馮師孔傳
	黃	釧	明史卷290忠義
	黃	12皓	三國蜀志卷9或39附董允傳
	黃	寔	宋史卷354
	黃	13歇	史記卷78 (即春申君)
	黃	琬	後漢書卷91附黃瓊傳
	黃	廉	宋史卷347
	黃	溍	元史卷181
	黃	鉞	明史卷143
	黃	14蓋	三國吳志卷10或55
	黃	碣	新唐書卷193忠義
	黃	裳	宋史卷393
	黃	榦	宋史卷430道學朱氏門人
	黃	魁	明史卷141附陳迪傳
	黃	福	明史卷154
	黃	縉	明史卷197 明史卷206附葉盛聰傳
	黃	15履	宋史卷323
	黃	震	宋史卷303 宋史卷438儒林
	黃	潛	宋史卷423
	黃	翬	明史卷189
	黃	輝	明史卷288文苑附焦竑傳
黃	16憲		後漢書卷83
黃	澤		元史卷189儒學 明史卷164
黃	龍		明史卷271
黃	17謙		明史卷142附顏伯瑋傳
黃	18鎬		明史卷157
黃	19瓊		後漢書卷94
黃	繪		宋史卷393
黃	璽		明史卷297孝義
黃	贇		元史卷198孝友 (總目贇作贒)
黃	21霸		史記卷96附張蒼傳 漢書卷89循吏
黃	22權		三國蜀志卷13或43
黃	鑑		宋史卷442文苑
黃	24灝		宋史卷430道學朱氏門人
黃	25觀		明史卷143
黃	27驥		明史卷164附弋謙傳
黃 3久	約		金史卷96
黃 士	俊		明史卷353附張至發傳
黃 子	澄		明史卷141
黃 大	鵬		明史卷277附鄭為虹傳
黃 4孔	昭		明史卷158
黃 公	諒		新唐書卷79附薛王元嘉傳
黃 文	政		宋史卷454忠義附劉子羽傳
黃 文	靖		舊五代史卷19梁書
黃 世	清		明史卷294忠義
黃 正	色		明史卷207附張逛傳
黃 正	賓		明史卷233附羅大紘傳

黃 6 仲 昭	明史卷179		
黃 夷 簡	宋史卷441文苑		
黃 7 希 范	明史卷143附程通傳		
黃 伯 思	宋史卷443文苑		
黃 克 纘	明史卷256		
黃 8 法 氍	陳書卷11 南史卷66		
黃 宗 昌	明史卷258附毛羽健傳		
黃 宗 明	明史卷197		
黃 宗 載	明史卷158		
黃 9 信 中	明史卷281循吏附謝子襄傳		
黃 彥 清	明史卷143附程通傳		
黃 10 庭 堅	宋史卷444文苑		
黃 祖 舜	宋史卷386		
黃 師 雍	宋史卷424		
黃 11 得 功	明史史268		
黃 紹 杰	明史卷258		
黃 淳 曜	明史卷282儒林		
黃 淵 曜	明史卷282儒林附黃淳曜傳		
黃 12 景 昉	明史卷251附蔣德璟傳		
黃 尊 素	明史卷245		
黃 13 葆 光	宋史卷348		
黃 道 周	明史卷255		
黃 道 賢	元史卷198孝友		
黃 14 端 伯	明史卷275附高倬傳		
黃 鳳 翔	明史卷216		
黃 15 潤 玉	明史卷161		

黃 潛 善	宋史卷473姦臣		
黃 德 輿	宋史卷456孝義附羅居通傳		
黃 16 龜 年	宋史卷381		
黃 17 應 甲	明史卷212附李錫傳		
黃 19 疇 若	宋史卷415		
黃 20 覺 經	元史卷197孝友附羊仁傳		
黃 摑 九 住	金史卷122忠義		
黃 摑 敵 古 本	金史卷81		

十二畫

黃

十三畫

道　同　明史卷140

道　童　元史卷144

道　濟　金史卷80

慎　到　史記卷74

慎　知　禮　宋史卷277

慎　從　吉　宋史卷277附慎知禮傳

廉　范　後漢書卷61

廉　頗　史記卷81

廉　希　賢　元史卷126附廉希憲傳

廉　希　憲　元史卷126

奧　魯　赤　元史卷131

奧　屯　襄　金史卷103

奧　屯　世　英　元史卷151

奧　屯　忠　孝　金史卷104

奧　敦　醜　和　尚　金史卷122忠義

達　雲　明史卷239

達　奚　武　周書卷19　北史卷65

達　奚　寔　周書卷29　北史卷66

達　奚　震　周書卷19附達奚武傳

達　奚　長　儒　北史卷73　隋書卷53

達　識　帖　睦　爾　元史卷140

斬　昂　元史卷198孝友

斬　歆　史記卷93　漢書卷41

斬　聖　居　明史卷294忠義附段復興傳

斬　德　進　元史卷203方技

斬　學　曾　明史卷214附斬學顏傳

晴　伯　元史卷133

毅　英　金史卷72（本名撻懶）

雍　泰　明史卷186

酬　斡　金史卷121忠義附漢忽得傳

萬　章　漢書卷92游俠

僑　不　疑　漢書卷71

端　安　民　金史卷118

訾　汝　道　元史卷197孝友

蜀　卓　氏　漢書卷91貨殖

裘　承　詢　宋史卷456孝義

瑕　丘　江　公　漢書卷88儒林

鳩　摩　羅　什　晉書卷95藝術

滑　哥　遼史卷112逆臣（姓耶律）

滑　壽　明史卷299方技

睦　倕　梁書卷27

睦　豫　北齊書卷45文苑附顏之推傳

義　福　舊唐書卷191方技附神秀傳

義　縱　史記卷122酷吏　漢書卷90酷吏

愛　申　金史卷123忠義

愛　魯　元史卷122附昔里鈐部傳

愛　薛　元史卷134

隗　炤　晉書卷95藝術

隗　禧　三國魏志卷13附王朗傳

隗　囂　後漢書卷43

			出處
斬	學	顏	明史卷214
斬	懷	德	宋史卷309
楚		衍	宋史卷462方技
楚		智	明史卷142附羅能傳
楚		鼎	元史卷166
楚	田	仲	漢書卷92附朱家傳
楚	芝	蘭	宋史卷461方技傳
楚	建	中	宋史卷331
楚	昭	輔	宋史卷257
楚	鐨	功	明史卷271附金日觀傳
詹		同	明史卷136
詹		枀	明史卷200
詹		濚	明史卷289附霍恩傳
詹	天	顏	明史卷279附樊一蘅傳
詹	仰	庇	明史卷215
詹	兆	恆	明史卷278
詹	良	臣	宋史卷446忠義
詹	爾	選	明史卷253
詹	體	仁	宋史卷393
塔		本	元史卷124
塔		出	元史卷133 / 元史卷135
塔		思	元史卷119附木華黎傳
塔		海	元史卷122附鐵邁赤傳
塔	里	赤	元史卷135
塔	不	也	金史卷106
塔	不	己 兒	元史卷123
塔	塔	兒 台	元史卷119附木華黎傳
塔	塔	統 阿	元史卷124
塔	海	帖 本 兒	元史卷135
塔	察	兒 脫 脫	元史卷119附博爾忽傳
源		休	舊唐書卷127
源		洧	舊唐書卷98附源乾曜傳 / 新唐書卷127附源乾曜傳
源		師	北史卷28附源質傳 / 隋書卷66
源		彪	北齊書卷43 / 北史卷28附源賀傳
源		賀	魏書卷41 / 北史卷28
源		雄	北史卷28附源賀傳 / 隋書卷39
源		懷	魏書卷41附源賀傳
源	子	恭	魏書卷41附源賀傳
源	子	雍	魏書卷41附源賀傳
源	光	裕	舊唐書卷98附源乾曜傳 / 新唐書卷127附源乾曜傳
源	延	伯	魏書卷41附源賀傳
源	乾	曜	舊唐書卷98 / 新唐書卷127
敬		羽	舊唐書卷186下酷吏 / 新唐書卷209酷吏
敬		括	舊唐書卷115
敬		釗	隋書卷71誠節附皇甫誕傳
敬		晦	新唐書卷177
敬		翔	舊五代史卷18梁書 / 新五代史卷21梁臣
敬		蕭	北史卷86循吏附郎茂傳 / 隋書卷73循吏附柳儉傳

十三畫	敬		暉	舊唐書卷91 新唐書卷120
	敬		播	舊唐書卷189上儒學 新唐書卷198儒學
	敬		儼	元史卷175
	敬	君	弘	舊唐書卷187上忠義 新唐書卷191忠義
	敬	嗣	暉	金史卷91
	敬	新	磨	新五代史卷37伶官
敬解葛雷鄒	敬	顯	儁	北齊書卷26 北史卷55
	解		元	宋史卷369
	解		系	晉書卷60
	解		育	晉書卷60附解系傳
	解		結	晉書卷60附解系傳
	解		琬	舊唐書卷100 新唐書卷130
	解		暉	宋史卷271
	解		誠	元史卷165
	解		縉	明史卷147
	解	一	貫	明史卷206
	解	奴	辜	後漢書卷112下方術
	解	法	選	北齊書卷49方技 北史卷89藝術
	解	叔	謙	南史卷73孝義
	解	學	龍	明史卷275
	葛		郯	宋史卷385
	葛		洪	晉書卷72 宋史卷415
	葛		宮	宋史卷333
	葛		嵩	明史卷188附劉蒞傳
	葛		誠	明史卷142附張昺傳
	葛		霸	宋史卷289

葛			龔	後漢書卷110上文苑
葛		守	禮	明史卷214
葛		書	思	宋史卷333附葛宮傳
葛		從	周	舊五代史卷16梁書 新五代史卷21梁臣
葛		乾	孫	明史卷299方技
葛		勝	仲	宋史卷445文苑
葛		懷	敏	宋史卷289附葛霸傳
雷			紹	北史卷49
雷			淵	金史卷110
雷			復	明史卷159附李侃傳
雷			義	後漢書卷111獨行
雷			滿	新唐書卷186附鄧處訥傳
雷			膺	舊五代史卷17梁書 新五代史卷41雜傳 元史卷170
雷	允		恭	宋史卷468宦者
雷	次		宗	宋書卷93隱逸 南史卷75隱逸
雷	有		終	宋史卷278附雷德驤傳
雷	孝		先	宋史卷278附雷德驤傳
雷	萬		春	新唐書卷192忠義附許遠傳
雷	德		驤	宋史卷278
雷	縯		祚	明史卷274附姜日廣傳
雷	簡		夫	宋史卷278附雷德驤傳
鄒			谷	金史卷104
鄒			浩	宋史卷345
鄒		陽		史記卷83 漢書卷51
鄒			湛	晉書卷92文苑

鄒智 明史卷179
鄒善 明史卷283儒林附鄒守益傳
鄒瑾 明史卷143附廖昇傳
鄒緝 明史卷164
鄒濕 宋史卷454忠義
鄒濟 明史卷152
鄒文盛 明史卷194
鄒元標 明史卷243
鄒守益 明史卷283儒林
鄒伯顏 元史卷192良吏
鄒師顏 明史卷149附夏原吉傳
鄒維璉 明史卷235
鄒應龍 宋史卷419
明史卷210
萬木 明史卷289忠義附宋以方傳
萬安 明史卷168
萬恭 明史卷223
萬脩 後漢書卷51
萬琛 明史卷289忠義
萬貴 明史卷300外戚
萬適 宋史卷457隱逸
萬潮 明史卷189附夏良勝傳
萬燝 明史卷245
萬鏜 明史卷202附李默傳
萬觀 明史卷281循吏
萬士和 明史卷220
萬元吉 明史卷278
萬安國 魏書卷34
北史卷25
萬國俊 舊唐書卷186上酷吏
萬國欽 明史卷230
萬象春 明史卷227
萬敬儒 新唐書卷195孝友
萬寶常 北史卷90藝術
隋書卷78藝術
路恕 舊唐書卷122附路嗣恭傳
新唐書卷138附路嗣恭傳
路邕 魏書卷88良吏
北史卷86循吏
路振 宋史卷441文苑
路雄 魏書卷72附路恃慶傳
路隋 新唐書卷142（舊唐書159作路隨）
路粹 三國魏志卷21附王粲傳
路隨 舊唐書卷159（新唐書卷142作路隋）
路應 新唐書卷138附路嗣恭傳
路鐸 金史卷100
路巖 舊唐書卷177
新唐書卷184
路去病 北齊書卷46循吏
北史卷86循吏
路伯達 金史卷96
路法常 魏書卷72附路恃慶傳
路昌衡 宋史卷354
路思令 魏書卷72附路恃慶傳
路恃慶 魏書卷72
北史卷45
路振飛 明史卷276
路博德 史記卷111附衞將軍驃騎傳
漢書卷55附霍去病傳

路	嗣	恭	舊唐書卷122	溫	彥	博	舊唐書卷61附溫大雅傳
路	溫	舒	新唐書卷138				新唐書卷91附溫大雅傳
路	敬	淳	漢書卷51	溫	庭	筠	舊唐書卷190下文苑
路	敬	潛	舊唐書卷189下儒學				新唐書卷91附溫大雅傳
溫		序	新唐書卷199儒學	溫	無	隱	舊唐書卷61附溫大雅傳
溫		佶	新唐書卷199儒學附路敬淳傳	溫	體	仁	明史卷308姦臣
溫		恢	後漢書卷111獨行	溫	敦	兀	帶金史卷84
溫		挺	新唐書卷91附溫大雅傳	溫	敦	昌	孫金史卷124忠義
溫		振	三國魏志卷15	溫	敦	蒲	刺金史卷67附烏春傳
溫		益	舊唐書卷61附溫大雅傳	溫	迪	罕	達金史卷104
溫		純	舊唐書卷61附溫大雅傳	溫	迪	罕	老 兒 金史卷122忠義
溫		造	宋史卷343	溫	迪	罕	締 達 金史卷105
			明史卷220	溫	迪	罕	蒲 覩 金史卷121忠義
溫			舊唐書卷165	溫	迪	罕	迪 古 迭 金史卷81
			新唐書卷91附溫大雅傳				
溫		羨	晉書卷44				
溫		鉞	明史卷297孝義附容師偃傳	溫	迪	罕	阿 徒 罕 金史卷81
溫		嶠	晉書卷67				
溫		璋	舊唐書卷165附溫造傳	溫	迪	罕	移 室 懣 金史卷91
			新唐書卷91附溫大雅傳				
溫		璜	明史卷277附邱祖德傳	溫	迪	罕	蒲 里 特 金史卷81
溫		韜	舊五代史卷73唐書				
溫	子	昇	新五代史卷40雜傳	溫	迪	罕	幹 魯 補 金史卷127孝友
			魏書卷85文苑				
			北史卷83文苑				
溫	大	有	舊唐書卷61附溫大雅傳	虞		汜	三國吳志卷12或57附虞翻傳
			新唐書卷91附溫大雅傳				
溫	大	雅	舊唐書卷61	虞		延	後漢書卷63
			新唐書卷91				
溫	仲	舒	宋史卷266	虞		忠	三國吳志卷12或57附虞翻傳
溫	廷	皓	新唐書卷91附溫大雅傳				

十三畫

路 溫 虞

虞	昺	三國吳志卷12或57附虞翻傳	
虞	胤	晉書卷93外戚附虞預傳	
虞	奕	宋史卷355附虞策傳	
虞	悝	晉書卷89忠義	
虞	荔	陳書卷19　南史卷69	
虞	卿	史記卷76	
虞	寄	陳書卷19附虞荔傳　南史卷69附虞荔傳	
虞	悰	南齊書卷37　南史卷47	
虞	喜	晉書卷91儒林	
虞	策	宋史卷355	
虞	集	元史卷181	
虞	詡	後漢書卷88	
虞	預	晉書卷82	
虞	溥	晉書卷82	
虞	愿	南齊書卷53良吏　南史卷70循吏	
虞	綽	北史卷83文苑　隋書卷76文學	
虞	槃	元史卷181附虞集傳	
虞	潭	晉書卷76	
虞	豫	晉書卷93外戚	
虞	聳	三國吳志卷12或57附虞翻傳	
虞	謙	明史卷150	
虞	翻	三國吳志卷12或57	
虞	騄	晉書卷76附虞潭傳	
虞	龢	南史卷72文學附丘巨源傳	
虞允文		宋史卷383	
虞丘進		宋書卷49　南史卷17	

虞世南		舊唐書卷72　新唐書卷102	
虞世基		北史卷83文苑　隋書卷67	
虞仲文		金史卷75	
虞玩之		南齊書卷34　南史卷47	
虞宗濟		明史卷293孝義附周琬傳	
虞通之		南史卷72文學附丘巨源傳	
虞慶則		北史卷73　隋書卷40	
虞嘯父		晉書卷76附虞潭傳	
葉	7李	元史卷173	
葉	兌	明史卷135	
葉	8昇	明史卷131	
葉	旺	明史卷134	
葉	9春	明史卷159附熊概傳	
葉	洪	明史卷206附魏良弼傳	
葉	10釗	明史卷189	
葉	11紳	明史卷180	
葉	淇	明史卷185附李敏傳	
葉	12琛	明史卷128	
葉	盛	明史卷177	
葉	13經	明史卷210附徐學詩傳	
葉	14福	明史卷141附王度傳	
葉	禎	明史卷165	
葉	15適	宋史卷434儒林	
葉	儀	明史卷282儒林附范祖幹傳	
葉	16衡	宋史卷384	
葉	錫	明史卷161附楊瓚傳	

十三畫

虞葉

元明傳

董		槐	宋史卷414
董	15	賢	漢書卷93佞幸
董		徵	魏書卷84儒林 北史卷81儒林
董		璋	舊五代史卷62唐書 新五代史卷51雜傳
董		樞	宋史卷270
董	16	與	明史卷175
董	17	謐	魏書卷24附崔玄伯傳
董	19	鐺	明史卷141附王廷傳
董	22	襲	三國吳志卷10或55
董		轡	魏書卷61附田益宗傳
董		儼	宋史卷307
董	1一	元	明史卷239
董	3子	莊	明史卷137附桂彦良傳
董	三	謨	明史卷292忠義附龐瑜傳
董	士	元	元史卷156附董文炳傳
董	士	選	元史卷156附董文炳傳
董	4元	亨	宋史卷446忠義
董	文	用	元史卷148附董俊傳
董	文	忠	元史卷148附董俊傳
董	文	直	元史卷148附董俊傳
董	文	炳	元史卷156
董	文	蔚	元史卷148附董俊傳
董	6仲	舒	史記卷121儒林 漢書卷56
董	吐	渾	魏書卷86孝感附閻元明傳
董	7宋	臣	宋史卷469宦者

董	8其	昌	明史卷288文苑
董		昂	霄	元史卷188附董摶霄傳
董	9洛	生	魏書卷86孝感 北史卷84孝行
董	思	恭	舊唐書卷190上文苑
董	重	質	舊唐書卷161
董	10師	中	金史卷95
董	12敦	逸	宋史卷355
董	傳	策	明史卷210
董	景	道	晉書卷91儒林
董	13道	明	宋史卷456孝義
董	摶	霄	元史卷188
董	14漢	儒	明史卷257
董	15盡	倫	明史卷290忠義
董	16遵	誨	宋史卷273
董	17應	舉	明史卷242
賈	3山		漢書卷51
賈	5生		史記卷84
賈	疋		晉書卷60
賈	6充		三國魏志卷15附賈逵傳 晉書卷40
賈	至		舊唐書卷190中文苑附賈曾傳 新唐書卷119附賈曾傳
賈	同		宋史卷432儒林
賈	7秀		魏書卷33附賈彝等
賈	8易		宋史卷355
賈	炎		宋史卷285附賈昌朝傳

十三畫 賈

姓	名	出處
賈	9俊	明史卷185
賈	10恩	宋書卷91孝義 / 南史卷73孝義
賈	島	新唐書卷176附韓愈傳
賈	涉	宋史卷403
賈	益	金史卷90附賈少沖傳
賈	11彪	後漢書卷97黨錮
賈	淑	後漢書卷98附郭太傳
賈	混	晉書卷40附賈充傳
賈	淵	南齊書卷52文學(南史卷72作賈希鏡)
賈	軌	舊唐書卷138 / 新唐書卷166
賈	12復	後漢書卷47
賈	琮	後漢書卷61
賈	逵	後漢書卷66 / 三國魏志卷15 / 宋史卷349
賈	渾	晉書卷89忠義
賈	智	魏書卷80附賈顯度傳 / 北史卷49附賈顯度傳
賈	曾	舊唐書卷190中文苑 / 新唐書卷119
賈	循	新唐書卷192忠義
賈	琰	宋史卷285附賈昌朝傳
賈	嵩	宋史卷350
賈	進	元史卷197孝友附孫秀實傳
賈	斌	明史卷164附聊讓傳
賈	13詡	三國魏志卷10
賈	粲	魏書卷94閹官 / 北史卷92恩倖
賈	鉉	金史卷99
賈	14禎	魏書卷33附賈彝傳
賈	銓	明史卷159
賈	15誼	史記卷84 / 漢書卷48
賈	模	晉書卷40附賈充傳
賈	儔	魏書卷33附賈彝傳
賈	餗	舊唐書卷169 / 新唐書卷179
賈	緯	舊五代史卷131周書 / 新五代史卷57雜傳
賈	諒	明史卷158附顧佐傳
賈	魯	元史卷187
賈	17謐	晉書卷40附賈充傳
賈	18彝	魏書卷33 / 北史卷27
賈	馥	舊五代史卷71唐書
賈	21囂	宋史卷302
賈	23巖	明史卷231附顧允成傳
賈	3三 近	明史卷227
賈	子 坤	宋史卷449忠義附陳寅傳
賈	大 隱	新唐書卷198儒學附張士衡傳
賈	4少 沖	金史卷90
賈	公 彥	舊唐書卷189上儒學
賈	文 備	元史卷165
賈	6名 儒	明史卷233附李獻可傳
賈	7似 道	宋史卷474姦臣
賈	邦 憲	金史卷122忠義
賈	希 鏡	南史卷72文學(南齊書卷52作賈淵)
賈	8直 言	舊唐書卷187下忠義 / 新唐書卷193忠義
賈	昔 剌	元史卷169

賈	居	貞	元史卷153
賈	明	觀	舊唐書卷184宦官附魚朝恩傳
賈	昌	朝	宋史卷285
賈	昌	衡	宋史卷285附賈昌朝傳
賈 9思	同	魏書卷72附賈思伯傳
賈	思	伯	魏書卷72 北史卷47
賈 10捐	之	漢書卷64下
賈	師	順	舊唐書卷103附王君㚟傳
賈	益	謙	金史卷106
賈 11偉	節	宋史卷356
賈 12黃	中	宋史卷265
賈	敦	實	舊唐書卷185上良吏附賈敦頤傳 新唐書卷197循吏附賈敦頤傳
賈	敦	頤	舊唐書卷185上良吏 新唐書卷197循吏
賈	景	儁	魏書卷33附賈彝傳
賈	景	興	魏書卷33附賈彝傳
賈 17隱	林	舊唐書卷144 新唐書卷192忠義附賈循傳
賈	應	春	明史卷202
賈 20機	春	明史卷306閹黨
賈 23顯	度	魏書卷80 北史卷49
賈	顯	慶	魏書卷80
賈	塔	剌	渾元史卷151
楊	1一	元史卷197孝友
楊	4仁	後漢書卷109下儒林
楊	方	晉書卷68

楊	引	魏書卷86孝感 北史卷84孝行 明史卷293隱逸
楊 5立	舊五代史卷74唐書
楊 由	後漢書卷112上方術
楊 弘	北史卷71隋宗室 隋書卷43（即河間王）
楊 旦	明史卷148附楊榮傳
楊 本	明史卷142附羅能傳
楊 6异	北史卷41附楊敷傳 隋書卷46
楊 名	明史卷207
楊 7汪	北史卷74 隋書卷56
楊 秀	北史卷71隋宗室諸王 隋書卷45（即庶人秀）
楊 技	舊唐書卷176附楊嗣復傳
楊 收	舊唐書卷177 新唐書卷184
楊 邠	舊五代史卷107漢書 新五代史卷30漢臣
楊 告	宋史卷304
楊 佐	宋史卷333
楊 汲	宋史卷355
楊 言	明史卷207
楊 8秉	後漢書卷84附楊震傳
楊 沛	三國魏志卷15附賈逵傳
楊 阜	三國魏志卷25
楊 侃	魏書卷58附楊播傳 北史卷41附楊播傳 周書卷19
楊 忠	明史卷289忠義
楊 侗	北史卷71隋宗室諸王

十三畫 賈楊

259

			隋書卷59（即越王）	楊	信	宋史卷260
十三畫	楊	杲	北史卷71隋宗室諸王 隋書卷59（即道王）	楊	美	宋史卷273
	楊	炎	舊唐書卷118 新唐書卷145	楊	畋	宋史卷300
楊	楊	注	舊唐書卷177附楊收傳	楊	畏	宋史卷355
	楊	旻	新唐書卷156附楊惠元傳	楊	恂	宋史卷390附家愿傳 明史卷230
	楊	佶	遼史卷89	楊	苪	宋史卷456孝義
	楊	果	元史卷164	楊	奂	元史卷153
	楊	卓	明史卷140附王觀傳	楊	恆	明史卷293隱逸
	楊	宜	明史卷205附張經傳	楊	10倫	後漢書卷109上儒林
	楊	松	明史卷215附路問禮傳	楊	修	後漢書卷84附楊震傳 三國魏志卷21附王粲傳
	楊	9厚	後漢書卷60上			
	楊	洪	三國蜀志卷11或41 明史卷173	楊	珧	晉書卷40附楊駿傳
	楊	俊	三國魏志卷23 北史卷71隋宗室諸王 隋書卷45（即秦孝王） 明史卷173附楊洪傳	楊	荐	周書卷33 北史卷69
				楊	素	北史卷41附楊敷傳 隋書卷48
	楊	政	後漢書卷109上儒林 宋史卷367	楊	浩	隋書卷45文四子附秦孝王俊傳 明史卷164附單字傳
	楊	昱	魏書卷58附楊播傳 北史卷41附楊播傳	楊	倓	隋書卷59楊三子附元德太子昭傳（即燕王）
	楊	津	魏書卷58附楊播傳 北史卷41附楊播傳			
	楊	紀	北史卷41附楊敷傳	楊	涉	舊唐書卷177附楊收傳 新唐書卷184附楊收傳 新五代史卷35
	楊	約	北史卷41附楊敷傳 隋書卷48附楊素傳			
	楊	勇	北史卷71隋宗室諸王 隋書卷45（即房陵王）	楊	紘	宋史卷305附楊億傳
				楊	時	宋史卷428道學
	楊	昭	北史卷71隋宗室諸王 隋書卷59（即元德太子）	楊	桓	元史卷164
				楊	乘	元史卷194忠義
	楊	拭	舊唐書卷174附楊嗣復傳	楊	砥	明史卷150

楊	振	明史卷272附金國鳳傳
楊	11終	後漢書卷78
楊	彪	後漢書卷84附楊震傳
楊	逸	魏書卷58附楊播傳 北史卷41附楊播傳
楊	紹	周書卷29 北史卷68
楊	爽	北史卷71隋宗室諸王 隋書卷44（即衞昭王）
楊	授	舊唐書卷176附楊嗣復傳 新唐書卷174附楊嗣復傳
楊	烱	舊唐書卷190上文苑 新唐書卷201文藝附王勃傳
楊	晟	新唐書卷186
楊	偕	宋史卷300
楊	掞	宋史卷412
楊	淮	明史卷192
楊	基	明史卷285文苑附高啓傳
楊	12敞	漢書卷66
楊	惲	漢書卷66附楊敞傳
楊	雄	北史卷68附楊紹傳 隋書卷43（即觀德王）
楊	軻	晉書卷94隱逸
楊	華	梁書卷39附王神念傳
楊	愔	北齊書卷34 北史卷41附楊播傳 隋書卷44衞昭王爽傳 明史卷162附鄺埜同傳
楊	發	舊唐書卷177附楊收傳

楊		新唐書卷184附楊收傳
楊	渭	舊五代史卷134僭僞附楊行密傳 （新五代史卷61作楊隆演）
楊	渥	舊五代史卷134僭僞附楊行密傳 新五代史卷61吳世家附楊行密傳
楊	覃	宋史卷307
楊	棟	宋史卷421
楊	傑	宋史卷443文苑
楊	晳	遼史卷89
楊	湜	元史卷170
楊	善	明史卷171
楊	最	明史卷209
楊	博	明史卷214
楊	13遁	魏書卷58附楊播傳 北史卷41附楊播傳
楊	椿	魏書卷58附楊播傳 北史卷41附楊播傳
楊	嵩	北史卷71隋宗室諸王（即遺宣王）
楊	達	北史卷68附楊紹傳 隋書卷43附觀德王雄傳
楊	暕	北史卷71隋宗室諸王 隋書卷59（即齊王）
楊	滔	舊唐書卷62附楊恭仁傳
楊	損	舊唐書卷176附楊嗣復傳 新唐書卷174附楊嗣復傳
楊	鉅	舊唐書卷177附楊收傳
楊	瑒	舊唐書卷185下良吏 新唐書卷130
楊	嗣	新唐舊卷174附楊嗣復傳

十三畫

楊

楊	溥	舊五代史卷134僭僞附楊行密傳 新五代史卷61吳世家附楊行密傳 明史卷148
楊	嗣	宋史卷260附楊信傳
楊	業	宋史卷272
楊	寘	宋史卷443文苑附孫唐卿傳
楊	照	宋史卷453忠義附孫暉傳
楊	載	元史卷190儒學
楊	靖	明史卷138
楊	鼎	明史卷157
楊	瑄	明史卷162
楊	源	明史卷162附楊瑄傳
楊	廉	明史卷282儒林
楊	慎	明史卷192
楊	暄	明史卷294忠義
楊	敬	明史卷297孝義附王俊傳
楊	14綸	北史卷71附滕穆王瓚傳(即滕穆王) 隋書卷44附滕穆王瓚傳
楊	綰	舊唐書卷119 新唐書卷142
楊	愿	宋史卷380
楊	輔	宋史卷397
楊	戩	宋史卷468宦者
楊	榮	明史卷148 明史卷305宦官附梁永傳
楊	寧	明史卷172
楊	漣	明史卷244
楊	僕	史記卷122酷吏 漢書卷90酷吏
楊	15璇	後漢書卷68(目作楊琁)
楊	震	後漢書卷84 宋史卷446忠義
楊	賜	後漢書卷84附楊震傳
楊	儀	三國蜀志卷10或40
楊	播	魏書卷58 北史卷41
楊	範	魏書卷94閹官 北史卷92恩倖
楊	寬	周書卷22 北史卷41附楊敷傳
楊	敷	周書卷34 北史卷41
楊	慶	北史卷84孝行 隋書卷43附河間王弘傳 隋書卷72孝義 宋史卷456孝義
楊	諒	北史卷71隋宗室諸王 隋書卷45(即庶人諒)
楊	撝	舊唐書卷176附楊嗣復傳
楊	察	宋史卷295
楊	澈	宋史卷296附楊徽之傳
楊	億	宋史卷305
楊	緯	宋史卷305附楊億傳
楊	霆	宋史卷450忠義附尹穀傳
楊	翥	明史卷152附陳璿傳
楊	銳	明史卷175
楊	16機	魏書卷77 北史卷50
楊	整	北史卷71隋宗室諸王(即蔡景王)
楊	穆	北史卷41附楊敷傳
楊	摽	周書卷34 北史卷69

楊		靜	隋書卷44（卽道悼王）
楊		憑	舊唐書卷146 新唐書卷160
楊		凝	新唐書卷160附楊憑傳
楊		樸	元史卷194忠義
楊		環	明史卷129
楊		選	明史卷204
楊	17	戲	三國蜀志卷15或45
楊		駿	晉書卷40
楊		濟	晉書卷40附楊駿傳
楊		諡	北史卷41附楊播傳
楊		燧	宋史卷349
楊		績	遼史卷97
楊		嶧	元史卷197孝友
楊		爵	明史卷209
楊	18	簡	宋史卷407
楊		蟠	宋史卷442文苑
楊		鎬	明史卷259
楊		贊	宋史卷260附楊信傳
楊	19	瓊	宋史卷280
楊		繪	宋史卷322
楊		黼	明史卷137附桂彥良傳 明史卷298隱逸
楊	20	騰	北史卷80外戚
楊		嚴	舊唐書卷177附楊收傳 新唐書卷184附楊收傳
楊		鏻	舊唐書卷177附楊收傳
楊		礦	宋史卷287
楊		鶚	明史卷260附楊鶴傳
楊	21	纂	周書卷36 北史卷67 舊唐書卷77 新唐書卷106附楊弘禮傳
楊		續	舊唐書卷62附楊恭仁傳
楊		巍	明史卷225
楊		鶴	明史卷260
楊	22	儼	隋書卷45附房陵王勇傳
楊	23	瓚	北史卷71隋宗室諸王 隋書卷44（卽滕穆王） 明史卷161
楊	一	清	明史卷198
楊	一	鵬	明史卷260附鄭崇儉傳
楊	3士	奇	明史卷148
楊	子	崇	北史卷71隋宗室（卽離石太守） 隋書卷43
楊	于	陞	明史卷290忠義附何天衢傳
楊	于	楷	明史卷292忠義附張光奎傳
楊	大	全	宋史卷400
楊	大	眼	魏書卷73 北史卷37
楊	大	淵	元史卷16
楊	大	異	宋史卷423
楊	大	雅	宋史卷300
楊	4天	民	明史卷233
楊	不	花	元史卷179附楊朶兒只傳

十三畫				
楊	公	則	梁書卷10 南史卷55	
楊	王	孫	漢書卷67	
楊	日	嚴	宋史卷301	
楊	允	恭	宋史卷309	
楊	允	繩	明史卷209	
楊	元	亨	舊唐書卷77附楊纂傳	
楊	元	杲	明史卷135	
楊	元	卿	舊唐書卷161 新唐書卷171	
楊	元	琰	舊唐書卷185下良吏 新唐書卷120附田彥琛傳	
楊	元	禧	舊唐書卷77附楊纂傳 新唐書卷106附楊弘禮傳	
楊	文	仲	宋史卷425	
楊	文	安	元史卷161附楊大淵傳	
楊	文	宗	晉書卷93外戚	
楊	文	岳	明史卷262	
楊	文	思	隋書卷48附楊素傳	
楊	文	紀	隋書卷48附楊素傳	
楊	文	恩	北史卷41附楊敷傳	
楊	文	廣	宋史卷272附楊業傳	
楊	文	聰	明史卷277	
楊	文	薦	明史卷278附萬元吉傳	
楊	以	成	明史卷290忠義附徐朝綱傳	
楊	正	芳	明史卷269附湯九州傳	
楊	世	恩	明史卷269附湯九州傳	
楊	巨	源	宋史卷402	
楊	令	寶	魏書卷71附袤叔業傳	
楊	玄	感	北史卷41附楊敷傳 隋書卷70	
楊	弘	武	舊唐書卷77附楊纂傳 新唐書卷106附楊弘禮傳	
楊	弘	禮	舊唐書卷77附楊纂傳 新唐書卷106	
楊	次	山	宋史卷465外戚	
楊	汝	士	舊唐書卷176附楊虞卿傳 新唐書卷175附楊虞卿傳	
楊	存	中	宋史卷367	
楊	安	國	宋史卷294	
楊	行	密	新唐書卷188 舊五代史卷134僭偽 新五代史卷61吳世家	
楊	光	遠	舊五代史卷97晉書 新五代史卷51雜傳	
楊	再	思	舊唐書卷90 新唐書卷109	
楊	再	興	宋史卷368	
楊	仲	元	宋史卷333	
楊	仲	昌	新唐書卷120附祖彥琛傳	
楊	仲	武	金史卷91	
楊	守	一	宋史卷268	
楊	守	阯	明史卷184附楊守陳傳	
楊	守	亮	新唐書卷186	
楊	守	珍	宋史卷467宦者	
楊	守	陳	明史卷184	
楊	守	隅	明史卷186附楊守隨傳	
楊	守	隨	明史卷186	

楊	守	謙	明史卷204	楊	向 希	北史卷75 隋書卷46
楊	守	禮	明史卷200	楊	東 明	明史卷241附王宗傳
楊	宏 中	宋史卷455忠義	楊	季 昭	新唐書卷109附張再思傳
楊	沃	衍	金史卷123忠義	楊	武 通	舊唐書卷73附劉方傳 隋書卷53附劉方傳
楊	孝	邑	魏書卷58附楊播傳	楊	於 陵	舊唐書卷164 新唐書卷163
楊	戊	章	明史卷297孝義	楊	佺 期	晉書卷84
楊	志	誠	舊唐書卷180 新唐書卷212藩鎮附李寶義義傳	楊	宗 閔	宋史卷446忠義附湯震傳
楊	克 讓	宋史卷270	楊	承 信	宋史卷252
楊	邦 乂	宋史卷447忠義	楊	承 勳	舊五代史卷97晉書附楊光遠傳
楊	邦 基	金史卷90	楊	俊 民	明史卷214附楊博傳
楊	廷 宗	舊唐書卷161附楊元卿傳 新唐書卷171附楊元卿傳	楊	信 民	明史卷172
楊	廷 昭	宋史卷272附楊業傳	楊	授 知	明史卷279
楊	廷 和	明史卷190	楊	重 進	宋史卷463外戚附賀合圖傳
楊	廷 璋	宋史卷255	楊	昭 儉	宋史卷269
楊	廷 樞	明史卷267附徐汧傳	楊	彥 溫	舊五代史卷74唐書
楊	廷 麟	明史卷278	楊	彥 詢	舊五代史卷90晉書 新五代史卷47雜傳
楊	伯 元	金史卷97	楊	茂 元	明史卷184附楊守陳傳
楊	伯 仁	金史卷125文藝	楊	茂 仁	明史卷184附楊守陳傳
楊	伯 通	金史卷95	楊	茂 謙	舊唐書卷185下良吏
楊	伯 洞	金史卷105附楊伯雄傳	楊	思 忠	明史卷207
楊	伯 雄	金史卷105	楊	思 訓	舊唐書卷62附楊恭仁傳 新唐書卷100附楊恭仁傳
楊	伯 醜	北史卷89藝術 隋書卷78藝術附蕭吉傳	楊	思 勗	舊唐書卷184宦官 新唐書卷207宦者
				楊	思 義	明史卷138
楊	其 休	明史卷233附李獻可傳	楊	思 權	舊五代史卷88晉書 新五代史卷48雜傳
				楊	泰 之	宋史卷434儒林

十三畫	楊剛中	元史卷190儒學附楊載傳	
			新唐書卷156
	楊時喬	明史卷224	楊善會 北史卷85節義　隋書卷71誠節
楊	楊恭仁	舊唐書卷62　新唐書卷100	楊隆演 新唐書卷61吳世家附楊行密傳（舊五代史卷134作楊渭）
	楊恭懿	元史卷164	
	楊師玄	舊唐書卷62附楊恭仁傳	楊智積 隋書卷44（卽蔡王）
	楊師厚	舊五代史卷22梁書　新五代史卷23梁臣	楊雲翼 金史卷110
	楊師道	舊唐書卷62附楊恭仁傳　新唐書卷100附楊恭仁傳	楊復光 舊唐書卷184宦官　新唐書卷207宦者
	楊11敏中	金史卷121忠義附齊膺揚傳	楊復恭 舊唐書卷184宦官　新唐書卷208宦者附田令孜傳
	楊惟中	元史卷146	楊景行 元史卷192良吏
	楊乾運	周書卷44　北史卷66	楊景宗 宋史卷463外戚
	楊處綱	北史卷71隋宗室（卽義城公）　隋書卷43	楊13敬之 新唐書卷160附楊憑傳
			楊達夫 金史卷124
	楊通杰	明史卷297孝義附楊通照傳	楊義臣 北史卷73　隋書卷63
	楊通照	明史卷297孝義	楊萬里 宋史卷433儒林
	楊崇本	舊五代史卷13梁書　新五代史卷40雜傳	楊逴長 宋書卷94恩倖
	楊崇勳	宋史卷290	楊虞卿 舊唐書卷176　新唐書卷175
	楊執一	舊唐書卷62附楊恭仁傳	楊愼矜 舊唐書卷105　新唐書卷134
	楊執柔	舊唐書卷62附楊恭仁傳　新唐書卷100附楊恭仁傳	楊道賓 明史卷216附唐文獻傳
			楊嗣昌 明史卷252
	楊國忠	舊唐書卷106　新唐書卷206外戚	楊嗣復 舊唐書卷176　新唐書卷174
	楊國柱	明史卷272附金國鳳傳	楊14漢公 舊唐書卷176附楊虞卿傳　新唐書卷175附楊虞卿傳
	楊國興	明史卷133附茅成傳	楊粹中 宋史卷452忠義
	楊12循吉	明史卷286文苑附徐禎卿傳	楊睿交 舊唐書卷62附楊恭仁傳
	楊朝晟	舊唐書卷122　舊唐書卷144	楊壽孫 宋史卷454忠義附米立傳

楊	肇	基	明史卷270附馮世龍傳
楊	維	楨	明史卷285文苑
楊15震	仲	宋史卷449忠義
楊	德	幹	新唐書卷197循吏附賈敦頤傳
楊16凝	式	舊五代史卷128周書
楊	遵	勗	遼史卷105能吏
楊	穆	俊	周書卷22附楊寬傳
楊17徽	之	宋史卷296
楊	應	詢	宋史卷350
楊19難	敵	魏書卷101
楊20繼	宗	明史卷159
楊	繼	盛	明史卷209
楊	朶	兒	只 元史卷179
楊	傑	只	哥 元史卷152
楊	賽	因	不	花 元史卷165

十　四　畫

摑		保	金史卷66
僧		格	元史卷205姦臣（目作桑哥）
閭		淵	明史卷202
銚		期	後漢書卷50
窩		幹	金史卷133叛臣
福		壽	元史卷144
雒	于	仁	明史卷234
銀	尤	可	金史卷72
膜	舍	樂	北史卷53附張保洛傳
壽	寂	之	宋書卷94恩倖
端	木	賜	史記卷67仲尼弟子（史記卷129貨殖傳作子貢）
端	復	初	明史卷138附周禎傳
鄢	懋	卿	明史卷308姦臣附鄢萬傳
瑤	里	孛	迭 金史卷94
槊	直	腯	魯	華 元史卷122
蒯		恩	宋書卷49 南史卷17
蒯		通	漢書卷45
蒙		恬	史記卷88
蒙	古	綱	金史卷102
輔		超	宋史卷271
輔	公	祏	舊唐書卷56 新唐書卷87
臺		佟	後漢書卷113逸民
臺		亨	宋史卷456孝義附蘇慶文傳

臺		產	晉書卷95藝術
滿		桂	明史卷271
滿		籠	三國魏志卷26
滿	朝	鷹	明史卷246
察		罕	元史卷120 / 元史卷137
察		制	遼史卷112逆臣
察	罕 帖 木	兒	元史卷141
赫	連	達	周書卷27 / 北史卷65
赫	連	子 悅	北齊書卷40 / 北史卷55
赫	連	勃 勃	晉書卷130夏載記
暢		亨	明史卷180附姜洪傳
暢		當	新唐書卷200儒學
暢		璀	舊唐書卷111
暢	師	文	元史卷170
蓁		儁	魏書卷81 / 北史卷50
蓁	公	直	元史卷165
蓁	連	猛	北齊書卷41 / 北史卷53
蓁	崇	體	宋史卷378
蓁	母 懷	文	北齊書卷49方技 / 北史卷89藝術
槃		毗	北史卷77 / 隋書卷66
槃		瑒	明史卷297忠義附鄭瑛傳
槃		豎	宋史卷333
槃	建	緒	隋書卷66附榮毗傳
槃	恕	旻	宋史卷456孝義附樊景溫傳
管		仲	史記卷62
管		輅	三國魏志卷29方技
管		寧	三國魏志卷11
管	如	德	元史卷165
管	良	相	明史卷290忠義
管	師	仁	宋史卷351
蓋		延	後漢書卷48
蓋		苗	元史卷185
蓋		寓	舊五代史卷55唐書
蓋		儁	魏書卷87節義附王國傳
蓋		勳	後漢書卷88
蓋	文	達	舊唐書卷189上儒學 / 新唐書卷198儒學
蓋	文	懿	舊唐書卷189上儒學附蓋文達傳 / 新唐書卷198儒學附蓋文達傳
蓋	寬	饒	漢書卷77
榦		者	金史卷65
榦		帶	金史卷65
榦		魯	金史卷65 / 金史卷71
榦		賽	金史卷65
榦	羅	思	元史卷134
榦	勒	忠	金史卷97
榦	勒 合	打	金史卷104
榦	魯 古 勃	童	金史卷71
僕	忽	得	金史卷121忠義
僕	固 懷	恩	舊唐書卷121 / 新唐書卷224上叛臣
僕	散	揆	金史卷93

十四畫

滿察赫暢蓁槃管蓋榦僕

侯	散	端	金史卷101（本名七斤）
侯	散	安貞	金史卷102
侯	散	忠義	金史卷87
侯	散	師恭	金史卷132逆臣（本名忽土）
侯	散	渾垣	金史卷82
爾	朱	兆	魏書卷75
爾	朱	弼	魏書卷75附爾朱彥伯傳
爾	朱	榮	魏書卷74
爾	朱	天光	魏書卷75
爾	朱	世承	魏書卷75附爾朱彥伯傳
爾	朱	世隆	魏書卷75附爾朱彥伯傳
爾	朱	仲遠	魏書卷75附爾朱彥伯傳
爾	朱	彥伯	魏書卷75
爾	朱	度律	魏書卷75
廖		化	三國蜀志卷15或45附宗預傳
廖		立	三國蜀志卷10或40
廖		扶	後漢書卷112上方術
廖		壯	明史卷162
廖		昇	明史卷143
廖		紀	明史卷202
廖		剛	宋史卷374
廖		欽	明史卷281循吏附吳履傳
廖	永	安	明史卷133
廖	永	忠	明史卷129
廖	德	明	宋史卷437儒林
甄		宇	後漢書卷109下儒林

甄		倪	魏書卷68附甄琛傳
甄		恬	梁書卷47孝行／南史卷74孝義
甄		密	魏書卷68附甄琛傳
甄		彬	南史卷70循吏附甄法崇傳
甄		琛	魏書卷68／北史卷40
甄		楷	魏書卷68附甄琛傳
甄		濟	舊唐書卷187下忠義／新唐書卷194卓行
甄		權	舊唐書卷191方技／新唐書卷204方技
甄	玄	成	周書卷48附蕭詧傳／北史卷93僭偽附庶琛附蕭詧傳
甄	立	言	舊唐書卷191方技附甄權傳
甄	法	崇	南史卷70循吏
甄	婆	兒	宋史卷456孝義附奚璟傳
甄	棲	真	宋史卷462方技
臧		丙	宋史卷276
臧		洪	後漢書卷88／三國魏志卷7
臧		盾	梁書卷42／南史卷18臧燾傳
臧		宮	後漢書卷48
臧		厥	梁書卷42附臧盾傳／南史卷18臧燾傳
臧		質	宋史卷74
臧		熹	南史卷18附臧燾傳
臧		燾	宋書卷55／南史卷18
臧		嚴	梁書卷50文學／南史卷18附臧燾傳
臧		霸	三國魏志卷18
臧	未	甄	南史卷18附臧燾傳
臧	夢	解	元史卷177

十四畫

侯爾廖甄臧

十四畫

減齊蒲熊

減	榮	絡	奎	南齊書卷54高逸 南史卷76隱逸
減	應	奎		明史卷192附張濟傳
齊				金史卷66　（本名掃合） 金史卷74附宗望傳
齊		抗		舊唐書136 新唐書卷128附齊澣傳
齊		映		舊唐書136 新唐書卷150
齊		愹		宋史322
齊		思		明史卷290忠義附朱裒傳
齊		泰		明史卷141
齊		紹		北史卷92恩倖齊諸宦者
齊		廓		宋史卷301
齊		澣		舊唐書卷190中文苑 新唐書卷128
齊		融		舊唐書卷190中文苑附賀知章傳
齊	之	鸞		明史卷208
齊	秉	節		元史卷165
齊	得	一		宋史卷456孝義
齊	榮	顯		元史卷152
齊	履	謙		元史卷172
齊	藏	珍		舊五代史卷129周書
齊	鷹	揚		金史卷121忠義
蒲		卣		宋史卷353
蒲		查		金史卷68
蒲	宗	孟		宋史卷328
蒲	家	奴		金史卷65附劾孫傳
蒲	察	通		金史卷95
蒲	察	琦		金史卷124忠義
蒲	察	世	傑	金史卷91（本名阿撒）
蒲	察	合	住	金史卷129酷吏
蒲	察	官	奴	金史卷116
蒲	察	阿	里	金史卷103
蒲	察	思	宗	金史卷104
蒲	察	胡	盞	金史卷81
蒲	察	婁	室	金史卷122忠義
蒲	察	鼎	壽	金史卷120世戚
蒲	察	幹	論	金史卷86
蒲	察	鄭	留	金史卷128循吏
蒲	察	石	家 奴	金史卷120世戚
蒲	察	阿	虎 迭	金史卷120世戚
蒲	察	移	剌 都	金史卷104文苑
熊		本		宋史卷324
熊		克		宋史卷445文苑
熊		浹		明史卷197
熊		望		舊唐書卷154 新唐書卷175
熊		霏		明史卷294忠義附馮雲路傳
熊		概		明史卷159
熊		過		明史卷287文苑附陳束傳
熊		鼎		明史卷289忠義
熊		遠		晉書卷71
熊		緯		明史卷277附鄭為虹傳
熊		襄		南史卷72文學附澄超傳
熊		繡		明史卷186

姓	名	出處
熊	文燦	明史卷260
熊	安生	周書卷45儒林 / 北史卷82儒林
熊	汝霖	明史卷276
熊	廷弼	明史卷259
熊	朋來	元史卷190儒學
熊	尙初	明史卷289忠義附張瑛傳
熊	明遇	明史卷257
熊	開元	明史卷258
熊	曇朗	陳書卷35 / 南史卷80賊臣
翟	宣	漢書卷84附翟方進傳
翟	英	明史卷290忠義附龔萬祿傳
翟	唐	明史卷188附徐文溥傳
翟	莊	晉書卷94隱逸附褚湯傳
翟	湯	晉書卷94隱逸
翟	進	宋史卷452忠義附翟與傳
翟	善	明史卷138附陳修傳
翟	義	漢書卷84附翟方進傳
翟	酺	後漢書卷78
翟	璋	舊五代史卷95晉書
翟	與	宋史卷452忠義
翟	鵬	明史卷204
翟	鑾	明史卷193
翟	方進	漢書卷84
翟	永固	金史卷89
翟	汝文	宋史卷372
翟	守素	宋史卷274
翟	光鄴	舊五代史卷129周書 / 新五代史卷49雜傳
翟	法賜	宋書卷93隱逸 / 南史卷75隱逸
翟	進宗	新五代史卷33死事
翟	普林	北史卷84孝行 / 隋書卷72孝義
翟	溥福	明史卷281循吏
翟	鳳翀	明史卷242
裴	5玄	三國吳志卷8或53附嚴畯傳
裴	尼	周書卷34附裴寬傳
裴	6聿	魏書卷69附裴延儁傳
裴	夙	魏書卷69附裴延儁傳
裴	向	舊唐書卷113附裴遵慶傳 / 新唐書卷140附裴遵慶傳
裴	休	舊唐書卷177 / 新唐書卷182
裴	羽	舊五代史卷128周書 / 新五代史卷57雜傳
裴	7秀	三國魏志卷23附裴潛傳 / 晉書卷35
裴	忌	陳書卷25 / 南史卷58附裴邃傳 / 魏書卷69附裴延儁傳
裴	良	魏書卷88良吏 / 北史卷38
裴	佗	新唐書卷108附裴行儉傳
裴	均	周書卷36 / 北史卷38
裴	8果	舊唐書卷87 / 新唐書卷117
裴	炎	
裴	侹	舊唐書卷98附裴耀卿傳 / 新唐書卷127附裴耀卿傳
裴	玢	舊唐書卷146 / 新唐書卷110諸夷蕃將

十四畫 裴		
裴	昇	舊唐書卷186下酷史附敬羽傳
裴	珏	新唐書卷182
裴	迪	新五代史卷43雜傳
裴	9宣	魏書卷45附裴駿傳
裴	約	魏書卷71附裴叔業傳
		舊五代史卷52唐書附李嗣昭傳
		新五代史卷32死節
裴	衍	魏書卷71附裴叔業傳
裴	俠	周書卷35
		北史卷38
裴	政	北史卷77
		隋書卷66
裴	胄	舊唐書卷122
		新唐書卷130附裴澹傳
裴	垍	舊唐書卷148
		舊唐書卷169
裴	度	舊唐書卷170
		新唐書卷173
裴	10修	魏書卷45附裴駿傳
裴	矩	北史卷38附裴陀傳
		隋書卷67
		舊唐書卷63
		舊唐書卷100
裴	茂	舊唐書卷114
		新唐書卷144附米瑱傳
裴	倩	新唐書卷108附裴行儉傳
裴	11祥	北史卷38附裴俠傳
裴	寂	舊唐書卷57
		新唐書卷88
裴	冕	舊唐書卷113
		新唐書卷140
裴	寅	舊唐書卷113附裴遵慶傳
裴	莊	宋史卷277
裴	12絢	魏書卷71附裴叔業
裴	植	魏書卷71附裴叔業傳
裴	13楷	晉書卷35附裴秀傳
裴	瑗	魏書卷69附裴延儁傳
裴	粲	魏書卷71附裴叔業傳
裴	寬	周書卷34
		北史卷38
		舊唐書卷100附裴漼傳
		新唐書卷130附裴漼傳
裴	肅	北史卷38附裴俠傳
		隋書卷62
裴	源	明史卷289忠義附辛希革各傳
裴	14漢	周書卷34附裴寬傳
裴	潅	舊唐書卷100
		新唐書卷130
裴	15潛	三國魏志卷23
裴	頠	晉書卷35附裴秀傳
裴	樞	舊唐書卷113附裴遵慶傳
		新唐書卷140附裴遵慶傳
裴	潡	舊唐書卷171
		新唐書卷118
裴	積	新唐書卷108附裴行儉傳
裴	諗	新唐書卷173附裴度傳
裴	16憲	晉書卷35附裴秀傳
裴	蕑	舊唐書卷126
		新唐書卷130附裴澹傳
裴	餘	新唐書卷129附裴守眞傳
裴	17巇	晉書卷108慕容載記
裴	邈	梁書卷28
		南史卷58
裴	駿	魏書卷45
		北史卷38

十四畫

裴

裴	仲	規	魏書卷69附裴延儁傳
裴	行	立	新唐書卷129附裴守貞傳
裴	行	儉	舊唐書卷84 / 新唐書卷108
裴	7佶	先	新唐書卷117附裴炎傳
裴	伯	茂	魏書卷85文苑
裴	延	儁	魏書卷69 / 北史卷38
裴	延	齡	舊唐書卷135 / 新唐書卷167
裴	8松	之	宋書卷64 / 南史卷33
裴	芬	之	魏書卷71附裴叔業傳
裴	知	古	舊唐書卷191方技附尚獻甫傳
裴	居	道	舊唐書卷86附孝敬皇帝弘傳 / 新唐書卷81附孝敬皇帝弘傳
裴	叔	業	南齊書卷51 / 魏書卷71 / 北史卷45
裴	9彥	先	魏書卷71附裴叔業傳
裴	昭	明	南齊書卷53良政 / 南史卷33附裴松之傳
裴	宣	機	舊唐書卷63附裴矩傳
裴	10虔	通	北史卷79附宇文述 / 隋書卷85附宇文化及傳
裴	11莊	伯	北史卷38附裴駿傳
裴	紹	宗	明史卷192附毛玉傳
裴	12景	融	魏書卷69附裴延儁傳
裴	景	顏	魏書卷69附裴延儁傳
裴	13敬	憲	魏書卷85文苑 / 北史卷38附裴駿傳
裴	敬	彝	舊唐書卷188孝友 / 新唐書卷195孝友

裴		鴻	周書卷34附裴寬傳
裴		皞	舊五代史卷92晉書 / 新五代史卷57雜傳
裴		濟	宋史卷308
裴		麗	魏書卷71附裴叔業傳
裴	19	譚	魏書卷71附裴叔業傳
裴		諴	舊唐書卷173附裴度傳
裴		贄	新唐書卷182附裴坦傳
裴	20	藻	北史卷54附司馬子如傳
裴		蘊	北史卷74 / 隋書卷67
裴	3子	烈	陳書卷9附吳明徹傳 / 南史卷66附吳明徹傳
裴	子	野	梁書卷30 / 南史卷32附裴松之傳
裴	子	餘	舊唐書卷188孝友附裴守眞傳 / 新唐書卷129附裴守眞傳
裴	4仁	基	北史卷38 / 隋書卷70附李密傳
裴	文	舉	周書卷37 / 北史卷38
裴	之	平	梁書卷28附裴邃傳 / 南史卷58附裴邃傳
裴	之	高	梁書卷28附裴邃傳 / 南史卷58附裴邃傳
裴	之	橫	梁書卷28附裴邃傳 / 南史卷58附裴邃傳
裴	之	禮	梁書卷28附裴邃傳 / 南史卷58附裴邃傳
裴	6光	庭	舊唐書卷84附裴行儉傳 / 新唐書卷108附裴行儉傳
裴	夷	直	新唐書卷148附張孝忠傳
裴	守	眞	舊唐書卷188孝友
裴	安	祖	魏書卷45附裴駿傳 / 北史卷38附裴駿傳

（天）

十四畫

裴
趙

裴15諫	之孫	北齊書卷35附裴讓之傳
裴 慶	孫之	魏書卷60附裴延儁傳
裴16遵	慶古	舊唐書卷113 / 新唐書卷140
裴19懷	古	舊唐書卷185下良吏 / 新唐書卷197循吏
裴20藹	之	魏書卷71附裴叔業傳
裴 耀	卿	舊唐書卷98 / 新唐書卷127
裴24讓	之	北齊書卷35 / 北史卷38附裴佗傳
裴27讞	之	北齊書卷35附裴讓之傳
裴 滿	亨	金史卷97
裴 滿	達	金史卷120世戚
裴 滿	賽不	金史卷122忠義附梁持勝傳
裴 滿	阿虎帶	金史卷124忠義附烏古論奴申傳
趙	3子	漢書卷88儒林
趙	才	北史卷78 / 隋書卷65
趙	4元	新唐書卷107附陳子昂傳 / 金史卷90
趙	及	宋史卷304
趙	方	宋史卷403
趙	5立	宋史卷448忠義 / 宋史卷451忠義附張珏傳
趙	可	金史卷125文藝
趙	永	明史卷163附魯鐸傳
趙	6至	晉書卷92文苑
趙	飯	宋史卷316附趙抃傳
趙	安	明史卷155
趙	7岐	後漢書卷94
趙	孝	後漢書卷69
趙	佖	宋史卷246宗室（即吳王）
趙	杞	宋史卷246宗室（即景王）
趙	似	宋史卷246宗室（即楚王）
趙	孛	宋史卷287附趙安仁傳
趙	抃	宋史卷316
趙	佑	明史卷188
趙	汸	明史卷282儒林
趙	8典	後漢書卷57
趙	芬	北史卷75 / 隋書卷46
趙	昌	舊唐書卷151 / 新唐書卷170
趙	玭	宋史卷274
趙	9信	史記卷111附衛將軍驃騎傳 / 漢書卷55附霍去病傳
趙	禹	史記卷122酷吏 / 漢書卷90酷吏
趙	杏	後漢書卷69
趙	苟	後漢書卷111獨行
趙	彥	後漢書卷112下方術 / 明史卷257
趙	柔	魏書卷52 / 北史卷34 / 元史卷152
趙	昶	周書卷33 / 北史卷69 / 新唐書卷189附趙犨傳 / 舊五代史卷14梁書附趙犫傳
趙	軌	北史卷76附趙肅傳 / 隋書卷73循吏

（天）

趙	俁	宋史卷246宗室（卽燕王）	趙	11猛	北齊書卷48外戚 北史卷80外戚	十四畫
趙	茂	宋史卷246宗室（卽獻愍太子）	趙	勇	宋史卷246宗室（卽元懿太子）	
趙	竑	宋史卷246宗室（卽鎭王）	趙	逢	宋史卷270	趙
趙	范	宋史卷417附趙葵傳	趙	高	宋史卷332	
趙	俊	宋史卷453忠義附繆逢傳 明史卷138附薛祥傳	趙	野	宋史卷352	
趙	迪	元史卷151	趙	密	宋史卷370	
趙	炳	元史卷163	趙	淮	宋史卷450忠義	
趙	狂	明史卷150	趙	庸	明史卷129附廖永忠傳	
趙	亮	明史卷161附楊瓊傳	趙	琰	明史卷291忠義附顏孕紹傳	
趙	10修	魏書卷93恩倖 北史卷92恩倖	趙	紳	明史卷296孝義	
趙	起	北齊書卷25 北史卷55附張亮傳	趙	12勝	史記卷76（卽平原君） 明史卷173附孫鎧傳	
趙	邕	魏書卷93恩倖 北史卷92恩倖	趙	奢	史記卷81	
趙	剛	周書卷33 北史卷69	趙	堯	漢書卷42	
趙	涓	舊唐書卷137 新唐書卷161	趙	壹	後漢書卷110下文苑	
趙	珝	新唐書卷189附趙犨傳 舊五代史卷14梁書附趙犨傳	趙	雲	三國蜀志卷6或36	
趙	俶	明史卷137	趙	逸	魏書卷52 北史卷34	
趙	祐	宋史卷245宗室（卽悼獻太子）	趙	琰	魏書卷86孝感 北史卷34附趙逸傳	
趙	栩	宋史卷246宗室（卽濟王）	趙	黑	魏書卷94閹宮（北史卷92作趙黙）	
趙	栻	宋史卷246宗室（卽和王）	趙	貴	周書卷16 北史卷59	
趙	訓	宋史卷246宗室附太子謹傳	趙	善	周書卷34 北史卷59附趙貴傳	
趙	晃	宋史卷254	趙	棣	宋史卷246宗室（卽衮王）	
趙	振	宋史卷323	趙	普	宋史卷256	
趙	益	金史卷122忠義	趙	賀	宋史卷301	
趙	泰	明史卷161附陳本深傳	趙	湘	宋史卷303	
			趙	隆	宋史卷350	

趙	開	宋史卷374
趙	遠	宋史卷381
趙	雄	宋史卷396
趙	諴	金史卷81
趙	渢	金史卷126文藝
趙	復	元史卷189儒學
趙	琛	元史卷194忠義附趙璉傳
趙	登	明史卷281循吏附趙豫傳
趙	13達	三國吳志卷18或63
趙	退	魏書卷52附趙逸傳
趙	溫	魏書卷52附趙逸傳 北史卷34附趙逸傳
趙	肅	周書卷37 北史卷70
趙	昊	北史卷75 隋書卷46
趙	熙	舊五代史卷93晉書
趙	暉	舊五代史卷125周書
趙	楷	宋史卷246宗室（即郢王）
趙	樗	宋史卷246宗室（即沂王）
趙	愷	宋史卷246宗室（即魏王）
趙	詢	宋史卷246宗室（即景獻太子）
趙	聚	宋史卷318
趙	滋	宋史卷324
趙	鼎	宋史卷360
趙	煥	明史卷225
趙	楠	明史卷289忠義附宋以方傳
趙	14誘	晉書卷57
趙	綽	北史卷77 隋書卷62
趙	鳳	舊五代史卷67唐書 舊五代史卷129周書 新五代史卷28唐書
趙	榛	宋史卷246宗室（即信王）
趙	惇	宋史卷246宗室（即莊文太子）
趙	瑠	宋史卷275附薛超傳
趙	葵	宋史卷417
趙	瑨	元史卷150
趙	榮	元史卷197孝友 明史卷171附楊善傳
趙	虢	元史卷197孝友
趙	輔	明史卷155
趙	漢	明史卷206附劉世揚傳
趙	15談	漢書卷93佞幸
趙	憬	舊唐書卷138 新唐書卷150
趙	鍪	舊五代史卷89晉書 新五代史卷56雜傳
趙	樞	宋史卷246宗室（即蕭王）
趙	稹	宋史卷288
趙	質	金史卷127隱逸
趙	璉	元史卷194忠義
趙	羲	明史卷138附薛祥傳
趙	16憙	後漢書卷56
趙	曅	後漢書卷109下儒林
趙	熾	魏書卷94閹官附趙黑傳
趙	默	北史卷92恩倖（魏書卷94作趙黑）
趙	隱	舊唐書卷178 新唐書卷182
趙	瞱	舊唐書卷187下忠義
趙	頵	宋史卷246宗室（即益王）

十四畫

趙

十四畫
趙

趙　謐　宋史卷246宗室（即太子謐）
趙　遹　宋史卷348
趙　蕃　宋史卷445文苑附張即之傳
趙　璜　明史卷194
趙　錦　明史卷210
趙　豫　明史卷281循吏
趙　17璩　宋史卷246宗室（即信王）
趙　徽　遼史卷97
趙　壎　明史卷285文苑
趙　18鎔　宋史卷268
趙　瞻　宋史卷341
趙　璧　元史卷159
趙　彝　明史卷146附郭充傳
趙　19贄　宋史卷254
　　　　宋史卷470佞幸
趙　20隱　舊唐書卷178附趙隱傳
趙　犨　舊五代史卷14梁書
　　　　新五代史卷42雜傳
　　　　新唐書卷189
趙　21霸　魏書卷89酷吏附張赦提傳
　　　　北史卷87酷吏附愿赦提傳
趙　顥　宋史卷246宗室（即吳王）
趙　22儼　三國魏志卷23
趙　鑑　金史卷128循吏
趙　24曦　宋史卷262附趙上交傳
趙　27巘　新唐書卷189
趙　1一 德　元史卷137孝友
趙　3上 交　宋史卷262

趙　子 佫　宋史卷244宗室附秦王德芳傳（即秀王）
趙　子 砥　宋史卷247宗室
趙　子 淔　宋史卷247宗室
趙　子 崧　宋史卷247宗室
趙　子 畫　宋史卷247宗室
趙　子 瀟　宋史卷247宗室
趙　子 櫟　宋史卷247宗室
趙　士 春　明史卷229附趙用賢傳
趙　士 眞　宋史卷452忠義附趙士隆傳
趙　士 晤　宋史卷247宗室
趙　士 嶟　宋史卷247宗室
趙　士 跂　宋史卷452忠義附趙士隆傳
趙　士 晴　宋史卷247宗室
趙　士 歟　宋史卷452忠義附趙士隆傳
趙　士 寬　明史卷292忠義附尹夢鼇傳
趙　士 隆　宋史卷452忠義
趙　士 褭　宋史卷247宗室
趙　士 醫　宋史卷452忠義附趙士隆傳
趙　士 驌　明史卷267附宋玫傳
趙　4仁 本　舊唐書卷81
趙　天 錫　元史卷151
趙　允 讓　宋史卷245宗室（即濮王）
趙　文 表　周書卷33
　　　　北史卷69
趙　文 恪　舊唐書卷57附劉文靜傳
　　　　新唐書卷88附裴寂傳
趙　文 度　宋史卷482北漢世家附劉繼元傳

十四畫

趙

趙	文	深	周書卷47藝術 北史卷82儒林附樂遜傳
趙	文	華	明史卷308姦臣附嵩傳
趙	不	尤	宋史卷247宗室
趙	不	愚	宋史卷247宗室
趙	不	試	宋史卷447忠義
趙	不	羣	宋史卷247宗室
趙	不	棄	宋史卷247宗室
趙	元	份	宋史卷245宗室（即商王）
趙	元	佐	宋史卷245宗室（即漢王）
趙	元	偁	宋史卷245宗室（即楚王）
趙	元	淑	隋書卷70附楊玄盛傳
趙	元	偓	宋史卷245宗室（即鎮王）
趙	元	傑	宋史卷245宗室（即越王）
趙	元	僖	宋史卷245宗室（即昭成太子）
趙	元	儼	宋史卷245宗室（即周王）
趙	卯	發	宋史卷450忠義
趙	必	愿	宋史卷413
趙	用	賢	明史卷229
趙	冬	曦	新唐書卷200儒學
趙	世	延	元史卷180
趙	世	卿	明史卷220
趙	弘	智	舊唐書卷188孝友 新唐書卷106
趙	弘	毅	元史卷196忠義
趙	令	安	魏書卷87節義附石文德傳
趙	令	峻	宋史卷447忠義

趙	令	勝	魏書卷52附趙逸傳
趙	津	之	宋史卷452忠義附趙士隆傳
趙	仲	卿	北史卷69附趙剛傳 隋書卷74酷吏
趙	充	國	漢書卷69
趙	行	樞	北史卷79附宇文述傳
趙	好	德	明史卷138附陳修傳
趙	匡	凝	舊五代史卷17梁書 新五代史卷41雜傳
趙	在	禮	舊五代史卷90晉書 新五代史卷46雜傳
趙	自	化	宋史卷461方技
趙	自	然	宋史卷461方技
趙	安	仁	宋史卷287 遼史卷109宦官
趙	安	易	宋史卷256附趙普傳
趙	光	允	舊五代史卷58唐書附趙光逢傳
趙	光	抃	明史卷259
趙	光	胤	舊唐書卷178附趙隱傳
趙	光	逢	舊唐書卷178附趙隱傳 舊五代史卷58唐書 新五代史卷35唐六臣
趙	光	裔	舊唐書卷178附趙隱傳
趙	汝	述	宋史卷247宗室
趙	汝	愚	宋史卷392
趙	汝	談	宋史卷413
趙	汝	騰	宋史卷424
趙	汝	讜	宋史卷413
趙	匣	剌	元史卷165
趙	宏	偉	元史卷166

趙	志	皐	明史卷219
趙	克	裕	舊五代史卷15梁書
趙	君	錫	宋史卷287附趙安仁傳
趙	廷	美	宋史卷244宗室（卽魏王）
趙	廷	蘭	明史卷140附王宗顯傳
趙	伯	振	宋史卷453忠義
趙	伯	符	宋書卷46附趙倫之傳南史卷18附趙倫之傳
趙	伯	深	宋史卷456孝義
趙	良	規	宋史卷287附趙安仁傳
趙	良	淳	宋史卷451忠義
趙	良	弼	元史卷159
趙	良	嗣	宋史卷472姦臣
趙	希	言	宋史卷247宗室
趙	希	洎	宋史卷454忠義附趙時賞傳
趙	希	懌	宋史卷247宗室
趙	希	錧	宋史卷413
趙	延	乂	舊五代史卷131周書
趙	延	進	宋史卷271
趙	延	義	新五代史卷57雜傳
趙	延	溥	宋史卷254附趙晁傳
趙	延	壽	舊五代史卷98晉書附趙德鈞傳遼史卷76
趙 8昌	言	宋史卷267
趙	拔	扈	南史卷74孝義
趙	來	章	新唐書卷106附趙弘智傳

趙	季	通	明史卷137附桂彥良傳
趙	尚	寬	宋史卷426循吏
趙	明	遇	明史卷257
趙	知	禮	陳書卷16南史卷68
趙	東	曦	明史卷258附魏星潤傳
趙	秉	文	金史卷110
趙	秉	溫	元史卷150附趙瑨傳
趙	宗	儒	舊唐書卷167新唐書卷151
趙	叔	向	宋史卷247宗室
趙	叔	近	宋史卷247宗室
趙	叔	皎	宋史卷452忠義附趙士隆傳
趙	叔	憑	宋史卷452忠義附趙士隆傳
趙	叔	隆	魏書卷52附趙逸傳
趙	孟	松	宋史卷454忠義附劉士昭傳
趙	孟	桀	宋史卷454忠義附劉士昭傳
趙	孟	頫	元史卷172
趙	孟	錦	宋史卷450忠義附趙與檡傳
趙	孟	壘	宋史卷454忠義附劉士昭傳
趙 9貞	吉	明史卷193
趙	食	其	史記卷111附衞將軍驃騎傳漢書卷55附霍去病傳
趙	南	星	明史卷243
趙	炳	然	明史卷202
趙	建	極	明史卷263附蔡懋德傳
趙	持	滿	舊唐書卷183外戚附長孫敞傳
趙	重	華	明史卷297孝義

十四畫	趙	重	福	金史卷128循吏	趙	參	魯	明史卷221
	趙	思	忠	宋史卷492外國附吐蕃傳	趙	逢	龍	宋史卷424
趙	趙	思	溫	遼史卷76	趙	國	忠	明史卷211附周尙文傳
	趙	思	綰	舊五代史卷109漢書 新五代史卷53雜傳	趙	國	珍	舊唐書卷115
	趙	彦	呐	宋史卷413	趙	崇	憲	宋史卷332附趙汝愚傳
	趙	彦	昭	舊唐書卷92附章安石傳 新唐書卷123	趙	崇	韜	宋史卷479西蜀世家附孟昶傳
	趙	彦	倓	宋史卷247宗室	趙 貢	亨		元史卷151附趙天錫傳
	趙	彦	深	北齊書卷38 北史卷55(名隱)	趙	超	宗	魏書卷52附趙逸傳
	趙	彦	逾	宋史卷247宗室	趙	博	宣	舊唐書卷137附趙涓傳
	趙	彦	橚	宋史卷247宗室				新唐書卷161附趙涓傳
	趙	彦	韜	宋史卷479西蜀世家附孟昶傳	趙	景	緯	宋史卷425
	趙 修 己			宋史卷461方技	趙	善	俊	宋史卷247宗室
	趙	倫	之	宋書卷46 南史卷18	趙	善	湘	宋史卷413
	趙	挺	之	宋史卷351	趙	善	譽	宋史卷247宗室
	趙	訓	之	宋史卷452忠義附趙士隆傳	趙 道 興			舊唐書卷83
	趙	破	奴	史記卷111附衛將軍驃騎傳 漢書卷55附霍去病傳	趙	與	㠀	元史卷168
					趙	與	懽	宋史卷450忠義
	趙	時	春	明史卷200	趙	與	籌	宋史卷423
	趙	時	賞	宋史卷454忠義	趙	與	懽	宋史卷413
	趙	師	民	宋史卷294	趙 輔 和			北齊書卷49方技 北史卷89藝術
	趙	師	旦	宋史卷446忠義附晁觀傳	趙	僧	嚴	南史卷76隱逸附吳苞傳
	趙	師	魯	元史卷176	趙 鄰 幾			宋史卷439文苑
	趙	師	睪	宋史卷247宗室	趙	廣	漢	漢書卷76
	趙	師	檟	宋史卷449忠義	趙	撝	謙	明史卷285文苑
	趙 率 教			明史卷271	趙	德	芳	宋史卷244宗室(卽秦王)
					趙	德	昭	宋史卷244宗室(卽燕王)

十五畫

論練徹劇閻撒黎樓滕樂

論	惟	貞	新唐書卷110諸夷蕃將附論弓仁傳
練	子	綱	明史卷164附左鼎傳
練	子	寧	明史卷141
練	國	事	明史卷260
徹	里		元史卷130　元史卷135
徹	徹		元史卷197孝友
徹	里 帖	木兒	元史卷142
劇	孟		史記卷124游俠　漢書卷92游俠
劇	鵬		魏書卷94閹宦　北史卷92恩倖
劇	可	久	宋史卷270
劇	買	奴	魏書卷92閹宦附劇鵬傳
閻		毗	魏書卷83上外戚　北史卷80外戚
閻	大	肥	魏書卷30　北史卷20
閻	丘	均	舊唐書卷190中文苑附陳子昂傳
撒		八	金史卷121忠義
撒		改	金史卷70
撒		敦	元史卷138附燕鐵木兒傳
撒	吉	思	元史卷134
撒	合	輦	金史卷111
黎		光	明史卷138附周槙傳
黎		貫	明史卷208
黎		幹	舊唐書卷118　新唐書卷145附王縉傳
黎	民	表	明史卷287文苑附黃佐傳
黎	弘	業	明史卷292忠義
黎	景	熙	周書卷47藝術　北史卷82儒林附樂遜傳

			逛傳
樓		玄	三國吳志卷20或65
樓		异	宋史卷354
樓		炤	宋史卷380
樓		望	後漢書卷109下儒林
樓		毅	魏書卷30附樓伏連傳
樓		璉	明史卷141附方孝孺傳
樓		護	漢書卷92游俠
樓		鑰	宋史卷395
樓	伏	連	魏史卷30(北史卷20作夏伏連)
樓	惠	明	南史卷75隱逸附關康之傳
滕		定	明史卷156附吳成傳
滕		胤	三國吳志卷19或64
滕		修	晉書卷57
滕		康	宋史卷375
滕		撫	後漢書卷68
滕		毅	明史卷138附陳修傳
滕	中	正	宋史卷276
滕	元	發	宋史卷332
滕	用	亨	明史卷286文苑附沈度傳
滕	宗	諒	宋史卷303
滕	茂	實	宋史卷449忠義
滕	德	懋	明史卷138附楊思義傳
滕	曇	恭	梁書卷47孝行　南史卷74孝義
樂		良	明史卷285文苑附趙撝謙傳
樂		京	宋史卷331附張問傳

樂		恢	後漢書卷73
樂		進	三國魏志卷17
樂		遜	周書卷40附顏之儀傳 北史卷62附王軌傳
樂		預	南史卷73孝義附樂頤之傳
樂		遜	周書卷45儒林 北史卷82儒林
樂		毅	史記卷80
樂		廣	晉書卷43
樂		頤	南齊書卷55孝義 （南史卷73作樂頤之）
樂		藹	梁書卷19 南史卷56
樂	法	才	南史卷56附樂藹傳
樂	彥	禎	舊唐書卷181 新唐書卷210藩鎮附何進滔傳
樂	彥	瑋	舊唐書卷81 新唐書卷99附劉洎傳
樂	從	訓	舊唐書卷181附樂彥楨傳
樂	黃	目	宋史卷306
樂	道	融	晉書卷89忠義
樂	韶	鳳	明史卷136
樂	頤	之	南史卷73孝義 （南齊書卷55作樂頤）
魯		丕	後漢書卷55附魯恭傳
魯		芝	晉書卷90良吏
魯		炅	舊唐書卷114 新唐書卷147
魯		恭	後漢書卷55

魯			爽	宋書卷74 南史卷40
魯			滕	晉書卷94隱逸
魯			欽	明史卷270
魯			肅	三國吳志卷9或54
魯			經	明史卷174附魯鑑傳
魯			穆	明史卷158
魯			褒	晉書卷94隱逸
魯			鐸	明史卷163
魯			鑑	明史卷174
魯			麟	明史卷174附魯鑑傳
魯	世	任	明史卷293忠義
魯	世	達	北史卷82儒林 隋書卷75儒林
魯	仲	連	史記卷83
魯	有	開	宋史卷426循吏
魯	宗	文	明史卷270附魯欣傳
魯	宗	道	宋史卷286
魯	悉	達	陳書卷13 南史卷67
魯	康	祚	南史卷73孝義附解叔謙傳
魯	廣	達	陳書卷31 南史卷67附魯悉達傳
慕容		永	魏書卷95附徒河慕容廆傳
慕容		冲	魏書卷95附徒河慕容廆傳
慕容		泓	魏書卷95附徒河慕容廆傳
慕容		恪	晉書卷111前燕載記
慕容		契	魏書卷50附慕容白曜傳
慕容		垂	晉書卷123後燕載記 魏書卷95附徒河慕容廆傳 北史卷93僭偽附肺

十五畫							
			燕附慕容廆傳		容廆傳		
					北史卷93僭僞附庸		
慕	容	盛	晉書卷124後燕載記		燕附慕容廆傳		
			附慕容寶傳	慕	容	儼	北齊書卷20
			魏書卷95附徒河慕				北史卷53
			容廆傳	慕	容	子	瑋魏書卷95附徒
			北史卷93僭僞附庸				河慕容廆傳
			燕附慕容廆傳				北史卷93僭僞
慕	容	雲	晉書卷124後燕載記				附庸燕附慕容
			附慕容寶傳				廆傳
慕	容	超	晉書卷128南燕載記	慕	容	三	藏隋書卷65
			魏書卷95附徒河慕	慕	容	元	真魏書卷95附徒
			容廆傳				河慕容廆傳
			北史卷93僭僞附庸				北史卷93僭僞
			燕附慕容廆傳				附庸燕附慕容
慕	容	暐	晉書卷111前燕載記				廆傳(晉書109
慕	容	廆	晉書卷108前燕載記				作慕容號)
			魏書卷95(目作徒河	慕	容	白	曜魏書卷50
			慕容廆)				北史卷25
			北史卷93僭僞附庸	慕	容	如	意魏書卷50附慕
			燕傳				容白曜傳
慕	容	熙	晉書卷124後燕載記	慕	容	延	釗宋史卷251
			附慕容寶傳	慕	容	彥	超舊五代史卷130
			魏書卷95附徒河慕				周書
			容廆傳				新五代史卷53
			北史卷93僭僞附庸				雜傳
			燕附慕容廆傳	慕	容	真	安魏書卷50附慕
慕	容	皝	晉書卷109前燕載記				容白曜傳
			(魏書95作慕容元	慕	容	紹	宗北齊書卷20
			真)				北史卷53
慕	容	儁	晉書卷110前燕載記	慕	容	德	琛宋史卷251附慕
			魏書卷95附徒河慕				容延釗傳
			容廆傳	慕	容	德	豐宋史卷251附慕
			北史卷93僭僞附庸				容延釗傳
			燕附慕容廆傳	歐		信	明史卷174
慕	容	德	晉書卷127南燕載記	歐		磐	明史卷166
			魏書卷95附徒河慕	歐	大	任	明史卷287文苑附黃
			容廆傳				佐傳
			北史卷93僭僞附庸	歐	陽	生	漢書卷88儒林
			燕附慕容廆傳				
慕	容	翰	晉書卷109前燕載記	歐	陽	玄	元史卷182
			附慕容號傳				
慕	容	鍾	晉書卷128南燕載記	歐	陽	旦	明史卷180附姜洪傳
			附慕容超傳				
慕	容	寶	晉書卷124後燕載記	歐	陽	建	晉書卷33
			魏書卷95附徒河慕				

慕 歐 (side heading)

歐陽	紇	陳書卷9附歐陽頠傳 南史卷66附歐陽頠傳	
歐陽	迴	宋史卷479西蜀世家附孟昶傳	
歐陽	重	明史卷203	
歐陽	秬	新唐書卷203文藝附歐陽詹傳	
歐陽	修	宋史卷319	
歐陽	珣	宋史卷448忠義	
歐陽	通	舊唐書卷189上儒學附歐陽詢傳 新唐書卷198儒學附歐陽詢傳	
歐陽	棐	宋史卷319附歐陽修傳	
歐陽	發	宋史卷319附歐陽修傳	
歐陽	詢	舊唐書卷189上儒學 新唐書卷198儒學 新唐書卷203文藝	
歐陽	瑜	明史卷283儒林附歐陽德傳	
歐陽	韶	明史卷139附韓宜可傳	
歐陽	銘	明史卷140附道同傳	
歐陽	頠	陳書卷9 南史卷66 宋史卷455忠義	
歐陽	澈	宋史卷455忠義	
歐陽	德	明史卷283儒林	
歐陽	歙	後漢書卷109上儒林	
歐陽	鐸	明史卷203	
歐陽	一敬	明史卷215	
歐陽	守道	宋史卷411	
歐陽	東鳳	明史卷231附顏憲成傳	
歐陽	顯宇	明史卷294忠義附張鵬翼傳	

褚	向	南史卷28附褚裕之傳
褚	玠	陳書卷34文學 南史卷28附褚裕之傳
褚	炫	南齊書卷32 南史卷28附褚裕之傳
褚	昭	南史卷28附褚裕之傳
褚	亮	舊唐書卷72 新唐書卷102
褚	修	梁書卷47孝行 南史卷74孝義
褚	陶	晉書卷92文苑
褚	爽	晉書卷93外戚
褚	淵	南齊書23(南史卷28作褚彥回)
褚	球	梁書41 南史卷28附褚裕之傳
褚	翔	梁書41 南史卷28附褚裕之傳
褚	貧	南史卷28附褚裕之傳
褚	奰	晉書卷77
褚	裒	晉書卷93外戚
褚	該	周書卷47藝術 北史卷90藝術
褚	暉	北史卷82儒林(隋書卷75作褚輝)
褚	輝	隋書卷75儒林(北史卷82作褚暉)
褚	蒙	南史卷28附褚裕之傳
褚	蓁	南齊書卷23附褚淵傳 南史卷28附褚裕之傳
褚	澄	南齊書23附褚淵傳 南史卷28附褚裕之傳
褚	澐	南史卷28附褚裕之傳

十五畫

歐褚

(天)

十五畫　褚樊潘

姓名	出處
褚璩	新唐書卷105附褚遂良傳
褚无量	舊唐書卷102；新唐書卷200儒學
褚不華	元史卷194忠義
褚伯玉	南齊書卷54高逸；南史卷75隱逸
褚叔度	宋書卷52(南史卷28作褚裕之)
褚承亮	金史卷127隱逸
褚彥回	南史卷28附褚裕之傳(南齊書卷23作褚淵)
褚淡之	南史卷28附褚裕之傳
褚湛之	南史卷28附褚裕之傳
褚遂良	舊唐書卷80；新唐書卷105
褚裕之	南史卷28(宋書卷52作褚叔度)
樊宏	後漢書卷62
樊阿	三國魏志卷29方技附華陀傳
樊英	後漢書卷112上方術
樊建	三國蜀志卷5或35附諸葛亮傳
樊猛	陳書卷31附樊毅傳；南史卷67附樊毅傳
樊深	周書卷45儒林；北史卷82儒林；明史卷207附楊思忠傳
樊須	史記卷67仲尼弟子
樊淵	元史卷197孝友
樊準	後漢書卷62附樊宏傳
樊楫	元史卷166
樊遜	北齊書卷45文苑；北史卷83文苑
樊毅	陳書卷31；南史卷67
樊瑩	明史卷186
樊噲	史記卷95；漢書卷91
樊曄	後漢書卷107酷吏
樊興	舊唐書卷57附劉文靜傳；新唐書卷88附裴寂傳
樊澤	舊唐書卷122；新唐書卷159
樊儵	後漢書卷62附樊宏傳
樊一衡	明史卷279
樊子蓋	北史卷76；隋書卷63
樊子鵠	魏書卷80；北史卷49
樊玉衡	明史卷233
樊志張	後漢書卷112下方術
樊知古	宋史卷276
樊叔略	北史卷86循吏；隋書卷73循吏
樊宗師	新唐書卷159附樊澤傳
樊執敬	元史卷195忠義
樊景溫	宋史卷456孝義
樊鼎遇	明史卷233附樊玉衡傳
樊維城	明史卷233附樊玉衡傳
潘方	宋史卷454忠義附繆季玉傳
潘尼	晉書卷55附潘岳傳
潘旦	明史卷203附潘珍傳
潘弘	明史卷293忠義
潘夙	宋史卷333
潘佑	宋史卷478南唐世家附李景傳
潘辰	明史卷152附陳濟傳
潘岳	晉書卷55

（天）

潘		京	晉書卷90良吏
潘		牧	宋史卷425
潘		府	明史卷282儒林
潘		美	宋史258
潘		珍	明史卷203
潘		恩	明史卷202附周延傳
潘		勗	三國魏志卷21附衞覬傳
潘		塤	明史卷203
潘		綜	宋書卷91孝義 南史卷73孝義
潘		禮	明史卷154附柳升傳
潘		榮	明史卷157
潘		璋	三國吳志卷10或55
潘		樂	北齊書卷15 北史卷53
潘		濬	三國吳志卷16或61
潘		蕃	明史卷186
潘		徽	北史卷83文苑 隋書卷76文學
潘		環	舊五代史卷94晉書
潘	士	藻	明史卷234附李忻傳
潘	永	思	宋史卷465外戚
潘	永	基	魏書卷72 北史45
潘	守	恆	金史卷131宦者附宋珪傳
潘	好	禮	舊唐書卷185下良吏 新唐書卷128
潘	志	伊	明史卷223附朱衡傳
潘	良	貴	宋史卷376
潘	孟	陽	舊唐書卷162 新唐書卷160
潘	季	馴	明史卷223

潘	宗	顏	明史卷291忠義
潘	師	正	舊唐書卷192隱逸 新唐書卷196隱逸附吳筠傳
潘	庭	堅	明史卷135附范常傳
潘	崇	徹	宋史卷481南漢世家附劉鋹傳
潘	慎	修	宋史卷296
蔣		乂	舊唐書卷149 新唐書卷132
蔣		沇	舊唐書卷185下良吏 新唐書卷112附蔣欽緒傳
蔣		伸	新唐書卷132附蔣乂傳
蔣		昇	周書卷47藝術 北史卷89藝術 明史卷187附洪鍾傳
蔣		係	新唐書卷132附蔣乂傳
蔣		芾	宋史卷384
蔣		英	明史卷245附周宗建傳
蔣		信	明史卷156附金忠傳 明史卷283儒林附湛若水傳
蔣		恭	宋書卷91孝義 南史卷73孝義
蔣		殷	舊五代史卷13梁書 新五代史卷43雜傳
蔣		冕	明史卷190
蔣		清	舊唐書卷187下忠義 新唐書卷112附蔣欽緒傳
蔣		偕	新唐書卷132附蔣乂傳 宋史卷326
蔣		堂	宋史卷298
蔣		欽	三國吳志卷10或55 明史卷188

十五畫	蔣		斌	三國蜀志卷14或44附蔣琬傳	鄧	8芝	三國蜀志卷15或45
	蔣		琬	三國蜀志卷14或44	鄧	9禹	後漢書卷46
	蔣		貴	明史卷155附蔣貴傳 明史卷155	鄧	述	魏書卷24附鄧淵傳
	蔣		琮	明史卷304宦官	鄧	郁	南史卷76隱逸
	蔣		歆	宋史卷363	鄧	10訓	後漢書卷46附鄧禹傳
	蔣		瑤	明史卷194	鄧	原	明史卷304宦官附何鼎傳
蔣	蔣		靜	宋史卷356	鄧	11通	史記卷125佞幸 漢書卷93佞幸
鄧	蔣		濟	三國魏志卷14	鄧	晨	後漢書卷45
	蔣		曙	新唐書卷132附蔣乂傳	鄧	彪	後漢書卷74
	蔣		鎮	舊唐書卷127	鄧	淵	魏書卷24(北史卷21作鄧彥海)
	蔣		儼	舊唐書卷185上良吏 新唐書卷100	鄧	12琬	宋書卷84 南史卷40
	蔣		顯	三國蜀志卷14或44附蔣琬傳	鄧	羨	魏書卷24附鄧淵傳
	蔣	子	春	宋史卷452忠義附龔楫傳	鄧	13遐	晉書卷81附鄧嶽傳
	蔣	之	奇	宋史卷343	鄧	粲	晉書卷82
	蔣	少	游	魏書卷91藝術 北史卷90藝術	鄧	肅	宋史卷375
	蔣	允	儀	明史卷235	鄧	愈	明史卷126
	蔣	玄	暉	新唐書卷223下姦臣附柳璨傳	鄧	14綰	宋史卷329
	蔣	佳	徵	明史卷292忠義	鄧	15潁	魏書卷24附鄧淵傳
	蔣	係	仲	舊唐書卷149附蔣乂傳	鄧	17颺	三國魏志卷9附曹真傳
	蔣	重	珍	宋史卷411	鄧	嶽	晉書卷81
	蔣	欽	緒	新唐書卷112	鄧	18顒	明史卷172附張騵傳
	蔣	德	璟	明史卷251	鄧	20隲	後漢書卷46附鄧禹傳
	蔣	興	祖	宋史卷452忠義	鄧	騫	晉書卷70
	鄧		6艾	三國魏志卷28	鄧	臍	魏書卷24附鄧淵傳
	鄧		7攸	晉書卷90良吏	鄧	22儼	金史卷97
	鄧		玘	明史卷273附左良玉傳	鄧	3子 龍	明史卷247

鄧	4中	和	宋史卷456孝義	蔡	4卞	宋史卷472姦臣附蔡京傳
鄧	文	原	元史卷172	蔡	5玄	後漢書卷109下儒林
鄧	元	起	梁書卷10 南史卷55	蔡	6羽	明史卷287文苑附文徵明傳
鄧	元	錫	明史卷283儒林	蔡	7抗	宋史卷328附蔡挺傳
鄧	5玄	挺	舊唐書卷190上文苑	蔡	沉	宋史卷434儒林附蔡元定傳
鄧	世	隆	舊唐書卷73附令狐德棻傳 新唐書卷102附令狐德棻傳	蔡	攸	宋史卷472姦臣附蔡京傳
鄧	以	讚	明史卷283儒林	蔡	8杭	宋史卷420
鄧	6守	恩	宋史卷466宦官	蔡	定	宋史卷456孝義
鄧	7孝	甫	宋史卷458隱逸	蔡	京	宋史卷472姦臣
鄧	廷	瓚	明史卷172	蔡	9茂	後漢書卷56
鄧	8季	筠	舊五代史卷19梁書	蔡	衍	後漢書卷97黨錮
鄧	宗	古	宋史卷456孝義	蔡	約	南齊書卷46 南史卷29附蔡廓傳
鄧	宗	慶	魏書卷24附鄧淵傳	蔡	洸	宋史卷390
鄧	9若	水	宋史卷455忠義	蔡	珍	元史卷166
鄧	洵	武	宋史卷329附鄧琯傳	蔡	10邕	後漢書卷90
鄧	彥	海	北史卷21(魏書卷24作鄧淵)	蔡	倫	後漢書卷108宦者
鄧	洪	震	明史卷215附周弘祖傳	蔡	豹	晉書卷81
鄧	10祖	禹	明史卷269附姜名武傳	蔡	祐	周書卷27 北史卷65
鄧	11惟	恭	新唐書卷214藩鎮附劉玄佐傳	蔡	挺	宋史卷328
鄧	處	訥	新唐書卷186	蔡	珪	金史卷125文藝附蔡松年傳
鄧	得	遇	宋史卷451忠義	蔡	11清	明史卷282儒林
鄧	12景	山	舊唐書卷110 新唐書卷141	蔡	12順	後漢書卷69附周磐傳
鄧	15潤	甫	宋史卷343	蔡	傗	宋史卷472姦臣附蔡京傳
鄧	19潘	錫	明史卷291忠義	蔡	13義	漢書卷66
鄧	20繼	曾	明史卷207	蔡	裔	晉書卷77
				蔡	運	明史卷143附程通傳

十五畫

鄧
蔡

十五畫

蔡鄭

蔡	14	廓	宋書卷57 南史卷29
蔡		齊	宋史卷286
蔡		肇	宋史卷444文苑
蔡	15	撙	梁書卷21 南史卷29附蔡廓傳
蔡		徵	陳書卷29 南史卷68附蔡景歷傳
蔡		儁	北齊書卷19 北史卷53
蔡		確	宋史卷471姦臣
蔡	16	澤	史記卷79
蔡		凝	陳書卷34文學 南史卷29附蔡廓傳
蔡		遷	明史卷134
蔡	17	薈	南史卷76隱逸附吳苞傳
蔡		襄	宋史卷320
蔡		謨	晉書卷77
蔡	18	戁	宋史卷354
蔡	2	八兒	金史卷124忠義
蔡	3	子英	明史卷124附擴廓帖木兒傳
蔡		大業	周書卷48附蕭詧傳
蔡		大寶	周書卷48附蕭詧傳 北史卷93僭偽附附梁附蕭詧傳
蔡	4	元定	宋史卷434儒林
蔡		允恭	舊唐書卷190上文苑 新唐書卷201文藝
蔡		天祐	明史卷200
蔡	5	幼學	宋史卷434儒林
蔡	6	汝楠	明史卷287文苑附高叔嗣傳
蔡	7	廷玉	新唐書卷193忠義
蔡		延慶	宋史卷286附蔡齊傳

蔡	8	松年	金史卷125文藝
蔡		居厚	宋史卷356
蔡		宗興	宋史卷57附蔡廓傳
蔡	10	時鼎	明史卷230
蔡	11	國用	明史卷253附程國祥傳
蔡		國珍	明史卷224
蔡	12	復一	明史卷249
蔡		景歷	陳書卷16 南史卷68
蔡	13	道恭	梁書卷10 南史卷55
蔡		道憲	明史卷294忠義
蔡	15	毅中	明史卷216
蔡		審廷	宋史卷271
蔡	16	與宗	宋書卷57附蔡廓傳 南史卷29附蔡廓傳
蔡		曇智	南史卷73孝義附吳達之傳
蔡	17	懋德	明史卷263
鄭	3	山	明史卷389忠義附宋以方傳
鄭	4	太	後漢書卷100
鄭		方	晉書卷59附齊王冏傳
鄭		元	舊唐書卷146
鄭	5	弘	漢書卷66 後漢書卷63
鄭		玄	後漢書卷65
鄭		丙	宋史卷394
鄭		玉	元史卷196忠義
鄭	6	吉	漢書卷70
鄭		冲	晉書卷33
鄭		光	新唐書卷206外戚

鄭	向	宋史卷301
鄭	7均	後漢書卷57
鄭	灼	陳書卷33儒林 南史卷71儒林
鄭	阮	舊五代史卷46晉書
鄭	亨	明史卷116
鄭	辰	明史卷157
鄭	8注	舊唐書卷169 新唐書卷179
鄭	岳	明史卷203
鄭	定	明史卷286文苑附林鴻傳
鄭	和	明史卷304宦官
鄭	9畋	舊唐書卷178 新唐書卷185
鄭	珏	舊五代史卷58唐書 新五代史卷54雜傳
鄭	俠	宋史卷321
鄭	洛	明史卷222
鄭	10修	魏書卷90逸士 北史卷88隱逸
鄭	廙	新唐書卷202文藝
鄭	家	金史卷65附昂傳
鄭	起	宋史卷439文苑
鄭	振	宋史卷453忠義
鄭	恕	明史卷142附顥伯璋傳
鄭	11衆	後漢書卷66附鄭興傳 後漢書卷108宦者
鄭	崇	漢書卷77
鄭	球	晉書卷44附鄭袤傳
鄭	袤	晉書卷44
鄭	頂	周書卷36附鄭偉傳
鄭	偉	周書卷36 北史卷35附鄭義傳
鄭	朗	舊唐書卷173附鄭覃傳 新唐書卷165附鄭珣瑜傳
鄭	宗	宋史卷420
鄭	12渾	三國魏志卷16
鄭	絪	舊唐書卷159 新唐書卷165
鄭	覃	舊唐書卷173 新唐書卷165附鄭珣瑜傳
鄭	琮	宋史卷453忠義 舊五代史卷91晉書
鄭	18華	明史卷142附顥伯璋傳
鄭	蕭	舊唐書卷176 新唐書卷182
鄭	雍	宋史卷342
鄭	樵	宋史卷353
鄭	鼎	元史卷154 明史卷290忠義附徐朝綱傳
鄭	溫	元史卷154
鄭	羲	元史卷166
鄭	14演	魏書卷55附劉芳傳
鄭	絲	舊唐書卷179 新唐書卷183
鄭	遨	新五代史卷34一行（舊五代史93作鄭雲叟）
鄭	戩	宋史卷292
鄭	穀	宋史卷399
鄭	綺	宋史卷456孝義
鄭	15獬	宋史卷321
鄭	賜	明史卷151

十五畫

鄭

十五畫	鄭	16 輿	後漢書卷66
	鄭	默	晉書卷44附鄭袤傳
	鄭	頤	北齊書卷34附楊愔傳
			北史卷41附楊播傳
鄭	鄭	澣	舊唐書卷158附鄭餘慶傳
			新唐書卷165附鄭餘慶傳
	鄭	穆	宋史卷347
	鄭	樵	宋史卷436儒林
	鄭	曉	明史卷199
	鄭	17 羲	魏書卷56 北史卷35
	鄭	褒	宋史卷448忠義附趙立傳
	鄭	濂	明史卷296孝義
	鄭	18 薰	新唐書卷177
	鄭	諼	明史卷297孝義
	鄭	20 譯	周書卷35附鄭孝穆傳
			北史卷35附鄭羲傳 隋書卷38
	鄭	21 顥	舊唐書卷159附鄭絪傳
			新唐書卷165附鄭絪傳
	鄭	22 懿	魏書卷56附鄭羲傳
	鄭	儼	魏書卷93恩倖 北史卷35附鄭羲傳
	鄭	權	舊唐書卷162 新唐書卷159
	鄭	27 驤	宋史卷301 宋史卷448忠義
	鄭 1 一	鵬	明史卷206
	鄭 2 士	利	明史卷139
	鄭 三	俊	明史卷254
	鄭 子	聘	金史卷125文藝

鄭 4 公	智	明史卷141附方孝孺傳
鄭 允	謨	舊唐書卷158附鄭餘慶傳
鄭 仁	表	新唐書卷182附鄭畋傳
鄭 仁	誨	舊五代史卷123周書 新五代史卷31周臣
鄭 文	嗣	元史卷197孝友
鄭 文	寶	宋史卷277
鄭 元	綏	明史卷293忠義附趙興基傳
鄭 元	德	北齊書卷29附鄭述祖傳
鄭 元	璹	舊唐書卷62附鄭善果傳 新唐書卷100附鄭善果傳
鄭 5 本 公		明史卷192
鄭 以	偉	明史卷251附徐光啓傳
鄭 幼	儒	魏書卷56附鄭羲傳
鄭 世	翼	舊唐書卷190上文苑 新唐書卷201文藝附崔信明傳
鄭 6 仲	禮	北齊書卷48外戚
鄭 自	璧	明史卷208
鄭 先	護	魏書卷56附鄭羲傳
鄭 7 延	昌	新唐書卷182
鄭 伯	歆	魏書卷56附鄭羲傳
鄭 成	憲	明史卷300外戚
鄭 孝	穆	周書卷35
鄭 8 性 之		宋史卷419
鄭 季	亮	魏書卷56附鄭羲傳
鄭 受	益	舊五代史卷96晉書
鄭 長	猷	魏書卷55附劉芳傳

鄭	居	中	宋史卷351
鄭	居	貞	明史卷141附方孝儒傳
鄭 9	建	充	金史卷82
鄭	茂	休	舊唐書卷158附鄭餘慶傳
鄭	述	祖	北齊書卷29 北史卷35附鄭羲傳
鄭	洛	書	明史卷206附劉一貫傳
鄭10	剛	中	宋史卷370
鄭	珣	瑜	新唐書卷165
鄭	袛	德	舊唐書卷159附鄭絪傳
鄭11	望	之	宋史卷373
鄭	清	之	宋史卷414
鄭	連	山	魏書卷56附鄭羲傳
鄭	紹	叔	梁書卷11 南史卷56
鄭	國	昌	明史卷291忠義
鄭	惟	忠	舊唐書卷100 新唐書卷128
鄭	陶	孫	元史卷190儒學附鄭滁孫傳
鄭	崇	儉	明史卷260
鄭	處	誨	舊唐書卷158附鄭餘慶傳 新唐書卷165附鄭餘慶傳
鄭	從	讜	舊唐書卷158附鄭餘慶傳 新唐書卷165附鄭餘慶傳
鄭12	爲	虹	明史卷277
鄭	欽	說	新唐書卷200儒學附趙冬曦傳
鄭	善	夫	明史卷286文苑
鄭	善	果	舊唐書卷62 新唐書卷100
鄭	雲	叟	舊五代史卷93晉書（新五代史34作鄭遨）
鄭	雲	逵	舊唐書卷137 新唐書卷161
鄭13	遇	春	明史卷131
鄭	當	時	史記卷120 漢書卷50
鄭	滁	孫	元史卷190儒學
鄭	裔	綽	新唐書卷165附鄭珣瑜傳
鄭	道	昭	魏書卷56附鄭羲傳
鄭	道	邕	北史卷35附鄭羲傳
鄭14	維	垣	明史卷164附鄭辟疆傳
鄭15	德	元	北齊書卷29附鄭述祖傳
鄭	履	淳	明史卷215
鄭	澣	曜	新唐書卷195孝友
鄭16	輯	之	魏書卷56附鄭羲傳
鄭	興	裔	宋史卷465外戚
鄭	餘	慶	舊唐書卷158 新唐書卷165
鄭	遵	謙	明史卷276附錢肅樂傳
鄭17	鮮	之	宋書卷64 南史卷33
鄭19	韜	光	舊五代史卷92晉書
鄭20	繼	之	明史卷225
鄭	殷	祖	魏書卷56附鄭羲傳
劉 2		父	新唐書卷176附韓愈傳
劉 3		凡	宋史卷262附劉溫叟傳
劉		才	明史卷145附陳亨傳
劉 4		友	漢書卷38諸王（趙幽王） 宋書卷90諸王（卽卲陵殤王） 南史卷14宋宗室諸王

十五畫	劉	巴	三國蜀志卷9或39	劉	式	宋史卷267附陳恕傳
	劉	卞	晉書卷36 隋書卷53	劉	因	元史卷171
	劉	方	北史卷73 隋書卷53	劉	吉	明史卷168
	劉	元	元史卷203方技附阿尼哥傳	劉	宇	漢書卷80諸王(即東平思王) 明史卷306閹黨附焦芳傳
	劉	文	明史卷211附王效傳			
劉	劉	5旦	漢書卷63諸王(即燕剌王)	劉	7良	後漢書卷44宗室(即趙孝王)
	劉	玄	後漢書卷41	劉	延	後漢書卷72諸王(即阜陵質王)
	劉	永	後漢書卷42 三國蜀志卷4或34 (即先主子永)	劉	劭	三國魏志卷21 宋書卷99 魏書卷97附島夷劉裕傳 南史卷14宋宗室(目作元凶劭)
	劉	弘	晉書卷66 北史卷85節義 隋書卷71誠節			
				劉	伶	晉書卷49
	劉	平	後漢書卷69 宋史卷325	劉	沉	晉書卷89忠義
	劉	尼	魏書卷30 北史卷28	劉	宏	宋書卷72諸王(建平宣簡王) 南史卷14宋宗室諸王
	劉	用	宋史卷279			
	劉	甲	宋史卷337	劉	志	周書卷36附裴果傳
	劉	正	元史卷176	劉	迅	舊唐書卷102附劉子玄傳 新唐書卷132附劉子玄傳
	劉	丙	明史卷172			
	劉	玉	明史卷175 明史卷203	劉	助	新唐書卷181附劉瞻傳
	劉	6安	史記卷118(即淮南王) 明史卷207	劉	言	舊五代史卷133世襲附馬殷傳 新五代史卷66楚世家附馬殷傳
	劉	交	漢書卷36(史記卷50作楚元王世家)	劉	玘	舊五代史卷64唐書 新五代史卷45雜傳
	劉	向	漢書卷36	劉	沆	宋史卷285
	劉	仉	後漢書卷85諸王(即千乘貞王)	劉	汲	宋史卷448忠義
	劉	全	後漢書卷85諸王(即平春悼王)	劉	沐	宋史卷454忠義附鄂邇傳
	劉	兆	晉書卷91儒林	劉	伸	遼史卷98
	劉	休	南齊書卷34 南史卷47	劉	均	金史卷117附粘哥荊山傳

劉	成	明史卷133附桑世漈傳
劉	辰	明史卷150
劉	玿	明史卷159
劉	8武	漢書卷47諸王（史記58作梁孝王世家）
劉	長	史記卷118（即淮南厲王） 漢書卷44 後漢書卷80（即濟陰悼王）
劉	非	漢書卷53諸王（即江都易王）
劉	尙	後漢書卷72諸王附東平憲王蒼傳（即任城孝王）
劉	京	後漢書卷72諸王（即琅邪孝王）
劉	肥	漢書卷38諸王（史記卷52作齊悼惠王世家）
劉	表	後漢書卷104下 三國魏志卷6
劉	昆	後漢書卷109上儒林
劉	放	三國魏志卷14
劉	波	晉書卷69附劉隗傳
劉	和	晉書卷101前趙載記
劉	虯	南齊書卷54高逸 南史卷50
劉	坦	梁書卷19 南史卷50附劉虯傳
劉	沼	梁書卷50文學 南史卷49附劉懷珍傳
劉	杳	梁書卷50文學 南史卷49附劉懷珍傳
劉	芳	魏書卷55 北史卷42
劉	昉	北史卷74 隋書卷38

劉	奇	新唐書卷90附劉政會傳
劉	岳	舊五代史卷68唐書 新五代史卷55雜傳
劉	恃	舊唐書卷143 新唐書卷212藩鎭
劉	昌	舊唐書卷152 新唐書卷170
劉	沔	舊唐書卷161 新唐書卷171
劉	旻	新五代史卷70東漢世家（舊五代史卷135作劉崇）
劉	昇	新唐書卷106附劉德威傳
劉	玢	舊五代史卷135僭僞附劉涉傳 新五代史卷65南漢世家附劉隱傳
劉	敞	宋史卷319附劉敞傳
劉	玶	宋史卷452忠義附趙士隆傳
劉	易	宋史卷458隱逸
劉	昻	金史卷126文藝
劉	忠	明史卷181
劉	9恢	漢書卷38諸王（即趙共王）
劉	建	漢書卷38諸王（即燕靈王） 後漢書卷80諸王（即千乘哀王）
劉	勃	漢書卷44附劉長傳
劉	胥	漢書卷63諸王（即廣陵厲王）
劉	祉	後漢書卷44宗室（即城陽恭王）
劉	英	後漢書卷72諸王（即楚王）
劉	建	後漢書卷80諸王
劉	衍	後漢書卷80諸王（即下邳惠王）
劉	珍	後漢書卷110上文苑
劉	茂	後漢書卷111獨行

十五畫	劉	封	三國蜀志卷10或40
	劉	柳	晉書卷61附劉喬傳
	劉	胤	晉書卷81
	劉	宣	晉書卷101前趙載記 宋史卷453忠義 元史卷168
劉	劉	苞	梁書卷49文學 南史卷39附劉勔傳
	劉	昭	梁書卷49文學 南史卷72文學 明史卷174附史昭傳
	劉	昞	後漢書卷80諸王(即淮陽頃王) 魏書卷52(北史34作劉延明)
	劉	昶	宋書卷72諸王(即晉熙王) 魏書卷59 南史卷14宋宗室諸王 北史卷29
	劉	肖	魏書卷93恩倖附茹皓傳
	劉	昱	魏書卷97附島夷劉裕傳 明史卷154附劉佽傳
	劉	亮	周書卷17 北史卷65
	劉	盈	周書卷48附蕭詧傳
	劉	胡	南史卷40附鄧琬傳
	劉	炫	北史卷82儒林 隋書卷75儒林
	劉	洎	舊唐書卷74 新唐書卷99
	劉	昫	舊五代史卷89晉書 新五代史卷55雜傳
	劉	信	舊五代史卷105漢書宗室(即蔡王) 新五代史卷18漢家人
	劉	述	宋史卷321
	劉	庠	宋史卷322
	劉	拯	宋史卷356
	劉	昺	宋史卷356
	劉	珏	宋史卷378
	劉	弇	宋史卷444文苑
		美	宋史卷463外戚
	劉	炳	金史卷106
	劉	政	金史卷127孝友 明史卷141附方孝孺傳
	劉	春	明史184
	劉	10乘	漢書卷53諸王(即清河哀王史記卷59作五宗世家)
	劉	般	後漢書卷69
	劉	荊	後漢書卷72諸王(即廣陵思王)
	劉	恭	後漢書卷80諸王(即彭城靖王)
	劉	祐	後漢書卷97黨錮 北史卷89藝術 隋書卷78藝術附蕭吉傳
	劉	矩	後漢書卷106循吏
	劉	根	後漢書卷112下方術
	劉	耽	晉書卷61附劉喬傳
	劉	殷	晉書卷88孝友
	劉	彧	魏書卷97附島夷劉裕
	劉	悛	南齊書卷37 南史卷39附劉勔傳
	劉	峻	梁書卷50文學 南史卷49附劉懷珍傳
	劉	訏	梁書卷51處士 南史卷49附劉懷珍傳

姓	名	出處
劉	迴	舊唐書卷102附劉子玄傳 新唐書卷132附劉子玄傳
劉	秩	舊唐書卷102附劉子玄傳 新唐書卷132附劉子玄傳
劉	晏	舊唐書卷123 新唐書149 宋史卷453忠義
劉	廼	舊唐書卷153 新唐書卷193忠義
劉	悟	舊唐書卷161 新唐書卷214藩鎮
劉	訓	舊五代史卷61唐書
劉	捍	舊五代史卷20梁書 新五代史卷21梁臣
劉	陟	舊五代史卷135僭偽（五代史65作劉龑）
劉	琪	宋史卷386
劉	韐	宋史卷401
劉	涇	宋史卷443文苑
劉	恕	宋史卷444文苑
劉	泰	宋史卷453忠義
劉	琥	金史卷97附劉韐傳
劉	容	元史卷134
劉	恩	元史卷166
劉	珝	明史卷168
劉	校	明史卷189附何遵傳
劉	訒	明史卷202
劉	11參	漢書卷47諸王（即代孝王）
劉	寄	漢書卷53諸王（即膠東康王史記卷59作五宗世家）
劉	竟	漢書卷80諸王（即中山哀王）
劉	康	漢書卷80諸王（即定陶共王） 後漢書卷72諸王（即濟南安王）
劉	陶	後漢書卷87
劉	淑	後漢書卷85諸王（即城陽懷王） 後漢書卷97黨錮
劉	焉	後漢書72諸王（即中山簡王） 後漢書卷105 三國蜀志卷1或31
劉	梁	後漢書卷110下文苑
劉	翊	後漢書卷111獨行 宋史卷447忠義附李邈傳
劉	理	三國蜀志卷4或34（即先主子理）
劉	敏	三國蜀志卷14或44附蔣琬傳 元史卷153 明史卷138附周楨傳
劉	基	三國吳志卷4或49附劉繇傳 明史卷128
劉	惇	三國吳志卷18或63
劉	愭	晉書卷75
劉	勔	宋書卷86 南史卷39
劉	昶	魏書卷23附劉庫仁傳
劉	淵	魏書卷95附匈奴劉聰傳（晉書卷101作劉元海）
劉	晝	北齊書卷44儒林 北史卷81儒林
劉	逖	北齊書卷45文苑 北史卷42附劉芳傳
劉	祥	周書卷42附劉璠傳 南史卷15附劉穆之傳 北史卷70附劉璠傳
劉	晞	舊五代史卷98晉書

十五畫 劉	劉	袞	舊五代史卷131周書
	劉	晨	舊五代史卷135僭偽附劉陟傳 新五代史卷65南漢世家附劉隱傳
	劉	崇	舊五代史卷135僭偽 新五代史卷18漢家人(目作劉旻)
	劉	章	宋史卷390
	劉	通	元史卷152 元史卷197孝友
	劉	淳	明史卷137附桂彥良傳
	劉	崧	明史卷137
	劉	球	明史卷162
	劉	釪	明史卷162附劉球傳
	劉	健	明史卷181
	劉	12楫	漢書卷47諸王(即梁懷王)
	劉	勝	漢書卷53諸王(即中山靖王史記卷58作五宗世家) 後漢書卷85諸王(即平原懷王)
	劉	發	漢書卷53諸王(即長沙定王史記卷59作五宗世家)
	劉	舜	漢書卷53諸王(即常山憲王史記卷59作五宗世家)
	劉	越	漢書卷53諸王(即廣川惠王史記卷59作五宗世家) 宋史卷303附滕宗諒傳
	劉	閼	漢書卷63諸王(即齊懷王)
	劉	欽	漢書卷80諸王(即淮陽憲王)
	劉	順	後漢書卷44宗室(即成武孝侯)
	劉	植	後漢書卷51
	劉	隆	後漢書卷52
	劉	羨	後漢書卷80諸王(即陳敬王)
	劉	開	後漢書卷85諸王(即河開孝王)
	劉	備	三國蜀志卷2或32(即先主)
	劉	琰	三國蜀志卷10或40
	劉	智	晉書卷41附劉憲傳
	劉	寔	晉書卷41
	劉	喬	晉書傳61
	劉	琨	晉書卷62
	劉	超	晉書卷70
	劉	湛	宋書卷69 南史卷35
	劉	渾	宋書卷79諸王(即武昌王) 南史卷14宋宗室諸王
	劉	準	魏書卷97附島夷劉裕傳
	劉	貴	北齊書卷19 北史卷53
	劉	雄	周書卷29 北史卷66 明史卷175附何洪傳
	劉	渢	南史卷73孝義
	劉	焯	北史卷82儒林 隋書卷75儒林
	劉	斌	北史卷83文苑附潘徽傳 隋書卷76文學 宋史卷456孝義 元史卷152
	劉	昵	舊唐書卷102附劉子玄傳 新唐書卷132附劉子玄傳
	劉	詞	舊五代史卷124周書 新五代史卷50雜傳

劉 湜 宋史卷304

劉 敞 宋史卷319

劉 琦 宋史卷321
元史卷198孝友
明史卷206附馬錄傳

劉 渙 宋史卷324附劉文質傳

劉 逵 宋史卷351

劉 絢 宋史卷428道學

劉 景 遼史卷86

劉 筈 金史卷78

劉 鈗 明史卷168附劉珝傳

劉 最 明史卷207附鄧繼曾傳

劉 策 明史卷248

劉 渠 明史卷271附羅一貫傳

劉 閔 明史卷298隱逸

劉 13敬 史記卷99(漢書卷43作婁敬)

劉 賈 漢書卷35(即荊王史記卷51作荊燕世家)

劉 歆 漢書卷36附劉向傳

劉 愷 後漢書卷69附劉般傳

劉 瑜 後漢書卷87
宋書卷91孝義
南史卷73孝義
金史卷127孝友

劉 虞 後漢書卷103

劉 資 三國魏志卷14附劉放傳

劉 禎 三國魏志卷21附王粲傳

劉 頌 晉書卷46

劉 羣 晉書卷62附劉琨傳

劉 隗 晉書卷69

劉 粲 晉書卷102前趙載記
魏書卷95附匈奴劉聰傳

劉 嵩 宋書卷90諸王(即新興王)
南史卷14宋宗室諸王

劉 犍 魏書卷23附劉庫仁傳

劉 裕 魏書卷97(目作島夷劉裕)

劉 損 南史卷17附劉粹傳

劉 暄 南史卷47附江佑傳

劉 溓 南史卷73孝義附劉渢傳

劉 滋 舊唐書卷136
新唐書卷132附劉子玄傳

劉 感 舊唐書卷187上忠義
新唐書卷191忠義

劉 鼎 舊五代史卷108漢書

劉 遇 宋史卷260

劉 載 宋史卷262

劉 筠 宋史卷305

劉 詵 宋史卷444文苑
元史卷190儒學

劉 愚 宋史卷459隱逸

劉 頍 金史卷78

劉 瑋 金史卷95

劉 煥 金史卷128循吏

劉 肅 元史卷160

劉 源 元史卷198孝友

劉 鉞 明史卷162附劉球傳

劉 鉉 明史卷163

十五畫

劉

十五畫	劉	煒	明史卷164
	劉	槪	明史卷180附湯鼐傳
	劉	瑞	明史卷184
	劉	綖	明史卷247
	劉	溥	明史卷286文苑
劉	劉	準	明史卷297孝義附王俊傳
	劉	14嘉	後漢書卷14宗室(卽順陽懷侯)
	劉	端	漢書卷53諸王(卽膠西于王史記卷59作五宗世家)
	劉	輔	漢書卷77 後漢書卷72諸王(卽沛獻王)
	劉	蒼	後漢書卷72諸王(卽東平憲王)
	劉	暢	後漢書卷80諸王(卽梁節王)
	劉	壽	後漢書卷85諸王(卽濟北惠王)
	劉	毅	梁書卷11附王規傳 南史卷50附劉獻傳
	劉	演	晉書卷62附劉焜傳
	劉	遐	晉書卷81
	劉	粹	宋書卷45 南史卷17
	劉	誕	宋書卷79諸王(卽竟陵王) 南史卷14宋宗室諸王
	劉	禕	宋書卷79諸王(卽廬江王) 南史卷14宋宗室諸王
	劉	歊	梁書卷51處士 南史卷49附劉懷珍傳
	劉	璡	南史卷39附劉勔傳
	劉	彙	舊唐書卷102附劉子玄傳

劉	璪	舊唐書卷177 新唐書卷182
劉	銖	舊五代史卷107漢臣 新五代史卷30漢臣
劉	福	宋史卷275
劉	綜	宋史卷277
劉	滬	宋史卷324附劉文質傳
劉	蒙	宋史卷331附張問傳
劉	錡	宋史卷446忠義
劉	聚	明史卷155
劉	榮	漢書卷53諸王(卽臨江閔王史記卷59作五宗世家) 明史卷155
劉	戩	明史卷158附章敞傳
劉	寧	明史卷174
劉	瓛	明史卷188
劉	魁	明史卷209
劉	臺	明史卷229
劉	綱	明史卷234 明史卷281循吏附范希正傳
劉	顧	明史卷293忠義
劉	15賜	史記卷118(卽衡山王) 漢書卷44附劉長傳 後漢書卷44宗室(卽安成孝侯)
劉	餘	漢書卷53諸王(卽魯恭王史記卷59作五宗世家)
劉	慶	後漢書卷85諸王(卽濟南孝王)
劉	寬	後漢書卷55
劉	毅	後漢書卷110上文苑 晉書卷45

		晉書卷85
劉	廙	三國魏志卷21
劉	璋	三國蜀志卷1或31 明史卷185附黃俊傳
劉	潛	梁書卷41 南史卷39附劉勔傳 宋史卷442文苑附石延年傳
劉	勰	梁書卷50文學 南史卷72文學
劉	德	漢書卷53諸王(即河間獻王史記卷59作五宗世家) 元史卷197孝友附郭全傳
劉	潔	魏書卷28 北史卷25
劉	模	魏書卷48附高允傳
劉	廞	魏書卷55附劉芳傳
劉	禕	北齊書卷35
劉	諒	南史卷39附劉勔傳
劉	緩	南史卷72文學附劉昭傳
劉	積	舊唐書卷161附劉悟傳 新唐書卷214藩鎮附劉悟傳
劉	潼	新唐書卷149附劉晏傳
劉	鄩	舊五代史卷23梁書 新五代史卷22梁臣
劉	瑾	宋史卷333 明史卷304宦官
劉	摯	宋史卷340
劉	閱	宋史卷350
劉	銳	宋史卷449忠義附陳寅傳
劉	輝	魏書卷59附劉昶傳 遼史卷104文學
劉	樞	金史卷105
劉	廣	元史卷174

劉	璉	明史卷128附劉基傳
劉	儁	明史卷154
劉	寶	明史卷161
劉	懋	明史卷203附劉玉傳
劉	16 澤	漢書卷35(即燕王史記卷51作卹燕世家)
劉	閭	漢書卷53諸王(即江哀王史記卷59作五宗世家)
劉	據	漢書卷63(即戾太子)
劉	興	漢書卷80諸王(即中山孝王) 後漢書卷44宗室附齊武王縯傳(即北海靖王)
劉	歆	後漢書卷44宗室(即泗水王)
劉	疆	後漢書卷72諸王(即東海恭王)
劉	衡	後漢書卷72諸王(即臨淮懷公)
劉	儒	後漢書卷97黨錮
劉	曄	三國魏志卷14
劉	曠	晉書卷45附劉毅傳
劉	瓛	南齊書卷39附劉瓛傳 南史卷50附劉瓛傳
劉	遵	梁書卷41附劉孺傳 南史卷39附劉勔傳
劉	璠	周書卷42 北史卷70
劉	縚	南史卷72文學附劉昭傳
劉	臻	北史卷83文苑 隋書卷76文學
劉	龍	隋書卷68附何稠傳
劉	餗	舊唐書卷102附劉子玄傳 新唐書卷132附劉子玄傳

十五畫

劉

十五畫 劉

劉	澭	舊唐書卷143附劉怦傳　新唐書卷148
劉	鄴	舊唐書卷177　新唐書卷183
劉	憲	舊唐書卷190中文苑　新唐書卷202文藝　明史卷297孝義
劉	黃	舊唐書卷190下文苑　新唐書卷178
劉	邁	新唐書卷149附劉晏傳
劉	皞	舊五代史卷131周書
劉	銀	舊五代史卷135僭偽附劉陟傳　新五代史卷65南漢世家附劉隱傳　宋史卷481南漢世家
劉	燁	宋史卷262附劉溫叟傳
劉	隨	宋史卷297
劉	錡	宋史卷366
劉	穎	宋史卷404
劉	翰	宋史卷461方技
劉	豫	宋史卷475叛臣　金史卷77
劉	萼	金史卷78
劉	璣	金史卷97
劉	整	元史卷161
劉	璟	明史卷128附劉基傳
劉	機	明史卷157附劉中敷傳
劉	靜	明史卷297孝義附容師偃傳
17 劉	濞	史記卷106（即吳王）漢書卷35
劉	縯	後漢書卷44宗室（即齊武王）
劉	禪	三國蜀志卷3或33（即後主）

劉	絲	三國吳志卷4或49
劉	輿	晉書卷62附劉琨傳
劉	邁	晉書卷85附劉毅傳
劉	聰	晉書卷102前趙載記　魏書卷95（目作匈奴劉聰）
劉	鍾	宋書卷49　南史卷17
劉	禕	宋書卷90諸王（即始建王）　南史卷14宋宗室諸王
劉	澄	宋書卷99（即始興王）　南史卷14宋宗室諸王　元史卷195忠義
劉	孺	梁書卷41　南史卷39附劉勔傳
劉	駿	魏書卷97附島夷劉裕傳
劉	懋	魏書卷55附劉芳傳　北史卷42附劉芳傳
劉	總	舊唐書卷143附劉怦傳　新唐書卷212藩鎮附劉怦傳
劉	濟	舊唐書卷143附劉怦傳　新唐書卷212藩鎮附劉怦傳　明史卷192
劉	隱	新五代史卷65南漢世家
劉	濛	新唐書卷149附劉晏傳
劉	濤	宋史卷262
劉	謙	宋史卷275　宋史卷323
劉	徽	宋史卷405
18 劉	馥	三國魏志卷15
劉	璿	三國蜀志卷4或34（即後主太子）

劉	曜	晉書卷103前趙戴記 魏書卷95附匈奴劉聰傳	劉	驥	魏書卷55附劉芳傳
劉	豐	北齊書卷27 北史卷53	劉	龑	新五代史卷65南漢世家(舊五代史卷135作龑陟)
劉	瞻	舊唐書卷177 新唐書卷181	21劉	囂	漢書卷80諸王(即楚孝王)
劉	蟠	宋史卷276	劉	蘭	魏書卷84儒林 北史卷81儒林 舊唐書卷69附薛萬徹傳 新唐書卷94附薛萬均傳
劉	彝	宋史卷334			
劉	顏	宋史卷432儒林			
劉	謹	明史卷296孝義	劉	關	舊唐書卷140附韋皐傳 新唐書卷158附韋皐傳
劉	鎬	明史卷296孝義附崔敏傳			
19劉	寵	後漢書卷106循吏	劉	爝	宋史卷401
劉	翹	宋書卷90諸王(即隨陽王) 南史卷14宋宗室諸王	22劉	覽	梁書卷41附劉孺傳 南史卷39附劉勔傳
劉	繪	南齊書卷48 南史卷39附劉勔傳 明史卷208	劉	霽	梁書卷47孝行 南史卷49附劉懷珍傳
劉	曠	北史卷86循吏 隋書卷73循吏	劉	權	北史卷76 隋書卷63
劉	贊	宋書卷80諸王(即武陵王) 南史卷14宋宗室諸王 舊唐書卷136附劉滋傳 新唐書卷132附劉子玄傳 舊五代史卷68唐書 新五代史卷28唐臣 舊五代史卷105漢書宗室(即湘陰公) 新五代史卷18漢家人	劉	儼	明史卷152附周敘傳
			23劉	鑠	宋書卷72諸王(即南平穆王) 南史卷14宋宗室諸王
			劉	顯	梁書卷40 魏書卷23附劉庫仁傳 南史卷50附劉瓛傳 明史卷212
劉	臂	漢書卷63諸王(即昌邑哀王)	劉	夔	宋史卷298
20劉	黨	後漢書卷80諸王(即樂成靖王)	劉	麟	明史卷194
劉	藻	魏書卷70 北史卷45	24劉	瓛	南齊書卷39 南史卷50
劉	騰	魏書卷94閹官 北史卷92恩倖	25劉	觀	明史卷151 明史卷282儒林
			劉1-	止	宋史卷378
			劉 一	焜	明史卷240附劉一燝傳

十五畫 劉

十五畫	劉	一	煜	明史卷240附劉一燝傳					南史卷14宋宗室諸王
	劉	一	燝	明史卷240	劉	子	俊	宋史卷454忠義附酈瓊傳
	劉	一	儒	明史卷220附王之誥傳	劉	子	眞	宋書卷80諸王（卽始安王）
	劉	3才	邵	宋史卷422					南史卷14宋宗室諸王
劉	劉	大	夏	明史卷182	劉	子	師	宋書卷80諸王（卽南海哀王）
	劉	三	吾	明史卷137					南史卷14宋宗室諸王
	劉	三	策	明史卷295忠義附王勵精傳	劉	子	翊	北史卷85誠節隋書卷71節義
	劉	士	斗	明史卷295忠義	劉	子	勛	宋書卷80諸王（卽晉安王）
	劉	士	昭	宋史卷454忠義					南史卷14宋宗室諸王
	劉	士	涇	舊唐書卷152附劉昌傳新唐書卷170附劉昌傳	劉	子	雲	宋書卷80諸王（卽晉陵孝王）
	劉	士	寧	舊唐書卷145附劉玄佐傳	劉	子	頊	南史卷14宋宗室諸王宋書卷80諸王（卽臨海王）
	劉	士	儁	北史卷84孝行隋書卷72孝義	劉	子	嗣	南史卷14宋宗室諸王宋書卷80諸王（卽東平王）
	劉	子	仁	宋書卷80諸王（卽永嘉王）南史卷14宋宗室諸王	劉	子	業	南史卷14宋宗室諸王魏書卷97附島夷劉裕傳
	劉	子	元	宋書卷80諸王（卽邵陵王）南史卷14宋宗室諸王	劉	子	宵	宋書卷80諸王（卽淮陽思王）
	劉	子	玄	舊唐書卷102新唐書卷132	劉	子	羽	南史卷14宋宗室諸王宋史卷434儒林
	劉	子	羽	宋書卷80（卽齊敬王）南史卷14宋宗室諸王宋史卷370	劉	子	鳾	宋史卷454忠義
	劉	子	尙	宋書卷80諸王（卽豫章王）南史卷14宋宗室諸王	劉	子	鸞	宋書卷80諸王（始平孝敬王）南史卷14宋宗室諸王
	劉	子	孟	宋書卷80諸王（卽淮南王）南史卷14宋宗室諸王	劉	4太	眞	舊唐書卷137新唐書卷203文藝
					劉	六	符	遼史卷86
					劉	化	源	宋史卷453忠義
	劉	子	房	宋書卷80諸王（卽松滋侯）	劉	日	寧	明史卷216附王圖傳

304

劉	中	敷	明史卷157
劉	中	藻	明史卷276附錢肅樂傳
劉	允	章	舊唐書卷153附劉迺傳 新唐書卷160附劉伯芻傳
劉	允	濟	舊唐書卷190中文苑 新唐書卷202文藝附李適傳
劉	天	孚	元史卷193忠義
劉	天	和	明史卷200
劉	天	起	金史卷113附粘葛奴申傳
劉	天	麒	明史卷189附葉釗傳
劉	仁	之	魏書卷81 北史卷20附劉庫仁傳
劉	仁	軌	舊唐書卷84 新唐書卷108
劉	仁	恩	隋書卷46附張奫傳
劉	仁	恭	新唐書卷212藩鎭
劉	仁	瞻	舊五代史卷129周書 新五代史卷32死節
劉	之	宏	舊唐書卷189上儒學附劉伯莊傳
劉	之	亨	梁書卷40附劉之遴傳 南史卷50附劉蚪傳
劉	之	勃	明史卷263
劉	之	綸	明史卷261
劉	之	鳳	明史卷256
劉	之	遴	梁書卷40 南史卷50附劉蚪傳
劉	文	炳	明史卷300外戚
劉	文	起	舊唐書卷57附劉文靜傳
劉	文	裕	宋史卷463外戚
劉	文	煥	明史卷296孝義附伍洪傳
劉	文	質	宋史卷324
劉	文	曄	魏書卷43附劉休賓傳
劉	文	靜	舊唐書卷57 新唐書卷88
劉	文	燿	明史卷300外戚附劉文炳傳
劉	元	珍	明史卷231
劉	元	卿	明史卷283儒林附郭元錫傳
劉	元	海	晉書卷101前趙載記（魏書卷95作劉淵）
劉	元	振	元史卷149附劉伯林傳
劉	元	進	隋書卷70附楊玄感傳
劉	元	瑜	宋史卷304
劉	元	震	明史卷230附饒伸傳
劉	元	霖	明史卷230附饒伸傳
劉	元	禮	元史卷149附劉伯林傳
劉	玄	佐	舊唐書卷145 新唐書卷214藩鎭
劉	奴	眞	魏書卷23附劉庫仁傳
劉	巨	容	新唐書卷186
劉	可	訓	明史卷249附朱燮元傳
劉	弘	基	舊唐書卷58 新唐書卷90
劉	正	夫	宋史卷351
劉	正	彥	宋史卷475叛臣附苗傅傳
劉	仕	英	宋史卷452忠義
劉	仕	貆	明史卷140
劉	永	一	宋史卷459卓行
劉	永	年	宋史卷463外戚附劉美傳
劉	永	誠	明史卷304宦官

十五畫							
劉	世	明	魏書卷55附劉芳傳	劉	仲	質	明史卷136附崔亮傳
	世	揚	明史卷206		休	仁	宋書卷72諸王(即始安王) 南史卷14宋宗室諸王
	世	龍	舊唐書卷57附劉文靜傳 明史卷207		休	若	宋書卷72諸王(巴陵哀王) 南史卷14宋宗室諸王
	世	讓	舊唐書卷69附薛萬徹傳 新唐書卷94附薛萬均傳		休	茂	宋書卷79諸王(即海陵王) 南史卷14宋宗室諸王
劉	6夷	父	宋書卷72諸王(即新 男懷王) 南史卷14宋宗室諸王		休	祐	宋書卷72諸王(即晉平刺王) 南史卷14宋宗室諸王
	式	之	南史卷15附劉穆之傳		休	倩	宋書卷72諸王(即臨慶沖王) 南史卷14宋宗室諸王
	同	升	明史卷216附劉應秋傳		休	業	宋書卷72諸王(即鄱陽哀王) 南史卷14宋宗室諸王
	行	本	北史卷70附劉璠傳 隋書卷62		休	賓	魏書卷43 北史卷39
	安	世	宋史卷345		休	範	宋書卷79諸王(即桂陽王) 南史卷14宋宗室諸王
	守	光	舊五代史卷135僭偽 新五代史卷39雜傳		牢	之	晉書卷84
	在	明	舊五代史卷106漢書	劉	7牢	之	晉書卷84
	宇	亮	明史卷253附張至發傳	劉	秀	之	宋書卷81 南史卷15附劉穆之傳
	如	意	漢書卷38諸王(即趙隱王)				
	全	諒	舊唐書卷145 新唐書卷151附薲晉傳		兵	申	元史卷190儒學附劉詵傳
	好	禮	元史卷167		亨	安	元史卷150
	光	世	宋史卷369		君	良	舊唐書卷188孝友 新唐書卷195孝友
	光	祖	宋史卷397		克	明	新唐書卷208宦者
	光	祚	明史卷269附猛如虎傳		邦	采	明史卷283儒林附阿廷仁傳
	仲	武	宋史卷350		完	素	金史卷131方技
	仲	威	陳書卷18		志	選	明史卷306閹黨
	仲	洙	金史卷97				
	仲	誨	金史卷78				

劉	希	夷	舊唐書卷190中文苑附喬知之傳
劉	希	暹	舊唐書卷184宦官附魚朝恩傳
劉	希	簡	明史卷206附陸粲傳
劉	伯	正	宋史卷419
劉	伯	林	元史卷149
劉	伯	莊	舊唐書卷189上儒學新唐書卷198儒學附敬播傳
劉	伯	芻	舊唐書卷153附劉迺傳新唐書卷160
劉	廷	標	明史卷295忠義
劉	廷	翰	宋史卷260
劉	廷	蘭	明史卷232附魏允貞傳
劉	廷	讓	宋史卷259元史卷197孝友
劉	孝	先	梁書卷41附劉潛傳
劉	孝	忠	宋史卷456孝義
劉	孝	威	梁書卷41附劉潛傳
劉	孝	孫	舊唐書卷72附褚亮傳新唐書卷102附褚亮傳
劉	孝	勝	梁書卷41附劉潛傳
劉	孝	綽	梁書卷33南史卷39附劉勔傳
劉	延	明	北史卷34(魏書卷52作劉昞)
劉	延	孫	宋書卷78南史卷17附劉康祖傳
劉	延	祐	舊唐書卷190上文苑附劉胤之傳新唐書卷201文藝
劉	延	朗	舊五代史卷69唐書新五代史卷27唐臣
劉	延	皓	舊五代史卷69唐書
劉	延	景	新唐書卷106附劉德威傳
劉	延	嗣	舊唐書卷77附劉德威傳新唐書卷106附劉德威傳
劉	延	慶	宋史卷357
劉	佳	引	明史卷263附龍文光傳
劉	奉	世	宋史卷319附劉敞傳
劉	宗	周	明史卷255
劉	東	星	明史卷223
劉	易	從	舊唐書卷77附劉德威傳
劉	孟	雍	明史卷281循吏附具乘彝傳
劉	居	敬	元史卷197孝友附郭全傳
劉	居	麓	漢書卷66
劉	忠	翼	舊唐書卷118附黎幹傳
劉	定	之	明史卷176
劉	定	國	明史卷292忠義附方區獬傳
劉	武	周	舊唐書卷55新唐書卷86
劉	武	英	魏書卷59附劉昶傳
劉	昌	言	宋史卷267
劉	昌	祚	宋史卷349
劉	昌	裔	舊唐書卷151新唐書卷170
劉	秉	忠	元史卷157
劉	秉	直	元史卷192良吏
劉	秉	恕	元史卷157附劉秉忠傳
劉	季	貞	舊唐書卷56附梁師都傳新唐書卷87附梁師都傳

十五畫	劉 季 述	新唐書卷208宦者	劉 重 進　宋史卷261
劉	劉 季 連	宋書卷51附督浦侯遴考傳 梁書卷20 南史卷13宗室附督浦侯遴考傳	劉 政 會　舊唐書卷58 新唐書卷90
			劉 若 愚　明史卷305宦官附王體乾傳
			劉 建 鋒　新唐書卷190
	劉 季 篪	明史卷150	劉 禹 錫　舊唐書卷160 新唐書卷168
	劉 承 宗	宋史卷463外戚附劉知信傳	劉 保 勳　宋史卷276
	劉 承 訓	舊五代史卷105漢書宗室(北魏王) 新五代史卷18漢家人	劉 彥 宗　金史卷78
			劉 彥 琮　舊五代史卷61唐書
	劉 承 規	宋史卷466宦者	劉 思 祖　魏書卷55附劉芳傳
	劉 承 鈞	新五代史卷70東漢世家附劉旻傳	劉 思 逸　魏書卷94閹宦 魏書卷92恩倖
	劉 承 勳	舊五代史卷105漢書宗室(即陳王) 新五代史卷18漢家人	劉 思 敬　元史卷152附劉斌傳 元史卷198孝友
			劉10庫 仁　魏書卷23 北史卷20
	劉 知 信	宋史卷463外戚	劉 庭 式　宋史卷459卓行
	劉 知 俊	舊五代史卷13梁書 新五代史卷44雜傳	劉 耕 孫　元史卷195忠義
	劉 知 素	舊唐書卷102附劉子玄傳	劉 桃 符　魏書卷79 北史卷46
	劉 知 柔	舊唐書卷102附劉子玄傳 新唐書卷201文藝附鄭延祚傳	劉 栖 楚　舊唐書卷154(新唐書卷175作劉棲楚)
	劉 知 謙	新唐書卷190	劉 海 賓　新唐書卷153附段秀實傳
	劉 9益 子	後漢書卷41	劉 彙 濟　宋史卷325附劉怤傳
	劉 侯 仁	魏書卷87節義 北史卷85節義	劉 振 之　明史卷293忠義
	劉 勉 之	宋史卷459隱逸	劉 振 世　明史卷293忠義附潘弘傳
	劉 胤 之	舊唐書卷190上文苑	劉 師 立　舊唐書卷57附劉文靜傳 新唐書卷88附裴寂傳
	劉 幽 求	舊唐書卷97 新唐書卷121	劉 師 知　陳書卷16 南史卷68
	劉 係 宗	南齊書卷56倖臣 南史卷77恩倖	劉 師 道　宋史卷304
	劉 貞 亮	新唐書卷207宦者	劉11唐 之　宋史卷437儒林
	劉 軌 思	北齊書卷44儒林 北史卷81儒林	劉 訥 言　新唐書卷198儒學附敬播傳

劉	理	順	明史卷266
劉	淵	然	明史卷299方技附亞正常傳
劉	祥	道	舊唐書卷81 新唐書卷106
劉	處	讓	舊五代史卷94晉書 新五代史卷47雜傳
劉	康	乂	舊五代史卷21梁書
劉	康	祖	宋書卷50 南史卷17
劉	國	能	明史卷269
劉	國	傑	元史卷162
劉	紹	珍	魏書卷70附劉藻傳
劉	紹	能	宋史卷350
劉	敏	中	元史卷178
劉	敏	元	晉書卷89忠義
劉	敏	行	金史卷128循吏
劉	惟	輔	宋史卷452忠義
劉	惟	謙	明史卷198附周楨傳
劉	惟	簡	宋史卷467宦者
劉	崇	望	舊唐書卷179 新唐書卷90附劉政會傳
劉	崇	魯	舊唐書卷179附劉崇望傳 新唐書卷90附劉政會傳
劉	崇	龜	舊唐書卷179附劉崇望傳 新唐書卷90附劉政會傳
劉	崇	謨	舊唐書卷179附劉崇望傳
劉	從	一	舊唐書卷125 新唐書卷106附劉祥道傳
劉	從	益	金史卷126文藝

劉	從	德	宋史卷463外戚附劉美傳
劉	從	廣	宋史卷463外戚附劉美傳
劉	從	諫	舊唐書卷161附劉悟傳 新唐書卷214藩鎮附劉悟傳
劉12渴	侯		魏書卷87節義 北史卷85節義
劉	彭	祖	漢書卷53諸王(即趙敬肅王史記卷59作五宗世家)
劉	遂	清	舊五代史卷96晉書
劉	舜	卿	宋史卷349
劉	黃	裳	明史卷208附劉繪傳
劉	棲	楚	新唐書卷175(舊唐書卷154作劉栖楚)
劉	敦	儒	舊唐書卷187忠義下 新唐書卷132附劉子玄傳
劉	景	昕	南史卷74孝義附劉景仁傳
劉	景	巖	新五代史卷47雜傳
劉	善	明	南齊書卷28 南史卷49附劉懷珍傳
劉	善	經	北史卷83文苑附潘徽傳 隋書卷76文學
劉	黑	馬	元史卷149附劉伯林傳
劉	黑	闥	舊唐書卷55 新唐書卷86
劉13陸	之		宋書卷93隱逸附王素傳
劉	寬	夫	舊唐書卷153附劉迺傳 新唐書卷160附劉伯芻傳
劉	嗣	明	宋史卷356

十五畫
劉

劉	敬	宣	晉書卷94附劉牢之傳
			宋書卷47
			南史卷17
劉	溫	叟	宋史卷262
劉	鼎	孫	宋史卷451忠義附陸秀夫傳
劉	源	清	明史卷200附詹榮傳
			明史卷291忠義附張振秀傳
劉	萬	歲	後漢書卷83諸王(卽廣宗殤王)
劉	業	興	魏書卷87節義附王閭傳
劉	熙	古	宋史卷263
劉	熙	祚	明史卷294忠義
劉	道	合	舊唐書卷192隱逸
			新唐書卷196隱逸附吳筠傳
劉	道	規	宋書卷51宗室(卽臨川烈武王)
			南史卷13宋宗室諸王
劉	道	產	宋書卷65
			南史卷17附劉康祖傳
劉	道	斌	魏書卷79
			北史卷46
劉	道	憐	宋書卷51宗室(卽長沙景王)
			南史卷13宋宗室諸王
劉	義	季	宋書卷61諸王(卽衡陽文王)
			南史卷13宋宗室諸王
劉	義	宣	宋書卷68諸王(卽南郡王)
			南史卷13宋宗室諸王
劉	義	眞	宋書卷61諸王(卽廬陵孝獻王)
			南史卷13宋宗室諸王
劉	義	恭	宋書卷61諸王(卽江夏文獻王)
			南史卷13宋宗室諸王
劉	義	康	宋書卷68諸王(卽彭城王)
			南史卷13宋宗室諸王
劉	義	符	魏書卷97島夷劉裕傳
劉	義	隆	魏書卷97附島夷劉裕傳
劉	義	節	新唐書卷88附裴寂傳
劉14	端	夫	舊唐書卷153附劉迺傳
劉	禕	之	舊唐書卷87
			新唐書卷117
劉	寧	止	宋史卷378附劉一止傳
劉	僧	利	魏書卷55附劉芳傳
劉	肇	基	明史卷272
劉	齊	賢	新唐書卷106附劉祥道傳
劉	蒙	正	宋史卷263附劉熙古傳
劉	蒙	叟	宋史卷263附劉熙古傳
劉	漢	宏	新唐書卷190
劉	漢	弱	宋史卷406
劉15	儀	鳳	宋史卷389
劉	慧	斐	梁書卷51處士
			南史卷76隱逸
劉	慧	鏡	南史卷76隱逸附劉慧斐傳
劉	審	交	舊五代史卷106漢書
			新五代史卷48雜傳
劉	審	禮	舊唐書卷77附劉德威傳
			新唐書卷106附劉德威傳
劉	審	瓊	宋史卷274
劉	德	威	舊唐書卷77
			新唐書卷106
劉	德	泉	元史卷197孝友
劉	德	基	金史卷121忠義

劉	德	溫	元史卷176
劉16穆	之		宋書卷42 南史卷15
劉	凝	之	宋書卷93隱逸 南史卷75隱逸
劉	遵	考	宋書卷51宗室（即晉 浦侯） 南史卷13宋宗室諸 王
劉	曇	靜	梁書卷47孝行 南史卷76隱逸附劉 慧斐傳
劉	樹	藝	舊唐書卷57附劉文 靜傳
劉	興	哥	金史卷129忠義附楊 沃衍傳
劉	奮	庸	明史卷215
劉	澤	清	明史卷273附高傑傳
劉17謙	之		南史卷17附劉康祖 傳
劉	錫	元	明史卷243附李樫傳
劉	羲	叟	宋史卷432儒林
劉	徽	柔	金史卷90
劉	鴻	訓	明史卷251
劉	應	秋	明史卷216
劉	應	節	明史卷220
劉	應	龍	宋史卷425
劉18簡	之		南史卷17附劉康祖 傳
劉	藏	器	舊唐書卷190上文苑 附劉胤之傳 新唐書卷201文藝附 劉延祐傳
劉	鎮	藩	明史卷268附劉之勃 傳
劉19羅	辰		魏書卷83上外戚 北史卷20附劉庫仁 傳
劉	懷	珍	南齊書卷27 南史卷49

劉	懷	胤		南史卷73孝義附華 寶傳
劉	懷	愼		宋書卷45 南史卷17附劉懷肅 傳
劉	懷	肅		宋書卷47 南史卷17
劉	懷	敬		南史卷17附劉懷肅 傳
劉	懷	慰		南齊書卷53良政 南史卷49附劉懷珍 傳
劉20獻	之			魏書卷84儒林 北史卷81儒林
劉	繼	元		新五代史卷70東漢 世家附劉旻傳 宋史卷482北漢世家
劉	繼	恩		新五代史卷70東漢 世家附劉旻傳
劉	繼	勳		舊五代史卷96晉書
劉22驎	之			晉書卷94隱逸
劉23體	乾			明史卷214
劉24靈	助			魏書卷91藝術 北史卷89藝術
劉	靈	哲		南史卷43附劉懷珍 傳
劉	哈	剌	不 花	元史卷 188
劉	哈	剌	八 都 魯	元史卷169 （月作劉哈 喇巴圖爾）

十六畫

橋玄	後漢書卷81
與安	明史卷304宦官附金英傳
嬴疾	史記卷71（即樛里子）
彊霓	宋史卷452忠義
豫讓	史記卷86刺客
謁只里	元史卷154（目作伊奇里）
謔吉臣	明史卷294忠義
譖都刺	元史卷192良吏
漆雕開	史記卷67仲尼弟子
賴祿孫	元史卷197孝友附樊淵傳
澮臺滅	明史記卷67仲尼弟子
諜衍	金史卷72
諜演	金史卷68附歡都傳
冀僑	周書卷47藝術 北史卷82儒林附樂遜傳
冀體	明史卷230附楊恂傳
冀元亨	明史卷195附王守仁傳
耨盌溫敦乙迭	金史卷84附耨盌溫敦思忠傳
耨盌溫敦兀帶	金史卷84
耨盌溫敦思忠	金史卷84
駱牙	陳書卷22（南史卷67作駱文牙）
駱統	三國吳志卷12或57
駱文牙	南史卷67（陳書卷22作駱牙）
駱奉先	新唐書卷207宦者附程元振傳
駱問禮	明史卷215
駱賓王	舊唐書卷190上文苑 新唐書卷201文藝附王勃傳
龍敏	舊五代史卷108漢書 新五代史卷56雜傳
龍旌	明史卷290忠義附蘇梦暘傳
龍大淵	宋史卷470佞幸附曾覿傳
龍仁夫	元史卷190儒學附劉詵傳
龍文光	明史卷263
龍在田	明史卷270
龍景	宋史卷479西蜀世家附孟昶傳
燕度	宋史卷298附燕肅傳
燕肅	宋史卷298
燕瑛	宋史卷298附燕肅傳
燕達	宋史卷349
燕鳳	魏書卷24 北史卷21
燕榮	北史卷87酷吏 隋書卷74酷吏
燕寧	金史卷118
燕子獻	北齊書卷34附楊愔傳 北史卷41附楊諲傳
燕公楠	元史卷173
燕欽融	舊唐書卷187上忠義
燕鐵木兒	元史卷138

十六畫

橋與嬴彊豫謁謔譖賴澮諜諜冀耨駱龍燕

獨	吉	義	金史卷86
獨	吉	思	忠 金史卷93
獨	孤	及	新唐書卷162
獨	孤	信	周書卷16 北史卷61
獨	孤	陁	隋書卷79外戚附獨孤羅傳 北史卷61附獨孤信傳
獨	孤	庠	新唐書卷162附獨孤及傳
獨	孤	郁	舊唐書卷168 新唐書卷162附獨孤及傳
獨	孤	朗	舊唐書卷168附獨孤郁傳 新唐書卷162附獨孤及傳
獨	孤	盛	北史卷73附獨孤楷傳 隋書卷71誠節
獨	孤	善	北史卷61附獨孤信傳
獨	孤	楷	北史卷73 隋書卷55
獨	孤	羅	北史卷61附獨孤信傳 隋書卷79外戚
獨	孤	永業	北齊書卷41 北史卷53
獨	孤	懷恩	舊唐書卷183外戚 新唐書卷206外戚
鮑		永	後漢書卷59
鮑		由	宋史卷443文苑
鮑		宏	北史卷77 隋書卷66
鮑		防	舊唐書卷146 新唐書卷159
鮑		宣	漢書卷72
鮑		昱	後漢書卷59附鮑永傳

鮑		泉	梁書卷30 南史卷62
鮑		恂	明史卷137附吳伯宗傳
鮑		勛	三國魏志卷12
鮑		照	宋書卷51附臨川烈武王道規傳 南史卷13附臨川烈武王道規傳 晉書卷95藝術
鮑		靚	晉書卷95藝術
鮑	行	卿	南史卷62附鮑泉傳
鮑	季	詳	北齊書卷44儒林 北史卷81儒林
鮑	宗	巖	宋史卷456孝義附鄭綺傳
鮑	客	卿	南史卷62附鮑泉傳
鮑	象	賢	明史卷198附毛伯溫傳
霍		光	漢書卷68
霍		存	舊五代史卷21梁書 新五代史卷21梁臣
霍		原	晉書卷94隱逸
霍		峻	三國蜀志卷11或41
霍		恩	明史卷289忠義
霍		瑄	明史卷171附楊善傳
霍		諝	後漢書卷78
霍		韜	明史卷197
霍	子	衡	明史卷278附陳子壯傳
霍	去	病	史記卷111(即驃騎將軍) 漢書卷55
霍	仙	鳴	舊唐書卷184宦官 新唐書卷207宦者附竇文場傳
霍	安	國	宋史卷447忠義
霍	彥	威	舊五代史卷64唐書 新五代史卷46雜傳

十六畫	霍	與	琅	明史卷197附霍韜傳	穆		修	宋史卷442文苑
	霍	端	友	宋史卷354	穆		崇	魏書卷27 北史卷20
	霍	維	華	明史卷306閹黨	穆		紹	魏書卷27附穆崇傳
	諸	壽	賢	明史卷231附顧允成傳	穆		弼	魏書卷27附穆崇傳
霍	諸	葛	亮	三國蜀志卷5或35	穆		壽	魏書卷27附穆崇傳
諸	諸	葛	恪	三國吳志卷19或64	穆		寧	舊唐書卷155 新唐書卷163
穆	諸	葛	恢	晉書卷77	穆		賞	舊唐書卷155附穆寧傳
衞	諸	葛	爽	舊唐書卷182 新唐書卷187	穆		質	舊唐書卷155附穆寧傳 新唐書卷162附穆寧傳
	諸	葛	喬	三國蜀志卷5或35附諸葛亮傳				
	諸	葛	昂	南史卷72文學附卞彬傳	穆		羆	魏書卷27附穆崇傳
	諸	葛	瑾	三國吳志卷7或52	穆		頵	魏書卷27附穆崇傳
	諸	葛	誕	三國魏志卷28	穆		贊	舊唐書卷155附穆寧傳 新唐書卷163附穆寧傳
	諸	葛	潁	北史卷83文苑 隋書卷76文學				
	諸	葛	融	三國吳志卷7或52附諸葛瑾傳	穆		鐵	魏書卷27附穆崇傳
	諸	葛	璩	梁書卷51處士 南史卷76隱逸	穆		觀	魏書卷27附穆崇傳
	諸	葛	豐	漢書卷77	穆	子	琳	魏書卷27附穆崇傳
	諸	葛	瞻	三國蜀志卷5或35附諸葛亮傳	穆	多	侯	魏書卷27附穆崇傳
	諸	葛	長	民晉書卷85	穆	提	婆	北齊書卷50恩倖 北史卷92恩倖
	穆		良	魏書卷27附穆崇傳	穆	醜	善	魏書卷27附穆崇傳
	穆		建	魏書卷27附穆崇傳	衞		玄	北史卷76 隋書卷63
	穆		亮	魏書卷27附穆崇傳	衞		宏	後漢書卷109下儒林
	穆		衍	宋史卷332	衞		青	史記卷111（即衞將軍） 漢書卷55 明史卷175
	穆		眞	魏書卷27附穆崇傳				
	穆		泰	魏書卷27附穆崇傳	衞		玠	晉書卷36附衞瓘傳
	穆		員	舊唐書卷155附穆寧傳 新唐書卷163附穆寧傳	衞		恆	晉書卷36附衞瓘傳
					衞		洙	新唐書卷164附衞次公傳

衞		雄	魏書卷23附衞操傳	
衞		縚	史記卷103 漢書卷46	
衞		颯	後漢書卷106循吏	
衞		臻	三國魏志卷22	
衞		操	魏書卷23 北史卷20	
衞		融	宋史卷482北漢世家附劉繼元傳	
衞		穎	明史卷175附衞靑傳	
衞		覬	三國魏志卷21	
衞		瓘	晉書卷36附衞瓘傳	
衞		繼	三國蜀志卷15或45附楊戲傳	
衞		瓘	晉書卷36	
衞	大	經	舊唐書卷192隱逸 新唐書卷196隱逸	
衞	元	嵩	周書卷47藝術附褚該傳	
衞	次	公	舊唐書卷159 新唐書卷164	
衞	伯	玉	舊唐書卷115 新唐書卷141	
衞	承	芳	明史卷221附張孟男傳	
衞	紹	欽	宋史卷466宦者	
衞	景	瑗	明史卷263	
衞	膚	敏	宋史卷978	
閻		毗	北史卷61附閻慶傳 隋書卷68	
閻		進	宋史卷449忠義	
閻		復	元史卷160	
閻		溫	三國魏志卷18	
閻		鼎	晉書卷60	
閻		詢	宋史卷333	
閻		慶	周書卷20 北史卷61	
閻		窦	舊五代史卷59唐書 新五代史卷44雜傳	
閻		續	晉書卷48	
閻	元	明	魏書卷86孝感 北史卷84孝行	
閻	公	貞	金史卷97	
閻	日	新	宋史卷309	
閻	文	應	宋史卷468宦者	
閻	生	斗	明史卷291忠義	
閻	巨	源	舊唐書卷154	
閻	立	本	舊唐書卷77附閻立德傳 新唐書卷100附閻立德傳	
閻	立	德	舊唐書卷77 新唐書卷100	
閻	守	恭	宋史卷823	
閻	宏	魯	舊五代史卷130周書	
閻	承	翰	宋史卷466宦者	
閻	禹	錫	明史卷282儒林附薛瑄傳	
閻	晉	卿	舊五代史卷107漢書	
閻	朝	隱	舊唐書卷190中文苑 新唐書卷202文藝附李適傳	
閻	鳴	泰	明史卷306閹黨	
閻	慶	胤	魏書卷71附裴叔業傳	
			魏書卷88良吏 北史卷86循吏	
閻	應	元	明史卷277附侯峒曾傳	
閻	濟	美	舊唐書卷185下良吏 新唐書卷159附盧坦傳	
錢		乙	宋史卷462方技	
錢		佐	舊五代史卷133世襲附錢鏐傳	

			新五代史卷67吳越世家附錢鏐傳

十六畫

錢

錢	忱	宋史卷465外戚
錢	8易	宋史卷317附錢惟演傳
錢	芹	明史卷142附姚善傳
錢	泮	明史卷290忠義附王鈇傳
錢	9卽	宋史卷317附錢惟演傳
錢	昱	宋史卷480吳越世家附錢鏐傳
錢	春	明史卷231附錢一本傳
錢	10玠	新唐書卷177附錢徽傳
錢	倧	舊五代史卷133世襲附錢鏐傳
錢	俶	舊五代史卷133世襲附錢鏐傳／新五代史卷67吳越世家附錢鏐傳／宋史卷480吳越世家
錢	時	宋史卷407附楊簡傳
錢	宰	明史卷137附遺俶傳
錢	唐	明史卷139
錢	能	明史卷304宦官附梁芳傳
錢	12貴	明史卷300外戚
錢	13熙	宋史卷440
錢	瑛	明史卷296孝義
錢	14寧	明史卷307佞幸
錢	15鏕	宋史卷317附錢惟演傳
錢	16遹	宋史卷356
錢	鏵	明史卷290忠義
錢	17徽	舊唐書卷168／新唐書卷177
錢	薇	明史卷208

錢	19鏐	舊五代史卷133世襲／新五代史卷67吳越世家傳
錢	顗	宋史卷321
錢	1一本	明史卷231
錢	2九隴	舊唐書卷57附劉文靜傳／新唐書卷88附殳寂傳
錢	3士升	明史卷251附錢龍錫傳
錢	士晉	明史卷251附錢龍錫傳
錢	4公輔	宋史卷321
錢	元璙	舊五代史卷133世襲附錢鏐傳／新五代史卷67吳越世家附錢鏐傳
錢	5用壬	明史卷136附淘安傳
錢	可復	舊唐書卷168附錢徽傳
錢	6守俊	宋史卷280
錢	7延慶	南史卷73孝義附孫棘傳
錢	8明逸	宋史卷317附錢惟演傳
錢	9彥遠	宋史卷317附錢惟演傳
錢	若水	宋史卷266
錢	若冲	宋史卷266附錢若水傳
錢	10祚徵	明史卷293忠義
錢	11習禮	明史卷152
錢	惟治	宋史卷480吳越世家附錢俶傳
錢	惟善	明史卷285文苑附楊維楨傳
錢	惟演	宋史卷317
錢	惟濬	宋史卷480吳越世家附錢俶傳
錢	惟濟	宋史卷480吳越世家附錢俶傳

錢12景	諲	宋史卷317附錢惟演傳	
錢 象	先	宋史卷330	
錢 象	坤	明史卷251附何如寵傳	
錢13道	戢	陳書卷22／南史卷67	
錢 肅	樂	明史卷276	
錢14端	禮	宋史卷385	
錢15德	洪	明史卷283儒林	
錢16龍	錫	明史卷251	
盧	4內	魏書卷34附盧魯元傳	
盧	5玄	魏書卷47／北史卷30	
盧	6同	魏書卷76／北史卷30	
盧	仝	新唐書卷176附韓愈傳	
盧	光	周書卷45儒林／北史卷30附盧同傳	
盧	7志	晉書卷44附盧欽傳	
盧	杞	舊唐書卷135／新唐書卷223下姦臣	
盧	8芳	後漢書卷42	
盧	坦	舊唐書卷153／新唐書卷159	
盧	秉	宋史卷331附盧革傳	
盧	9昶	魏書卷47附盧玄傳／北史卷30附盧玄傳	
盧	柔	周書卷32／北史卷30	
盧	度	南史卷75隱逸附顧歡傳	
盧	勇	北史卷30附盧同傳	
盧	奐	舊唐書卷98附盧懷慎傳／新唐書卷126附盧懷慎傳	
盧	弈	舊唐書卷187下忠義／新唐書卷191忠義	
盧	革	宋史卷331	
盧	政	宋史卷349	
盧	柟	明史卷287文苑附謝榛傳	
盧	10浮	晉書卷44附盧欽傳	
盧	迥	明史卷141附卓敬傳	
盧	11瑊	晉書卷44附盧欽傳	
盧	淵	魏書卷47附盧玄傳	
盧	敏	北史卷30附盧玄傳	
盧	商	舊唐書卷176／新唐書卷182附鄭肅傳	
盧	庸	金史卷92	
盧	12植	後漢書卷94	
盧	欽	晉書卷44	
盧	循	晉書卷100	
盧	湛	晉書卷44附盧欽傳	
盧	統	魏書卷34附盧魯元傳	
盧	斐	北齊書卷47酷吏／北史卷30附盧同傳	
盧	貢	北史卷30附盧同傳／隋書卷38	
盧	曾	舊五代史卷24梁書	
盧	琰	宋史卷307	
盧	斌	宋史卷308	
盧	程	舊五代史卷67唐書／新五代史卷28唐臣	
盧	鈞	舊唐書卷177／新唐書卷182	
盧	琦	元史卷192良吏	
盧	13溥	魏書卷47附盧玄傳	
盧	愷	北史卷30附盧柔傳／隋書卷56	
盧	楚	北史卷85節義／隋書卷71誠節	

十六畫

錢盧

十六畫

盧

盧	愻	舊唐書卷126
盧	羣	舊唐書卷140 / 新唐書卷147
盧	鉉	舊唐書卷186下酷吏附吉溫傳 / 新唐書卷134附王鉷傳
盧	粲	舊唐書卷189下儒學 / 新唐書卷199儒學
盧	詹	舊五代史卷93晉書
盧	損	舊五代史卷128周書 / 新五代史卷55雜傳
盧	熙	明史卷140
盧	14綰	史記卷93 / 漢書卷34
盧	鉥	三國魏志卷22
盧	誕	周書卷45儒林 / 北史卷30
盧	偡	新唐書卷200儒學附趙冬曦傳
盧	綸	新唐書卷203文藝
盧	熊	明史卷140附盧熙傳
盧	15潛	北齊書卷42 / 北史卷30附盧玄傳
盧	廣	梁書卷48儒林 / 南史卷71儒林
盧	徵	舊唐書卷146 / 新唐書卷149附劉晏傳
盧	質	舊五代史卷93晉書 / 新五代史卷56雜傳
盧	億	宋史卷264附道多遜傳
盧	積	宋史卷441文苑附黃夷簡傳
盧	攜	舊唐書卷178 / 新唐書卷184
盧	16諶	晉書卷44附盧欽傳
盧	導	舊五代史卷92晉書 / 新五代史卷54晉書
盧	璥	金史卷75附盧彥倫傳
盧	17醜	魏書卷84儒林 / 北史卷81儒林
盧	邁	舊唐書卷136 / 新唐書卷150
盧	鴻	新唐書卷196隱逸（舊唐書192作盧鴻一）
盧	謙	明史卷292忠義
盧	19瓊	明史卷206附馬錄傳
盧	鏜	明史卷212附俞大猷傳
盧	21辯	周書24 / 北史卷30附盧同傳
盧	22鑑	宋史卷326
盧	25觀	魏書卷85文苑 / 北史卷30
盧	3士宏	宋史卷333
盧	士宗	宋史卷330
盧	士玫	舊唐書卷162 / 新唐書卷147
盧	士叡	新唐書卷191忠義附王行敏傳
盧	4之翰	宋史卷277
盧	太翼	北史卷89藝術 / 隋書卷78藝術附庾季才傳
盧	元明	魏書卷47附盧玄傳 / 北史卷30附盧玄傳
盧	元輔	舊唐書卷135附盧杞傳 / 新唐書卷191忠義附盧奕傳
盧	文紀	舊五代史卷127周書 / 新五代史卷55雜傳
盧	文偉	北齊書卷22 / 北史卷30附盧觀傳
盧	文進	舊五代史卷97晉書 / 新五代史卷48雜傳
盧	5世榮	元史卷905姦臣
盧	弘止	新唐書卷177附盧簡辭傳 / 舊唐書卷163附盧簡辭傳（目作弘正）
盧	弘宣	新唐書卷197循吏

盧 6安	世	明史卷249附朱燮元傳
盧 仲	宣	北史卷30附盧觀傳
盧 多	遜	宋史卷264
盧 守	勳	宋史卷467宦者
盧 汝	弼	舊唐書卷163附盧簡辭傳
		新唐書卷177附盧簡辭傳
		舊五代史卷60唐書
盧 光	啓	新唐書卷182
盧 光	稠	新唐書卷190附劉知諫傳
		新五代史卷41雜傳
盧 7成	功	明史卷291忠義附鄭國昌傳
盧 克	忠	金史卷128循吏
盧 孝	儉	金史卷92
盧 亨	嗣	金史卷75附盧彥倫傳
盧 8法	原	宋史卷377附盧知原傳
盧 承	慶	舊唐書卷81
		新唐書卷106
盧 明	諏	明史卷230附逯中立傳
盧 昌	衡	北史卷30附盧玄傳 隋書卷57附盧思道傳
盧 知	原	宋史卷377
盧 知	猷	舊唐書卷163附盧簡辭傳
		新唐書卷177附盧簡辭傳
盧 叔	武	北齊書卷42（北史卷30作盧叔彪）
盧 叔	彪	北史卷30附盧觀傳（北齊書卷42作盧叔武）
盧 9度	世	魏書卷47附盧玄傳
盧 洪	春	明史卷234
盧 彥	倫	金史卷75
盧 思	道	北史卷30附盧玄傳 隋書卷57
盧 10祖	尚	舊唐書卷69附薛萬徹傳
		新唐書卷94附薛萬徹傳
盧 原	質	明史卷141附方孝孺傳
盧 11勒	叉	北史卷92恩倖齊諸宦者
盧 從	史	舊唐書卷132
		新唐書卷141
盧 從	愿	舊唐書卷100
		新唐書卷129
盧 12順	密	舊五代史卷95晉書
盧 景	亮	新唐書卷164
盧 景	裕	魏書卷84儒林 北史卷30附盧同傳
盧 象	同	明史卷261附盧象昇傳
盧 象	昇	明史卷261
盧 象	晉	明史卷261附盧象昇傳
盧 象	觀	明史卷261附盧象昇傳
盧 13嗣	業	舊唐書卷163附盧簡辭傳
盧 義	僖	魏書卷47附盧玄傳
盧 照	鄰	新唐書卷201文藝附王勃傳
盧 道	約	魏書卷47附盧玄傳
盧 道	虔	魏書卷47附盧玄傳
盧 道	將	魏書卷47附盧玄傳
盧 道	裕	魏書卷47附盧玄傳
盧 14齊	卿	新唐書卷106附盧承慶傳
盧 15魯	元	魏書卷34 北史卷25
盧 履	冰	新唐書卷200儒學

十六畫

盧閣濟麋轄繁薩矯蒯臨薄邁襄優轅濮賽鞠

盧16學	古	明史卷294忠義
盧17鴻	一	舊唐書卷192隱逸（新唐書136作盧鴻）
盧藏	用	舊唐書卷94 新唐書卷123
盧18簡	方	舊唐書卷182附盧鈞傳
盧簡	求	舊唐書卷163附盧簡辭傳 新唐書卷177附盧簡辭傳
盧簡	能	舊唐書卷163附盧簡辭傳
盧簡	辭	舊唐書卷163 新唐書卷177
盧19懷	忠	宋史卷274
盧懷	慎	舊唐書卷98 新唐書卷126
盧22襲	秀	新唐書卷120附桓彥範傳

十七畫

閣				母		金史卷71
濟				安		金史卷80
麋				竺		三國蜀志卷8或38
轄				底		遼史卷112逆臣（姓耶律）
繁				欽		三國魏志卷21附王粲傳
薩				琦		明史卷163附劉鉉傳
矯				慎		後漢書卷113逸民
蒯			子	訓		後漢書卷112下方術
臨			孝	恭		北史卷89藝術 隋書卷78藝術附蕭吉傳
薄			彥	微		明史卷188附陸崑傳
邁		里	古	思		元史卷188附石抹宜孫傳 金史卷76（本名永慶）
襄				楷		後漢書卷60下
優				孟		史記卷126滑稽
優				旃		史記卷126滑稽
轅				固		漢書卷88儒林
轅			固	生		史記卷121儒林（即清河王太傅）
濮				英		明史卷133
濮			陽	興		三國吳志卷19或64
賽				不		金史卷122忠義附梁持勝傳
賽	典	赤	瞻	思	丁	元史卷125
鞠				常		宋史卷440文苑

鞠		詠	宋史卷297
鞠	嗣	復	宋史卷453忠義
闊		闊	元史卷134
闊	里	吉	思 元史卷118附阿剌兀思剔吉忽里 元史卷134
闊	闊	不	花 元史卷123
寋		義	明史卷149
寋		彝	宋史卷443忠義附陳寅傳
寋	序	辰	宋史卷329附寋周輔傳
寋	周	輔	宋史卷329
鮮	于	侁	宋史卷344
鮮	于	文	宗 南史卷73孝義附蕭叡明傳
鮮	于	文	英 南史卷73孝義附蕭叡明傳
鮮	于	世	榮 北齊書卷41 北史卷53
鮮	卑	仲	吉 元史卷165
繆		彤	後漢書卷111獨行
繆		胤	晉書卷60附繆播傳
繆		播	晉書卷60
繆		襲	三國魏志卷21附劉劭傳 明史卷134
繆	大	亨	
繆	希	雍	明史卷299方技附李時珍傳
繆	昌	期	明史卷245
應		劭	後漢書卷78附應奉傳
應		奉	後漢書卷78
應		貞	三國魏志卷21附王粲傳 晉書卷92文苑
應		瑒	三國魏志卷21附王粲傳
應		詹	晉書卷70
應		璩	三國魏志卷21附王粲傳
應		繇	宋史卷420
應	孟	明	宋史卷422
應	履	平	明史卷161
檀		奴	金史卷76附充傳
檀		珪	南史卷15附檀道濟傳
檀		祗	宋書卷47 南史卷15附檀道濟傳
檀		超	南齊書卷52文學 南史卷72文學
檀		韶	宋書卷45 南史卷15附檀道濟傳
檀		敷	後漢書卷97黨錮
檀		蕭	周書卷38附李昶傳 北史卷70
檀	特	師	北史卷89藝術附李順興傳
檀	道	濟	宋書卷43 南史卷15
檀	道	鸞	南史卷72文學附檀超傳
檀	道	憑	之 晉書卷85
鍾		同	明史卷162
鍾		阮	皓 南史卷72文學附鍾嶸傳
鍾		皓	後漢書卷92
鍾		雅	晉書卷70
鍾		傳	新唐書卷190 舊五代史卷17梁書附杜洪傳 新五代史卷41雜傳 宋史卷348

十七畫

鞠闊寋鮮繆應檀檀鍾

十七畫	鍾		偓	明史卷288文苑附袁道宏傳	謝	9弈	晉書卷79附謝安傳

<table>
<tr><td rowspan="2">十七畫</td><td>鍾</td><td></td><td>會</td><td>三國魏志卷28</td><td>謝</td><td>述</td><td>宋書卷52附謝景仁傳
南史卷19附謝裕傳</td></tr>
<tr><td>鍾</td><td></td><td>毓</td><td>三國魏志卷13附鍾繇傳</td><td rowspan="2">謝</td><td rowspan="2">朏</td><td rowspan="2">梁書卷15
南史卷20附謝弘微傳</td></tr>
<tr><td rowspan="7">鍾謝</td><td>鍾</td><td></td><td>興</td><td>後漢書卷109下儒林</td></tr>
<tr><td>鍾</td><td></td><td>嶼</td><td>南史卷72文學附鍾嶸傳</td><td rowspan="2">謝</td><td rowspan="2">貞</td><td rowspan="2">陳書卷32孝行
南史卷74孝義謝藺傳</td></tr>
<tr><td>鍾</td><td></td><td>繇</td><td>三國魏志卷13</td></tr>
<tr><td>鍾</td><td></td><td>嶸</td><td>梁書卷19文學
南史卷72文學
明史卷227</td><td>謝</td><td>恂</td><td>南史卷19附謝裕傳</td></tr>
<tr><td>鍾</td><td>化</td><td>民</td><td></td><td rowspan="2">謝</td><td rowspan="2">10朓</td><td rowspan="2">南齊書卷47
南史卷19附謝裕傳</td></tr>
<tr><td>鍾</td><td>羽</td><td>正</td><td>明史卷241</td></tr>
<tr><td>鍾</td><td>季</td><td>玉</td><td>宋史卷454忠義</td><td>謝</td><td>哲</td><td>陳書卷21
南史卷20附謝弘微傳</td></tr>
<tr><td rowspan="2">謝</td><td>鍾</td><td>紹</td><td>京</td><td>舊唐書卷97
新唐書卷121</td><td>謝</td><td>純</td><td>南史卷19附謝裕傳</td></tr>
<tr><td>鍾</td><td>離</td><td>牧</td><td>三國吳志卷15或60</td><td>謝</td><td>皐</td><td>宋史卷453忠義附連萬夫傳</td></tr>
</table>

	鍾	離	意	後漢書卷71	謝	11朗	晉書卷79附謝安傳
	鍾	離	瑾	宋史卷299	謝	混	晉書卷79附謝安傳
	謝		5石	晉書卷79附謝安傳	謝	晦	宋書卷44 南史卷19
	謝		玄	晉書卷79附謝安傳	謝	莊	宋書卷85 南史卷20附謝弘微傳
	謝		用	明史卷297孝義			
	謝		6安	晉書卷79	謝	偃	舊唐書卷190上文苑 新唐書卷201文藝
	謝		沉	晉書卷82	謝	弼	後漢書卷87
	謝		岐	陳書卷16 南史卷68	謝	琰	晉書卷79附謝安傳
	謝		7成	明史卷132	謝	絳	宋史卷295
	謝		8昇	明史卷141附王度傳	謝	貴	明史卷142附張昺傳
	謝		杰	明史卷227	謝	13該	後漢書卷109下儒學
	謝		尙	晉書卷79	謝	萬	晉書卷79附謝安傳
	謝		泌	宋史卷306	謝	裕	南史卷19（宋書卷52作謝景仁）
	謝		炎	宋史卷441文苑附黃夷簡傳			

謝	微	南史卷19附謝裕傳（梁書卷50作謝徵）
謝	瑜	明史卷210
謝	14甄	梓漢書卷98附郭太傳
謝	樅	陳書卷21 南史卷20附謝弘微傳
謝	僑	南史卷20附謝弘微傳
謝	端	元史卷182
謝	榛	明史卷287文苑
謝	15敷	晉書卷94隱逸
謝	徵	梁書卷50文學（南史卷19作謝微）
謝	璉	明史卷248附徐從治傳
謝	廣	明史卷297孝義附趙重華傳
謝	16翠	梁書卷37 南史卷20附謝弘微傳
謝	詹	南史卷19附謝誨傳
謝	諤	宋史卷389
謝	澤	明史卷167附孫祥傳
謝	遷	明史卷181
謝	17晦	舊五代史卷20梁書
謝	18瞻	宋書卷56 南史卷19附謝誨傳
謝	19鯤	晉書卷49
謝	邈	晉書卷79附謝安傳
謝	懿	南史卷20附謝弘微傳
謝	20藺	梁書卷47孝行 南史卷74孝義
謝	21嚼	南史卷19附謝誨傳
謝	顥	南史卷20附謝弘微傳
謝		鐸	明史卷163
謝	22覽	梁書卷15附謝朏傳 南史卷20附謝弘微傳
謝	23麟	宋史卷330
謝	24瀟	南齊書卷43 南史卷20附謝弘微傳
謝		讓	元史卷176
謝	1一魯	元史卷195忠義附周鏜傳
謝	3士元	明史卷172附張瓊傳
謝	子襄	明史卷281循吏
謝	4文璀	宋史卷354
謝	方叔	宋史卷417
謝	方明	宋書卷53 南史卷19
謝	5弘微	宋書卷58 南史卷20
謝	6仲溫	元史卷169
謝	夷吾	後漢書卷112上方術
謝	夷保	金史卷65
謝	7良佐	宋史卷428道學
謝	里忽	金史卷65
謝	廷蘢	明史卷207
謝	廷諒	明史卷233附謝廷瓚傳
謝	廷瓚	明史卷233
謝	8叔方	舊唐書卷187上忠義 新唐書卷191忠義附敬君弘傳
謝	定柱	明史卷296孝義
謝	枋得	宋史卷425

十七畫

謝

十七畫	謝 昌 㝢	南史卷73孝義附解叔謙傳	
	謝 9彥 章	舊五代史卷16梁書新五代史卷23梁臣	
	謝 10庫 德	金史卷65	
	謝 11深 甫	宋史卷394	
	謝 12超 宗	南齊書卷36南史卷19附謝靈運傳	
謝 薛	謝 惠 連	宋書卷53附謝方明傳南史卷19附謝方明傳	
	謝 幾 卿	梁書卷50文學南史卷19附謝靈運傳	
	謝 景 仁	宋書卷52(南史卷19作謝裕)	
	謝 景 溫	宋史卷295附謝絳傳	
	謝 15德 權	宋史卷309	
	謝 17應 芳	明史卷282儒林	
	謝 24靈 運	宋書卷67南史卷19	
	薛 4方	漢書卷72附鮑宣傳	
	薛 5平	舊唐書卷124附薛嵩傳新唐書卷111附薛仁貴傳	
	薛 田	宋史卷301	
	薛 6向	宋史卷328	
	薛 收	舊唐書卷73新唐書卷98	
	薛 戎	舊唐書卷155新唐書卷164	
	薛 7伾	舊唐書卷146	
	薛 8拔	魏書卷42附薛辯傳	
	薛 和	魏書卷42附薛辯傳	
	薛 放	舊唐書卷155附薛戎傳	

		新唐書卷164附薛戎傳
薛 昂	宋史卷352	
薛 侃	明史卷207	
薛 9宣	漢書卷83	
薛 胤	魏書卷42附薛辯傳	
薛 胄	周書卷35附薛端傳北史卷36附薛辯傳隋書卷56	
薛 珏	舊唐書卷185下良吏新唐書卷143	
薛 苹	舊唐書卷185下良吏新唐書卷164	
薛 奎	宋史卷286	
薛 映	宋史卷305	
薛 10珝	三國吳志卷8或53附薛綜傳	
薛 彙	晉書卷68	
薛 11淵	南齊書卷30(南史卷40作薛深)	
薛 深	南史卷40附薛安都傳(南齊書卷30作薛淵)	
薛 訥	舊唐書卷93新唐書卷111附薛仁貴傳	
薛 逢	舊唐書卷190下文苑新唐書卷203文藝	
薛 從	新唐書卷111附薛仁貴傳	
薛 祥	明史卷138	
薛 12提	魏書卷33北史卷28	
薛 琡	北齊書卷26北史卷25附薛聰子傳	
薛 善	周書卷35北史卷36附薛辯傳	
薛 湖	北史卷36附薛辯傳	

薛	盛	隋書卷72孝義
薛	登	舊唐書卷101 新唐書卷112
薛	超	宋史卷275
薛	弼	宋史卷380
薛	極	宋史卷419
薛	琪	宋史卷452忠義附牛皓傳
薛	貴	明史卷156附薛斌傳
薛	斌	明史卷156
薛	13裕	周書卷35附薛端傳
薛	愼	周書卷35附薛善傳 北史卷36附薛辯傳
薛	寘	周書卷98 北史卷36
薛	暉	周書卷48附薛惠督傳
薛	嵩	舊唐書卷124 新唐書卷111附薛仁貴傳
薛	祿	明史卷155
薛	瑄	明史卷282儒林
薛	14漢	後漢書卷109下儒林
薛	綜	三國吳志卷8或53
薛	端	周書卷35 北史卷36附薛辯傳
薛	愿	舊唐書卷187上忠義 新唐書卷193忠義附鄘堅傳
薛	綬	明史卷156附薛斌傳
薛	15瑩	三國吳志卷8或53附薛綜傳
薛	稷	舊唐書卷73附薛收傳 新唐書卷98附薛收傳
薛	夢	舊唐書卷124附薛嵩傳

薛	播	舊唐書卷146 新唐書卷159
薛	憕	周書卷38 北史卷36
薛	慶	宋史卷453忠義
薛	16頤	舊唐書卷191方技 新唐書卷204方技
薛	舉	舊唐書卷55 新唐書卷86
薛	融	舊五代史卷93晉書 新五代史卷56雜傳
薛	蕙	明史卷191
薛	濬	北史卷36附薛辯傳 隋書卷72孝義
薛	17聰	北史卷36附薛辯傳
薛	孺	隋書卷57附薛道衡傳
薛	膚	新唐書卷164附薛牢傳
薛	18謹	魏書卷42附薛辯傳
薛	顏	宋史卷299
薛	21辯	魏書卷42 北史卷36
薛	欑	魏書卷61附薛安都傳
薛	23顯	明史卷131

薛	1一	鴉	明史卷267附應善織傳
薛	3大	鼎	舊唐書卷185上良吏 新唐書卷197循吏
薛	4天	生	南史卷73孝義附薛寶傳
薛	仁	杲	舊唐書卷55附薛舉傳 新唐書卷86附薛舉傳
薛	仁	貴	舊唐書卷83 新唐書卷111
薛	仁	謙	舊五代史卷128周書
薛	元	超	舊唐書卷73附薛收傳 新唐書卷98附薛收傳
薛	元	敬	舊唐書卷73附薛收傳

十七畫

薛

十七畫		
薛	元 賞	新唐書卷98附薛收傳 / 新唐書卷197循吏
	薛 5世 雄	北史卷76 / 隋書卷55
薛	薛 6志 勤	舊五代史卷55唐書
	薛 安 都	宋書卷88 / 魏書卷61 / 南史卷40 / 北史卷79
	薛 存 誠	舊唐書卷153 / 新唐書卷162
	薛 存 慶	新唐書卷143附薛珏傳
	薛 7孝 通	北史卷36附薛辯傳
	薛 伯 陽	新唐書卷98附薛收傳
	薛 克 構	新唐書卷197循吏附薛大鼎傳
	薛 良 顯	宋史卷453忠義
	薛 廷 老	舊唐書卷153附薛存誠傳 / 新唐書卷162附薛存誠傳
	薛 廷 珪	舊唐書卷190下文苑附薛逢傳 / 舊五代史卷68唐書
	薛 8虎 子	魏書卷44附薛野賭傳(北史卷25作薛彪子)
	薛 居 正	宋史卷264
	薛 叔 似	宋史卷397
	薛 孤 延	北齊書卷19 / 北史卷53
	薛 東 明	明史卷295忠義附金統綱傳
	薛 宗 鎧	明史卷209附馮恩傳
	薛 季 宣	宋史卷434儒林
	薛 季 昶	舊唐書卷185上良吏 / 新唐書卷120附祖彥範傳
薛 9保 遜	舊唐書卷153附薛存誠傳	
薛 昭 緯	舊唐書卷153附薛存誠傳	
薛 10真 度	魏書卷61附薛安都傳	
薛 修 義	北史卷53(北齊書卷20作薛循義)	
薛 11彪 子	北史卷25(魏書卷44作薛虎子)	
薛 惟 吉	宋史卷264附薛居正傳	
薛 野 賭	魏書卷44	
薛 崇 譽	宋史卷481南漢世家附劉鋹傳	
薛 國 用	明史卷259附熊廷弼傳	
薛 國 觀	明史卷253	
薛 12貽 矩	舊五代史卷18梁書 / 新五代史卷35唐六臣	
薛 循 義	北齊書卷20(北史卷53作薛修義)	
薛 13嗣 昌	宋史卷328附薛向傳	
薛 道 衡	北史卷36附薛辯傳 / 隋書卷57	
薛 敬 珍	周書卷35附薛善傳	
薛 敬 祥	周書卷35附薛善傳	
薛 萬 均	新唐書卷94(舊唐書卷69作薛萬鈞)	
薛 萬 鈞	舊唐書卷69附薛萬徹傳(新唐94作薛萬均)	
薛 萬 備	新唐書卷94附薛萬均傳	
薛 萬 徹	舊唐書卷69 / 新唐書卷94附薛萬均傳	
薛 14閏 禮	明史卷294附夏秼春傳	
薛 15慶 之	魏書卷42附薛辯傳	
薛 廣 德	漢書卷71	

薛	敷 敎	明史卷231
薛16曇	尚	魏書卷44附薛野睹傳
薛17徽	言	宋史卷376
薛	應 玢	明史卷294忠義附唐時升傳
薛19懷	吉	魏書卷61附薛安都傳
薛	懷 義	舊唐書卷183外戚附武承嗣傳
薛	懷 儁	魏書卷61附薛安都傳
薛	懷 讓	宋史卷254
薛20繼	先	金史卷127隱逸
薛	塔 剌海	元史卷151
韓	3川	宋史卷347
韓	4友	晉書卷95藝術
韓	文	明史卷186
韓	生	史記卷121儒林
韓	5弘	舊唐書卷156 新唐書卷158
韓	丕	宋史卷296
韓	玉	金史卷110
韓	永	明史卷141附王度傳
韓	6休	舊唐書卷98 新唐書卷126
韓	充	舊唐書卷156附韓弘傳 新唐書卷158附韓弘傳
韓	因	元史卷194忠義
韓	7伯	晉書卷75
韓	秀	魏書卷42 北史卷27
韓	均	魏書卷51附韓茂傳
韓	8非	史記卷63
韓	果	周書卷27 北史卷65
韓	伙	舊唐書卷101附韓思復傳 新唐書卷118附韓思復傳
韓	昉	金史卷125文藝
韓	性	元史卷190儒學
韓	青	宋史卷452忠義附劉惟輔傳
韓	9信	史記卷92(目標淮陰侯) 漢書卷34 史記卷93(目標韓王信) 漢書卷33
韓	恆	晉書卷110前燕載記
韓	軌	北齊書卷15 北史卷54
韓	茂	魏書卷51 北史卷37
韓	洪	隋書卷52附韓擒傳 新唐書卷126附韓休傳
韓	洄	舊唐書卷129附韓滉傳 新唐書卷126附韓休傳
韓	約	新唐書卷179附王璠傳
韓	建	舊五代史卷15梁書 新五代史卷40雜傳
韓	洙	舊五代史卷132世襲附韓遜傳
韓	政	明史卷130
韓	郁	明史卷143附高巍傳
韓	10浩	三國魏志卷9附夏侯淵傳 宋史卷448忠義
韓	務	魏書卷42附韓秀傳
韓	泰	新唐書卷168附王叔文傳
韓	倫	宋史卷251附韓令坤傳

十七畫

韓

韓	11 康	後漢書卷113逸民	
韓	偓	新唐書卷183	
韓	通	宋史卷484周三臣	
韓	12 楼	後漢書卷75	
韓	階	晉書卷89忠義	
韓	雄	周書卷43 北史卷68	
韓	盛	周書卷34	
韓	禽	北史卷68附韓雄傳（隋書卷52作韓擒）	
韓	皐	舊唐書卷129附韓滉傳 新唐書卷126附韓休傳	
韓	琬	新唐書卷112附韓思彥傳	
韓	惲	舊五代史卷92晉書	
韓	琦	宋史卷312	
韓	絳	宋史卷315	
韓	13 當	三國吳志卷10或55	
韓	瑗	舊唐書卷80 新唐書卷105	
韓	滉	舊唐書卷129 新唐書卷126附韓怀傳	
韓	愈	舊唐書卷160 新唐書卷176	
韓	溥	宋史卷440文苑	
韓	雍	明史卷178	
韓	14 說	史記卷111附衛將軍驃騎傳 後漢書卷112下方術	
韓	嫣	史記卷125佞幸 漢書卷93佞幸	
韓	韶	後漢書卷92	
韓	鳳	北齊書卷50恩倖 北史卷92恩倖	
韓	遜	舊五代史卷132世襲 新五代史卷40雜傳	
韓	維	宋史卷315	
韓	綜	宋史卷315附韓億傳	
韓	15 賢	北齊書卷19 北史卷53	
韓	僎	新唐書卷183附韓偓傳	
韓	億	宋史卷315	
韓	駒	宋史卷445文苑	
韓	福	明史卷306閹黨附張綵傳	
韓	16 暨	三國魏志卷24	
韓	擒	隋書卷52(北史卷68作韓禽)	
韓	曇	新唐書卷168附王叔文傳	
韓	縝	宋史卷315	
韓	錫	金史卷97	
韓	擇	元史卷189儒學附蕭㪍傳	
韓	17 嬰	漢書卷88儒林	
韓	績	晉書卷94隱逸	
韓	襃	周書卷37 北史卷70	
韓	18 簡	舊唐書卷181附韓允忠傳 新唐書卷210藩鎮附何進滔傳	
韓	璩	宋史卷330	
韓	贄	宋史卷331	
韓	19 鏞	元史卷185	
韓	爌	明史卷240	
韓	21 鐸	金史卷78附韓企先傳	
韓	25 觀	明史卷166	
韓 1一	良	明史卷258附毛羽健傳	

韓	3子	高	陳書卷20 南史卷68
韓	子	熙	魏史卷60附韓麒麟傳
韓	4允	忠	舊唐書卷181 新唐書卷210藩鎮附何進滔傳
韓	元	善	元史卷184
韓	公	武	舊唐書卷156附韓弘傳 新唐書卷158附韓弘傳
韓	公	裔	宋史卷379
韓	5令	坤	宋史卷251
韓	世	忠	宋史卷364
韓	世	能	明史卷216附黃鳳翔傳
韓	6企	先	金史卷78
韓	守	英	宋史卷467宦者
韓	安	國	史記卷108（卽韓長孺） 漢書卷52
韓	匡	嗣	遼史卷74附韓知古傳
韓	全	誨	新唐書卷208宦者
韓	全	義	舊唐書卷162 新唐書卷141
韓	7肖	胄	宋史卷379
韓	佗	胄	宋史卷474姦臣
韓	邦	奇	明史卷201
魏	邦	靖	明史卷201附韓邦奇傳
韓	延	之	晉書卷37宗室附譙剛王遜傳 魏書卷38 北史卷27
韓	延	壽	漢書卷76
韓	延	徽	遼史卷74
韓	8知	古	遼史卷74
韓	宜	可	明史卷139
韓	林	兒	明史卷122
韓	忠	彥	宋史卷312附韓琦傳
韓	長	孺	史記卷108（卽韓安國）
韓	宗	武	宋史卷315附薛絳傳
韓	宗	師	宋史卷315附薛絳傳
韓	9保	正	宋史卷479西蜀世家附孟昶傳
韓	係	伯	南齊書卷55 南史卷73孝義
韓	彥	直	宋史卷364附韓世忠傳
韓	建	業	北史卷53附張保洛傳
韓	若	愚	元史卷176
韓	重	贇	宋史卷250
韓	思	彥	新唐書卷112
韓	思	復	舊唐書卷101 新唐書卷118
韓	10晉	卿	宋史卷426循吏
韓	11國	華	宋史卷277
韓	紹	芳	遼史卷74附韓延徽傳
韓	紹	勳	遼史卷74附韓延徽傳
韓	崇	訓	宋史卷250附韓重贇傳
韓	崇	業	宋史卷250附韓重贇傳
韓	12朝	宗	新唐書卷118附韓思復傳
韓	13熙	載	宋史卷478南唐世家附李景傳
韓	遊	瓌	舊唐書卷144 新唐書卷156
韓	資	讓	遼史卷74附韓延徽傳
韓	14僧	壽	隋書卷52附韓擒傳

十七畫	韓15廣	德	漢書卷71
	韓 德	源	遼史卷74附韓知古傳
	韓 德	樞	遼史卷74附韓延徽傳
	韓 德	凝	遼史卷74附韓知古傳
	韓19懷	明	梁書卷47孝行 南史卷74孝義
韓	韓 麒	麟	魏書卷60 北史卷40
蕭	韓20寶	業	北齊書卷50恩倖 北史卷92恩倖齊諸官者
	韓23顯	宗	魏書卷60附韓麒麟傳
	韓 顯	符	宋史卷461方技
	韓24靈	敏	南齊書卷55孝義 南史卷73孝義
	蕭	4介	梁書卷41 南史卷18附蕭思話傳
	蕭	允	陳書卷21 南史卷18附蕭思話傳
	蕭	引	陳書卷21附蕭允傳 南史卷18附蕭思話傳
	蕭	文	遼史卷105能吏
	蕭	5由	漢書卷78附蕭望之傳
	蕭	玉	金史卷76附宗本傳
	蕭	吉	北史卷89藝術 隋書卷78藝術
	蕭	6存	新唐書卷202文藝附蕭穎士傳
	蕭	朴	遼史卷80
	蕭	7何	漢書卷39(史記卷53作蕭相國世家)
	蕭	宏	魏書卷22諸王(即臨川王) 南史卷51梁宗室(臨川靖惠王)

	蕭	秀	梁書卷22諸王(即安成王) 南史卷52梁宗室
	蕭	岌	周書卷48附蕭詧傳 北史卷93僭偽附廧 梁附蕭詧傳
	蕭	岑	周書卷48附蕭詧傳 北史卷93僭偽附廧 梁附蕭詧傳
	蕭	岐	明史卷139
	蕭	8育	漢書卷78附蕭望之傳
	蕭	昌	梁書卷24附蕭景傳 南史卷51梁宗室附吳平侯景傳
	蕭	昂	梁書卷24附蕭景傳 南史卷51梁宗室附吳平侯景傳
	蕭	明	北齊書卷33 南史卷51梁宗室附長沙宣武王懿傳
	蕭	放	北齊書卷33
	蕭	欣	周書卷48附蕭詧傳 北史卷93僭偽附廧 梁附蕭詧傳
	蕭	直	舊唐書卷102附草逖傳
	蕭	昕	舊唐書卷146 新唐書卷159
	蕭	定	舊唐書卷185下良吏 新唐書卷101附蕭瑀傳
	蕭	注	宋史卷334
	蕭	9咸	漢書卷78附蕭望之傳
	蕭	昱	梁書卷24附蕭景傳 南史卷51梁宗室附吳平侯景傳
	蕭	洽	梁書卷41附蕭介傳 南史卷18附蕭思話傳

蕭	映	南齊書卷35諸王(即臨川獻王) 南史卷43齊宗室
蕭	紀	梁書卷55(即武陵王) 南史卷53梁宗室
蕭	彥	魏書卷94閹官附張宗之傳 明史卷227
蕭	衍	魏書卷98(目作島夷蕭衍)
蕭	勃	南史卷51梁宗室附吳平侯景傳
蕭	恪	南史卷52梁宗室附南平元襄王偉傳
蕭	恢	梁書卷29諸王(即鄱陽王) 南史卷52梁宗室(鄱陽忠烈王)
蕭	亮	南史卷52梁宗室附始興忠武王憺傳
蕭	俛	舊唐書卷172 新唐書卷101附蕭瑀傳
蕭	服	宋史卷348附沈畸傳
蕭	革	遼史卷113逆臣
蕭	柳	遼史卷85
蕭	拱	金史卷82附蕭仲恭傳
蕭	10退	北齊書卷33 北史卷29
蕭	祗	北齊書卷33 南史卷52梁宗室附南平元襄王偉傳 北史卷29
蕭	絻	南史卷41齊宗室(南齊書卷45作蕭緬)
蕭	晃	南齊書卷35諸王(即長沙威王) 南史卷43齊宗室
蕭	泰	南史卷52梁宗室附鄱陽忠烈王恢傳 北史卷29

蕭	修	南史卷52梁宗室附鄱陽忠烈王恢傳
蕭	恭	南史卷52梁宗室附南平元襄王偉傳 金史卷82
蕭	祜	舊唐書卷168附韋溫傳 新唐書卷169附韋貫之傳
蕭	倣	舊唐書卷172附蕭俛傳 新唐書卷101附蕭瑀傳
蕭	俶	舊唐書卷172附蕭俛傳
蕭	振	宋史卷380
蕭	貢	金史卷105
蕭	11乾	陳書卷21 南史卷42附叢章文獻王燮傳
蕭	朗	南史卷51梁宗室附長沙宣武王懿傳
蕭	衆	南史卷51梁宗室附桂陽簡王融傳
蕭	勔	南史卷51梁宗室附吳平侯景傳
蕭	偉	梁書卷22諸王(即南平王) 南史卷52梁宗室(即南平元襄王)
蕭	推	南史卷52梁宗室附安成康王秀傳
蕭	堅	南史卷53梁宗室附邵陵攜王綸傳
蕭	頃	舊五代史卷58唐書
蕭	執	明史卷137附趙俶傳
蕭	授	明史卷166
蕭	12景	梁書卷24 南史卷51梁宗室(即吳平侯)
蕭	琛	梁書卷26 南史卷18附蕭思話傳

十七畫

蕭

蕭	統	梁書卷8宗室（即昭明太子） 南史卷53梁宗室
蕭	幾	梁書卷41 南史卷41齊宗室附曲陽公遠欣傳
蕭	棟	南史卷53梁宗室附昭明太子統傳
蕭	琮	周書卷48附蕭詧傳 北史卷93僭偽附詧梁附蕭詧傳 隋書卷79外戚附蕭巋傳
蕭	貢	南史卷51梁宗室附臨川靜惠王宏傳
蕭	象	梁書卷23諸王（即桂陽嗣王） 南史卷51梁宗室附桂陽簡王融傳
蕭	鈞	南史卷41齊宗室附衡陽元王道度傳 舊唐書卷63附蕭瑀傳 新唐書卷101附蕭瑀傳
蕭	瑄	舊唐書卷63附蕭瑀傳
蕭	華	舊唐書卷99附蕭嵩傳 新唐書卷101附蕭瑀傳
蕭	復	舊唐書卷125 新唐書卷101附蕭瑀傳
蕭	傑	舊唐書卷172附蕭俛傳
蕭	貫	宋史卷442文苑
蕭	惠	遼史卷93
蕭	13詧	周書卷48 北史卷93僭偽附詧梁傳
蕭	鈗	南齊書卷35諸王（即河東王） 南史卷43齊宗室
蕭	歆	南史卷51梁宗室附長沙宣武王懿傳
蕭	業	梁書卷23諸王（即長沙嗣王） 南史卷51梁宗室附長沙宣武王懿傳
蕭	嗣	梁書卷52梁宗室附郡陽忠烈王恢傳
蕭	暎	南史卷52梁宗室附始興忠武王憺傳
蕭	該	北史卷82儒林附何妥傳 隋書卷75儒林附何妥傳
蕭	瑀	舊唐書卷63 新唐書卷101
蕭	嵩	舊唐書卷99 新唐書卷101附蕭瑀傳
蕭	資	宋史卷454忠義附郡沨傳
蕭	肄	金史卷129佞幸
蕭	裕	金史卷129佞幸
蕭	雍	明史卷227附蕭彥傳
蕭	14嶷	南齊書卷35諸王（即安成恭王） 南史卷43齊宗室
蕭	緬	南齊書卷45宗室（即安陸昭王南史卷41作蕭緬）
蕭	憺	南史卷51梁宗室上附桂陽簡王融傳
蕭	韶	南史卷51梁宗室附長沙宣武王懿傳
蕭	暢	南史卷51梁宗室（即衡陽宣王）
蕭	銑	舊唐書卷56 新唐書卷87
蕭	綜	梁書卷55（即豫章王） 南史卷53梁宗室
蕭	綸	梁書卷29諸王（即邵陵王） 南史卷53梁宗室（邵陵攜王）

蕭	邁	舊唐書卷179 新唐書卷101附蕭瑀傳
蕭	願	舊五代史卷128周書
蕭	翰	遼史卷84
蕭	漢	明史卷263附宋一鶴傳
蕭	15 鋒	南齊書卷35諸王(卽江夏王) 南史卷43齊室
蕭	錄	南齊書卷35諸王(晉熙王) 南史卷43齊宗室
蕭	懇	北齊書卷45文苑附顏之推傳
蕭	敷	南史卷51梁宗室(卽永陽昭王)
蕭	撝	周書卷42 北史卷29
蕭	撰	周書卷48附蕭詧傳 北史卷93僭偽附廓詧傳 梁附蕭詧傳
蕭	範	南史卷52梁宗室附鄱陽忠烈王恢傳
蕭	銳	南齊書卷35諸王(卽南平王) 南史卷43齊宗室 舊唐書卷63附蕭瑀傳
蕭	德	遼史卷96
蕭	16 諶	南齊書卷42 南史卷41齊宗室(卽衡陽公)
蕭	融	南史卷51梁宗室(卽桂陽簡王)
蕭	曄	南齊書卷35諸王(武陵昭王) 南史卷43齊宗室 南史卷52梁宗室附始興忠武王憺傳
蕭	憺	梁書卷22諸王(卽始興王)
蕭	靜	南史卷52梁宗室(始興忠武王)
蕭	諮	南史卷52梁宗室附南平元襄王偉傳
蕭	機	南史卷52梁宗室附安成康王秀傳
蕭	確	南史卷53梁宗室附鄱陵攜王綸傳
蕭	鄴	新唐書卷182
蕭	翰	舊五代史卷98晉書 遼史卷113逆臣
蕭	廩	舊唐書卷172附蕭俛傳 新唐書卷101附蕭瑀傳 明史卷227
蕭	17 濟	陳書卷30 周書卷42附蕭撝傳 南史卷69附顧野王傳
蕭	嶷	南齊書卷22(卽豫章文獻王) 南史卷42齊宗室
蕭	勵	南史卷51梁宗室附吳平侯景傳
蕭	駿	南史卷51梁宗室附長沙宣武王懿傳
蕭	績	梁書卷29諸王(卽南康王) 南史卷53梁宗室(南康簡王)
蕭	燧	宋史卷385
蕭	18 鎡	明史卷168附陳循傳
蕭	19 贊	魏書卷59附蕭寶寅傳 北史卷29附蕭寶寅傳
蕭	鏘	南齊書卷35諸王(卽鄱陽王) 南史卷43齊宗室
蕭	鏗	南齊書卷35諸王(卽宜都王) 南史卷43齊宗室

蕭		隤	魏書卷98附島夷蕭道成傳				南史卷54梁宗室
蕭		奭	元史卷189儒學	蕭	大	成	南史卷54梁宗室(即桂陽王)
蕭	20	勷	南史卷51梁宗室附吳平侯景傳	蕭	大	昕	梁書卷44諸王(即義安王)
蕭		藻	梁書卷23附長沙嗣王業傳				南史卷54梁宗室
			南史卷51梁宗室附長沙宣武王懿傳	蕭	大	春	梁書卷44諸王(即安陸王)
蕭	21	礜	梁書卷55(即河東王)				南史卷54梁宗室
蕭		纘	梁書卷29諸王(即廬陵王)	蕭	大	封	南史卷54梁宗室(即汝南王)
			南史卷53梁宗室	蕭	大	咸	梁書卷44諸王(即武寧王)
蕭		歸	周書卷48附蕭詧傳				南史卷54梁宗室
			北史卷93僭偽附蕭梁附蕭詧傳	蕭	大	訓	南史卷54梁宗室(即皇子大釗)
			隋書卷79外戚				
蕭	22	懿	南史卷51梁宗室(即長沙宣武王)	蕭	大	連	梁書卷44諸王(即南郡王)
蕭	23	鑠	南齊書卷35諸王(即桂陽王)				南史卷54梁宗室
			南史卷43齊宗室	蕭	大	莊	梁書卷44諸王(即新興王)
蕭		巖	周書卷48附蕭詧傳				南史卷54梁宗室
			北史卷93僭偽附蕭梁附蕭詧傳	蕭	大	球	梁書卷44諸王(即建平王)
蕭		鑑	南齊書卷35諸王(即始興簡王)				南史卷54梁宗室
			南史卷43齊宗室	蕭	大	欵	南史卷54梁宗室(即臨川王)
蕭	24	巇	周書卷48附蕭詧傳	蕭	大	鈞	梁書卷44諸王(即西陽王)
			北史卷93僭偽附蕭梁附蕭詧傳				南史卷54梁宗室
			隋書卷79外戚附蕭巇傳	蕭	大	雅	梁書卷44諸王(即溧陽公)
蕭	30	鸞	魏書卷98附島夷蕭道成傳				南史卷54梁宗室
蕭	1乙	薛	遼史卷101	蕭	大	摯	梁書卷44諸王(即綏建王)
蕭	2十	三	遼史卷110袞臣				南史卷54梁宗室
蕭	父	理	南史卷53梁宗室附南康簡王績傳	蕭	大	器	梁書卷8宗室(即哀太子)
蕭	3兀	納	遼史卷98				南史卷54梁宗室
蕭	大	心	梁書卷44諸王(即溧陽王)	蕭	大	圜	南史卷54梁宗室
							周書卷42

（十七畫　蕭）

		北史卷29			南史卷44齊宗室	十七畫
蕭	大	臨	梁書卷44諸王(卽南海王) 南史卷54	蕭	子	夏	南齊書卷40諸王(卽南郡王) 南史卷44齊宗室	
蕭	子	文	南齊書卷40諸王(卽西陽王) 南史卷44齊宗室	蕭	子	隆	南齊書卷40諸王(卽隨郡王) 南史卷44齊宗室	蕭
蕭	子	良	南齊書卷40諸王(卽竟陵文宣王) 南史卷44齊宗室	蕭	子	琳	南齊書卷40諸王(卽南廣王) 南史卷44齊宗室	
蕭	子	罕	南齊書卷40諸王(卽南海王) 南史卷44	蕭	子	雲	梁書卷35附蕭子恪傳 南史卷42附豫章文獻王嶷傳	
蕭	子	明	南齊書卷40諸王(卽西陽王) 南史卷44齊宗室	蕭	子	敬	南齊書卷40諸王(卽安陸王) 南史卷44齊宗室	
蕭	子	岳	南齊書卷40諸王(卽臨賀王) 南史卷44齊宗室	蕭	子	暉	梁書卷35附蕭子恪傳	
				蕭	子	廉	南史卷42附豫章文獻王嶷傳	
蕭	子	貞	南齊書卷40諸王(卽邵陵王) 南史卷44齊宗室	蕭	子	範	梁書卷35附蕭子恪傳 南史卷42附豫章文獻王嶷傳	
蕭	子	建	南齊書卷40諸王(卽湘東王) 南史卷44齊宗室	蕭	子	操	南史卷42附豫章文獻王嶷傳	
				蕭	子	懋	南齊書卷40諸王(卽晉安王) 南史卷44齊宗室	
蕭	子	恪	梁書卷35 南史卷42附豫章文獻王嶷傳	蕭	子	響	南齊書卷40諸王(卽魚復侯) 南史卷44齊宗室	
蕭	子	卿	南齊書卷40諸王(卽廬陵王) 南史卷44齊宗室	蕭	子	顯	梁書卷35附蕭子恪傳 南史卷42附豫章文獻王嶷傳	
蕭	子	倫	南齊書卷40諸王(卽巴陵王) 南史卷44齊宗室	蕭	札	刺	遼史卷106卓行	
蕭	子	峻	南齊書卷40諸王(卽衡陽王) 南史卷44齊宗室	蕭	四	敵	遼史卷88附蕭排押傳	
				蕭	元	簡	梁書卷23諸王(卽衡陽嗣王)	
蕭	子	眞	南齊書卷40諸王(卽建安王)	蕭	方	矩	梁書卷8宗室(卽愍懷太子)	

		南史卷54梁宗室	

十七畫

蕭

蕭	方	略	南史卷54梁宗室（即始安王）
蕭	方	等	梁書卷44諸王（即忠壯世子） 南史卷54梁宗室
蕭	方	諸	梁書卷44諸王（即貞惠世子） 南史卷54梁宗室
蕭	5尤	哲	遼史卷91
蕭	永	祺	金史卷125文藝
蕭	世	怡	周書卷42
蕭	世	慶	陳書卷31附蕭摩訶傳 南史卷67附蕭摩訶傳
蕭	正	仁	南史卷51梁宗室附臨川靜惠王宏傳
蕭	正	立	南史卷51梁宗室附臨川靜惠王宏傳
蕭	正	表	魏書卷59 南史卷51梁宗室附臨川靜惠王宏傳 北史卷29
蕭	正	則	南史卷51梁宗室附臨川靜惠王宏傳
蕭	正	信	南史卷51梁宗室附臨川靜惠王宏傳
蕭	正	義	南史卷51梁宗室附臨川靜惠王宏傳
蕭	正	德	梁書卷55（即臨賀王） 南書卷51梁宗室附臨川靜惠王宏傳
蕭	6合	卓	遼史卷81
蕭	至	忠	舊唐書卷92 新唐書卷123
蕭	如	薰	明史卷239
蕭	仲	宣	金史卷82
蕭	仲	恭	金史卷82
蕭	7希	甫	舊五代史卷71唐書 新五代史卷28唐臣

蕭	赤	斧	南齊書卷38 南史卷41齊宗室（即南豐伯）
蕭	見	理	南史卷51梁宗室附臨川靜惠王宏傳
蕭	伯	游	梁書卷23諸王（即永陽嗣王）
蕭	迂	魯	遼史卷93
蕭	孝	友	遼史卷87附蕭孝穆傳
蕭	孝	先	遼史卷87附蕭孝穆傳
蕭	孝	忠	遼史卷81
蕭	孝	穆	遼史卷87
蕭	孝	儼	梁書卷23附長沙嗣王業傳 南史卷51梁宗室附長沙宣武王懿傳
蕭	8坦	之	南齊書卷42 南史卷41齊宗室（即臨汝侯）
蕭	忽	古	遼史卷99
蕭	奉	先	遼史卷102
蕭	和	尚	遼史卷86
蕭	拔	剌	遼史卷88附蕭敵古傳
蕭	阿	剌	遼史卷90
蕭	明	哲	宋史卷454忠義附郡灑傳
蕭	近	高	明史卷242
蕭	長	懋	南齊書卷21（即文惠太子） 南史卷44齊宗室
蕭	9拜	住	元史卷179
蕭	省	身	明史卷161附李昌祺傳
蕭	恆	德	遼史卷88附蕭排押傳
蕭	胡	篤	遼史卷101

蕭	胡	覩	遼史卷114逆臣
蕭	思	話	宋書卷78 南史卷18
蕭	思	溫	遼史卷78
蕭	昭	秀	南齊書卷50諸王(卽巴陵王) 南史卷44齊宗室
蕭	昭	胄	南齊書卷40附竟陵文宣王子良傳 南史卷44附竟陵文宣王子良傳
蕭	昭	業	魏書卷98附島夷蕭道成傳
蕭	昭	粲	南齊書卷50諸王(卽桂陽王) 南史卷44齊宗室
蕭10討	古		遼史卷84附蕭幹傳
蕭	際	素	梁書卷52止足 南史卷18附蕭思話傳
蕭	烏	野	遼史卷92
蕭	素	颯	遼史卷95
蕭	海	璥	遼史卷78
蕭	特	末	遼史卷86附蕭和尙傳
蕭	特	烈	遼史卷114逆臣
蕭11望	之		漢書卷78
蕭	排	押	遼史卷88
蕭	惟	信	遼史卷96
蕭	常	哥	遼史卷82
蕭	通	理	南史卷53梁宗室附南康簡王績傳
蕭	陶	隗	遼史卷90
蕭	速	撒	遼史卷99
蕭	痕	篤	遼史卷74
蕭12陽	阿		遼史卷82
蕭	普	達	遼史卷92
蕭	景	先	南齊書卷38 南史卷41齊宗室(卽新吳侯)
蕭	景	茂	元史卷193忠義
蕭	惠	休	南史卷18附蕭思話傳
蕭	惠	明	南史卷18附蕭思話傳
蕭	惠	基	南齊書卷46 南史卷18附蕭思話傳
蕭	惠	開	宋書卷87 南史卷18附蕭思話傳
蕭	會	理	南史卷53梁宗室附南康簡王績傳
蕭13嗣	業		舊唐書卷63附蕭瑀傳 新唐書卷101附蕭瑀傳
蕭	酬	斡	遼史卷100
蕭	雷	龍	宋史卷454
蕭	圓	正	南史卷53梁宗室附武陵王紀傳
蕭	圓	照	南史卷53梁宗室附武陵王紀傳
蕭	圓	肅	周書卷42 北史卷29
蕭	道	生	南齊書卷45宗室(卽始安貞王) 南史卷41齊宗室
蕭	道	成	魏書卷98(目標島夷蕭道成)
蕭	道	度	南齊書卷45宗室(卽衡陽元王) 南史卷41齊宗室
蕭	道	壽	元史卷197孝友
蕭14蒲	奴		遼史卷87

十七畫

蕭

十七畫	蕭	奪	剌	遼史卷92
	蕭	滴	列	遼史卷95
	蕭	鳴	鳳	明史卷208
	蕭	遙	光	南齊書卷45附始安貞王道生傳　南史卷41齊宗室(始安王)
	蕭	遙	昌	南齊書卷45附始安貞王道生傳
	蕭	遙	欣	南齊書卷45附始安貞王道生傳　南史卷41齊宗室(曲江公)
	蕭15	撻	凜	遼史卷85
	蕭	撒	八	遼史卷87附蕭孝穆傳
	蕭	圖	玉	遼史卷93
	蕭	德	言	舊唐書卷189上儒學　新唐書卷189儒學
	蕭	摩	訶	陳書卷31　南史卷67
	蕭	敵	烈	遼史卷88
	蕭	敵	魯	遼史卷73
	蕭16	叡	明	南齊書卷55孝義　南齊書卷73孝義　舊唐書卷102附韋述傳
	蕭	穎	士	舊唐書卷190下文苑　新唐書卷202章述傳　南齊書卷38附蕭赤斧傳　南史卷41齊宗室附南豐王赤斧傳
	蕭	穎	達	梁書卷10　南史卷41齊宗室附南豐王赤斧傳
	蕭17	韓	家	遼史卷92
	蕭18	燕	夫	宋史卷454忠義附鄒㵯傳
	蕭19	懷	忠	金史卷91
	蕭20	樞	先	遼史卷78
	蕭	嚴	壽	遼史卷99
	蕭	寶	玄	南齊書卷50諸王(即江夏王)　南史卷44齊宗室
	蕭	寶	攸	南齊書卷50諸王(即邵陵王南史卷44作蕭寶倏)
	蕭	寶	卷	魏書卷98附島夷蕭道成傳
	蕭	寶	貞	南齊書卷50諸王(即桂陽王)　南史卷44齊宗室
	蕭	寶	脩	南史卷44齊宗室(南齊書卷50作蕭寶攸)
	蕭	寶	義	南齊書卷50諸王(即巴陵隱王)　南史卷44齊宗室(即巴陵隱王)
	蕭	寶	源	南齊書卷50諸王　南史卷44齊宗室(即廬陵王)
	蕭	寶	嵩	南齊書卷50諸王(即晉熙王)　南史卷44齊宗室
	蕭	寶	夤	南齊書卷50諸王(即鄱陽王)　魏書卷59　南史卷44齊宗室　北史卷29
	蕭	寶	融	魏書卷98附島夷蕭道成傳
	蕭21	護	思	遼史卷78
	蕭	王	家奴	金史卷81
	蕭	余	里也	遼史卷111姦臣
	蕭	阿	古只	遼史卷73附蕭敵魯傳
	蕭	阿	魯帶	遼史卷94
	蕭	迭	里得	遼史卷114逆臣
	蕭	訛	都斡	遼史卷111姦臣

十 八 畫

璿		金史卷85附永功傳
翼	奉	漢書卷75
鎦	炳	明史卷285文苑附王冕傳
鎮	海	元史卷120
鼉	錯	史記卷101 漢書卷49
闕	禮	宋史卷469宦者
叢	蘭	明史卷185
儲	巏	明史卷286文苑
顙	孫 師	史記卷67仲尼弟子
擴	廓 帖 木 兒	明史卷124
腳	埜	明史卷167
鄺	日 廣	明史卷292忠義附張克儉傳
簡	雍	三國蜀志卷8或38
簡	仁 瑞	明史卷294忠義
謾	都 本	金史卷55附麻顙傳
謾	都 訶	金史卷65
鎮	兒 哈	元史卷118附李兗傳
鎮	咬 兒 哈 的 迷 失	元史卷124附塔本傳
豐	坊	明史卷191附豐熙傳
豐	熙	明史卷191
豐	稷	宋史卷321
藍	玉	明史卷132
藍	田	明史卷206附葉應驄傳

蕭	達	魯 古	遼史卷111姦臣
蕭	陶	蘇 幹	遼史卷101
蕭	得	里 底	遼史卷100
蕭	得	里 特	遼史卷111姦臣
蕭	塔	刺 葛	遼史卷90
蕭	塔	烈 賢	遼史卷85
蕭	撻	不 也	遼史卷99
蕭	蒲	离 不	遼史卷106卓行
蕭	圖	吉 鮮	遼史卷111姦臣
蕭	樂	音 奴	遼史卷96
蕭	韓	家 奴	遼史卷98 遼史卷103文學
蕭	藥	師 奴	遼史卷91附蕭兀哲傳
蕭	繹	盧 幹	遼史卷93附蕭迂魯傳
蕭	觀	音 奴	遼史卷85

十八畫

藍瞿歸聶戴

藍		珪	宋史卷469宦者
藍	繼	宗	宋史卷467宦者
瞿		能	明史卷142
瞿	九	思	明史卷288文苑
瞿	式	耜	明史卷280
瞿	汝	說	明史卷216附瞿景淳傳
瞿	汝	稷	明史卷216附瞿景淳傳
瞿	景	淳	明史卷216
歸		登	舊唐書卷149附歸崇敬傳
			新唐書卷164附歸崇敬傳
歸		暘	元史卷186
歸		鉱	明史卷297孝義
歸		融	舊唐書卷149附歸崇敬傳
			新唐書卷164附歸崇敬傳
歸		繡	明史卷297孝義附歸鉱傳
歸		讜	舊五代史卷68唐書
歸	子	慕	明史卷287文苑附歸有光傳
歸	有	光	明史卷287文苑
歸	崇	敬	舊唐書卷149
			新唐書卷164
聶		昌	宋史卷353
聶		政	史記卷86刺客
聶		炳	元史卷195忠義
聶		豹	明史卷202
聶		鉉	明史卷137附宋訥傳
聶		賢	明史卷206附馬錄傳
聶		璵	舊五代史卷73唐書

聶		大年	明史卷286文苑
聶		文進	舊五代史卷107漢書
			新五代史卷30漢臣
聶		天驥	金史卷115
聶		冠卿	宋史卷294
聶	崇	義	宋史卷431儒林
戴		良	後漢書卷113逸民
			明史卷285文苑
戴		封	後漢書卷111獨行
戴		洋	晉書卷95藝術
戴		冑	舊唐書卷70
			新唐書卷99
戴		冠	明史卷189
戴		珊	明史卷183
戴		就	後漢書卷111獨行
戴		逵	晉書卷94隱逸
戴		溪	宋史卷434儒林
戴		綸	明史卷162
戴		銑	明史卷188
戴		憑	後漢書卷109上儒林
戴		興	宋史卷279
戴		邈	晉書卷69附戴若思傳
戴		顒	宋書卷93隱逸
			南史卷75隱逸
戴	士	衡	明史卷234
戴	至	德	舊唐書卷70附戴冑傳
			新唐書卷99附戴冑傳
戴	休	顏	舊唐書卷144
			新唐書卷156
戴	表	元	元史卷190儒學
戴	叔	倫	新唐書卷143

戴	法	興	宋書卷94恩倖 南史卷77恩倖
戴	明	寶	宋書卷91恩倖 南史卷77恩倖附戴 法興傳
戴	若	思	晉書卷69
戴	思	恭	明史卷299方技
戴	思	遠	舊五代史卷64唐書
戴	僧	靜	南齊書卷30 南史卷46
戴	慶	珂	宋史卷420
戴	德	彝	明史卷141附王度傳
顏		回	史記卷67仲尼弟子 傳
顏		含	晉書卷88孝友
顏		協	梁書卷50文學 南史卷72文學
顏		衍	宋史卷270
顏		晃	陳書卷34文學 南史卷72文學
顏		竣	宋書卷75 南史卷34附顏延之 傳
顏		復	宋史卷347
顏		詡	宋史卷456孝義
顏		瑜	元史卷194忠義
顏		碩	舊唐書卷128附顏眞 卿傳
顏		頵	舊唐書卷128附顏眞 卿傳
顏		鯨	明史卷208
顏	大	初	宋史卷442文苑
顏	日	愉	明史卷293忠義
顏	之	推	北齊書卷45文苑 北史卷83文苑
顏	之	儀	周書卷40 北史卷83文苑附顏

			之推傳
顏	弘	式	舊唐書卷128附顏眞 卿傳
顏	孕	紹	明史卷291忠義
顏	安	樂	漢書卷88儒林
顏	延	之	宋書卷73 南史卷34
顏	希	惠	明史卷284儒林附孔 希學傳
顏	伯	瑋	明史卷142
顏	佩	韋	明史卷245附周順昌 傳
顏	杲	卿	舊唐書卷187下忠義 新唐書卷192忠義
顏	則	孔	明史卷293忠義附王 世琇傳
顏	泉	明	舊唐書卷187下忠義 附顏杲卿傳
顏	相	時	舊唐書卷73附顏思 古傳 新唐書卷198儒學附 顏思古傳
顏	春	卿	新唐書卷192忠義附 顏杲卿傳
顏	眞	卿	舊唐書卷128 新唐書卷153
顏	師	古	新唐書卷198儒學 舊唐書卷73
顏	師	伯	宋書卷77 南史卷34附顏延之 傳
顏	師	邕	新唐書卷179附王播 傳
顏	師	魯	宋史卷389
顏	游	秦	新唐書卷198儒學附 顏師古傳
顏	無	繇	史記卷67仲尼弟子
顏	惡	頭	北史卷89藝術
顏	頤	壽	明史卷206附馬錄傳
顏	繼	祖	明史卷248
顏	盡	門	都金史卷82

十八畫	魏	4元	明史卷180
	魏	5冄	史記卷72 （即穰侯）
	魏	玄	周書卷43 北史卷66
	魏	丕	宋史270
	魏	6羽	宋史卷267附陳恕傳
	魏	全	金史卷121忠義
	魏	7延	三國蜀志卷10或40
	魏	收	北齊書卷37 北史56
	魏	杞	宋史卷385
	魏	8矼	宋史376
	魏	初	元史卷164
	魏	9相	史記卷96附張蒼傳 漢書卷74
	魏	恬	新唐書卷117附魏玄 同傳
	魏	豹	史記卷90 漢書卷33
	魏	10浚	晉書卷63
	魏	能	宋史卷279
	魏	校	明史282儒林
	魏	11朗	後漢書卷97黨錮
	魏	野	宋史卷457隱逸
	魏	冕	明史卷143附廖昇傳
	魏	彬	明史卷304宦官附谷 大用傳
	魏	12舒	晉書卷41
	魏	琰	宋史卷303附魏瓘傳
	魏	勝	宋史368
	魏	13該	晉書卷63附魏浚傳
	魏	虜	南齊書卷57
	魏	愷	北史卷56附魏蘭根 傳
	魏	源	明史卷160
	魏	14寧	北齊書卷49方技 北史卷89藝術
	魏	15徵	舊唐書卷71 新唐書卷97
	魏	震	宋史309
	魏	16澹	北史卷56附魏季景 傳 隋書卷58
	魏	璠	遼史卷108方技
	魏	17膺	後漢書卷109下儒林
	魏	18謩	舊唐書卷176 新唐書卷97附魏徵 傳
	魏	21霸	後漢書卷55
	魏	22瓘	宋史303
	魏	25觀	明史卷140
	魏	27驤	明史158
	魏了	2翁	宋史卷437儒林
	魏大	3中	明史244
	魏子	平	金史卷89
	魏中	4立	元史卷195忠義
	魏元	忠	舊唐書卷92 新唐書卷122
	魏仁	浦	宋史卷249
	魏少	遊	舊唐書卷115 新唐書卷141
	魏允	中	明史卷232附魏允貞 傳
	魏允	貞	明史232
	魏玄	5同	舊唐書卷87 新唐書卷117
	魏行	6可	宋史卷449忠義

魏	7	廷	式	宋史卷307
魏		呈	潤	明史卷258
魏		良	政	明史卷283儒林附何廷仁傳
魏		良	弼	明史卷206
魏	8	知	古	舊唐書卷98 新唐書卷126
魏		承	祖	魏書卷71附裴叔業傳
魏		季	景	北史卷56
魏		長	賢	北史卷56
魏		忠	賢	明史卷305宦官
魏	9	彥	明	宋史卷452忠義
魏		咸	信	宋史卷249附魏仁浦傳
魏		昭	亮	宋史卷249附魏仁浦傳
魏	10	益	德	周書卷48附蕭詧傳 北史卷93僭偽附蕭梁附蕭詧傳
魏		時	光	明史卷292忠義附王燕傳
魏		時	亮	明史卷221
魏	11	掞	之	宋史卷459隱逸
魏	12	詠	之	晉書卷85
魏		無	忌	史記卷77（卽信陵君）
怎	13	敬	益	元史卷98孝友
魏	14	漢	津	宋史卷462方技
魏	15	德	深	北史卷86循吏 隋書卷73循吏
魏		廣	微	明史卷306閹黨附顧秉謙傳
魏	16	學	洢	明史卷244附魏大中傳
魏		學	曾	明史卷228
魏		學	濂	明史卷244附魏大中傳

| 魏 | 20 | 藻 | 德 | 明史卷253 |
| 魏 | 21 | 蘭 | 根 | 北齊書卷23
北史卷56 |

十八畫

魏

十九畫

姓名	出處
臊酷	金史卷67
禰衡	後漢書卷110下文苑
懷丙	宋史卷462方技
懷恩	明史卷304宦官
懷都	元史卷131
藥元福	宋史卷254
藥彥稠	舊五代史卷66唐書　新五代史卷27唐臣
藥縱之	舊五代史卷71唐書
關羽	三國蜀志卷6或36
關播	舊唐書卷130　新唐書卷151
關永傑	明史卷293忠義
關康之	宋書卷93隱逸　南史卷75隱逸
關允	晉書卷89忠義
麴珍	北史卷53附張保洛傳
麴紹	北史卷89藝術附許遵傳
麴祥	明史卷296孝義
譙玄	後漢書卷111獨行
譙秀	晉書卷94隱逸
譙周	三國蜀志卷12或42
譙定	宋史卷459隱逸
譙縱	晉書卷100
譙熙載	宋史卷470佞幸附姜特立傳
邊珝	宋史卷270
邊貢	明史卷286文苑
邊蕭	宋史卷301
邊韶	後漢書卷110上文苑
邊蔚	舊五代史卷128周書
邊讓	後漢書卷110下文苑
邊光範	宋史卷262
邊居誼	宋史卷450忠義
邊歸讜	宋史卷262
譚淵	明史卷145
譚綸	明史卷222
譚澄	元史卷191良吏
譚廣	明史卷155
譚一召	明史卷231附安希范傳
譚大初	明史卷201附吳巚傳
譚元春	明史卷288文苑附袁宏道傳
譚世勛	宋史卷357
譚弘寶	南史卷73孝義附封延伯傳
譚全播	新五代史卷41雜傳
譚延美	宋史卷275
譚希思	明史卷221附袁洪愈傳
譚景星	元史卷197孝友附邵敬祖傳
譚資榮	元史卷167
龐公	後漢書卷113逸民
龐泮	明史卷180
龐迪	金史卷91
龐晃	北史卷75　隋書卷50
龐參	後漢書卷81

十九畫

臊禰懷藥關麴譙邊譚龐

龐		淯	三國魏志卷18
龐		堅	舊唐書卷187下忠義附薛愿傳
			新唐書卷193忠義
龐		萌	後漢書卷42
龐		統	三國蜀志卷7或37
龐		嵩	明史卷281循吏
龐		瑜	明史卷292忠義
龐		德	三國魏志卷18
龐		樹	魏書卷71附江悅之傳
龐		遵	元史卷197孝友附胡光遠傳
龐		嚴	舊唐書卷166附元稹傳
			新唐書卷104附于志寧傳
龐		籍	宋史卷311
龐		鑄	金史卷126文藝
龐	天	祐	宋史卷456孝義
龐	安	時	宋史卷462方技
龐	尚	鵬	明史卷227
龐	師	古	舊五代史卷21梁書
			新五代史卷21梁臣
龐	恭	孫	宋史卷311附龐籍傳
龐	時	雍	明史卷231附劉元珍傳
龐	娥	親	三國魏志卷18附龐淯傳
龐	卿	惲	舊唐書卷57附劉文靜傳
			新唐書卷88附裴寂傳
羅	4	斤	魏書卷44附羅結傳
羅	7	含	晉書卷92文苑
羅		玘	明史卷286文苑

羅	8	尚	晉書卷57附羅憲傳
羅		性	明史卷140附王觀傳
羅	9	威	舊唐書卷181附羅弘信傳
			（新唐書卷210作羅紹威）
羅		拯	宋史卷331
羅	10	珦	新唐書卷197循吏
羅		倫	明史卷179
羅	11	研	南史卷55附鄧元起傳
羅		貫	舊五代史卷71唐書
羅		通	明史卷160
羅	12	結	魏書卷44
			北史卷20
羅	14	綺	明史卷160
羅		僑	明史卷189
羅	15	璟	明史卷297孝義附劉憲傳
羅	16	憲	晉書卷57
羅	17	隱	舊五代史卷24梁書
羅		點	宋史卷393
羅	18	璧	元史卷166
羅		璟	明史卷152附柯潛傳
羅	19	藝	舊唐書卷56
			新唐書卷92
羅		顒	宋史卷380附羅汝楫傳
羅	24	讓	舊唐書卷188孝友
			新唐書卷197循吏附羅珦傳
羅	1一	貫	明史卷271
羅	3士	信	舊唐書卷187上忠義
			新唐書卷191忠義
羅	大	紘	明史卷233

十九畫	羅 5以	禮	明史卷161附陳本深傳
	羅 必	元言	宋史卷415
	羅 立	言	舊唐書卷169 新唐書卷179附王璠傳
羅	羅 弘	信	舊唐書卷181 新唐書卷210羅紹
	羅 6企	生	晉書卷89忠義
	羅 伊	利	魏書卷44附羅結傳
	羅 汝	楫	宋史卷380
	羅 汝	敬	明史卷137附羅復仁傳
	羅 衣	輕	遼史卷109伶官
	羅 7亨	信	明史卷172
	羅 希	奭	舊唐書卷186下酷吏 新唐書卷209酷吏吉溫傳
	羅 8秉	忠	明史卷156
	羅 居	通	宋史卷456孝義
	羅 周	敬	舊五代史卷91晉書
	羅 9洪	先	明史卷283儒林
	羅 思	遠	新唐書卷204方技附張果傳
	羅 彥	瑰	宋史卷250
	羅 11從	彥	宋史卷428
	羅 處	約	宋史卷440文苑
	羅 紹	威	新唐書卷210羅紹附羅弘信傳（舊唐書卷181作羅威） 舊五代史卷14梁書 新五代史卷39雜傳
	羅 國	玼獻	明史卷295忠義附徐道興傳
	羅 12復	仁	明史卷137

羅 欽	順	明史卷282儒林
羅 13喻	義	明史卷216
羅 虞	臣	明史卷207附劉世龍傳
羅 照	隣	舊唐書卷190上文苑
羅 道	珍	魏書卷71附江悅之
羅 道	琮	舊唐書卷189上儒學 新唐書卷189儒學
羅 萬	藻	明史卷288文苑附艾南英傳

二十畫

		金史卷93
環		
黥	布	史記卷91(漢書卷34作英布)
黥	夷	史記卷74
繼	曉	明史卷307倭幸
竇	誌	南史卷76隱逸附陶弘景傳
黨	還醇	明史卷291忠義
贍		元史卷202釋老附八思巴傳
贍	思	元史卷190儒學
藺	芳	明史卷153附宋禮傳
藺	相如	史記卷81
闞	稜	舊唐書卷56附輔公祏傳
		新唐書卷92附杜伏威傳
闞	澤	三國吳志卷8或53
闞	駰	魏書卷52 北史卷34
嚴	升	明史卷158附顧佐傳
嚴	本	明史卷150附夏謙傳
嚴	安	漢書卷64下
嚴	光	後漢書卷113逸民
嚴	助	漢書卷64上
嚴	成	南史卷73孝義附徐耕傳
嚴	武	舊唐書卷117 新唐書卷129附嚴挺之傳
嚴	郢	新唐書卷145
嚴	卿	晉書卷95藝術

嚴	訥	明史卷193
嚴	清	明史卷224
嚴	畯	三國吳志卷8或53
嚴	稜	魏書卷43 北史卷27附毛修之傳
嚴	嵩	明史卷308姦臣
嚴	綬	舊唐書卷146 新唐書卷129附嚴挺之傳
嚴	震	舊唐書卷117 新唐書卷158
嚴	激	新唐書卷129附嚴挺之傳
嚴	寶	元史卷148
嚴	謨	新唐書卷158附嚴震傳
嚴	礪	舊唐書卷117 新唐書卷144
嚴	世期	宋書卷91孝義 南史卷73孝義
嚴	安之年	舊唐書卷186下酷吏附吉溫傳 漢書卷90酷吏
嚴	延嗣	元史卷148附嚴寶傳
嚴	忠濟	元史卷148附嚴寶傳
嚴	挺之	舊唐書卷99 新唐書卷129
嚴	起恆	明史卷279
嚴	植之	梁書卷48儒林 南史卷71儒林
嚴	善思	舊唐書卷191方技 新唐書卷204方技
嚴	彭祖	漢書卷88儒林
嚴	震直	明史卷151
嚴	德珉	明史卷138附楊靖傳
嚴	遵美	新唐書卷207宦者附馬存亮傳

二十畫

竇

竇	允	4	晉書卷90良吏
竇	卞		宋史卷330
竇	申	5	舊唐書卷136附竇參傳 新唐書卷145附竇參傳
竇	牟	6	舊唐書卷155附竇羣傳 新唐書卷175附竇羣傳
竇	抗	7	舊唐書卷61附竇威傳 新唐書卷95附竇威傳
竇	固	8	後漢書卷53附竇融傳
竇	武		後漢書卷99
竇	威	9	舊唐書卷61 新唐書卷95
竇	軌		舊唐書卷61附竇威傳 新唐書卷95附竇威傳
竇	衍		舊唐書卷61附竇威傳
竇	庠		舊唐書卷155附竇羣傳
竇	泰	10	北齊書卷15 北史卷54
竇	儼		宋史卷263附竇儀傳
竇	章	11	後漢書卷53附竇融傳
竇	參		舊唐書卷136 新唐書卷145
竇	常		舊唐書卷155附竇羣傳 新唐書卷175附竇羣傳
竇	琮	12	舊唐書卷61附竇威傳 新唐書卷95附竇威傳
竇	惲		舊唐書卷61附竇威傳
竇	逵		舊唐書卷61附竇威傳
竇	瑗	13	魏書卷88良吏 北史卷86循吏
竇	羣	14	舊唐書卷155 新唐書卷175
竇	誕		舊唐書卷61附竇威傳 新唐書卷95附竇威傳
竇	兢		新唐書卷109附竇懷貞傳
竇	瑾	15	魏書卷46 北史27
竇	毅		周書卷30附竇熾傳 北史卷61附竇熾傳
竇	鞏		舊唐書卷155附竇羣傳 新唐書卷175附竇羣傳
竇	儀		宋史卷263
竇	憲	16	後漢書卷53附竇融傳
竇	融		後漢書卷53
竇	遵		魏書卷46附竇瑾傳
竇	熾		周書卷30 北史卷61
竇	璡		舊唐書卷61附竇威傳 新唐書卷95附竇威傳
竇	靜		舊唐書卷61附竇威傳 新唐書卷95附竇威傳
竇	覿		舊唐書卷183外戚
竇	默		元史卷158
竇	嬰	17	史記卷107(即魏其侯) 漢書卷52
竇	儼	22	宋史卷263附竇儀傳
竇	文場	4	舊唐書卷184宦官 新唐書卷207宦者
竇	永澄	5	明史卷291忠義附潘宗顏傳
竇	延琇	7	舊五代史卷74唐書
竇	孝慈		舊唐書卷61附竇威傳

竇	孝	諶	舊唐書卷61附竇威傳 舊唐書卷183外戚附竇德明傳
竇	希	玠	舊唐書卷61附竇威傳
竇	希	球	舊唐書卷183外戚附竇德明傳
竇	希	瑊	舊唐書卷183外戚附竇德明傳
竇	希	瓘	舊唐書卷183外戚附竇德明傳
竇 8	易	直	舊唐書卷167 新唐書卷151
竇	奉	節	舊唐書卷61附竇威傳
竇 9	貞	固	宋史卷262
竇	建	德	舊唐書卷54 新唐書卷85
竇 10	神	寶	宋史卷466宦者
竇 12	舜	卿	宋史卷349
竇	景	庸	遼史卷97
竇 14	榮	定	北史卷61附竇熾傳 隋書卷39
竇	夢	徵	舊五代史卷68唐書
竇	維	鎣	舊唐書卷183外戚附竇德明傳
竇 15	德	玄	新唐書卷95附竇威傳
竇	德	明	舊唐書卷183外戚
竇 19	懷	貞	舊唐書卷183外戚附竇德明傳 新唐書卷109
蘇 5		弁	舊唐書卷189下儒學 新唐書卷103附蘇世長傳
蘇		平	明史卷286文苑附劉溥傳
蘇 8		武	漢書卷54附蘇建傳
蘇		林	三國魏志卷21附劉劭傳
蘇		侃	南齊書卷28 南史卷47

蘇 9		建	史記卷111附衛將軍驃騎傳 漢書卷54
蘇		則	三國魏志卷16
蘇		威	北史卷63附蘇綽傳 隋書卷41
蘇		亮	周書卷38 北史卷63附蘇綽傳
蘇		迨	宋史卷338附蘇軾傳
蘇		昞	宋史卷428道學
蘇		洵	宋史卷443文苑
蘇 10		秦	史記卷69
蘇		峻	晉書卷100
蘇		晉	舊唐書卷100 新唐書卷128附蘇珦傳
蘇		珦	舊唐書卷100 新唐書卷128
蘇 11		竟	後漢書卷60上
蘇		章	後漢書卷61
蘇		淑	魏書卷88良吏 北史卷86循吏
蘇		袞	舊唐書卷189下儒學附蘇弁傳
蘇		冕	舊唐書卷189下儒學附蘇弁傳
蘇		紳	宋史卷294
蘇		寀	宋史卷331
蘇 12		順	後漢書卷110上文苑
蘇		湛	魏書卷45附韋閬傳 周書卷38附蘇亮傳 北史卷63附蘇綽傳
蘇		循	舊五代史卷60唐書 新五代史卷35唐六臣傳
蘇		過	宋史卷338附蘇軾傳

二十畫	蘇	13椿	周書卷23附蘇綽傳 北史卷63附蘇綽傳
	蘇	詵	新唐書卷125附蘇瓌傳
蘇	蘇	幹	新唐書卷125附蘇瓌傳
	蘇	楷	舊五代史卷60唐書附蘇循傳
	蘇	軾	宋史卷338
	蘇	頌	宋史卷340
	蘇	14綽	周書卷23 北史卷63
	蘇	15震	新唐書卷125附蘇瓌傳
	蘇	16曉	宋史卷270
	蘇	緘	宋史卷446忠義
	蘇	頲	舊唐書卷88附蘇瓌傳 新唐書卷125附蘇瓌傳
	蘇	17邁	宋史卷338附蘇軾傳
	蘇	19瓊	北齊書卷46循吏 北史卷86循吏
	蘇	轍	宋史卷339
	蘇	20瓌	舊唐書卷88 新唐書卷125
	蘇	24讓	北史卷63附蘇綽傳
	蘇	覿	北史卷63附蘇綽傳 隋書卷41附蘇威傳
	蘇	4元老	宋史卷339附蘇轍傳
	蘇	不韋	後漢書卷61附蘇章傳
	蘇	天爵	元史卷183
	蘇	5世長	舊唐書卷75 新唐書卷103
	蘇	6安恆	舊唐書卷187上忠義 新唐書卷112
	蘇	7利涉	宋史卷468宦者
	蘇	良嗣	舊唐書卷75附蘇世長傳 新唐書卷103附蘇世長傳

蘇	孝慈	北史卷75 隋書卷46	
蘇	伯衡	明史卷285文苑	
蘇	沙羅	隋書卷46附蘇孝慈傳	
蘇	8定方	舊唐書卷83 新唐書卷111	
蘇	味道	舊唐書卷94 新唐書卷114	
蘇	易簡	宋史卷266	
蘇	9禹珪	舊五代史卷127周書	
蘇	奎章	明史卷296孝義附謝定住傳	
蘇	保衡	金史卷89	
蘇	10恭讓	明史卷140附王宗顯傳	
蘇	11逢吉	舊五代史卷108漢書 新五代史卷30漢臣	
蘇	12景恕	周書卷38附蘇亮傳	
蘇	舜欽	宋史卷442文苑	
蘇	雲卿	宋史卷459隱逸	
蘇	13源明	新唐書卷202文藝	
蘇	14夢暘	明史卷290忠義	
蘇	15慶文	宋史卷456孝義	
蘇	澄隱	宋史卷461方技	
蘇	25觀生	明史卷278	

二 十 一 畫

纈		咸	晉書卷91儒林
鶴		壽	金史卷121忠義附溫迪罕蒲䚟傳
鶡	謀	琶	金史卷81
霸	突	魯	元史卷119附木華黎傳
灌		夫	史記卷107（即灌將軍） 漢書卷52
灌		嬰	史記卷55 漢書卷41
蘭		汗	魏書卷95附徒河慕容廆傳
蘭		欽	梁書卷32 南史卷61
饒		仲	明史卷230
饒		位	明史卷230附饒仲傳
饒	虎	臣	宋史卷420
鐵		哥	元史卷125
鐵		連	元史卷134
鐵		鉉	明史卷142
鐵	木	迭	元史卷205姦臣
鐵	邁	赤	元史卷122
鐵	哥	述 兒	元史卷135
鐵	木 兒	塔 識	元史卷140
鐵	弗	昌	魏書卷95附鐵弗劉虎傳
鐵	弗	定	魏書卷95附鐵弗劉虎傳
鐵	弗	屈 子	魏書卷95附鐵弗劉虎傳
鐵	弗	務 垣	魏書卷95附鐵弗劉虎傳
鐵	弗	劉 武	北史卷93僭偽附赫連昌夏赫連屈孑傳

鐵	弗 衞	辰	魏書卷95附鐵弗劉虎傳
鐵	弗 悉	勿 祈	魏書卷95附鐵弗劉虎傳
鐵	弗 闕	陋 頭	魏書卷95附鐵弗劉虎傳
顧		7況	舊唐書卷130附李泌傳
顧		忻	宋史卷456孝義
顧		佐	明史卷158
顧		成	明史卷186附韓文傳 明史卷144
顧		8承	三國吳志卷7或52附顧雍傳
顧		邵	三國吳志卷7或52附顧雍傳
顧		和	晉書卷83
顧		協	梁書卷30 南史卷62
顧		9胤	舊唐書卷73附令狐德棻傳 新唐書卷102附令狐德棻傳
顧		10珣	宋史卷452忠義附孫益傳
顧		時	明史卷131
顧		11彪	北史卷82儒林 隋書卷75儒林
顧		清	明史卷184
顧		琇	明史卷296孝義附崔敏傳
顧		12琛	宋書卷81 南史卷35
顧		衆	晉書卷76
顧		越	陳書卷33儒林 南史卷71儒林
顧		13雍	三國吳志卷7或52
顧		14榮	晉書卷68
顧		璘	明史卷286文苑附顧璘傳

二十一畫

顧

顧	15 緒	宋史卷452忠義附孫益傳
顧	16 璘	明史卷286文苑
顧	17 頤	明史卷291忠義附高邦佐傳
顧	濟	明史卷208
顧	18 臨	宋史卷344
顧	19 譚	三國吳志卷7或52附顧雍傳
顧	22 獄	南齊書卷54高逸 南史卷75隱逸
顧	3 大 章	明史卷244
顧	大 韶	明史卷244附顧大章傳
顧	4 允 成	明史卷231
顧	少 連	新唐書卷162
顧	5 可 學	明史卷307佞幸
顧	6 存 仁	明史卷209附楊最傳
顧	8 昌 衍	南史卷73附王盧之傳
顧	秉 謙	明史卷306閹黨
顧	9 彥 朗	新唐書卷186
顧	彥 暉	新唐書卷186附顧彥朗傳
顧	10 悅 之	晉書卷77
顧	11 野 王	陳書卷30 南史卷69
顧	章 志	明史卷208附顧濟傳
顧	13 愷 之	晉書卷92文苑
顧	鼎 臣	明史卷193
顧	15 德 輝	明史卷285文苑附陶宗儀傳
顧	17 錫 疇	明史卷216
顧	憲 之	南齊書卷46附陸慧曉傳 梁書卷52止足 南史卷35附顧覬之

傳

| 顧 憲 成 | 明史卷231 |
| 顧 覬 之 | 宋書卷81 南史卷35 |

二 十 二 畫

穩	侯	史記卷72
歡	都	金史卷68
襄加歹		元史卷131
鄺	炎	後漢書卷110下文苑
鄺	商	史記卷95 漢書卷41
鄺	惲	魏書卷42附鄺范傳
鄺	範	魏書卷42 北史卷27
鄺	瓊	金史卷79
鄺希誠		元史卷202釋老
鄺食其		史記卷97 漢書卷43
鄺道元		魏書卷69酷吏 北史卷27附鄺范傳
鄺道約		魏書卷42附鄺德傳
鄺道慎		魏書卷42附鄺范傳
權武		北史卷78 隋書卷65
權皋		新唐書卷194卓行
權會		北齊書卷44儒林 北史卷81儒林
權璩		舊唐書卷148附權德興傳 新唐書卷165附權德興傳
穜謹		明史卷296孝義
權邦彥		宋史卷396
權景宣		周書卷28 北史卷61
權萬紀		舊唐書卷185上良吏附怖懷恩傳 新唐書卷100
權德與		舊唐書卷148 新唐書卷165

權懷恩		舊唐書卷185上良吏 新唐書卷100附權萬紀傳
龔	夬	宋史卷346
龔	壯	晉書卷94隱逸
龔	合	漢書卷72
龔	祈	宋書卷93隱逸 南史卷75隱逸
龔	原	宋史卷353
龔	秦	明史卷143附廖昇傳
龔	勝	漢書卷72
龔	遂	漢書卷89循吏
龔	楫	宋史卷452忠義
龔	愷	明史卷209附楊繼盛傳
龔	諒	明史卷290忠義附王晁傳
龔	穎	宋書卷91孝義 南史卷73孝義
龔元祥		明史卷292忠義
龔玄之		晉書卷94隱逸
龔孟舒		南史卷71儒林附顧越傳
龔茂良		宋史卷385
龔炳衡		明史卷292忠義附龔元群傳
龔鼎臣		宋史卷347
龔萬祿		明史卷290忠義
龔澄樞		宋史卷481南漢世家附劉鋹傳

二 十 五 畫

觀 音 奴　元史卷192良吏

列 女

2丁		氏	宋史卷460（張晉卿妻） 元史卷200（鄭伯文妻） 明史卷302（王序禮妻）
丁	美	音	明史卷301附范氏二女
丁	錦	翠	明史卷301（唐方妻）
丁	尚	賢 妻 李 氏	元史卷201
刁	思	遵 妻 魯 氏	魏書卷92 北史卷91
3上	官	氏	舊唐書卷193 新唐書卷205（目作楚王靈龜妃）
也	先 忽	都	元史卷201
于		氏	明史卷303（荊蒸妻） 明史卷303（張燁妻） 明史卷303（鄧任妻）
于	同	祖 妻 曹 氏	元史卷201
于	敏	直 妻 張 氏	舊唐書卷193 新唐書卷205
4尤		氏	明史卷302（趙一鳳妻）
月		娥	明史卷301
毛		惜	宋史卷460附劉仝子妻傳
巴	寡	婦 清	漢書卷91貨殖
尹		氏	金史卷130（完顏猪兒妻）
尹	虞	二 女	晉書卷96
元	巖	女	北史卷91 隋書卷80（目作華陽王楷妃）

355

列女

元務光母盧氏			北史卷91 隋書卷80
方氏			明史卷302（袁堅妻） 明史卷303（錢秉鐙妻）
方孝女			明史卷302
王氏			元史卷200附兌脫尼傳（李世安妻） 元史卷200（張買奴妻） 明史卷301（陳佳妻） 明史卷302（沈伯燮妻） 明史卷302附張氏傳（高文學妻） 明史卷302（葉其瑞妻） 明史卷303附項淑美傳 明史卷303（成象妻） 明史卷303附周氏傳（浦延禧妻） 明史卷303附石氏傳（鄭宗我妻） 明史卷303附倪氏傳（宋愈亨妻） 明史卷303（劉應龍妻） 明史卷303（張侶顏妻。目作和州王氏）
王舜			北史卷91 隋書卷80（目作孝女王舜）
王氏女			南史卷73孝義附蕭矯妻羊傳（目作永興概中里王氏女）
王氏婦			宋史卷460
王氏淑			元史卷201附陶宗媛傳
王安哥			元史卷200附趙彬妻傳
王妙鳳			明史卷301
王貞女			明史卷303（字顏同音）

王貞婦			宋史卷460
王烈婦			明史卷302
王惠風			晉書卷96（目作愍懷太子妃）
王廣女			晉書卷96
王霸妻			後漢書卷114
王氏二婦			宋史卷460
王氏五烈婦			明史卷303附萬氏傳（尹氏杜氏魯氏戴氏王氏）
王孝女和子			舊唐書卷193（目作孝女王和子） 新唐書卷205
王泛妻·裴氏			舊唐書卷193附盧甫妻李氏
王時妻安氏			元史卷201（名正同）
王袤妻趙氏			宋史卷460
王琳妻韋氏			新唐書卷205
王渾妻鍾氏			晉書卷96（字琰）
王士明妻李氏			元史卷201（名賽兒
王宗仁妻宋氏			元史卷201
王德政妻郭氏			元史卷200
王履謙妻齊氏			元史卷201
王凝之妻謝氏			晉書卷96（字道韞）
5白氏			金史卷130（慈嗣母） 元史卷200附丁氏傳

列女

妙元）

羊緝之女佩 任　南史卷73孝義附龐嬌妻羊

羊琇妻辛氏　晉書卷96（字憲英）

朱　氏　宋史卷460／明史卷303（徐畢璋妻）／明史卷303（目作甬上四烈婦屬獻宸妻）

朱　娥　宋史卷460

朱淑信　元史卷200

朱虎妻茅氏　元史卷200

朱延壽妻王氏　新唐書卷205

7成　氏　明史卷301（尤谷變）

谷　氏　明史卷303（史茂妻）

余　氏　明史卷303（宋蒙妻）

妙　聰　明史卷301（目作義婢妙聰）

狄恆妻徐氏　元史卷201

邢簡妻陳氏　遼史卷107

沈　氏　明史卷303（目作甬上四烈婦。張文琦妻）

沈氏六節婦　明史卷302

杜　氏　明史卷301附凌氏傳（曹桂妻）

杜有道妻嚴氏　晉書卷96（字憲）

汪烈婦　明史卷301（楊希閔妻）

汪琰妻潘氏　元史卷201

何　氏　宋史卷460（吳永年妻）

明史卷303（惠道昌妻）

田　氏　明史卷303（李鐵匠妻）

只魯花真　元史卷200（忽都妻）

皮京妻龍氏　晉書卷96（字憐西）

古玄臚妻高氏　舊唐書卷193附鄁保英妻奚氏

石　氏　明史卷301附丁氏傳（鄒燧妻）／明史卷303（鄭完我母）

石氏女　明史卷303

石孝女　明史卷301

史　氏　明史卷301（字孔弘業）

史映周妻耿氏　魏書卷92　北史卷91

6衣　氏　元史卷201（孟志剛妻）

向　氏　明史卷303（王旦士妻）

仲氏女　明史卷303

任仲文妻林氏　元史卷201

安志道妻劉氏　元史卷201

宇文士及妻楊氏　北史卷91　隋書卷80（目作南陽公主）

江　氏　明史卷301（夏璜妻）／明史卷301附龔烈婦傳（王可道妻）／明史卷303（宗允芳妻）

江文鑄妻范氏　元史卷201（名

列女

明史卷303（闕抱蕘妻）
李　　氏　金史卷130（哀宗寶符）
　　　　　元史卷200附趙美妻傳（高惠兒妻）
何無忌母劉氏　晉書卷96
　　　　　明史卷302（何璘妻）
宋　　氏　明史卷303（陳丹儉妻）
　　　　　明史卷302（王庭麟妻）
宋謙妻趙氏　元史卷201
　　　　　明史卷302（目作郎陽李氏）
宋庭瑜妻魏氏　舊唐書卷193
　　　　　明史卷302（目作壽昌李氏．字翁應兆）
完顏仲德妻　金史卷130
　　　　　明史卷303（黃日芳妻）
完顏素蘭妻　金史卷130
　　　　　明史卷303附邵氏傳（張一桂妻）
完顏忙哥妻溫特罕氏　金史卷130
　　　　　明史卷303（目作定州李氏．歸郝生）
　　　　　明史卷303（目作高陵李氏．劉光燦妻）
呂　　氏　明史卷303（闕陳陳妻）
　　　　　明史卷303（目作蘄水李氏．何之且妻）
呂彥能姊　元史卷201
　　　　　明史卷303（目標灤潭二李氏．一田趙昱妻．一嫁郭集）
呂彥能妻劉氏　元史卷201
李　　宗　北史卷91（目作貞孝女宗．魏書作盧元禮妻）
呂紹妻張氏　晉書卷96附呂纂妻楊氏傳
呂仲洙女良子　宋史卷460
李氏女　新唐書卷205（目作汴女李）
呂纂妻楊氏　晉書卷96
李冬兒　元史卷200附趙美妻傳（丁從信妻）
吳　　氏　明史卷301（盧濟妻）明史卷302（名姑姑）
李玄眞　舊唐書卷193（目作女道士李玄眞）
吳節婦　明史卷302（周瓚貞妻）
李孝婦　明史卷302（名中姑）
吳中孚妻　宋史卷460
李烈婦　明史卷302（吳江妻）
吳之瑞妻張氏　明史卷303
李畬母　新唐書卷205
吳守正妻禹氏　元史卷201（名波靖）
李順兒　元史卷201
李湍妻　舊唐書卷193 新唐書卷205
吳康之妻趙氏　南史卷73孝義附蕭矯妻羊傳
李智貞　元史卷200
李孝女妙法　新唐書卷205
吳翼之母丁氏　南史卷73孝義附蕭矯妻羊傳
李文妻史氏　金史卷130
李英妻張氏　金史卷130

列女

李拯	妻	盧氏	新唐書卷205
李氏	妻	王阿足	舊唐書卷193（目作冀州女子王氏）新唐書卷205
李弘益	妻	申氏	元史卷201
李玄盛后		尹氏	晉書卷96
李仲義	妻	劉氏	元史卷201（名翠哥）
李君進	妻	王氏	元史卷200
李廷節	妻	崔氏	新唐書卷205
李宗頤	妻	夏氏	元史卷201附陳淑眞傳
李馬兒	妻	袁氏	元史卷201
李景文	妻	徐氏	元史卷201（名彩鸞）
李寶信	妻	王氏	金史卷130
李德武	妻	裴淑英	舊唐書卷193 新唐書卷205
8 易		氏	明史卷301附王氏傳（王世昌妻）
邱		氏	明史卷303（劉應奎妻）
兒先		氏	魏書卷92（目作涇州貞女兒先氏）北史卷91
叔先		雄	後漢書卷114（目作孝女叔先雄）
招襄		猛	明史卷301

武用	妻	蘇氏	元史卷201
孟		氏	魏書卷92 北史卷91（目作任城國大妃孟氏）
孟昶	妻	周氏	晉書卷96
金		氏	元史卷201（程徐妻）明史卷302（劉大俊妻）
金節婦			新唐書卷205
阿鄰	妻		金史卷130（名沙里質）
阿魯貞			金史卷130
房玄齡	妻	盧氏	新唐書卷205
房愛親	妻	崔氏	魏書卷92 北史91
邵		氏	明史卷303（張一桂妻）明史卷303（目作商州邵氏。薛匡倫妻）明史卷303（目作曲州邵氏。李純盛妻）
邵氏婢			明史卷302
林老女			宋史卷460
林貞女			明史卷303（字陳長源）
林端娘			明史卷301附史氏傳
周		氏	元史卷200（李伯通妻）元史卷200附焦氏傳（張與祖妻）明史卷303（王永命妻）
周迪	妻		新唐書卷205
周郁	妻		後漢書卷114
周如砥		氏	元史卷201
周婦毛		氏	元史卷201

列女

周顗母李氏	晉書卷96（字絡秀）	蘭陵縣君蕭氏
9冼氏	北史卷91 隋書卷80（目作譙國夫人冼氏）	
		范氏 明史卷302附張氏傳（林壽妻）
		范氏二女 明史卷301
宣氏	明史卷301（張樹田妻）	范法恂妻褚氏 南史卷73孝友附蕭矯妻辛（目作吳郡范法恂妻褚氏）
施氏	明史卷301附盧佳娘傳（彭平妻）	
洪氏	明史卷302附李孝婦傳（章崇雅妻）	
茅氏女	明史卷301附章銀兒傳	段氏 元史卷200（霍榮妻）
柳旦女	北史卷91 隋書卷80（目作襄城王恪妃）	段居貞妻謝氏 新唐書卷205（字小娥）
皇甫規妻	後漢書卷114	段豐妻慕容氏 晉書卷96
畏吾氏三女	元史卷200附葛妙眞傳）	姚氏 元史卷201 明史卷303（吳道震妻）
相琪妻欒氏	金史卷130	姚女勝 魏書卷92（目作河東女姚氏）北史卷91
柯節婦陳氏	元史卷201	
俞士淵妻童氏	元史卷201	姚孝女 明史卷301
封卓妻劉氏	魏書卷92 北史卷91	姚氏婦楊氏 魏書卷92 北史卷91
苟金龍妻劉氏	魏書卷92 北史卷91	耶律中妻 遼史卷107（蕭按蘭）
姜氏	明史卷303（宋德成妻）	耶律奴妻 遼史卷107（蕭意辛）
姜詩妻龐氏	後漢書卷114	耶律氏常哥 遼史卷107
苻堅妾張氏	晉書卷96	耶律术者妻 遼史卷107（蕭訛里本）
苻登妻毛氏	晉書卷96	
韋逞母宋氏	晉書卷96	胡氏 明史卷301（李珂妻）明史卷302附戴氏傳（吹茂仁妻）明史卷303（李敬中妻）明史卷302（沈妻姦）
韋雍妻蕭氏	舊唐書卷193 新唐書卷205（舊唐書目作韋雍安	胡烈婦 元史卷200（劉平妻）

胡　貴　貞　明史卷301

胡　敬　妻　姚　氏　明史卷303

胡　長　命　妻　張　氏　魏書卷92
　　　　　　　　　　　　　北史卷91

10師　　　氏　宋史卷460（范孝純妻）

郎　　　氏　元史卷200（朱甲妻）

柴　　　氏　明史卷303（目作烈婦柴氏孫貞妻）

夏　　　氏　明史卷303（黔國公沐天波侍女）

郝　節　娥　宋史卷460

烏　古　論　氏　金史卷130

荀　崧　小　女　灌　晉書卷96

乘　公　濟　妻　姚　氏　南史卷73孝義附龐嬌妻羊傳（目作吳興乘公濟妻姚氏）

殷　保　晦　妻　封　絢　新唐書卷205

涂　端　友　妻　陳　氏　宋史卷460

袁　氏　孤　女　元史卷201

袁　隗　妻　馬　倫　後漢書卷114

秦　氏　二　女　元史卷200

秦　閏　夫　妻　柴　氏　元史卷201

倪　　　氏　明史卷302附李孝婦傳（陸蕡妻）
　　　　　　　明史卷302（陳襄妻）
　　　　　　　明史卷302（字陳敏）
　　　　　　　明史卷303（蕭來鳳妻）

倪　美　玉　明史卷303

唐　　　氏　明史卷301附莊氏傳（陳旺妻）

　　　　　　　明史卷303（潘龍躍妻）

唐　貴　梅　明史卷301附王妙鳳傳

唐　烈　妻　陳　氏　明史卷303

馬　　　氏　明史卷301（余佈妻）
　　　　　　　明史卷302附陳節婦傳（劉晉嬙妻）

馬　英　元史卷200

馬　節　婦　明史卷302（劉濂妻）

高　　　氏　明史卷301（陳和妻）

高　荊　�　明史卷303（目作荊娟）

高　烈　婦　明史卷302（賈埈妻）

高　愍　女　新唐書卷205（名妹妹）

高　麗　氏　元史卷201

高　叡　妻　秦　氏　新唐書卷205

孫　　　氏　明史卷301（衛廷珪妻）
　　　　　　　明史卷301附宣氏傳（沈思道妻）
　　　　　　　明史卷302（字吳廷桂）

孫　氏　女　元史卷200附秦氏二女傳

孫　男　玉　魏書卷92
　　　　　　　北史卷91（目作平原縣女子孫氏）

孫　烈　女　明史卷302

孫　義　婦　明史卷301

孫　神　妻　陳　氏　北史卷91

孫　棘　妻　許　氏　南史卷73孝義

孫　道　溫　妻　趙　氏　北史卷91

徐　　　氏　宋史卷460（張弼妻）
　　　　　　　明史卷302附歐陽氏傳（潘順妻）
　　　　　　　明史卷301（金傑妻）

列
女

列女					
徐 氏 女	明史卷303附朱氏傳（名京）		梁 氏	明史卷301（尹之路妻）
徐 孝 女	明史卷301		梁 緯 妻 辛 氏	晉書卷96
徐 貞 女	明史卷303（宇施之濟）		陸 氏	明史卷303（黃臘爵妻）
徐 亞 長	明史卷302			明史卷303（且作而上四烈婦。華夏繼妻）
徐 元 妻 許 氏	南史卷73孝義附孫棘妻傳			
			陸 讓 母 馮 氏	北史卷91 隋書卷80
徐 猱 頭 妻 岳 氏	元史卷201		陶 氏	明史卷303（孫士毅妻）
徐 允 讓 妻 潘 氏	元史卷201（名妙圓）		陶 宗 媛	元史卷201
			陶 侃 母 湛 氏	晉書卷96
11 郭 氏	明史卷301 明史卷303（宋臣道妻）		崔 氏	宋史卷460（包續妻）元史卷200（周兀忽妻）
莊 氏	明史卷301（吳金遉妻）			明史卷303（王錫田妻）
	明史卷303（周彥敬妻）		崔 繪 妻 盧 氏	舊唐書卷193 新唐書卷205
凌 氏	明史卷301（張維妻）			
畢 氏	明史卷301附吳氏傳（鄧節妻）		崔 覽 妻 封 氏	魏書卷92 北史卷91
乾 氏	明史卷303附邱氏傳（高文煥妻）		許 氏 女	元史卷200附秦氏二女傳
康 住 住	金史卷130		許 烈 婦	明史卷302附王烈婦傳
移 剌 氏	元史卷200附李碧遉妻傳（耶律忽都不花妻）		許 升 妻 呂 榮	後漢書卷114
			許 古 妻 劉 氏	金史卷130
戚 家 婦	明史卷302附展氏傳		許 延 妻 杜 氏	晉書卷96
脫 脫 尼	元史卷200（哈剌不花妻）		許 元 忱 妻 胡 氏	明史卷302
章 銀 兒	明史卷301		陳 氏	明史卷301（字楊瓊）明史卷303（王生妻）明史卷303（黃日芳妻）
符 鳳 妻 玉 英	新唐書卷205			
陰 瑜 妻 荀 采	後漢書卷114		陳 堂 前	宋史卷460
曹 娥	後漢書卷114（且作孝女曹娥）		陳 淑 眞	元史卷201
曹 世 叔 妻 班 昭	後漢書卷114		陳 羲 姑	明史卷301附羲姑萬氏傳

陳節婦	明史卷302（適李姓）	
陳文矩妻	後漢書卷114	
陳諫妻李氏	明史卷302	
陳宗球妻史氏	明史卷301	
張氏	宋史卷460	
	宋史卷460	
	明史卷301附王妙鳳傳	
	明史卷301附楊氏傳（郎換妻）	
	明史卷301附楊泰奴傳（周祥妻）	
	明史卷301（目作義妾張氏。楊干山妻）	
	明史卷301附陳氏傳（目作秀水張氏。字劉伯春）	
	明史卷302（游銓妻）	
	明史卷302（羅準妻）	
	明史卷302（李堉妻）	
	明史卷302附譚氏傳（林興坡妻）	
	明史卷303（梁以樟妻）	
	明史卷303（目作甬上四烈婦。楊文瓊妻）	
	明史卷303（目作江都張氏。史著巽妻）	
張氏女	元史卷200附秦氏二女傳	
	元史卷201	
張烈婦	明史卷302（繆釜妻）	
張義婦	元史卷200（李伍妻）	
張鳳奴	金史卷130附賓符李氏傳	
張蟬雲	明史卷302附楊玉英傳	
張茂妻陸氏	晉書卷96	
張訥妻劉氏	元史卷201	
張天錫妾閻氏	晉書卷96	

列女

張天錫妾薛氏	晉書卷96	
張正蒙妻韓氏	元史卷201	
張秉純妻劉氏	明史卷303	
張洪祁妻劉氏	魏書卷92（祁作初）北史卷91	
12單氏	北史卷91 隋書卷80（目作孝婦單氏）	
貴哥	元史卷200（羅五十三妻）	
屠氏女	南史卷73孝義附蕭矯妻羊傳（目作諸暨屠氏女）	
須烈婦	明史卷302	
曾氏婦晏	宋史卷460	
童氏女八娜	宋史卷460	
陽尼妻高氏	魏書卷92 北史卷91	
惠士玄妻王氏	元史卷201	
盛道妻趙媛姜	後漢書卷114	
彭氏	明史卷302（字正枚鼻）	
彭烈女	宋史卷460	
程氏	明史卷301（胡伯綱妻）	
程氏六烈	明史卷303（目作江都程氏六烈）	
焦氏	元史卷200（袁天祜妻）	
焦士廉妻王氏	元史卷201	
湯慧信	明史卷301（郭林妻）	
湯輝妻張氏	元史卷201	

列女

馮　　氏　明史卷302附歐陽氏傳（劉慶妻）
　　　　　明史卷303（梁凝蕩妻）
馮妙眞　金史卷130
馮淑安　元史卷200（李如忠妻）
項　　氏　宋史卷460
項貞女　明史302
項淑美　明史303
黃　　氏　明史卷302（陳汭妻）
　　　　　明史卷302（王珣妻）
　　　　　明史卷303附邱氏傳（張挺然妻）
黃烈婦　明史卷302附李烈婦傳（金一龍妻）
黃善聰　明史卷301附貞女韓氏傳
黃道弘妻　明史卷303附陸氏傳
黃仲起妻朱氏　元史卷201
13 葉　氏　明史卷301（字慈谿翁姓）
　　　　　明史卷302附張氏傳（江肇妻）
　　　　　明史卷302附方氏傳（許伸妻）
詹氏女　宋史卷460
葛妙眞　元史卷200
解孝女　明史卷302附方孝女傳
斬康女　晉書卷96
雷　　氏　明史卷303（劉長庚妻）
雷婦師氏　金史卷130
萬　　氏　明史卷303（姚守中妻）
萬義顗　明史卷301（目作義姑萬氏）
鄒侍徵妻薄氏　舊唐書卷193　新唐書卷205

鄒保英妻奚氏　舊唐書卷193
虞鳳娘　明史卷303
虞潭母孫氏　晉書卷96
董　　氏　宋史卷460
董祀妻蔡琰　後漢書卷114
董昌齡母楊氏　舊唐書卷193　新唐書卷205
董景起妻張氏　魏書卷92　北史卷91
賈　　氏　明史卷301（陳兪妻）
賈氏女　舊唐書卷193（目作濮州孝女賈氏）
賈孝女　新唐書卷205
賈渾妻宗氏　晉書卷96
賈直言妻董氏　新唐書卷205
楊　　氏　元史卷200（郭三妻）
　　　　　明史卷301（鄭子亷妻）
　　　　　明史卷301（目作義婦楊氏。王世昌妻）
　　　　　明史卷302附金氏傳（王芳兆）
　　　　　明史卷302（吳仲淇妻）
　　　　　明史卷302附吳節婦傳（劉壽昌妻）
　　　　　明史卷302附劉氏傳（吳進性妻）
　　　　　明史卷302（饒鼐妻）
　　　　　明史卷303附于氏傳（張國鈜妻）
　　　　　明史卷303（曹復彬妻）
楊玉英　明史卷302
楊阿五　北史卷91　隋書卷80（目作蘭陵公主遺柳述）

列女

楊貞婦　史明卷302（字郭恆）
楊泰奴　明史卷301
楊烈婦　新唐書卷205
楊含妻蕭氏　新唐書卷205
楊慶妻王氏　舊唐書卷193　新唐書卷205
楊三安妻李氏　舊唐書卷193　新唐書卷205
楊紹宗妻王氏　舊唐書卷193　新唐書卷205
14榮氏　宋史卷460（馬元穎妻）
廖氏　宋史卷460（目作節婦廖氏歐陽希文妻）
聞氏　元史卷200（金新妻）
甄氏　明史卷301附劉孝婦傳（李大妻）
熊氏　明史卷303（李藎臣妻）
蒲察明秀　金史卷130
裴倫妻柳氏　北史卷91　隋書卷80
齊闞妻劉氏　元史卷201
臺氏　明史卷303附于氏傳（張雲鵬妻）
臺叔齡妻劉氏　元史卷200
趙氏　宋史卷460　明史卷303（湯祖契妻）
趙氏女　新唐書卷205（目作山陽女娃）
趙玉兒　元史卷200附馬英傳
趙孝婦　元史卷200
趙哇兒　元史卷200附李君道傳

趙淮妾　宋史卷460
趙美妻王氏　元史卷200
趙洙妻許氏　元史卷201
趙元楷妻崔氏　北史卷91　隋書卷80
趙彬妻朱錦哥　元史卷200
15潘氏　明史卷302（許劍妻）
樂羊子妻　後漢書卷114
慕容垂妻段氏　晉書卷96（字元妃）
撒合輦妻獨吉氏　金史卷130
歐陽氏　明史卷302（王仕傳妻）
歐陽金貞　明史卷301附陳氏傳
蔣烈婦　明史卷302（姜上逵妻）
蔣傷之妻黃氏　南史卷73孝義附蕭矯妻羊傳
樊彥琛妻魏氏　舊唐書卷193　新唐書卷205
樊會仁母敬氏　舊唐書卷193　新唐書卷205（字象子）
蔡三玉　元史卷200（陳端才妻）
蔡孝女　明史卷301附姚孝女傳
蔡烈女　明史卷302附孫烈女傳
蔡烈婦　明史卷302附張烈婦傳（蔡三妻）

列女

鄭　氏　明史卷302附張烈婦傳（趙鈺婦）

鄭　孝　女　舊唐書卷193附孝女王和子傳（目作鄭神佐女）新唐書卷205

鄭　休　妻　石　氏　晉書卷96

鄭　袤　妻　曹　氏　晉書卷96

鄭　廉　妻　李　氏　新唐書205（目作堅貞節婦李）

鄭　琪　妻　羅　妙　安　元史卷201（名妙安）

鄭　善　果　母　崔　氏　北史卷91　隋書卷80

鄭　義　宗　妻　盧　氏　舊唐書卷193　新唐書卷205

劉　氏　宋北卷460（陳公輔妻）元史卷200附閻氏傳（李五妻）明史卷302附彭氏傳（字李之本）明史卷302（張龍信妻）明史卷302（吳進學妻）明史卷303　明史卷303附廉烈妻陳氏傳

劉　孝　女　明史卷303

劉　孝　婦　明史卷301（韓太初妻）

劉　昶　女　北史卷91　隋書卷80

劉　烈　女　明史卷303（字吳嘉陳）

劉　氏　二　女　元史卷201（長貞次孫）明史卷302

劉　氏　二　孝　女　明史卷302

劉　臻　妻　陳　氏　晉書卷96

劉　聰　妻　劉　娥　晉書卷96

劉　公　翼　妻　蕭　氏　元史卷201

劉　仝　子　妻　林　氏　宋史卷460

劉　生　妻　歐　陽　氏　宋史卷460

劉　長　卿　妻　桓　氏　後漢書卷114

劉　當　可　母　王　氏　宋史卷460

劉　寂　妻　夏　侯　碎　金　舊唐書卷193　新唐書卷205

16 諸　娥　明史卷301

霍　氏　二　婦　元史卷200（尹氏楊氏）

衛　方　厚　妻　程　氏　舊唐書卷193（目作衛方厚妻武昌縣君程氏）新唐書卷205

鮑　宣　妻　桓　少　君　後漢書卷114

獨　孤　師　仁　乳　母　王　蘭　英　舊唐書卷193附楊慶妻王氏傳　新唐書卷205

衛　孝　女　無　忌　舊唐書卷193（目作絳州孝女衛氏）新唐書卷205

衞 敬 瑜 妻 王 氏 南史卷73孝義附張景仁傳

盧 氏 明史卷303(王瀚妻)

盧 佳 娘 明史卷301(李廣妻)

盧 甫 妻 李 氏 舊唐書193 新唐書卷205

盧 元 禮 妻 李 宗 魏書卷92

盧 惟 清 妻 徐 氏 新唐書卷205

17 鮮 于 文 英 南史卷73孝義附蕭叡明傳

蕭 氏 明史卷303附于氏傳(賴南波妻)

蕭 矯 妻 羊 淑 褘 南史卷73孝義

鍾 氏 四 節 婦 明史卷301

鍾 士 雄 母 蔣 氏 北史卷91 隋書卷80

謝 氏 明史卷303附石氏女傳(吳昌祚妻)

謝 烈 婦 玉 華 明史卷302(曹世興妻)

謝 泌 妻 侯 氏 宋史卷460

謝 枋 得 妻 李 氏 宋史卷460

韓 氏 明史卷303附倪氏傳(宋愈亨了婦)

韓 貞 女 明史卷301(目作貞女薛氏)

韓 慶 民 妻 金史卷130

韓 氏 女 希 孟 宋史卷460

韓 鼎 允 妻 劉 氏 明史卷303

韓 覿 妻 于 茂 德 北史卷91 隋書卷80

18 戴 氏 明史卷302(蔡本澄妻)

顏 氏 明史卷303(黃應逞妻)

聶 孝 女 舜 英 金史卷130

魏 溥 妻 房 氏 魏書卷92 北史卷91

魏 衡 妻 王 氏 舊唐書193

19 龐 清 母 趙 娥 後漢書卷114

譚 氏 宋史卷460(吳琪妻) 明史卷392(方存業妻)

譚 氏 婦 趙 宋史卷460

20 嚴 氏 明史卷301附江氏傳

闞 文 興 妻 王 醜 醜 元史卷200

竇 妙 善 明史卷301

竇 烈 婦 新唐書卷205

竇 滔 妻 蘇 蕙 晉書卷96

竇 氏 伯 女 仲 女 舊唐書卷193(目作奉天縣竇氏二女) 新唐書卷205

21 闌 氏 明史卷303附江都張氏傳(孫讜升妻)

饒 娥 新唐書卷205

22 龔 烈 婦 明史卷301

25 觀 音 奴 妻 卜 顏 的 斤 元史卷201

后妃

漢

中山	衛姬	漢書卷97下
史皇孫	王夫人	漢書卷97上
孝文	竇皇后	漢書卷97上
孝元	王皇后	漢書卷97 漢書卷98附元后傳
孝元	馮昭儀	漢書卷97
孝元	傅昭儀	漢書卷97下
孝平	王皇后	漢書卷97下
孝成	班倢伃	漢書卷97下
孝成	趙皇后	漢書卷97下
孝武	李夫人	漢書卷97上
孝武	陳皇后	漢書卷97上
孝成	許皇后	漢書卷97下
孝武	衛皇后	漢書卷97
孝武	鉤弋趙倢伃	漢書卷97上
孝哀	傅皇后	漢書卷97下
孝宣	王皇后	漢書卷97
孝宣	許皇后	漢書卷97上
孝宣	霍皇后	漢書卷97上
孝昭	上官皇后	漢書卷97上
孝惠	張皇后	漢書卷97上
孝景	王皇后	漢書卷97上
孝景	薄皇后	漢書卷97上
定陶	丁姬	漢書卷97下
高祖	薄姬	漢書卷97上
高祖	呂皇后	漢書卷37本紀 漢書卷97上外戚
衛太子	史良娣	漢書卷97上

東漢

安思	閻皇后	後漢書卷10下
光武	郭皇后	後漢書卷10上
光烈	陰皇后	後漢書卷10上
孝仁	董皇后	後漢書卷10下
孝崇	匽皇后	後漢書卷10下
孝靈	宋皇后	後漢書卷10下
明德	馬皇后	後漢書卷10上
和帝	陰皇后	後漢書卷10上
和熹	鄧皇后	後漢書卷10上
桓思	竇皇后	後漢書卷10下
桓帝	鄧皇后	後漢書卷10下
桓帝	懿獻梁皇后	後漢書卷10下
章德	竇皇后	後漢書卷10上
順烈	梁皇后	後漢書卷10上
獻帝	伏皇后	後漢書卷10下
獻穆	曹皇后	後漢書卷10下
靈思	何皇后	後漢書卷10下

三國

后妃
漢
東漢

魏

文昭甄皇后　三國魏志卷5
文德郭皇后　三國魏志卷5
武宣卞皇后　三國魏志卷5
明元郭皇后　三國魏志卷5
明悼毛皇后　三國魏志卷5

蜀

先主甘后　三國蜀志卷4
先主穆后　三國蜀志卷4
後主張后　三國蜀志卷4
後主敬哀后　三國蜀志卷4

吳

吳主權王夫人　三國吳志卷5（有二）
吳主權步夫人　三國吳志卷5
吳主權徐夫人　三國吳志卷5
吳主權潘夫人　三國吳志卷5
吳主權謝夫人　三國吳志卷5
孫和何姬　三國吳志卷5
孫休朱夫人　三國吳志卷5
孫亮全夫人　三國吳志卷5
孫皓滕夫人　三國吳志卷5
孫破虜吳夫人　三國吳志卷5

晉

文明王皇后　晉書卷31
元夏侯太后　晉書卷31

元敬虞皇后　晉書卷32
元帝荀豫章君　晉書卷32附元敬虞皇后傳
安僖王皇后　晉書卷32
安德陳太后　晉書卷32
孝武文李皇后　晉書卷32
孝武定王皇后　晉書卷32
成恭杜皇后　晉書卷32
成帝章周太妃　晉書卷32附成恭杜皇后傳
明穆庾皇后　晉書卷32
武元楊皇后　晉書卷31
武帝左貴嬪　晉書卷31附武悼楊皇后傳
武帝胡貴嬪　晉書卷31附武悼楊皇后傳
武帝諸葛夫人　晉書卷31附武悼楊皇后傳
武悼楊皇后　晉書卷31
哀靖王皇后　晉書卷32
宣穆張皇后　晉書卷31
恭思褚皇后　晉書卷32
康獻褚皇后　晉書卷32
景獻羊皇后　晉書卷31
景懷夏侯皇后　晉書卷31
惠羊皇后　晉書卷31

后妃

三國　晉

后妃

宋

齊

惠　賈　皇　后　晉書卷31

惠　帝　謝　夫　人　晉書卷31附惠羊皇后傳

廢　帝　庾　皇　后　晉書卷32

穆　章　何　皇　后　晉書卷32

簡文　宣　鄭　太　后　晉書卷32

簡文　順　王　皇　后　晉書卷32

懷　王　太　后　晉書卷31

宋

少　帝　司　馬　皇　后　宋書卷41　南史卷11

文　沈　倢　伃　宋書卷41

文　路　淑　媛　宋書卷41

文　潘　淑　妃　宋書卷41附文元袁皇后傳　南史卷11附文元袁皇后傳

文　元　袁　皇　后　宋書卷41　南史卷11

文　章　胡　太　后　南史卷11

孝　武　宣　貴　妃　宋書卷41附孝武文穆王皇后傳　南史卷11附孝武文穆王皇后傳

孝　武　昭　路　太　后　南史卷11

孝　武　文　穆　王　皇　后　宋書卷41　南史卷11

孝　穆　趙　皇　后　宋書卷41　南史卷11

孝　懿　蕭　皇　后　宋書卷41　南史卷11

明　宣　沈　太　后　南史卷11

明　恭　王　皇　后　宋書卷41　南史卷11

武　張　夫　人　宋書卷41　南史卷11

武　敬　臧　皇　后　宋書卷41　南史卷11

前廢帝　何　皇　后　宋書卷41　南史卷11

後廢帝　江　皇　后　宋書卷41　南史卷11

後廢帝　陳　太　妃　南史卷11

順　陳　太　妃　宋書卷41　南史卷11

順　謝　皇　后　宋書卷41　南史卷11

齊

文　安　王　皇　后　南齊書卷20　南史卷11

和　帝　王　皇　后　南齊書卷20　南史卷11

東昏　褚　皇　后　南齊書卷20　南史卷11

明　敬　劉　皇　后　南齊書卷20　南史卷11

武　穆　裴　皇　后　南齊書卷20　南史卷11

宣　孝　陳　皇　后　南齊書卷20　南史卷11

高　昭　劉　皇　后　南齊書卷20

后妃

梁 陳 北魏

南史卷11

海陵王王妃 南齊書卷20
南史卷11

鬱林王何妃 南齊書卷20
南史卷11

梁

元徐妃 南史卷12

太宗王皇后 梁書卷7

太祖張皇后 梁書卷7

文獻張皇后 南史卷12

世祖徐妃 梁書卷7

武丁貴嬪 南史卷12

武阮脩容 南史卷12

武德郗皇后 南史卷12

高祖丁貴嬪 梁書卷7

高祖阮脩容 梁書卷7

高祖郗皇后 梁書卷7

敬王皇后 南史卷12

敬夏太后 南史卷12

簡文王皇后 南史卷12

陳

文沈皇后 南史卷12

世祖沈皇后 陳書卷7

武宣章皇后 南史卷12

後主張貴妃 陳書卷7附後主沈皇后傳
南史卷12

附後主沈皇后傳

後主沈皇后 陳書卷12
陳書卷7

高宗柳皇后 陳書卷7

宣柳皇后 南史卷12

高祖章皇后 陳書卷7

廢帝王皇后 陳書卷7
南史卷12

北魏

文成昭太后常氏 魏書卷13附景穆恭皇后郁久閭氏傳

文成文明皇后馮氏 魏書卷13
北史卷13

文成元皇后李氏 魏書卷13
北史卷13

太武皇后赫連氏 魏書卷13
北史卷13

太武惠太后竇氏 魏書卷13附明元密皇后杜氏傳

太武敬哀皇后賀氏 魏書卷13
北史卷13

文帝次妃蘭氏 魏書卷13附文帝皇后封氏傳

文帝皇后封氏 魏書卷13
北史卷13

文帝文皇后乙弗氏

后妃

北齊

北史卷13

文帝悼皇后郁久閭氏 北史卷13

平文皇后王氏 魏書卷13 北史卷13

孝文貞皇后林氏 魏書卷13 北史卷13

孝文昭皇后高氏 魏書卷13 北史卷13

孝文幽皇后馮氏 魏書卷13 北史卷13

孝文廢皇后馮氏 魏書卷13 北史卷13

孝明皇后胡氏 魏書卷13 北史卷13

孝武皇后高氏 北史卷13

孝靜皇后高氏 魏書卷13 北史卷13

明元密皇后杜氏 魏書卷13 北史卷13

明元昭哀皇后姚氏 魏書卷13 北史卷13

昭成皇后慕容氏 魏書卷13 北史卷13（成作文）

宣武皇后高氏 魏書卷13

北史卷13（有二）

宣武順皇后于氏 魏書卷13 北史卷13

宣武靈皇后胡氏 魏書卷13 北史卷13

神元皇后竇氏 魏書卷13 北史卷13

恭帝皇后若干氏 北史卷13

桓皇后惟氏 北史卷13

桓帝皇后祁氏 魏書卷13

景穆恭皇后郁久閭氏 魏書卷13 北史卷13

道武皇后慕容氏 魏書卷13 北史卷13

道武宣穆皇后劉氏 魏書卷13 北史卷13

廢帝皇后宇文氏 北史卷13

獻明皇后賀氏 魏書卷13 北史卷13

獻文思皇后李氏 魏書卷13 北史卷13

北齊

小尒朱氏 北史卷14附彭城太妃尒朱氏

后妃

傳

傳目	出處
上黨太妃韓氏	北史卷14
文宣王嬪	北史卷14附文宣皇后李氏傳
文宣薛嬪	北史卷14附文宣皇后李氏傳
文宣段昭儀	北史卷14附文宣皇后李氏傳
文宣皇后李氏	北齊書卷9 北史卷14
文襄敬皇后元氏	北齊書卷9 北史卷14
弘德李夫人	北史卷14
李娘	北史卷14附高陽太妃游氏傳
孝昭皇后元氏	北齊書卷9 北史卷14
武成皇后胡氏	北齊書卷9 北史卷14
武明皇后婁氏	北史卷14
後主馮淑妃	北史卷14
後主皇后胡氏	北齊書卷9 北史卷14
後主皇后斛律氏	北齊書卷9 北史卷14
後主皇后穆氏	北齊書卷9 北史卷14
神武婁后	北齊書卷9
高陽太妃游氏	北史卷14
琅邪公主	北史卷14附文襄敬皇后元氏傳
馮娘	北史卷14附高陽太妃游氏傳
馮翊太妃鄭氏	北史卷14
彭城太妃尒朱氏	北史卷14
蠕蠕公主郁久閭氏	北史卷14

北周

傳目	出處
文帝元皇后	周書卷9 北史卷14
文宣叱奴皇后	周書卷9 北史卷14
孝閔帝元皇后	周書卷9 北史卷14
明帝獨孤皇后	周書卷9 北史卷14
武帝李皇后	周書卷9 北史卷11
武帝阿史那皇后	周書卷9 北史卷14
宣帝元皇后	周書卷9 北史卷14
宣帝朱皇后	周書卷9 北史卷14
宣帝陳皇后	周書卷9 北史卷14
宣帝楊皇后	周書卷9 北史卷14
宣帝尉遲皇后	周書卷9 北史卷14
靜帝司馬皇后	周書卷9

后妃

隋

　　文獻獨孤皇后　北史卷14　隋書卷36

　　宣華夫人陳氏　北史卷14　隋書卷36

隋　　容華夫人蔡氏　北史卷14　隋書卷36

　　煬愍蕭皇后　北史卷14　隋書卷36

唐

唐　女學士尚宮宋若昭　舊唐書卷52　新唐書卷77附宣懿韋太后傳

　　太宗賢妃徐氏　舊唐書卷51　新唐書卷76

　　太宗文德皇后長孫氏　舊唐書卷51　新唐書卷76

　　中宗韋庶人　舊唐書卷51　新唐書卷76附(作皇后)

　　中宗上官昭容　舊唐書卷51　新唐書卷76附中宗韋皇后傳

　　中宗和思皇后趙氏

　　　　　　　舊唐書卷51　新唐書卷76

　代宗睿眞皇后沈氏　舊唐書卷52　新唐書卷77

　代宗貞懿皇后獨孤氏　舊唐書卷52　新唐書卷77

　玄宗楊貴妃　舊唐書卷51　新唐書卷76

　玄宗廢后王氏　舊唐書卷51　新唐書卷76

　玄宗貞順皇后武氏　舊唐書卷51　新唐書卷76

　玄宗元獻皇后楊氏　舊唐書卷52　新唐書卷76

　代宗崔妃　舊唐書卷52　新唐書卷77

　武宗王賢妃　舊唐書卷52　新唐書卷77

　則天順聖武皇后　舊唐書卷6本紀　新唐書卷4本紀　新唐書卷76

　宣宗元昭皇后晁氏

后妃

唐

睿宗肅明皇后劉氏
　　舊唐書卷51
　　新唐書卷76

德宗韋賢妃
　　舊唐書卷52
　　新唐書卷77附德宗昭德皇后王氏傳

德宗昭德皇后王氏
　　舊唐書卷52
　　新唐書卷77

憲宗孝明皇后鄭氏
　　舊唐書卷52
　　新唐書卷77

憲宗懿安皇后郭氏
　　舊唐書卷52
　　新唐書卷77

穆宗恭僖皇后王氏
　　舊唐書卷52
　　新唐書卷77

穆宗貞獻皇后蕭氏
　　舊唐書卷52
　　新唐書卷77

穆宗宣懿皇后韋氏
　　舊唐書卷52
　　新唐書卷77

懿宗郭淑妃
　　舊唐書卷52

昭宗積善皇后何氏
　　舊唐書卷52
　　新唐書卷77

高宗良娣蕭氏
　　舊唐書卷51附高宗廢后王氏傳

高宗廢后王氏
　　舊唐書卷51
　　新唐書卷76

高祖太穆皇后竇氏
　　舊唐書卷51
　　新唐書卷76

順宗莊憲皇后王氏
　　舊唐書卷52
　　新唐書卷77

敬宗郭貴妃
　　舊唐書卷52
　　新唐書卷77

肅宗韋妃
　　舊唐書卷52
　　新唐書卷77

肅宗張皇后
　　舊唐書卷52
　　新唐書卷77

肅宗章敬皇后吳氏
　　舊唐書卷52
　　新唐書卷77

睿宗昭成皇后竇氏
　　舊唐書卷51

后
妃

懿宗恭憲皇后王氏　新唐書卷77

懿宗惠安皇后王氏　新唐書卷77

五
代

五　代

梁

太祖李昭容　新五代史卷13梁家人

太祖陳昭儀　新五代史卷13梁家人

太祖元貞皇后張氏　舊五代史卷11梁書　新五代史卷13梁家人

太祖母文惠皇后王氏　舊五代史卷11梁書　新五代史卷13梁家人

末帝郭妃　新五代史卷13梁家人

末帝張德妃　舊五代史卷11梁書　新五代史卷13梁家人

唐

太祖劉太妃　舊五代史卷49唐書

太祖貞簡皇后曹氏　新五代史卷14唐家人　舊五代史卷49唐書　新五代史卷14唐家人

明宗淑妃王氏　新五代史卷15唐家人

明宗和武憲皇后曹氏　舊五代史卷49唐書　新五代史卷15唐家人

明宗宣憲皇后魏氏　新五代史卷49唐書　舊五代史卷15唐家人

明宗昭懿皇后夏氏　舊五代史卷49唐書　新五代史卷15唐家人

莊宗淑妃韓氏　舊五代史卷49唐書　新五代史卷14唐家人

莊宗德妃伊氏　舊五代史卷49唐書　新五代史卷14唐家人

后妃

五代

高祖皇后李氏 舊五代史卷104漢書 新五代史卷18漢家人

周

太祖淑妃楊氏 舊五代史卷121周書 新五代史卷19周家人

太祖貴妃張氏 舊五代史卷121周書 新五代史卷19周家人

太祖德妃董氏 舊五代史卷121周書 新五代史卷19周家人

太祖聖穆皇后柴氏 舊五代史卷121周書 新五代史卷19周家人

世宗後立皇后符氏 新五代史卷20周家人

世宗貞惠皇后劉氏 舊五代史卷121周書

莊宗神閔敬皇后劉氏 舊五代史卷49唐書 新五代史卷14唐家人

愍帝哀皇后孔氏 舊五代史卷49唐書 新五代史卷15唐家人

廢帝皇后劉氏 舊五代史卷49唐書 新五代史卷16唐家人

魏國夫人陳氏 舊五代史卷49唐書

晉

少帝皇后張氏 舊五代史卷86晉書

出帝太妃安氏 舊五代史卷86晉書 新五代史卷17晉家人

出帝皇后馮氏 舊五代史卷86晉書 新五代史卷17晉家人

高祖皇后李氏 舊五代史卷86晉書 新五代史卷17晉家人

漢

后妃

新五代史卷20周家人
世宗宣懿皇后符氏
舊五代史卷121周書
新五代史卷20周家人

宋史卷242

太祖孝惠賀太后 宋史卷242

太祖母昭憲杜太后 宋史卷242

光宗黃貴妃 宋史卷243
光宗慈懿李皇后 宋史卷243

孝宗李賢妃 宋史卷243
孝宗蔡貴妃 宋史卷243
孝宗成恭夏皇后 宋史卷243

孝宗成肅謝皇后 宋史卷243

孝宗成穆郭皇后 宋史卷243

度宗全皇后 宋史卷243
度宗楊淑妃 宋史卷243
英宗宣仁聖烈高皇后 宋史卷242

哲宗昭慈孟皇后 宋史卷243

哲宗昭懷劉皇后 宋史卷243

神宗武賢妃 宋史卷243
神宗林賢妃 宋史卷243

宋

宋
仁宗周貴妃 宋史卷242
仁宗苗貴妃 宋史卷242
仁宗郭皇后 宋史卷242
仁宗張貴妃 宋史卷242
仁宗馮賢妃 宋史卷242
仁宗楊德妃 宋史卷242
仁宗慈聖光獻曹皇后 宋史卷242

太宗元德李皇后 宋史卷242

太宗明德李皇后 宋史卷242

太宗淑德尹皇后 宋史卷242

太宗懿德符皇后 宋史卷242

太祖孝明王皇后 宋史卷242

太祖孝章宋皇后

后妃

宋
遼

寧宗恭淑韓皇后 宋史卷243

寧宗恭聖仁烈楊皇后 宋史卷243

徽宗王貴妃 宋史卷243

徽宗韋賢妃 宋史卷243

徽宗喬貴妃 宋史卷243

徽宗鄭皇后 宋史卷243

徽宗劉貴妃 宋史卷243

徽宗顯恭王皇后 宋史卷243

遼

太祖淳欽皇后述律氏 遼史卷71

太祖靖安皇后蕭氏 遼史卷71

天祚文妃蕭氏 遼史卷71

天祚元妃蕭氏 遼史卷71

天祚皇后蕭氏 遼史卷71

天祚德妃蕭氏 遼史卷71

世宗妃甄氏 遼史卷71

世宗懷節皇后蕭氏 遼史卷71

玄祖簡獻皇后蕭氏 遼史卷71

景宗睿知皇后蕭氏

神宗欽成朱皇后 宋史卷243

神宗欽慈陳皇后 宋史卷243

神宗欽聖獻肅向皇后 宋史卷243

真宗李宸妃 宋史卷242

真宗沈貴妃 宋史卷242

真宗楊淑妃 宋史卷242

真宗章穆郭皇后 宋史卷242

真宗章懷潘皇后 宋史卷242

真宗章獻明肅劉皇后 宋史卷242

高宗張貴妃 宋史卷243

高宗張賢妃 宋史卷243

高宗劉婉儀 宋史卷243

高宗劉貴妃 宋史卷243

高宗潘賢妃 宋史卷243

高宗憲節邢皇后 宋史卷243

高宗憲聖慈烈吳皇后 宋史卷243

理宗謝皇后 宋史卷243

欽宗朱皇后 宋史卷243

后妃

遼史卷71

蕭祖昭烈皇后蕭氏
　　　　　遼史卷71

道宗惠妃蕭氏 遼史卷71

道宗宣懿皇后蕭氏
　　　　　遼史卷71

聖宗仁德皇后蕭氏
　　　　　遼史卷71

聖宗欽哀皇后蕭氏
　　　　　遼史卷71

德祖宣簡皇后蕭氏
　　　　　遼史卷71

穆宗皇后蕭氏 遼史卷71

興宗貴妃蕭氏 遼史卷71

興宗仁懿皇后蕭氏
　　　　　遼史卷71

懿祖莊敬皇后蕭氏
　　　　　遼史卷71

金

太宗欽仁皇后 金史卷63

太祖光懿皇后 金史卷63

太祖宣獻皇后 金史卷63

太祖崇妃蕭氏 金史卷63

太祖欽憲皇后 金史卷63

太祖聖穆皇后 金史卷63

世宗元妃李氏 金史卷64

世宗元妃張氏 金史卷64

世宗昭德皇后 金史卷64

世祖簡翼皇后 金史卷63

安帝節皇后 金史卷63

始祖明懿皇后 金史卷63

昭祖威順皇后 金史卷63

哀宗徒單皇后 金史卷64

宣宗明惠皇后 金史卷64

宣宗皇后王氏 金史卷64

海陵母大氏 金史卷62

海陵后徒單氏 金史卷63

海陵嫡母徒單氏
　　　　　金史卷63

康宗敬僖皇后 金史卷63

章宗元妃李氏 金史卷64

章宗欽懷皇后 金史卷64

景祖昭肅皇后 金史卷63

熙宗悼平皇后 金史卷63

肅宗靖宣皇后 金史卷63

睿宗貞懿皇后 金史卷64

睿宗欽慈皇后 金史卷64

德帝思皇后 金史卷63

穆宗貞惠皇后 金史卷63

衛紹王后徒單氏
　　　　　金史卷64

獻祖恭靖皇后 金史卷63

顯宗孝懿皇后 金史卷64
顯宗昭聖皇后 金史卷64

元

　文宗卜答失里皇后
　　　　　元史卷114

　仁宗莊懿慈聖皇后
　　　　　元史卷114

　太宗昭慈皇后 元史卷114
　太祖光獻翼聖皇后
　　　　　元史卷114

　世祖南必皇后 元史卷114
　世祖昭睿順聖皇后
　　　　　元史卷114

　成宗卜魯罕皇后
　　　　　元史卷114

　成宗貞慈靜懿皇后
　　　　　元史卷114

　定宗欽淑皇后 元史卷114
　明宗八不沙皇后
　　　　　元史卷114

　明宗貞裕徽聖皇后
　　　　　元史卷114

　武宗宣慈惠聖皇后
　　　　　元史卷114

　武宗速哥失里皇后
　　　　　元史卷114

英宗莊靖懿聖皇后
　　　　元史卷114

泰定帝八不罕皇后
　　　　元史卷114

順宗昭獻元聖皇后
　　　　元史卷116

順帝伯顏忽都皇后
　　　　元史卷114

順帝完者忽都皇后
　　　　元史卷114

順帝答納失里皇后
　　　　元史卷114

裕宗徽仁裕聖皇后
　　　　元史卷116

睿宗顯懿莊聖皇后
　　　　元史卷116

寧宗答里也忒迷失皇后
　　　　元史卷114

憲宗貞節皇后 元史卷114
顯宗宣懿淑聖皇后
　　　　元史卷116

明

仁宗誠孝張皇后 明史卷113

太祖李淑妃 明史卷113
太祖孫貴妃 明史卷113

后妃

元

后妃	太祖郭寧妃 明史卷113	明史卷114
	太祖孝慈高皇后 明史卷113	英宗孝莊錢皇后 明史卷113
	世宗張慶后 明史卷114	英宗孝肅周太后 明史卷113
	世宗孝恪杜太后 明史卷114	宣宗郭嬪 明史卷113
明	世宗孝烈方皇后 明史卷114	宣宗吳賢妃 明史卷113
	世宗孝潔陳皇后 明史卷114	宣宗孝恭孫皇后 明史卷113
	光宗李康妃 明史卷114	宣宗恭讓胡皇后 明史卷113
	光宗李莊妃 明史卷114	
	光宗趙選侍 明史卷114	神宗劉昭妃 明史卷114 附神宗孝端王皇后傳
	光宗孝元郭皇后 明史卷114	神宗鄭貴妃 明史卷114
	光宗孝和王太后 明史卷114	神宗孝靖王太后 明史卷114
	光宗孝純劉太后 明史卷114	神宗孝端王皇后 明史卷114
	孝宗孝康張皇后 明史卷114	莊烈帝田貴妃 明史卷114
	成祖王貴妃 明史卷113	莊烈帝愍周皇后 明史卷114
	成祖權賢妃 明史卷113	惠帝馬皇后 明史卷113
	成祖仁孝徐皇后 明史卷113	景帝汪廢后 明史卷113
	武宗孝靜夏皇后	景帝肅孝杭皇后 明史卷113 附景帝江廢后傳

睿宗興獻蔣皇后	明史卷115 附睿宗憲 皇帝
興宗呂太后	明史卷115 附興宗孝 康皇帝
興宗孝康常皇后	明史卷115 附興宗孝 康皇帝
熹宗張裕妃	明史卷114
熹宗懿安張皇后	明史卷114
穆宗孝安陳皇后	明史卷114
穆宗孝定李太后	明史卷114
穆宗孝懿李皇后	明史卷114
憲宗吳廢后	明史卷113
憲宗萬貴妃	明史卷113
憲宗孝貞王皇后	明史卷113
憲宗孝惠邵太后	明史卷113
憲宗孝穆紀太后	明史卷113

王 諸 室 宗

漢

中山孝王興	漢書卷80
中山哀王竟	漢書卷80
中山靖王勝	漢書卷53 （史記卷59 五宗世家）
代孝王參	漢書卷47
江都易王非	漢書卷53 （史記卷59 五宗世家）
吳王濞	漢書卷35 史記卷106
戾太子據	漢書卷63
定陶共王康	漢書卷80
長沙定王發	漢書卷53 （史記卷59 五宗世家）
東平思王宇	漢書卷80
昌邑哀王髆	漢書卷63
河間獻王德	漢書卷53 （史記卷59 五宗世家）
荊王賈	漢書卷35 （史記卷51荊燕世 家）
眞定王平	（史記卷59五宗 世家）
梁孝王武	漢書卷47 （史記卷58世 家）
梁懷王揖	漢書卷47
清河哀王乘	漢書卷53 （史記卷59

宗室諸王	五宗世家）	膠 西 于 王 端	漢書卷53（史記卷59 五宗世家）
	常 山 獻 王 舜 漢書卷53（史記卷59 五宗世家）	膠 東 康 王 寄	漢書卷53（史記卷59 五宗世家）
	淮 南 王 安 （史記卷118）	衡 山 王 賜	史記卷118 漢書卷44
	淮 南 厲 王 長 漢書卷44（史記卷118）	燕 王 澤	漢書卷35（史記卷51荊燕世家）
東漢	淮 陽 憲 王 欽 漢書卷80		
	楚 元 王 交 漢書卷36（史記卷50世家）	燕 剌 王 旦	漢書卷63（史記卷60三五世家）
	楚 孝 王 囂 漢書卷80	燕 靈 王 建	漢書卷38
	齊 懷 王 閎 漢書卷63（史記卷60三五世家）	濟 北 王 勃	漢書卷44
	齊 悼 惠 王 肥 漢書卷38（史記卷52世家）	臨 江 哀 王 閼	漢書卷53（史記卷59 五宗世家）
	趙 共 王 恢 漢書卷38	臨 江 閔 王 榮	漢書卷53
	趙 幽 王 友 漢書卷38	東 漢	
	趙 隱 王 如 意 漢書卷38	下 邳 惠 王 衍	後漢書卷80
	趙 敬 肅 王 彭 祖 漢書卷53（史記卷59 五宗世家）	千 乘 貞 王 伉	後漢書卷85
		千 乘 哀 王 建	後漢書卷80
		中 山 簡 王 焉	後漢書卷72
	魯 恭 王 餘 漢書卷53（史記卷59五宗世家）	北 海 靜 王 興	後漢書卷44附齊武王縯傳
	廣 川 惠 王 越 漢書卷53（史記卷59 五宗世家）	平 春 悼 王 全	後漢書卷85
		平 原 懷 王 勝	後漢書卷85
		安 成 孝 侯 賜	後漢書卷44
	廣 陵 厲 王 胥 漢書卷63（史記卷60三五世家）	任 城 孝 王 尚	後漢書卷72附東平憲王蒼傳

成 武 孝 侯 順 後漢書卷44	三 國
泗 水 王 歆 後漢書卷44	魏
河 間 孝 王 開 後漢書卷85	文 帝 丕 三國魏志卷2
阜 陵 質 王 延 後漢書卷72	中 山 恭 王 袞 三國魏志卷20
沛 獻 王 輔 後漢書卷72	元 城 哀 王 禮 三國魏志卷20
東 平 憲 王 蒼 後漢書卷72	北 海 悼 王 蕤 三國魏志卷20
東 海 恭 王 彊 後漢書卷72	任 城 威 王 彰 三國魏志卷19
城 陽 恭 王 祉 後漢書卷44	明 帝 叡 三國魏志卷3
城 陽 懷 王 淑 後漢書卷85	武 帝 操 三國魏志卷1
陳 敬 王 羨 後漢書卷80	沛 穆 王 林 三國魏志卷20
梁 節 王 暢 後漢書卷80	邯 鄲 哀 王 邕 三國魏志卷20
琅 邪 孝 王 京 後漢書卷72	東 平 靈 王 徽 三國魏志卷20
清 河 孝 王 慶 後漢書卷85	東 海 定 王 霖 三國魏志卷20
淮 陽 頃 王 昞 後漢書卷80	東 武 陽 懷 王 鑒 三國魏志卷20
彭 城 靖 王 恭 後漢書卷80	相 殤 王 鑠 三國魏志卷20
順 陽 懷 侯 嘉 後漢書卷44	范 陽 閔 王 矩 三國魏志卷20
楚 王 英 後漢書卷72	高 貴 鄉 公 髦 三國魏志卷4
趙 孝 王 良 後漢書卷44	剛 殤 公 子 勤 三國魏志卷20
齊 武 王 縯 後漢書卷44	清 河 悼 王 貢 三國魏志卷20
樂 成 靖 王 黨 後漢書卷80	陳 思 王 植 三國魏志卷19
廣 陵 思 王 荆 後漢書卷72	陳 留 王 奂 三國魏志卷4
廣 宗 殤 王 萬 歲 後漢書卷85	陳 留 恭 王 峻 三國魏志卷20
臨 淮 懷 公 衡 後漢書卷72	郿 戴 公 子 整 三國魏志卷20
濟 北 惠 王 壽 後漢書卷85	楚 王 彪 三國魏志卷20
濟 南 安 王 康 後漢書卷72	彭 城 王 據 三國魏志卷20
濟 陰 悼 王 長 後漢書卷80	齊 王 芳 三國魏志卷4

宗室諸王	趙 王 幹 三國魏志卷20	王孚傳
	穀 城 殤 公 子 乘 三國魏志卷20	太 原 烈 王 瓌 晉書卷37附安平獻王孚傳
	樊 安 公 均 三國魏志卷20	
	鄧 哀 王 沖 三國魏志卷20	代 哀 王 演 晉書卷64
	樂 陵 王 茂 三國魏志卷20	平 原 王 幹 晉書卷38
晉	廣 平 哀 王 儼 三國魏志卷20	安 平 獻 王 孚 晉書卷37
	廣 宗 殤 公 子 棘 三國魏志卷20	西 河 繆 王 斌 晉書卷37附任城景王陵傳
	燕 王 宇 三國魏志卷20	
	蕭 懷 王 熊 三國魏志卷19	任 城 景 王 陵 晉書卷37
	濟 陽 懷 王 玹 三國魏志卷20	汝 陰 哀 王 謨 晉書卷64
	臨 邑 殤 公 子 上 三國魏志卷20	汝 南 文 成 王 亮 晉書卷59
	豐 愍 王 昂 三國魏志卷20	孝 王 略 晉書卷37附高密文獻王泰傳
	贊 哀 王 協 三國魏志卷20	扶 風 王 駿 晉書卷38
	靈 殤 公 子 京 三國魏志卷20	成 都 王 穎 晉書卷59
蜀		吳 敬 王 晏 晉書卷64
	先 主 備 三國蜀志卷2	沛 順 王 景 晉書卷37附安平獻王孚傳
	先 主 子 永 三國蜀志卷4	始 平 哀 王 裕 晉書卷64
	先 主 子 理 三國蜀志卷4	長 沙 厲 王 乂 晉書卷59
	後 主 禪 三國蜀志卷3	武 陵 威 王 晞 晉書卷64
	後 主 太 子 璿 三國蜀志卷4	忠 王 尚 之 晉書卷37附譙剛王遜傳
吳		忠 敬 王 遵 晉書卷64
	吳 主 權 三國吳志卷2	河 間 王 顒 晉書卷59
晉		河 間 平 王 洪 晉書卷37附安平獻王孚傳
	下 邳 獻 王 晃 晉書卷37附安平獻王孚傳	
	太 原 成 王 輔 晉書卷37附安平獻	東 海 冲 王 祇 晉書卷64
		東 海 哀 王 冲 晉書卷64

宗室諸王　晉　宋

傳主	出處
東海孝獻王越	晉書卷59
南陽王模	晉書卷37附高密文獻王泰傳
渤海殤王恢	晉書卷64
毗陵悼王軌	晉書卷64
范陽康王綏	晉書卷37
烈王無忌	晉書卷37附譙剛王遜傳
秦獻王柬	晉書卷64
城陽王兆	晉書卷38
城陽懷王景	晉書卷64
高陽王睦	晉書卷37
高陽元王珪	晉書卷37附安平獻王孚傳
高密文獻王泰	晉書卷37
莊王確	晉書卷37附高密文獻王泰傳
竟陵王楙	晉書卷37附安平獻王孚傳
常山孝王衡	晉書卷37附安平獻王孚傳
淮南忠壯王允	晉書卷64
梁王肜	晉書卷38
梁王瑝	晉書卷64
清河康王遐	晉書卷64
清惠亭侯京	晉書卷38
琅邪王伷	晉書卷38
琅邪孝王裒	晉書卷64
琅邪悼王煥	晉書卷64
閔王承	晉書卷37附譙剛王遜傳
彭城穆王權	晉書卷37
敬王恬	晉書卷37附譙剛王遜傳
楚隱王瑋	晉書卷59
義陽成王望	晉書卷37附安平獻王孚傳
會稽思世子道生	晉書卷64
新都王該	晉書卷64
新蔡武哀王騰	晉書卷37附高密文獻王泰傳
趙王倫	晉書卷59
齊王攸	晉書卷38
齊王冏	晉書卷59
廣漢王廣德	晉書卷38
樂安王鑒	晉書卷38
樂平王延祚	晉書卷38
隨穆王整	晉書卷37附安平獻王孚傳
遼東王定國	晉書卷38
臨川獻王郁	晉書卷64
濟南惠王遂	晉書卷37
譙剛王遜	晉書卷37

宋

傳主	出處
元凶劭	宋書卷99　南史卷14
巴陵哀王休若	宋書卷72　南史卷14
永嘉王子仁	宋史卷80　南史卷14

宗室諸王

宋

齊

江夏文獻王義恭 宋史卷61 南史卷13
東平王子嗣 宋書卷80 南史卷14
松滋侯子房 宋書卷80 南史卷14
長沙景王道憐 宋書卷51 南史卷13
武昌王渾 宋書卷79 南史卷14
武陵王贊 宋書卷80 南史卷14
邵陵王子元 宋書卷80 南史卷14
邵陵殤王友 宋書卷90 南史卷14
始建王禧 宋書卷90 南史卷14
始興王濬 宋書卷99 南史卷14
始安王子真 宋書卷80 南史卷14
始安王休仁 宋書卷72 南史卷14
始平孝敬王子鸞 宋書卷80 南史卷14
建平宣簡王宏 宋書卷72 南史卷14
南平穆王鑠 宋書卷72 南史卷14
南郡王義宣 宋書卷68 南史卷13
南海哀王子師 宋書卷80 南史卷14
海陵王休茂 宋書卷79 南史卷14
桂陽王休範 宋書卷79 南史卷14
晉熙王昶 宋書卷72 南史卷14
晉安王子勛 宋書卷80 南史卷14

晉平剌王休祐 宋書卷72 南史卷14
晉陵孝王子雲 宋書卷80 南史卷14
竟陵王誕 宋書卷79 南史卷14
淮南王子孟 宋書卷80 南史卷14
淮陽思王子霄 宋書卷80 南史卷14
彭城王義康 宋書卷68 南史卷13
新興王嵩 宋書卷90 南史卷14
新野懷王夷父 宋書卷72 南史卷14
齊敬王子羽 南史卷14
鄱陽哀王休業 宋書卷72 南史卷14
隨陽王翽 宋書卷90 南史卷14
豫章王子尚 宋書卷80 南史卷14
衡陽文王義季 宋書卷61 南史卷13
營浦侯遵考 宋書卷51 南史卷13
臨海王子頊 宋書卷80 南史卷14
臨慶冲王休倩 宋書卷72 南史卷14
臨川烈武王道規 宋書卷51 南史卷13
廬江王褘 宋書卷79 南史卷14

廬陵孝獻王義眞	朱書卷61 南史卷13	宜都王鏗 南齊書卷35 南史卷43
		長沙威王晃 南齊書卷35 南史卷43
齊		
巴陵王子倫 南齊書卷40 南史卷44		武陵昭王曅 南齊書卷35 南史卷43
巴陵王昭秀 南齊書卷50 南史卷44		邵陵王子貞 南齊書卷40 南史卷44
巴陵隱王寶義 南齊書卷50 南史卷44		邵陵王寶攸 南齊書卷50 南史卷44
文惠太子長懋 南齊書卷21 南史卷44		始安王道生 南齊書卷45 南史卷41
曲江公遙欣 南史卷41		始安王遙光 南史卷41
江夏王鋒 南齊書卷35 南史卷43		始興簡王鑑 南齊書卷35 南史卷43
江夏王寶玄 南史卷44 南齊書卷50		建安王子眞 南齊書卷40 南史卷44
西陽王子文 南齊書卷40 南史卷44		南平王銳 南齊書卷35 南史卷43
西陽王子明 南齊書卷40 南史卷44		南海王子罕 南齊書卷40 南史卷44
安成恭王暠 南齊書卷35 南史卷43		南康王子琳 南齊書卷40 南史卷44
安陸王子敬 南齊書卷40 南史卷44		南豐伯赤斧 南史卷41
安陸昭王緬 南齊書卷45 南史卷41		南郡王子夏 南齊書卷40 南史卷44
		晉熙王錄 南齊書卷35 南史卷43
河東王鉉 南齊書卷35 南史卷43		晉安王子懋 南齊書卷40

宗室諸王

齊

宗室諸王

　　　　　　　　　　南史卷44

晉　熙　王　寶　嵩　南齊書卷
　　　　　　　　　　50
　　　　　　　　　　南史卷44

桂　陽　王　鑠　　南齊書卷35
　　　　　　　　　　南史卷43

桂　陽　王　昭　粲　南齊書卷
　　　　　　　　　　50
　　　　　　　　　　南史卷44

桂　陽　王　寶　貞　南齊書卷
　　　　　　　　　　50
　　　　　　　　　　南史卷44

魚　復　侯　子　響　南齊書卷
　　　　　　　　　　40
　　　　　　　　　　南史卷44

竟　陵　文　宣　王　子　良
　　　　　　　　　　南齊書卷
　　　　　　　　　　40
　　　　　　　　　　南史卷44

湘　東　王　子　建　南齊書卷
　　　　　　　　　　40
　　　　　　　　　　南史卷44

新　吳　侯　景　先　南史卷41

鄱　陽　王　鏘　　南齊書卷35
　　　　　　　　　　南史卷43

鄱　陽　王　寶　寅　南齊書卷
　　　　　　　　　　50
　　　　　　　　　　南史卷44

隨　郡　王　子　隆　南齊書卷
　　　　　　　　　　40
　　　　　　　　　　南史卷44

豫　章　文　獻　王　嶷　南齊書
　　　　　　　　　　卷22
　　　　　　　　　　南史卷
　　　　　　　　　　42

衡　陽　公　諶　南史卷41

衡　陽　王　子　峻　南齊書卷
　　　　　　　　　　40
　　　　　　　　　　南史卷44

衡　陽　元　王　道　度　南齊書
　　　　　　　　　　卷45
　　　　　　　　　　南史卷
　　　　　　　　　　41

臨　川　獻　王　映　南齊書卷
　　　　　　　　　　35
　　　　　　　　　　南史卷43

臨　汝　侯　坦　之　南史卷41

臨　賀　王　子　岳　南齊書卷
　　　　　　　　　　40
　　　　　　　　　　南史卷44

廬　陵　王　子　卿　南齊書卷
　　　　　　　　　　40
　　　　　　　　　　南史卷44

廬　陵　王　寶　源　南齊書卷
　　　　　　　　　　50
　　　　　　　　　　南史卷44

梁

永　陽　昭　王　敷　南史卷51

永　陽　嗣　王　伯　游　梁書卷
　　　　　　　　　　23

汝　南　王　大　封　南史卷54

西　陽　王　大　鈞　梁書卷44
　　　　　　　　　　南史卷54

安　成　康　王　秀　梁書卷22
　　　　　　　　　　南史卷52

安　陸　王　大　春　梁書卷44
　　　　　　　　　　南史卷54

吳　平　侯　景　南史卷51

河　東　王　譽　梁書卷55

邵　陵　攜　王　綸　梁書卷29
　　　　　　　　　　南史卷53

忠　壯　世　子　方　等　梁書卷
　　　　　　　　　　44
　　　　　　　　　　南史卷
　　　　　　　　　　54

武　陵　王　紀　梁書卷55
　　　　　　　　　　南史卷53

武　寧　王　大　威　梁書卷44
　　　　　　　　　　南史卷54

始　安　王　方　略　南史卷54

梁

始 興 忠 武 王 憺	梁書卷22 南史卷52		豫 章 王 綜	梁書卷55 南史卷53	宗室諸王
長 沙 嗣 王 業	梁書卷23		衡 陽 宣 王 暢	南史卷51	
長 沙 宣 武 王 懿	南史卷51		衡 陽 嗣 王 元 簡	梁書卷23	
皇 子 大 訓	南史卷54		臨 賀 王 正 德	梁書卷55	
哀 太 子 大 器	梁書卷8 南史卷54		臨 川 王 大 款	南史卷54	陳
昭 明 太 子 統	梁書卷8 南史卷53		臨 川 靜 惠 王 宏	梁書卷22 南史卷51	
建 平 王 大 球	梁書卷44 南史卷54		瀏 陽 公 大 雅	南史卷44	
貞 惠 世 子 方 諸	梁書卷44 南史卷54		廬 陵 茂 王 續	梁書卷29 南史卷53	
			陳		
南 郡 王 大 連	梁書卷44 南史卷54		太 原 王 叔 匡	陳書卷28 南史卷65	
南 海 王 大 臨	梁書卷44 南史卷54		巴 山 王 叔 雄	陳書卷28 南史卷65	
南 康 簡 王 續	梁書卷29 南史卷53		巴 東 王 叔 謨	陳書卷28 南史卷65	
南 平 元 襄 王 偉	梁書卷22 南史卷52		永 修 侯 擬	南史卷65	
桂 陽 王 大 成	南史卷54		永 嘉 王 彦	陳書卷28 南史卷65	
桂 陽 嗣 王 象	梁書卷23		永 陽 王 伯 智	陳書卷28 南史卷65	
桂 陽 簡 王 融	南史卷51		江 夏 王 伯 義	陳書卷28 南史卷65	
義 安 王 大 昕	梁書卷44 南史卷54		西 陽 王 叔 穆	陳書卷28 南史卷65	
綏 建 王 大 摯	梁書卷44 南史卷54		沅 陵 王 叔 興	陳書卷28 南史卷65	
新 興 王 大 莊	梁書卷44 南史卷54		吳 郡 王 藩	陳書卷28 南史卷65	
愍 懷 太 子 方 矩	梁書卷8 南史卷54		吳 興 陵 王 胤	陳書卷28 南史卷65	
			邵 陽 王 兢	陳書卷28 南史卷65	
			東 陽 王 恮	陳書卷28 南史卷65	
樂 良 王 大 圜	南史卷54		長 沙 王 叔 堅	陳書卷28 南史卷65	
潯 陽 王 大 心	梁書卷44 南史卷54		河 東 王 叔 獻	陳書卷28 南史卷65	
鄱 陽 王 恢	梁書卷22 南史卷52		岳 山 王 叔 韶	陳書卷28 南史卷65	

宗室諸王

名	出處
岳陽王叔慎	陳書卷28　南史卷65
武昌王叔虞	陳書卷28　南史卷65
武陵王伯禮	陳書卷28　南史卷65
宜都王叔明	陳書卷28　南史卷65
宜黃侯慧紀	南史卷65
始興王伯茂	陳書卷28　南史卷65
始興王叔重	陳書卷28　南史卷65
始興王叔陵	南史卷65
皇太子深	陳書卷28　南史卷65
信義王祇	陳書卷28　南史卷65
建安王叔卿	陳書卷28　南史卷65
南平王嶷	陳書卷28　南史卷65
南海王虔	陳書卷28　南史卷65
南安王叔儉	陳書卷28　南史卷65
南郡王叔澄	陳書卷28　南史卷65
南康愍王曇朗	陳書卷14　南史卷65
桂陽王伯謀	陳書卷28　南史卷65
晉安王伯恭	陳書卷28　南史卷65
晉熙王叔文	陳書卷28　南史卷65
淮南王叔彪	陳書卷28　南史卷65
陽山王叔宣	陳書卷28　南史卷65
湘東王叔平	陳書卷28　南史卷65
尋陽王叔儼	陳書卷28　南史卷65
會稽王莊	陳書卷28　南史卷65
逡興侯詳	南史卷65
義陽王叔達	陳書卷28　南史卷65
新安王伯固	陳書卷36　南史卷65
新昌王叔榮	陳書卷28　南史卷65
新會王叔坦	陳書卷28　南史卷65
新寧王叔隆	陳書卷28　南史卷65
新蔡王叔齊	陳書卷28　南史卷65
新興王叔純	陳書卷28　南史卷65
郡陽王伯山	陳書卷28　南史卷65
錢唐王恬	陳書卷28　南史卷65
豫章王叔英	陳書卷28　南史卷65
衡陽王伯信	陳書卷28
衡陽獻王昌	陳書卷14　南史卷65
臨海王叔顯	陳書卷28　南史卷65
臨賀王叔敖	陳書卷28　南史卷65
廬陵王伯仁	陳書卷28　南史卷65

北魏

名	出處
上谷公紇羅	魏書卷14　北史卷15
上黨王天穆	魏書卷14附高涼王孤傳
文安公泥	魏書卷14　北史卷15附武衛將軍謂傳
中山王英	魏書卷19下附南安王楨傳
中山王纂	魏書卷15附猛王輪傳
永昌王健	魏書卷17　北史卷16
司徒石	魏書卷14　北史卷15附吉陽男比干傳

			附武陵侯因傳
京 兆 王 愉			魏書卷22 北史卷19
京 兆 王 黎			魏書卷16 北史卷16
京 兆 王 子 推			魏書卷19上 北史卷17
東 平 王 略			魏書卷19下附南安王楨傳
東 平 王 翰			魏書卷18 北史卷16
東 安 王 疑			魏書卷19下附章武王太洛傳
東 海 王 曄			魏書傳19下附南安王楨傳
東 陽 王 丕			魏書卷14附武衛將軍謂傳
河 南 王 曜			魏書卷16 北史傳16
河 間 王 若			魏書卷20 北史卷19
河 間 王 修			魏書卷16 北史卷16
河 間 公 齊			魏書卷14 北史卷15附武衛將軍謂傳
河 間 嗣 王 琛			魏書卷20附河南王若傳
毗 陵 王 順			魏書卷15 北史卷15
咸 陽 王 禧			魏書卷21上 北史卷19
建 寧 王 崇			魏書卷17 北史卷16
建 德 公 嬰 文			魏書卷14 北史卷15附上谷公乾羅傳
南 平 王 渾			魏書卷16附廣平王連傳
南 安 王 余			魏書卷18
南 安 王 楨			魏書卷19下 北史卷18

宗室諸王

北魏

北 海 王 詳			魏書卷21上 北史卷19
西 河 公 敦			魏書卷14 北史卷15附吉陽男比干傳（作西江公）
任 城 王 雲			魏書卷19中 北史卷18魏
朱 提 王 悅			魏書卷15附陳留王虔傳
吉 陽 男 比 干			魏書卷14 北史卷15
曲 陽 侯 素 延			魏書卷14 北史卷15
江 夏 公 呂			魏書卷14 北史卷15附吉陽男比干傳
江 陽 王 繼			魏書卷16附京兆王繁傳
汝 南 王 悅			魏書卷22 北史卷19
汝 陰 王 天 賜			魏書卷19上 北史卷17
安 定 王 休			魏書卷19下 北史卷18
安 定 王 彌			魏書卷17 北史卷16
安 豐 王 猛			魏書卷20 北史卷19
安 樂 王 長 樂			魏書卷20 北史卷19
扶 風 公 處 真			魏書卷14 北史卷15附武衛將軍謂傳
昌 樂 王 誕			魏書卷21上附高陽王雍傳
宜 都 王 目 辰			魏書卷14 北史卷15附曲陽侯素延傳
武 陵 侯 因			魏書卷14 北史卷15
武 衛 將 軍 謂			魏書卷14 北史卷15
長 樂 王 處 文			魏書卷16 北史卷16
長 樂 王 壽 樂			魏書卷14 北史卷15

宗室諸王				
北魏	秦	王	翰	魏書卷15 / 北史卷15
	晉	王	伏羅	魏書卷18 / 北史卷16
	眞 定	侯	陸	魏書卷14 / 北史卷15附上谷公乾羅傳
	城 陽	王	長壽	魏書卷19 / 北史卷18
	高 涼	王	孤	魏書卷14 / 北史卷15附吉陽男比干傳
	高 陽	王	雍	魏書卷21上 / 北史卷19
	常 山	王	遵	魏書卷15 / 北史卷15
	陰 平	王	烈	魏書卷15附秦王翰傳
	陳 留	王	虔	魏書卷15 / 北史卷15
	望 都	公	頹	魏書卷14 / 北史卷15
	清 河	王	紹	魏書卷16 / 北史卷16
	清 河	王	懌	魏書卷22 / 北史卷19
	章 武	王	太洛	魏書卷19下 / 北史卷18
	淮 陵	侯	大頭	魏書卷14 / 北史卷15附武衛將軍謂傳
	略 陽	王	羯兒	魏書卷16附河間王修傳
	華 山	王	鷙	魏書卷14附高涼王孤傳
	彭 城	王	勰	魏書卷21下 / 北史卷19
	順 陽	公	郁	魏書卷14 / 北史卷15附曲陽侯素延傳
	陽 平	王	熙	魏書卷16 / 北史卷16
	陽 平	王	新成	魏書卷19上

北史卷17

新 興	王	俊	魏書卷17 / 北史卷16
趙 郡	王	幹	魏書卷21上 / 北史卷19
齊 郡	王	簡	魏書卷20 / 北史卷19
潁 川	王	提	魏書卷16附河南王曜傳
廢 太 子		恂	魏書卷22 / 北史卷19
魯 郡	王	肅	魏書卷19下附南安王楨傳
樂 平	王	丕	魏書卷17 / 北史卷16
樂 安	王	範	魏書卷17 / 北史卷16
樂 良	王	萬壽	魏書卷19上 / 北史卷17
樂 陵	王	胡兒	魏書卷19下 / 北史卷18
樂 陵 嗣	王	思譽	魏書卷19下附樂陵王胡兒傳
廣 川	王	略	魏書卷20 / 北史卷19
廣 平	王	連	魏書卷16 / 北史卷16
廣 平	王	懷	魏書卷22 / 北史卷19
廣 平	王	洛侯	魏書卷19上 / 北史卷17
廣 陵	王	羽	魏書卷21上 / 北史卷19
廣 陽	王	建閭	魏書卷18 / 北史卷16
衛	王	儀	魏書卷15附秦王翰傳
遼 西	公	意烈	魏書卷15 / 北史卷15
穆 帝	長子	六修	魏書卷14 / 北史卷15

襄城王題	魏書卷14附上谷公乞羅傳	
濟陰王小新成	魏書卷19上　北史卷17	
臨淮王他	魏書卷16附陽平王熙傳	
臨淮王潭	魏書卷18　北史卷16	

北齊

上洛王思宗	北齊書卷14　北史卷51	
上黨剛肅王渙	北齊書卷10　北史卷51	
太原王紹德	北齊書卷12　北史卷52	
丹陽王仁直	北齊書卷12　北史卷52	
北平王貞	北齊書卷12　北史卷52	
永安簡平王浚	北齊書卷10　北史卷51	
平秦王歸彥	北齊書卷14　北史卷51	
平陽靖翼王淹	北齊書卷10　北史卷51	
任城王湝	北齊書卷10　北史卷51	
西河王仁幾	北齊書卷12　北史卷52	
西河王紹仁	北齊書卷12　北史卷52	

汝南王彥理	北齊書卷12　北史卷52	宗室諸王
汝陽王彥忠	北齊書卷12　北史卷52	
安陽王仁雅	北齊書卷12　北史卷52	
安德王延宗	北齊書卷11　北史卷52	北齊
武興王普	北齊書卷14　北史卷51附平秦王歸彥傳	
始平王彥德	北齊書卷12　北史卷52	
定陽王彥康	北齊書卷12　北史卷52	
長樂太守靈山	北齊書卷14　北史卷51（目作長樂王）	
河間王孝琬	北齊書卷11　北史附52	
河南康舒王孝瑜	北齊書卷11　北史卷52（目作康獻王）	
東平王恪	北史卷52	
東海王仁謙	北齊書卷12	

	漢陽敬懷王洽	北齊書卷10 北史卷51
宗室諸王 南陽王綽	北齊書卷12 北史卷52	潁川王仁儉 北齊書卷12 北史卷52
范陽王紹義	北齊書卷12 北史卷52	廣平公盛 北齊書卷14 北史卷51
城陽王彥基	北齊書卷12 北史卷52	廣寧王孝珩 北齊書卷11 北史卷52
高平王仁英	北齊書卷12 北史卷52	樂平王仁邕 北齊書卷12 北史卷52
北 齊 高陽康穆王湜	北齊書卷10 北史卷51	樂陵王百年 北齊書卷12 北史卷52
北 周 琅邪王儼	北齊書卷12 北史卷52	襄城景王淯 北齊書卷10 北史卷51 (淯作濟)
清河王岳	北齊書卷13 北史卷51	襄樂王顯國 北齊書卷14 北史卷51
淮南王仁光	北齊書卷12 北史卷52	隴西王紹廉 北齊書卷12 北史卷52
華山王凝	北齊書卷10 北史卷51	蘭陵武王孝瓘 北齊書卷11 北史卷52 (一名長恭)
馮翊王潤	北齊書卷10 北史卷51	
陽州公永樂	北齊書卷14 北史卷51	北 周
彭城景思王浟	北齊書卷10 北史卷51	代吳王達 周書卷13 北史卷58
博陵文簡王濟	北齊書卷10 北史卷51	杞簡公連 周書卷10 北史卷57
		宋獻公震 周書卷13 北史卷58
齊安王廓	北齊書卷12 北史卷52	邵惠公顥 周書卷10 北史卷57
趙郡王琛	北齊書卷13 北史卷51	東平公神舉 北史卷57
漁陽王紹信	北齊書卷11 北史卷52	紀厲王康 周書卷13 北史卷58

宗室諸王

隋

唐

河間王弘	隋書卷43 北史卷71
長寧王儼	隋書卷45
秦孝王俊	隋書卷45 北史卷71
庶人秀	隋書卷45 北史卷71
庶人諒	隋書卷45 北史卷71
越王侗	隋書卷59附元德太子昭傳 北史卷71
義城公處綱	隋書卷43 北史卷71
道宣王嵩	北史卷71
道悼王靜	隋書卷44
趙王杲	隋書卷59 北史卷71
齊王暕	隋書卷59 北史卷71
滕穆王瓚	隋書卷44 北史卷71
蔡王智積	隋書卷44
蔡景王整	北史卷71
燕王倓	隋書卷59附元德太子昭傳 北史卷71
衛昭王爽	隋書卷44 北史卷71
離石太守子崇	隋書卷43 北史卷71
觀德王雄	隋書卷43

唐

太子瑛	新唐書卷82
丹王逝	舊唐書卷116
文敬太子顗	舊唐書卷150 新唐書卷82

荊王元	周書卷13 北史卷58
郇王術	周書卷13 北史卷58
秦王贄	周書卷13 北史卷58
晉蕩公護	周書卷11 北史卷57附邵惠公顥傳
曹王允	周書卷13 北史卷58
畢刺王賢	周書卷13 北史卷58
陳惑王純	周書卷13 北史卷58
莒莊公洛生	周書卷10 北史卷57
越野王盛	周書卷13 北史卷58
道王充	周書卷13 北史卷58
虞國公仲	周書卷10 北史卷57
漢王贊	周書卷13 北史卷58
齊煬王憲	周書卷12 北史卷58
趙僭王招	周書卷13 北史卷58
蔡王兗	周書卷13 北史卷58
廣川公測	周書卷27 北史卷58
滕聞王逌	周書卷13 北史卷58
鄅王衍	周書卷13 北史卷58
衛刺王直	周書卷13 北史卷58
冀康公通	周書卷13 北史卷58
譙孝王儉	周書卷13 北史卷58
鄫王貞	周書卷13 北史卷58

隋

| 元德太子昭 | 隋書卷59 北史卷71 |
| 房陵王勇 | 隋書卷45 北史卷71 |

宗室諸王					
	召 王 偲	舊唐書卷116	邠 王 守 禮	舊唐書卷86附章懷太子賢傳／新唐書卷81附章懷太子賢傳
	代 王 諲	舊唐書卷150	汴 哀 王 璥	舊唐書卷107／新唐書卷82
	代 王 簡	舊唐書卷76	孝 敬 皇 帝 弘	舊唐書卷86／新唐書卷81
	永 王 璘	舊唐書卷107／新唐書卷82	定 王 侗	舊唐書卷116
	永 安 王 孝 基	舊唐書卷60／新唐書卷78	邵 王 約	舊唐書卷150
唐	吉 王 保	舊唐書卷175／新唐書卷82	昌 王 嵯	舊唐書卷175
	光 王 琚	新唐書卷82	和 王 綺	舊唐書卷150
	安 王 溶	舊唐書卷175／新唐書卷82	岳 王 緄	舊唐書卷150
	汝 陽 王 璡	新唐書卷81附讓皇帝憲傳	周 王 元 方	舊唐書卷64／新唐書卷79
	江 王 囂	舊唐書卷76	承 天 皇 帝 倓	舊唐書卷118／新唐書卷82
	江 王 元 祥	舊唐書卷64／新唐書卷79	奉 天 皇 帝 琮	新唐書卷82
	江 夏 王 道 宗	舊唐書卷60／新唐書卷78	河 間 王 孝 恭	舊唐書卷60／新唐書卷78
	延 王 玢	舊唐書卷107／新唐書卷82	長 平 王 叔 良	舊唐書卷60／新唐書卷78
	沔 王 恂	舊唐書卷175	長 樂 王 幼 良	新唐書卷78
	忻 王 造	舊唐書卷116	洋 王 忻	舊唐書卷175
	宋 王 結	舊唐書卷150	威 王 偘	舊唐書卷175
	吳 王 恪	舊唐書卷76	茂 王 愔	舊唐書卷175
	吳 王 琨	新唐書卷80附鬱林王恪傳	祈 王 祺	舊唐書卷175
	杞 王 峻	舊唐書卷175	建 王 恪	舊唐書卷175／新唐書卷82
	杞 王 倕	舊唐書卷116	建 王 震	舊唐書卷175
	均 王 遐	舊唐書卷116	珍 王 誠	舊唐書卷150
	均 王 緯	舊唐書卷150		
	成 王 千 里	舊唐書卷76附吳王恪傳／新唐書卷80附鬱林王恪傳		

珍 王 繕　舊唐書卷150

紀 王 愼　舊唐書卷76
　　　　　新唐書卷80

紀 王 言 揚　舊唐書卷175

恆 王 瑱　舊唐書卷107

恆 山 王 承 乾　舊唐書卷76

郇 王 綜　舊唐書卷150

郇 國 公 孝 協　新唐書卷78附長平王叔良傳

信 王 瑝　舊唐書卷107

信 王 憕　舊唐書卷175

信 安 王 禕　舊唐書卷76附吳王恪傳　新唐書卷80附鬱林王恪傳

昭 王 汭　舊唐書卷175

昭 王 誡　舊唐書卷150

昭 靖 太 子 邈　舊唐書卷116　新唐書卷82

涇 王 侹　舊唐書卷116

恩 王 連　舊唐書卷116

袁 王 紳　舊唐書卷150

桂 王 綸　舊唐書卷150

原 王 孝　舊唐書卷86

原 王 逵　舊唐書卷116

虔 王 禊　舊唐書卷175

虔 王 諒　舊唐書卷150　新唐書卷82

益 王 迺　舊唐書卷116

益 王 峴　舊唐書卷175

益 王 隗　舊唐書卷175

徐 王 元 禮　舊唐書卷64　新唐書卷79

荊 王 選　舊唐書卷116

荊 王 元 景　新唐書卷79　舊唐書卷64

夏 悼 王 一　舊唐書卷107

恭 王 通　舊唐書卷116

恭 懿 太 子 佋　舊唐書卷116　新唐書卷82

康 王 汶　舊唐書卷175

曹 王 明　舊唐書卷76　新唐書卷80

淄 王 協　舊唐書卷175

莒 王 紓　舊唐書卷150

深 王 悰　舊唐書卷175

鄆 王 經　舊唐書卷150　新唐書卷82

袞 王 岐　舊唐書卷175

袞 王 �　舊唐書卷116

涼 王 健　舊唐書卷175

涼 王 璿　舊唐書卷107

通 王 滋　新唐書卷82

通 王 諶　舊唐書卷150　新唐書卷82

庶 人 祐　舊唐書卷76　新唐書卷80

庶 人 琚　舊唐書卷107

庶 人 瑛　舊唐書卷107

庶 人 瑤　舊唐書卷107

庶 人 重 福　舊唐書卷86

巢 王 元 吉　舊唐書卷64　新唐書卷79

宗室諸王

唐

宗室諸王

唐

許　王　素　節	舊唐書卷86 新唐書卷81	集　王　緗	舊唐書卷150
密　王　緗	舊唐書卷150	循　王　遹	舊唐書卷116
密　王　元　曉	舊唐書卷64 新唐書卷79	婺　王　懌	舊唐書卷175
陳　王　珪	舊唐書卷107	溆　王　縱	舊唐書卷150
陳　王　成　美	舊唐書卷175 新唐書卷82	越　王　貞	舊唐書卷76 新唐書卷80
琅　邪　王　沖	舊唐書卷76附 越王貞傳 新唐書卷80附 越王貞傳	越　王　係	舊唐書卷116 新唐書卷82
常　山　王　承　乾	新唐書卷 80	鄂　王　瑤	新唐書卷82
		鄂　王　潤	舊唐書卷175
莊　恪　太　子　永	舊唐書卷 175 新唐書卷 82	欽　王　諤	舊唐書卷150
		欽　王　績	舊唐書卷150
章　懷　太　子　賢	舊唐書卷 86 新唐書卷 81	棣　王　祧	舊唐書卷175
		棣　王　琰	舊唐書卷107 新唐書卷82
悼　懷　太　子　普	舊唐書卷 175 新唐書卷 82	棣　王　惴	舊唐書卷175
		雅　王　涇	舊唐書卷175
梁　王　休　復	舊唐書卷175	雅　王　逸	舊唐書卷116
梁　郡　公　孝　逸	新唐書卷 78附淮安 王神通傳	雅　王　禛	舊唐書卷175
		舒　王　誼	舊唐書卷150 新唐書卷82
淮　陽　王　禧	舊唐書卷116	舒　王　元　名	舊唐書卷64 唐書新卷79
淮　安　王　神　通	舊唐書卷 60 新唐書卷 78	隋　王　迅	舊唐書卷116
		隋　王　隆　悌	舊唐書卷95
淮　陽　王　道　玄	舊唐書卷 60 新唐書卷 78	渤　海　王　奉　慈	新唐書卷 78
		彭　王　惕	舊唐書卷175
景　王　祕	舊唐書卷175	彭　王　僅	舊唐書卷116 新唐書卷82
絳　王　悟	舊唐書卷175 新唐書卷82	彭　王　元　則	舊唐書卷64 新唐書卷79
盛　王　琦	新唐書卷82 舊唐書卷107	彭　國　公　思　訓	新唐書卷 78附長平 王叔良傳
鄆　王　榮	舊唐書卷116		

惠文太子範	舊唐書卷96 新唐書卷81	靖德太子琮	舊唐書卷107	宗室諸王
惠宣太子業	舊唐書卷95 新唐書卷81	靖懷太子漢	舊唐書卷175	
惠昭太子寧	舊唐書卷175 新唐書卷82	嗣吳王祗	新唐書卷80附藝林王恪傳	唐
惠莊太子撝	舊唐書卷95 新唐書卷81	嗣吳王巘	新唐書卷80附藝林王恪傳	
		嗣曹王皐	新唐書卷80附胄王明傳	
嘉王運	舊唐書卷116	嗣岐王珍	新唐書卷81附惠文太子範傳	
庸王詳	舊唐書卷150 新唐書卷82	嗣襄王煴	舊唐書卷175 新唐書卷82附襄王僙傳	
資王謙	舊唐書卷150	嗣薛王知柔	新唐書卷81附惠宣太子業傳	
會王纁	舊唐書卷150			
睦王述	舊唐書卷116 新唐書卷82	壽王玥	舊唐書卷107 新唐書卷82	
睦王倚	舊唐書卷175	端王遇	舊唐書卷116	
蜀王佶	舊唐書卷175	福王綰	舊唐書卷150	
蜀王惵	舊唐書卷76 新唐書卷80	榮王憤	舊唐書卷175	
蜀王遡	新唐書卷116	鄆王憬	舊唐書卷175	
道王元慶	舊唐書卷64 新唐書卷79	韶王暹	舊唐書卷116	
楚王寬	舊唐書卷76	趙王福	舊唐書卷76	
楚王智雲	舊唐書卷64 新庸書卷79	趙國公峘	新唐書卷80附藝林王恪傳	
義王玭	舊唐書卷107	漢王元昌	舊唐書卷64 新唐書卷79	
義陽王琮	新唐書卷80附紀王慎傳	漢中王瑀	新唐書卷81附讓皇帝憲傳 新唐書卷78	
新興郡王晉	新唐書卷78附長平王叔良傳	漢陽王瓌		
		慶王沂	舊唐書卷175	
靖恭太子琬	舊唐書卷109 新唐書卷82	撫王紘	舊唐書卷150	
		虢王鳳	舊唐書卷64 新唐書卷79	
		儀王璲	舊唐書卷107	
		潁王璬	舊唐書卷107 新唐書卷82	

宗室諸王

唐

德王裕 舊唐書卷175 新唐書卷82
德王嶧 舊唐書卷175
蔣王惲 舊唐書卷76 新唐書卷80
蔣王宗儉 舊唐書175
鄧王元裕 舊唐書卷64 新唐書卷79
滕王元嬰 舊唐書卷64 新唐書卷79
鄭王元懿 舊唐書卷64 新唐書卷79
魯王靈夔 舊唐書卷64 新唐書79
殤帝重茂 舊唐書86
膠東王道彥 新唐書卷78附淮安王神通傳
節愍太子重俊 新唐書卷81 舊唐書卷86
廣王澭 舊唐書卷175
廣武王承宏 新唐書卷81附章懷太子賢傳
廣寧縣公道興 新唐書卷78附江夏王通宗傳
燕王忠 舊唐書卷86 新唐書卷81
澶王恍 舊唐書史175
衡王絢 舊唐書卷150
衡王憺 舊唐書卷175
澤王上金 舊唐書卷86 新唐書卷81
霍王元軌 舊唐書卷64 新唐書卷79
衛王倓 舊唐書卷116
衛王灌 舊唐書卷175

衛王玄霸 舊唐書64 新唐書卷79
燉煌王承宗 新唐書卷81附章懷太子賢傳
魏王俗 舊唐書卷175
翼王綽 舊唐書卷150
濟王環 舊唐書卷107
濮王泰 舊唐書卷76 新唐書卷80
濮王澤 舊唐書卷175
韓王迥 舊唐書卷116
韓王元嘉 舊唐書卷64 新唐書卷79
褒信王珍 新唐書卷81附許王素節傳
隱太子建成 舊唐書卷64 新唐書卷79
襄王僙 舊唐書卷116 新唐書卷82
襄王執中 舊唐書卷175
襄武王琛 舊唐書卷60 新唐書卷78
襄邑王神符 舊唐書卷60 新唐書78
豐王珙 舊唐書卷107 新唐書卷82
簡王遘 舊唐書卷116
冀王綠 舊唐書卷150
譙王重福 新唐書卷81
廬江王瑗 舊唐書卷60 新唐書卷78
隴西王博乂 舊唐書卷60 新唐書卷78
懷王洽 舊唐書卷175

懷哀王敏 舊唐書卷107	郴王友裕 舊五代史卷12 梁書 新五代史卷13 梁家人	宗室諸王
懷懿太子湊 舊唐書卷175 新唐書卷82	博王友文 舊五代史卷12 梁書 新五代史卷13 梁家人	
瓊王悅 舊唐書卷175		
蘄王緝 舊唐書卷150	惠王友能 舊五代史卷12 梁書 新五代史卷13 梁家人	
虁王滋 舊唐書卷175		
澧王惲 舊唐書卷175 新唐書卷82	賀王友雍 舊五代史卷12 梁書 新五代史卷13 梁家人	五代
鄆王元亨 舊唐書卷64 新唐書卷79		梁 唐
懿德太子重潤 舊唐書卷86 新唐書卷81	嗣廣王友諒 舊五代史卷12 梁書 新五代史卷12 梁家人	
讓皇帝憲 舊唐書卷95 新唐書卷81		
鬱林王恪 新唐書卷80	福王友璋 舊五代史卷12 梁書 新五代史卷13 梁家人	
五代		
梁	廣王全昱 舊五代史卷12 梁書 新五代史卷13 梁家人	
安王友寧 舊五代史卷12 梁書 新五代史卷13 梁家人	唐	
邵王友誨 舊五代史卷12 梁書 新五代史卷13 梁家人	申王存渥 舊五代史卷51 唐書 新五代史卷14 唐家人	
建王友徽 舊五代史卷12 梁書 新五代史卷13 梁家人	永王存霸 舊五代史卷51 唐書 新五代史卷14 唐家人	
郢王友珪 舊五代史卷12 梁書 新五代史卷12 梁家人	邕王存美 舊五代史卷51 唐書 新五代史卷14 唐家人	
康王友孜 舊五代史卷12 梁書 新五代史卷13 梁家人	秦王從榮 舊五代史卷51 唐書 新五代史卷15 唐家人	
密王友倫 舊五代史卷12 梁書 新五代史卷13 梁家人	通王存確 舊五代史卷51 唐書 新五代史卷14 唐家人	

宗室諸王

五代

晉漢周

名	舊五代史	新五代史
許王從益	舊五代史卷51 唐書	新五代史卷15 唐家人
睦王存乂	舊五代史卷51 唐書	新五代史卷14 唐家人
雅王存紀	舊五代史卷51 唐書附通王存確傳	新五代史卷14 唐家人
雍王重美	舊五代史卷51 唐書	新五代史卷16 唐家人
薛王存禮	舊五代史卷51 唐書	新五代史卷14 唐家人
魏王繼岌	舊五代史卷51 唐書	新五代史卷14 唐家人
晉		
剡王重允	舊五代史卷87 晉書	新五代史卷17 晉家人
陳王重杲	舊五代史卷87 晉書	新五代史卷17 晉家人
楚王重信	舊五代史卷87 晉書	新五代史卷17 晉家人
壽王重乂	舊五代史卷87 晉書	新五代史卷17 晉家人
虢王重英	舊五代史卷87 晉書	新五代史卷17 晉家人
廣王敬威	舊五代史卷87 晉書	新五代史卷17 晉家人
韓王敬暉	舊五代史卷87 晉書	新五代史卷17 晉家人
夔王重進	舊五代史卷87 晉書	新五代史卷17 晉家人
漢		
陳王承勳	舊五代史卷105 漢書	新五代史卷18 漢家人
湘陰公贇	舊五代史卷105 漢書	新五代史卷18 漢家人
蔡王信	舊五代史卷105漢書	新五代史卷18漢家人
魏王承訓	舊五代史卷105 漢書	新五代史卷18 漢家人
周		
杞王信	舊五代史卷122周書	新五代史卷19周家人
紀王熙謹	舊五代史卷122 周書	新五代史卷20 周家人
剡王侗	舊五代史卷122周書	新五代史卷19周家人
曹王宗讓	舊五代史卷122 周書	新五代史卷20 周家人（一名熙讓）
越王宗誼	舊五代史卷122 周書	新五代史卷20 周家人
蘄王熙誨	舊五代史卷122 周書	

新五代史卷20
周家人

宋

太子諶 宋史卷246

元懿太子夢 宋史卷246

沂王楞 宋史卷246

吳王佖 宋史卷246

吳王顥 宋史卷246

秀王子偁 宋史卷244附秦王德芳傳

和王栻 宋史卷246

周王元儼 宋史卷245

信王榛 宋史卷246

信王璩 宋史卷246

昭成太子元僖 宋史卷245

徐王棣 宋史卷246

益王頵 宋史卷246

秦王德芳 宋史卷244

商王元份 宋史卷245

莊文太子愭 宋史卷246

悼獻太子佑 宋史卷245

鄆王楷 宋史卷246

越王元傑 宋史卷245

景王杞 宋史卷246

景獻太子詢 宋史卷246

蕭王樞 宋史卷246

楚王似 宋史卷246

楚王元偁 宋史卷245

漢王元佐 宋史卷245

燕王俣 宋史卷246

燕王德昭 宋史卷244

濟王栩 宋史卷246

漢王允讓 宋史卷245

鎮王竑 宋史卷246

鎮王元偓 宋史卷245

魏王愷 宋史卷246

魏王廷美 宋史卷244

獻愍太子茂 宋史卷246

遼

平王隆先 遼史卷72附義宗倍傳

宋王喜隱 遼史卷72附章肅皇帝李胡傳

晉王道隱 遼史卷72附義宗倍傳

晉王敖盧斡 遼史卷72

章肅皇帝李胡 遼史卷72

順宗濬 遼史卷72

義宗倍 遼史卷72

金

莊獻太子 金史卷93

元

順宗答剌麻八剌 元史卷115

裕宗真金 元史卷115

睿宗拖雷 元史卷115

顯宗甘麻剌 元史卷115

宗室諸王

宋遼金元

宗室諸王	明		
	三 城 王 芝 塊	明史卷118附唐王樫傳	
	少 子 文 圭	明史卷118	
	太 子 文 奎	明史卷118	
	太 子 慈 烺	明史卷120	
明	文 城 王 彌 鉗	明史卷118附唐王樫傳	
	代 王 桂	明史卷117	
	申 王 祐 楷	明史卷119	
	永 王 慈 炤	明史卷120	
	伊 王 㰂	明史卷118	
	吉 王 見 浚	明史卷119	
	汝 王 祐 椁	明史卷119	
	西 河 王 奇 湖	明史卷116附晉王㭎傳	
	安 王 楹	明史卷118	
	安 邱 王 當 湖	明史卷116附魯王檀傳	
	谷 王 橞	明史卷118	
	吳 王 允 熥	明史卷118	
	忻 王 見 治	明史卷119	
	秀 王 見 澍	明史卷119	
	岐 王 祐 棆	明史卷119	
	沁 水 王 埕 堵	明史卷118附瀋王模傳	
	沅 王 常 治	明史卷120	
	邠 王 常 淑	明史卷120	
	均 王 載 堼	明史卷120	
	岷 王 楩	明史卷118	
	周 王 橚	明史卷116	
	定 王 慈 炯	明史卷120	
	武 岡 王 顯 槐	明史卷116附楚王楨傳	
	奉 國 將 軍 健 根	明史卷116附魯王檀傳	
	皇 子 楠	明史卷118	
	南 陵 王 睦 楧	明史卷116附周王橚傳	
	汧 陽 王 誠 冽	明史卷116附秦王樉傳	
	哀 冲 太 子 載 基	明史卷120	
	唐 王 樫	明史卷118	
	晉 王 㭎	明史卷116	
	郢 王 棟	明史卷118	
	秦 王 樉	明史卷116	
	徐 王 允 熙	明史卷118	
	涇 王 祐 橓	明史卷119	
	益 王 祐 檳	明史卷119	
	桂 王 常 瀛	明史卷120	
	荊 王 瞻 堈	明史卷119	
	許 王 見 淳	明史卷119	

榮王見澤	明史卷119	虞王雄英	明史卷118
戚王載塦	明史卷120	新樂王載璽	明史卷119 附衡王祐楎傳
梁王瞻垍	明史卷119		
淮王瞻墺	明史卷119	靖王翊鈴	明史卷120
清源王幼坅	明史卷118 附瀋王模傳	靖江王守謙	明史卷118
		寧王權	明史卷117
莊敬太子載塦	明史卷120	壽王祐榰	明史卷119
悼懷王	明史卷120	榮王祐樞	明史卷119
悼靈王慈煥	明史卷120	福王常洵	明史卷120
悼恭太子祐極	明史卷119	睿宗興獻皇帝祐杬	明史卷115
悼懷太子慈焴	明史卷120		
景王載圳	明史卷120	趙王杞	明史卷116
越王瞻墉	明史卷119	趙王高燧	明史卷118
博平王安㳠	明史卷116 附周王橚傳	齊王榑	明史卷116
		齊王由楫	明史卷120
襄陽王祐楬	明史卷119 附襄王瞻墡傳	輔國將軍宇淶	明史卷118附唐王桱傳
湘王柏	明史卷117	輔國將軍當濆	明史卷116附焘王檀傳
湘王由栩	明史卷120		
惠王由㯶	明史卷120	潭王梓	明史卷116
惠王常潤	明史卷120	魯王檀	明史卷116
蜀王椿	明史卷117	德王見潾	明史卷119
肅王楧	明史卷117	蔚王厚燀	明史卷119
楚王楨	明史卷116	潁王載壥	明史卷120
雍王祐橒	明史卷119	鄭王瞻埈	明史卷119
瑞王常浩	明史卷120	滕王瞻塏	明史卷119

宗室諸王

明

宗室諸王 明	慶王 栴	明史卷117		〔周王橚〕傳
	慶成王 濟炫	明史卷116附晉王棡傳	鎮國將軍 安㳵	明史卷116附周王橚傳
	遼王 植	明史卷117	廬江王 載墭	明史卷119附鄭王瞻埈傳
	徽王 見沛	明史卷119		
	潞王 翊鏐	明史卷120	懷王 由模	明史卷120
	衛王 瞻埏	明史卷119	懷王 慈烜	明史卷120
	憲懷太子 翊釴	明史卷120	懷沖太子 慈然	明史卷120
	興宗孝康皇帝 標	明史卷115	懷獻太子 見濟	明史卷119
			蘄王 瞻垠	明史卷119
	衡王 允熞	明史卷118	獻懷太子 慈炅	明史卷120
	衡王 祐楎	明史卷119	靈邱王 遜烆	明史卷117附代王桂傳
	韓王 松	明史卷118		
	薊王 載塎	明史卷120		
	襄王 瞻墡	明史卷119		
	襄垣王 遜燂	明史卷117附代王桂傳		
	潘王 模	明史卷118		
	簡王 由㯧	明史卷120		
	歸善王 當沍	明史卷116附魯王檀傳		
	鎮平王 有爌	明史卷116附周王橚傳		
	鎮國中尉 睦㭎	明史卷116附周王橚傳		
	鎮國中尉 勤熨	明史卷116附		

公　　主

隋

| 南　陽　公　主 | 隋書卷80 北史卷91 |
| 蘭　陵　公　主 | 隋書卷80 北史卷91 |

唐

平　陽　公　主	舊唐書卷58附 柴紹傳
中　宗　八　女	新唐書卷83
文　宗　四　女	新唐書卷83
太宗二十二女	新唐書卷83
世　祖　一　女	新唐書卷83
代　宗　十　八　女	新唐書卷83
玄宗二十九女	新唐書卷83
武　宗　七　女	新唐書卷83
宣　宗　十　一　女	新唐書卷83
昭　宗　十　一　女	新唐書卷83
高　宗　三　女	新唐書卷83
高　宗　十　九　女	新唐書卷83
順　宗　十　一　女	新唐書卷83
蕭　宗　七　女	新唐書卷83
敬　宗　三　女	新唐書卷83
僖　宗　二　女	新唐書卷83
睿　宗　十　一　女	新唐書卷83
德　宗　十　一　女	新唐書卷83
穆　宗　八　女	新唐書卷83
憲　宗　十　八　女	新唐書卷83
懿　宗　八　女	新唐書卷83

宋

仁　宗　十　三　女	宋史卷248
太　宗　七　女	宋史卷248
太　祖　六　女	宋史卷248
光　宗　三　女	宋史卷248
孝　宗　二　女	宋史卷248
英　宗　四　女	宋史卷248
眞　宗　二　女	宋史卷248
神　宗　十　女	宋史卷248
哲　宗　四　女	宋史卷248
秦　國　大　長　公　主	宋史卷248
理　宗　一　女	宋史卷248
寧　宗　一　女	宋史卷248
徽　宗　三　十　四　女	宋史卷248
魏　惠　獻　王　一　女	宋史卷248

明

仁　宗　七　女	明史卷121
仁　祖　二　女	明史卷121
太　祖　十　六　女	明史卷121
世　宗　五　女	明史卷121
光　宗　九　女	明史卷121
孝　宗　三　女	明史卷121
成　祖　五　女	明史卷121
英　宗　八　女	明史卷121
神　宗　十　女	明史卷121

釋氏

宣	宗	二 女	明史卷121
莊	烈	帝 六 女	明史卷121
景	帝	一 女	明史卷121
福	成	公 主	明史卷121
睿	宗	二 女	明史卷121
慶	陽	公 主	明史卷121
興	宗	四 女	明史卷121
憲	宗	五 女	明史卷121
穆	宗	六 女	明史卷121
熹	宗	二 女	明史卷121

釋　氏

2八 思 巴	元史卷202釋老
4丹 巴	元史卷202釋老附八思巴傳
5必 蘭 納 識 理	元史卷202釋老附八思巴傳
7佛 圖 澄	晉書卷95藝術
沙 門 洪 蘊	宋史卷461方技
沙 門 靈 遠	北史卷89藝術附劉靈助傳
10師 夜 光	新唐書卷204方技附張果傳
浮 屠 泓	舊唐書卷191方技附僧一行傳 新唐書卷204方技附杜生傳（目無名）
13鳩 摩 羅 什	晉書卷95藝術
14僧 涉	晉書卷95藝術
僧 一 行	舊唐書卷191方技
僧 玄 奘	舊唐書卷191方技
僧 志 言	宋史卷462方技
僧 神 秀	舊唐書卷191方技
僧 異 寶	宋史卷455忠義
僧 普 寂	舊唐書卷191方技附僧神秀傳
僧 智 緣	宋史卷462方技
僧 義 福	舊唐書卷191方技附僧神秀傳
僧 慧 能	舊唐書卷191方技附僧神秀傳
僧 懷 丙	宋史卷462方技
16曇 霍	晉書卷95藝術
17檀 特 師	北史卷89藝術附李順與傳

20機　　曉　明史卷307佞幸
21釋　寶　誌　南史卷76附陶宏景傳

雜　目

3上　海　某　氏　明史卷303列女
4元　　　后　漢書卷98
　六　安　女　明史卷303列女
　太　史　公　自　序　史記卷130
5幼　溪　女　明史卷301列女附郭氏傳
　石　門　丐　婦　明史卷301列女
　玉　亭　縣　君　明史卷302列女
　台　溫　二　樵　明史卷143附陳思賢傳
　平　津　侯　主　父　史記卷112
　平　原　君　史記卷76
　北　漢　劉　氏　宋史卷482世家
　北　燕　馮　氏　北史卷93僭僞附庸
　北　涼　沮　渠　氏　北史卷93僭僞附庸
6老　莊　申　韓　史記卷63
　氐　楊　難　敵　魏書卷101
　匈　奴　劉　聰　魏書卷95
　匈　奴　宇　文　莫　槐　魏書卷103　北史卷98
　仲　尼　弟　子　史記卷67
　任　城　國　太　妃　魏書卷92列女　北史卷91列女
　西　蜀　孟　氏　宋史卷479世家
　西　秦　乞　伏　氏　北史卷93僭僞附庸
7李　將　軍　史記卷109

（天）

雜目

皁旗張氏 明史卷142附龍能傳
吳越錢氏 宋史卷480世家
甬上四烈婦 明史卷303列女
私署涼王李暠 魏書卷99
私署涼州牧張寔 魏書卷99

8阿寄 明史卷297孝義
河西傭 明史卷148附牛景先傳
羌姚萇 魏書卷95
孟嘗君 史記卷75
松江漁翁 宋史卷458隱逸
明倫堂女 明史卷303列女附萬氏傳
宛陵女子 梁書卷47孝行附滕曇恭傳
南史卷74孝義附張景仁傳
招遠孝女 明史卷301列女附姚孝女傳
9信陵君 史記卷77
春申君 史記卷78
後秦姚氏 北史卷93僭偽附席
洗馬販婦 明史卷303列女
南安翁 宋史卷458隱逸
南唐李氏 宋史卷478世家
南漢劉氏 宋史卷481世家
10陝婦人 晉書卷96列女
海夷馮跋 魏書卷97
荊南高氏 宋史卷483世家
夏赫連氏 北史卷93僭偽附席

剡縣小兒 南史卷75隱逸附杜京產傳
高祖外家呂氏 隋書卷79外戚
徒河慕容廆 魏書卷95
島夷桓玄 魏書卷97
島夷劉裕 魏書卷97
島夷蕭衍 魏書卷98
島夷蕭道成 魏書卷98

11麻襦 晉書卷95藝術
敘傳 漢書卷100
宋史卷100
北史卷100
魏書卷104
淮陰侯 史記卷92
梁蕭氏 北史卷93僭偽附席
野王二老 後漢書卷113逸民
莎衣道人 宋史卷462方技
陳留老父 後漢書卷113逸民
略陽氐呂光 魏書卷95
涼武昭王李玄盛 晉書卷87

12犀首 史記卷70
順昌山人 宋史卷458隱逸
湖南周氏 宋史卷483世家
華陽王楷妃 北史卷91列女
隋書卷80列女
隋文帝外家呂氏 北史卷80外戚
13楚王靈龜妃上官氏

（天）

雜目

18 魏 其 武 安 侯　史記卷107

19 譙 國 夫 人 洗 氏　北史卷91列女　魏書卷80列女

愍 懷 太 子 妃 王 氏　晉書卷96列女

14 漁　　父　南史卷75隱逸

管　　晏　史記卷62

齊 諸 宦 者　北史卷92恩倖

漢 濱 老 父　後漢書卷113逸民

僭 晉 司 馬 叡　魏書卷96

漳 泉 留 氏　宋史卷483世家

漳 泉 陳 氏　宋史卷483世家

15 竇 李 雄　魏書卷96

翔 胡 石 勒　魏書卷95

16 典 安 二 女 子　明史卷301列女附成氏傳

龍 溪 六 生　明史卷143附陳思賢傳

燕 慕 容 氏　北史卷93僭偽附庶

衛 將 軍 驃 騎　史記卷111

盧 水 胡 沮 渠 蒙 遜　魏書卷99

17 襄 城 王 恪 妃　北史卷91列女　隋書卷80列女

臨 渭 氐 苻 健　魏書卷95

鮮 卑 乞 伏 國 仁　魏書卷99

鮮 卑 禿 髮 烏 孤　魏書卷99

矍 碩 先 生　晉書卷94隱逸

（天）

外國

一至四畫

外紀

（四夷附）

一　畫

1乙　弗勿敵　魏書卷101附吐谷渾傳

二　畫

2卜　花兒　明史卷332西域
丁　機宜　明史卷325外國
八　可意　明史卷326外國附剌泥傳
八　達黑商　明史卷332西域

三　畫

3千　里達　明史卷326外國
少　葛蘭　明史卷326外國
土　魯番　明史卷329西域
女　王　魏書卷101附吐谷渾傳
女　國　隋書卷83西域
干　陀利　梁書卷54海南諸國
干　陀利國　南史卷78西南夷
三　嶼　元史卷210
三　佛齊　宋史卷489外國／明史卷324外國
于　闐　梁書卷54西北諸戎／魏書卷102西域／周書卷50異域下／南史卷79西域／隋書卷83西域／舊唐書卷198西戎

大　宛　新唐書卷221上西域／舊五代史卷138外國／宋史卷490外國／明史卷332西域／史記卷123／晉書卷97西夷
大　食　舊唐書卷198西戎／新唐書卷221下西域／宋史卷490外國
大　秦　晉書卷97西夷
大　理　宋史卷488外國
大　漢　梁書卷54東夷／南史卷79東夷
大　月氏　史記卷123附大宛傳
大　勃律　新唐書卷221下西域
大　葛蘭　明史卷326外國附小葛蘭傳
大　乘法王　明史卷331西域
大　慈法王　明史卷331西域

四　畫

4勿　吉　魏書卷100／北史卷94
比　剌　明史卷326外國附溜山傳
夫　餘　後漢書卷115東夷／三國魏志卷30東夷／晉書卷97東夷
爪　哇　元史卷210
不　剌哇　明史卷326外國
巴　剌西　明史卷325外國
中　天竺國　梁書卷54海南諸國／南史卷78西南夷
木　骨都束　明史卷326外國
火　州　明史卷329西域

（天）

火	刺	札	明史卷332西域
丹	丹	國	梁書卷54南帝諸國 南史卷78夷南夷
丹	眉	流	宋史卷489外國
日		本	舊唐書卷199上東夷 新唐書卷220東夷 宋史卷491外國 元史卷208外國 明史卷322外國
日		落	明史卷332西域
日	羅夏	治	明史卷324外國 附爪哇傳
文		身	梁書卷54東夷 南史卷79東夷
文	郎馬	神	明史卷323外國
天		方	明史卷332西域
天		竺	舊唐書卷198西戎 新唐書卷221上西域 宋史卷490外國
天竺	迦毗黎	國	宋書卷 97夷蠻 南史卷 78西南 夷

五　　畫

5末	且	末	梁書卷54西北諸戎 南史卷79西域 魏書卷102西域
打		回	明史卷326附剌泥傳
石		國	隋書卷83西域
史		國	隋書卷83西域
弁		辰	三國魏志卷30東夷
北		狄	晉書卷97四夷 隋書卷84 舊唐書卷199下 新唐書卷219

南史卷79

瓦		刺	明史卷328外國
瓜		哇	明史卷324外國
占		城	舊五代史卷138外國 宋史卷489外國 元史卷210 明史卷324外國
句		驪	後漢書卷115東夷
加	異	勒	明史卷326外國
甘		棠	新唐書卷221上西域 附流勒傳
甘	巴	里	明史卷326外國
白		題	梁書卷54西南諸戎 南史卷79西域
白		蘭	周書卷49異域上 北史卷96
白	松	虎兒	明史卷332西域
白	葛	達	明史卷326外國
失		韋	魏書卷100
失	刺	比	明史卷326外國
失	刺	思	明史卷332西域
古		里	明史卷326外國
古	里	班卒	明史卷326外國
古	麻	刺朗	明史卷323外國

六　　畫

6氐			魏書卷101 周書卷49異域上 北史卷96
氐		胡	宋書卷98
匈		奴	史記卷110 漢書卷94上 晉書卷97北狄

外國

四畫五畫

(天)

415

外國

匈奴 宇文 莫 槐　魏書卷103　北史卷98

交阯　宋史卷488外國

竹步　明史卷326外國

名蔑　新唐書卷222下南蠻

回鶻　新唐書卷217　舊五代史卷138外國　宋史卷490外國

六畫

地豆干　魏書卷100　北史卷94

曲先衛　明史卷330西域

朱俱波　新唐書卷221上西域　附疏勒傳

合貓里　明史卷323外國

吃力麻兒　明史卷332西域

亦思弗罕　明史卷332西域

百花　明史卷325外國

百濟　梁書卷54東夷　魏書卷100　周書卷49異域上　南史卷79東夷　北史卷94　隋書卷81東夷　宋書卷97東夷　舊唐書卷199上東夷　新唐書卷220東夷

米國　隋書卷83西域

米昔兒　明史卷332西域

朵顏　明史卷328外國

朵甘烏斯藏　明史卷331西域

安南　元史卷209　明史卷321外國

安息　史記卷123附大宛傳　周書卷50異域下　隋書卷83西域(目標安國)

安定衛　明史卷330西域

吐蕃　舊唐書卷196　新唐書卷216　舊五代史卷138外國　宋史卷492外國

吐火羅　隋書卷83西域　新唐書卷221下西域

吐谷渾　宋史卷96　晉書卷97西夷　魏書卷101　周書卷50異域下　北史卷96　隋書卷83西域　舊唐書卷198西戎　新唐書卷221上西域

西戎　南史卷79　舊唐書卷198

西夷　晉書卷97

西羌　後漢書卷117

西夏　遼史卷115外紀　金史卷134外國

西域　漢書卷96　後漢書卷118　南史卷79　魏書卷102　北史卷97　隋書卷83　新唐書卷221　明史卷329至332

西突厥　隋書卷84北狄

西原蠻　新唐書卷222下南蠻

西趙蠻　舊唐書卷197

西洋瑣里　明史卷325外國

西蕃諸衛　明史卷330西域

西南夷　史記卷116　漢書卷95　後漢書卷116　宋書卷97　南史卷78　宋史卷496蠻夷　舊唐書卷197南蠻

西南蠻

西南溪峒諸蠻　宋史卷493至

(天)

外國

六至八畫

沙　　州　宋史卷490外國　明史卷330西域

沙　哈　魯　明史卷332西域

沙　里　灣　泥　明史卷326外國

沙　鹿　海　牙　明史卷332西域

沙　瑤　呐　嗶　嘽　明史卷323外國

八　畫

8底　　里　明史卷326外國

林　　邑　晉書卷97南蠻　梁書卷54海南諸國　南史卷78海南諸國　北史卷95　隋書卷82南蠻　舊唐書卷197

宕　　昌　梁書卷54西北諸戎　魏書卷101　周書卷49異域上　南史卷79西戎　北史卷96

陷　　洹　舊唐書卷197

坤　　城　明史卷332西域

附　　國　北史卷96　隋書卷83西域

拂　　菻　舊唐書卷198西戎　新唐書卷221下西域　宋史卷490外國　明史卷326外國

奄　　蔡　史記卷123附大宛傳

注　　輦　宋史卷489外國

和　　蘭　明史卷325外國

周　古　柯　梁書卷54西北諸戎

定　安　國　史宋卷491外國

奇　刺　泥　明史卷326外國附剌泥傳

兩　　爨　蠻　新唐書卷222下南蠻

494蠻夷

西　天　尼　八　剌　國　明史卷331西域

西　天　阿　難　功　德　國　明史卷331西域

七　畫

7坎　　巴　明史卷326外區附剌泥傳

呂　　宋　明史卷323外國

何　　國　隋書卷83西域

投　　和　新唐書卷222下南蠻

辰　　韓　後漢書卷115東夷　三國魏志卷30東夷　晉書卷97東夷

那　孤　兒　明史卷325外國

佛　郎　機　明史卷325外國

豆　莫　婁　魏書卷100　北史卷94

別　失　八　里　明史卷332西域

罕　東　衞　明史卷330西域

罕　東　左　衞　明史卷330西域

扶　　桑　梁書卷54東夷　南史卷79東夷

扶　南　國　晉書卷97南蠻　梁書卷54海南諸國　新唐書卷222下南蠻　宋書卷97夷蠻　南史卷78海南諸國

赤　　土　北史卷95　隋書卷82南蠻

赤　斤　蒙　古　衞　明史卷330西域

赤　沙　陀　新唐書卷218

				東	沃	沮	三國魏志卷30東夷

外國

昆明部落	舊五代史卷138
沼納樸兒	明史卷326外國
忽魯謨斯	明史卷326外國
長河西魚通	明史卷331
武芮與	梁書卷54西北諸戎 南史卷79西戎
芮芮	梁書卷54西北諸戎
芮芮虜	南齊書卷59
波斯	梁書卷54西北諸戎 周書卷50異域下 南史卷79西域 隋書卷83西域 舊唐書卷198西戎 新唐書卷221下西域 南史卷78西南夷
波達國	舊唐書卷198西戎
泥婆國	舊唐書卷198西戎
泥婆羅	新唐書卷221上西域
呵跋檀	梁書卷54西南諸戎 南史卷79西域
呵羅單國	宋書卷97夷蠻 南史卷78西南夷
河南	梁書卷54西北諸戎
河南王	南史卷79西戎
河南氐羌	南齊書卷59
東夷	後漢書卷115 三國魏志卷30 晉書卷97四夷 南史卷79 隋書卷81 舊唐書卷199上 新唐書卷220
東女	舊唐書卷197 新唐書卷221上西域
東越	史記卷114
東南夷	南齊書卷58

八畫九畫

東沃沮	三國魏志卷30東夷
東謝蠻	舊唐書卷197
東夷高句驪國	宋書卷97夷蠻
阿丹	明史卷326外國
阿哇	明史卷326外國附剌泥傳
阿速	明史卷332西域
阿魯	明史卷325外國
阿蘭	魏書卷101附吐谷渾傳
阿里骨	宋史卷492附吐番傳
阿端衞	明史卷330西域

九　　畫

9契丹	魏書卷100 北史94 隋書卷84北狄 舊唐書卷199下北狄 新唐書卷219北狄 舊五代史卷137
柔佛	明史卷325外國
柯枝	明史卷326外國
勃泥	宋史卷489外國
迴紇	舊唐書卷195
柳城	明史卷329西域
突厥	周書卷50異域下 北史卷99 隋書卷84北狄 舊唐書卷194 新唐書卷215
送里迷	明史卷332西域
美洛居	明史卷323外國
施浪詔	新唐書卷222中南蠻附南詔傳

（天）

急蘭丹　明史卷326外國
威茂渝州蠻　宋史卷496蠻夷
剌泥　明史卷326外國
剌撒　明史卷326外國
胡密丹　梁書卷54西北諸戎
胡大且渠蒙遜　宋書卷98氐胡
室韋　北史卷94
隋書卷84北狄附契丹傳
舊唐書卷199下北狄
新唐書卷219北狄
室利佛逝　新唐書卷222下南蠻
哈烈　明史卷332西域
哈梅里　明史卷330西域
哈密衛　明史卷329西域
哈實哈兒　明史卷332西域
南夷　宋書卷97夷蠻
南毗　宋史卷489附闍婆傳
南蠻　後漢書卷116
晉書卷97
隋書卷82
舊唐書卷197
南丹州　宋史卷494蠻夷
南匈奴　後漢書卷119
南平獠　舊唐書卷197
新唐書卷222下南蠻
南巫里　明史卷326外國
南詔蠻　舊唐書卷197
新唐書卷222南蠻
南粵王　漢書卷95
南渤利　明史卷325外國
南越尉佗　史記卷113

十畫

10奚　北史卷94
隋書卷84北狄
舊唐書卷199下北狄
新唐書卷219北狄
浡泥　明史卷325外國
孫剌　明史卷326外國附溜山傳
索虜　宋書卷95
泰寧　明史卷328附朵顏傳
骨咄　新唐書卷221下西域
耽羅　元史卷208
師子國　宋書卷97夷蠻
梁書卷54海南諸國
南史卷78西南夷
新唐書卷221下西域
討來思　明史卷332西域
祖法兒　明史卷326外國
浪穹詔　新唐書卷222中南蠻附南詔傳
牂牁蠻　舊唐書卷197
舊五代史卷138
庫莫奚　魏書卷100
周書卷49異域上
唃厮囉　宋史卷492附吐蕃傳
納失者罕　明史卷332西域
狼牙修國　梁書卷54海南諸國
南史卷78西南夷
海南諸國　南史卷78
梁書卷54
荆雍州蠻　宋書卷97夷蠻
南史卷79諸蠻
俺的干　明史卷332西域
俺都淮　明史卷332西域
党項　北史卷96
隋書卷83西域

外國　九畫十畫

外
國

十畫十一畫

		舊唐書卷198西戎
		新唐書卷221上西域
		舊五代史卷138
		宋史卷491外國
挹	怛	隋書卷83西域
挹	婁	後漢書卷115東夷
		三國魏志卷30東夷
馬	韓	後漢書卷115東夷
		三國魏志卷30東夷
		晉書卷97東夷
馬	八 兒	元史卷210
夏	國	宋史卷485至486外國
夏	刺 比	明史卷326外國附刺泥傳
流	求	北史卷94
		隋書卷81東夷
		宋史卷491外國
流	鬼	新唐書卷220外國
倭		後漢書卷115東夷
		梁書卷54東夷
		南史卷79東夷
		北史卷94
倭	人	三國魏志卷30東夷
		晉書卷97東夷
倭	國	宋書卷97夷蠻
		隋書卷81東夷
		舊唐書卷199上東夷
高	車	魏書卷103
		北史卷98
高	昌	梁書卷54西北諸戎
		魏書卷101
		周書卷50異域下
		南史卷79西域
		隋書卷83西域
		新唐書卷198西域
		新唐書卷221上西域
		宋史卷490外國
高	麗	周書卷49異域上
		北史卷94
		隋書卷81東夷
		舊唐書卷199上東夷
		新唐書卷220東夷
		舊五代史卷138
		宋史卷487外國
		遼史卷115外紀

		金史卷135
		元史卷208
高 句 麗		後漢書卷115東夷
		三國魏志卷30東夷
		宋書卷97蠻夷作東夷高句驪國
		梁書卷54
		魏書卷100東夷
		南史卷79東夷
眞	臘	北史卷95
		隋書卷82南蠻
		舊唐書卷197
		新唐書卷222下南蠻
		宋史卷489外國
		明史卷324外國
烏	丸	三國魏志卷30
烏	孫	史記卷123附大宛傳
烏	桓	後漢書卷120
烏 那 曷		隋書卷83西域
烏 洛 侯		魏書卷100
		北史卷94
烏 羅 渾		舊唐書卷199下北狄
烏 沙 刺 踢		明史卷326外國附刺泥傳
烏 斯 藏 大 寶 法 王		明史卷331西域
徒 河 段 就 六 眷		魏書卷103 北史卷98

十 一 畫

11 淡	巴	明史卷325外國
焉	耆	晉書卷97西夷
		周書卷50異域下
		隋書卷83西域
		舊唐書卷198西戎
		新唐書卷221上西域
曹	國	隋書卷83西域

疎	勒	舊唐書卷198西戎 （餘詳頁421）			明史卷320外國	外國
敏	眞	明史卷332西域	答	兒	密	明史卷332西域
琉	球	明史卷323外國	越	析	詔	新唐書卷222中南蠻 附南詔傳
梅	山	峒	宋史卷494蠻夷	趺	祿	迦	新唐書卷221上西域 附龜茲傳
捨	剌	齊	明史卷326外國附剌 泥傳	須	文	達	那	明史卷325外國 附蘇門答剌傳
條	枝	史記卷123附大宛傳	馮	嘉	施	蘭	明史卷323外國
悉	居	半	魏書卷102西域	渴	石	明史卷332西域
敘	州	三	路蠻	宋史卷496 蠻夷	渴	盤	陁	梁書卷54西北諸戎 南史卷79西域
張	掖	宋書卷98氐胡	彭	亨	明史卷325外國
麻	林	明史卷326外國	彭	加	那	明史卷326外國附剌 泥傳
麻	葉	甕	明史卷323外國	訶	陵	舊唐書卷197 新唐書卷222下南蠻
康	新唐書卷221下西域	訶	羅	陁	國	南史卷78西南 夷
康	居	史記卷123附大宛傳 晉書卷97西夷 隋書卷83西域 舊唐書卷198西戎	渤	海	新唐書卷219北狄 宋史卷491外國
康	國			渤	海	靺	鞨	舊唐書卷199下 北狄 舊五代史卷138
婆	利	梁書卷54海南諸國 北史卷95 南史卷78西南夷 隋書卷82南蠻 舊唐書卷197	黑	婁	明史卷332西域
			黑	葛	達	明史卷326外國附白 葛達傳
婆	羅	明史卷323外國	黑	水	靺	鞨	新唐書卷219 舊五代史卷138 北狄
婆	皇	國	南史卷78西南夷			

十二畫

12粟	特	周書卷50異域下
疎	勒	隋書卷83西域 新唐書卷221上西域 舊唐書卷198西戎
單	單	新唐書卷222下南蠻
朝	鮮	史記卷115 漢書卷95

十三畫

13滑	梁書卷54西北諸戎 南史卷79西域
溜	山	明史卷326外國
肅	愼	晉書卷97東夷
新	羅	梁書卷54東夷 南史卷79東夷 北史卷94 隋書卷81東夷

（天）

外國

十四畫十五畫

舊唐書卷199上東夷
新唐書卷220東夷
舊五代史卷138

崑　察　泥　明史卷326外國
達　失　干　明史卷332西域
意　大　亞　明史卷326
娑　皇　國　宋書卷97夷蠻
婆　達　國　宋書卷97夷蠻
董　氈　宋史卷492外國附吐
　　　　蕃傳（人名）
董　卜　韓　胡　元史卷331西域

十　四　畫

14縑　元史卷210
瑠　求　元史卷210
瑣　里　明史卷325外國
碟　里　國　明史卷324外國附瓜
　　　　哇傳
漕　國　隋書卷83西域
寧　遠　新唐書卷221下西域
福　餘　明史卷328外國附朶
　　　　顏傳
靺　鞨　隋書卷81東夷
　　　　舊唐書卷199下北狄
滿　刺　加　明史卷325外國
蒙　嶲　詔　新唐書卷222中南蠻
　　　　附南詔傳
箇　失　密　新唐書卷221下西域
趙　思　忠　宋史卷492附吐蕃傳
　　　　（人名）
輔　教　王　明史卷331西域
閩　粵　王　漢書卷95
賓　童　龍　明史卷324外國附占
　　　　城傳

榜　葛　刺　明史卷326外國
槃　槃　國　南史卷78西南夷
鹹　徵　州　宋史卷494蠻夷
裸　離　等　十　國　晉書卷97
　　　　　東夷
蒲　山　魏書卷102西域
蒲　甘　宋史卷489外國

十　五　畫

15獠　魏書卷101
　　　周書卷49異域上
養　夷　明史卷332西域
鄧　至　梁書卷54西北諸戎
　　　魏書卷101
　　　周書卷49異域上
　　　南史卷79西戎
　　　北史卷96
魯　迷　明史卷332西域
鄯　善　魏書卷102西域
　　　周書卷50異域下
盤　盤　梁書卷54海南諸國
　　　舊唐書卷197
　　　新唐書卷222下南蠻
層　檀　宋史卷490外國
撫　水　州　宋史卷495蠻夷
摩　揭　陀　新唐書卷221上西域
廣　源　州　宋史卷495蠻夷
撒　馬　兒　罕　明史卷332西域
墮　和　羅　舊唐書卷197
墮　婆　登　舊唐書卷197
黎　伐　明史卷325外國
黎　洞　宋史卷495蠻夷

黎 州 諸 蠻　　宋史卷496蠻夷　　　　　　賽　　藍　　明史卷332西域　　　　外國

十 六 畫

16 濊　　　　　　三國魏志卷30東夷　　　　　　環　　王　　新唐書卷222下南蠻

瞻　　征　　宋史卷492外國附吐　　　　　環　　州　　夷史卷495蠻夷
　　　　　　蕃傳

穆　　胡　　周書卷49異域上　　　　　　闍　　婆　　宋史卷489外國
　　　　　　北史卷96　　　　　　　　　　　　　　　　　明史卷324外國

龜　　茲　　晉書卷97西夷　　　　　　　闍　婆　達　國　　宋書卷97夷蠻
　　　　　　梁書卷54西北諸戎　　　　　　　　　　　　　南史卷78西南
　　　　　　周書卷50異域下　　　　　　　　　　　　　　夷
　　　　　　南史卷79西域
　　　　　　隋書卷83西域
　　　　　　舊唐書卷198西戎
　　　　　　新唐書卷221上西域　　　　　　## 十 八 畫
　　　　　　宋史卷490
　　　　　　南史卷79　　　　　　　　　　18 魏　　虜　　南齊書卷57

諸　　蠻　　宋史卷97夷蠻　　　　　　　瞻　　博　　新唐書卷222下南蠻
　　　　　　南史卷79諸蠻

豫　州　蠻　　宋史卷97夷蠻　　　　　　邏　　黎　　宋史卷489外國
　　　　　　南史卷79諸蠻

邆　聯　詔　　新唐書卷222中南蠻　　　　雞　　籠　　明史卷323外國
　　　　　　附南詔傳

默　德　那　　明史卷332西域　　　　　　## 十 九 畫

錫　蘭　山　　明史卷326外國　　　　　19 霫　　　　　舊唐書卷199下北狄

穆　　國　　隋書卷83西域　　　　　　識　　匿　　新唐書卷221下西域

黔涪施高徼外諸蠻　　　　　　　　　瀘　州　蠻　　宋史卷496蠻夷
　　　　　宋史卷496
　　　　　蠻夷

暹　　　　　元史卷210　　　　　　　贊　善　王　　明史卷331西域

暹　　羅　　明史卷324　　　　　　## 廿 畫

十 七 畫　　　　　　　　　　20 鏺　　汗　　隋書卷83西域

17 鮮　　卑　　後漢書卷120　　　　　　蠕　　蠕　　魏書卷103
　　　　　　三國魏志卷30　　　　　　　　　　　　南史卷79北狄
　　　　　　宋書卷96　　　　　　　　　　　　　　北史卷98

謝　　颺　　新唐書卷221下西域　　　　闡　化　王　　明史卷331西域

罽　　賓　　舊唐書卷198西戎　　　　　闡　教　王　　明史卷331西域
　　　　　　新唐書卷221上西域　　　　蘇　　毗　　新唐書卷221下西域

外國

十五至廿畫

（天）

廿四史傳目引得

叢傳

一畫

| 一 行 | 新五代史卷34 |

三畫

| 土 司 | 明史卷310至319 |

四畫

止 足	梁書卷52
日 者	史記卷127
公 主	新唐書卷83 宋史卷248 明史卷121
方 技	(技一作伎) 三國魏志29 北齊書卷49 舊唐書卷191 新唐書卷204 宋史卷461至462 遼史卷108 金史卷131 元史卷203 明史卷299
方 術	後漢書卷112
文 苑	後漢書卷110 晉書卷92 魏書卷85 北齊書卷45 北史卷83 舊唐書卷190 宋史卷439至445 明史卷285至288
文 學	南齊書卷52 梁書卷49至50 陳書卷34 南史卷72

外國 廿至廿五畫 叢傳 一至四畫

蘇 祿	明史卷325外國
蘇 吉 丹	明史卷324外國附瓜哇傳
蘇 門 答 剌	明史卷325外國

廿一畫

21願	新唐書卷222下南蠻
願 國	舊唐書卷197
護 教 王	明史卷331西域
鐵 勒	北史卷99 隋書卷84北狄 舊唐書卷199下北狄

廿二畫

| 22覽 邦 | 明史卷325外國 |
| 韃 靼 | 明史卷327外國 |

廿三畫

| 23讚 普 | 周書卷50異域上 |

廿五畫

| 25蠻 | 南齊書卷58
魏書卷101
周書卷49異域上 |
| 蠻 獠 | 北史卷95 |

(天)

文 藝
隋書卷76
遼史卷103至104
新唐書卷201至203
金史卷125至126

五　畫

世 家
新五代史卷61至71
宋史卷478至483

世 戚
金史卷120

世 襲
舊五代史卷132至133

外 戚
漢書卷97
晉書卷93
魏書卷83
北齊書卷48
北史卷80
隋書卷79
舊唐書卷183
新唐書卷206
宋史卷463至465
明史卷300

外 國
宋書卷97
晉書卷97
梁書卷54
周書卷49至50
南史卷78至79
隋書卷81至84
舊唐書卷194至199
新唐書卷215至222
舊五代史卷137至138
新五代史卷72至74
宋史卷485至496
遼史卷115
金史卷134至135
元史卷208至210
明史卷320至328

六　畫

列 女
後漢書卷114
晉書卷96
魏書卷92
北史卷91
隋書卷80
舊唐書卷193
新唐書卷205（列作烈）

叢傳
宋史卷460
遼史卷107
金史卷130
元史卷200至201
明史卷301至303

后 妃
三國魏志卷5
三國蜀志卷34或4
三國吳志卷50或5（作妃嬪）
晉書卷31至32
宋書卷41
南齊書卷20（作皇后）
梁書卷7（作皇后）
陳書卷7（作皇后）
魏書卷13（附）
北齊書卷9
周書卷9（作皇后）
南史卷11至12
北史卷13至14
隋書卷36
舊唐書卷51至52
新唐書卷76至77
舊五代史卷11梁
舊五代史卷49唐
舊五代史卷86晉
舊五代史卷104漢
舊五代史卷121周
新五代史卷13至20（作家人）
宋史卷242至243
遼史卷71
金史卷63至64
元史卷114又116
明史卷113至114

死 事
新五代史卷33

死 節
新五代史卷32

七　畫

伶 官
新五代史卷37

良 吏
遼史卷109
晉書卷90
宋書卷92
梁書卷53
魏書卷88
舊唐書卷185
元史卷191至192

四至七畫

叢傳

七畫八畫

良 政	南齊書卷53
佞 幸	史記卷125
	漢書卷93
	宋史卷470
	金史卷129
	明史卷307
孝 友	晉書卷88
	舊唐書卷188
	新唐書卷195
	金史卷127
	元史卷197至198
孝 行	梁書卷47
	陳書卷32
	北史卷84
孝 感	魏書卷86(闕)
孝 義	宋書卷91
	南齊書卷55
	周書卷46
	南史卷73至74
	隋書卷72
	宋史卷456
	明史卷296至297

八　畫

卓 行	新唐書卷194
	宋史卷459
	遼史卷106
宗室諸王	漢書卷38高五王
	漢書卷44
	漢書卷47文三王
	漢書卷53景十三王
	漢書卷63武五子
	漢書卷80宣元六王
	後漢書卷44
	後漢書卷72光武十王
	後漢書卷80明帝八王
	後漢書卷85章帝八王
	三國魏志卷19
	三國魏志卷20武文世王公

三國蜀志卷4或34
三國吳志卷6或51
晉書卷37至38
晉書卷53
晉書卷59
晉書卷64
宋書卷51
宋書卷61武三王
宋書卷68武二王
宋書卷72文九王
宋書卷80文90孝武十四王，明四王
南齊書卷35高祖十二王
南齊書卷40武帝十七王
南齊書卷45
南齊書卷50文二王明七王
梁書卷8
梁書卷22太祖五王
梁書卷23
梁書卷29高祖三王
梁書卷44太宗十一王，世祖二子
梁書卷55
陳書卷14至15
陳書卷28
陳書卷36
魏書卷14至22
北齊書卷10至14
周書卷10至13
南史卷13至14宋
南史卷41至44齊
南史卷51至54梁
南史卷65陳
北史卷15至19魏
北史卷51至52齊
北史卷57至58周
北史卷71隋
隋書卷13至45(45文四子)
隋書卷59煬三子
舊唐書卷60
舊唐書卷64
舊唐書卷76
舊唐書卷86
舊唐書卷95
舊唐書卷107
舊唐書卷116
舊唐書卷150
舊唐書卷175

（天）

叢傳

八至十二畫

能吏　遼史卷105
佞臣　南齊書卷56
逆臣　新唐書卷225
　　　遼史卷112至114
　　　金史卷132
　　　元史卷207
恩倖　宋書卷94
　　　魏書卷93
　　　北齊書卷50
　　　南史卷77
　　　北史卷92
高逸　南齊書卷54
流賊　明史卷309
酷官　舊唐書卷184
　　　遼史卷109
　　　明史卷304至305
宦者　後漢書卷108
　　　新唐書卷207至208
　　　新五代史卷38
　　　宋史卷466至469
　　　金史卷131
　　　元史卷204

十一畫

處士　梁書卷51
貨殖　史記卷129
　　　漢書卷91

十二畫

逸士　魏書卷90
逸民　後漢書卷113
循吏　史記卷119
　　　漢書卷89
　　　後漢書卷106
　　　北齊書卷46
　　　南史卷70
　　　北史卷86
　　　隋書卷73
　　　新唐書卷197

新唐書卷78至82
舊五代書卷12梁
舊五代書卷50至51唐
舊五代史卷87晉
舊五代史卷105漢
舊五代史卷122周
新五代史卷13梁
新五代史卷14至16唐
新五代史卷17晉
新五代史卷18漢
新五代史卷19至20周
宋史卷244至247
遼史卷72
金史卷65至66
金史卷69又76
金史卷80又82
金史卷85又93
元史卷115
明史卷115至120
忠義　晉書卷89
　　　舊唐書卷187
　　　新唐書卷191至193
　　　宋史卷446至455
　　　金史卷121至124
　　　元史卷193至196
　　　明史卷289至295

九畫

刺客　史記卷86
姦臣　新唐書卷223
　　　宋史卷471至474
　　　遼史卷110至111
　　　元史卷205
　　　明史卷308
叛臣　新唐書卷224
　　　宋史卷475至477
　　　金史卷133
　　　元史卷206
叛逆　晉書卷98

十畫

叢傳

十二至十七畫

游俠　史記卷124
　　　漢書卷92

十三畫

滑稽　史記卷126
賊臣　南史卷80
義兒　新五代史卷36
載記　晉書卷101至103前趙
　　　晉書卷104至107後趙
　　　晉書卷108至111前燕
　　　晉書卷112至115前秦
　　　晉書卷116至119後秦
　　　晉書卷120至121後蜀
　　　晉書卷122後涼
　　　晉書卷123至124後燕
　　　晉書卷125西秦乞伏北燕馮
　　　晉書卷126南涼
　　　晉書卷127至128南燕
　　　晉書卷129北涼
　　　晉書卷130夏
道學　宋史卷427至430

十四畫

酷吏　史記卷122
　　　漢書卷90
　　　後漢書卷107
　　　北齊書卷47
　　　魏書卷89(闕)
　　　北史卷87
　　　隋書卷74
　　　舊唐書卷186

　　　新唐書卷209
　　　金史卷129
節義　魏書卷87(闕)
　　　北史卷85
誠節　隋書卷71
僭僞附庸　北史卷93
　　　舊五代史卷134

十六畫

獨行　後漢書卷111
龜策　史記卷128
儒林　史記卷121
　　　漢書卷88
　　　後漢書卷109
　　　晉書卷91
　　　梁書卷48
　　　陳書史33
　　　魏書卷84
　　　北齊書卷44
　　　周書卷45
　　　南史卷71
　　　北史卷81至82
　　　隋書卷75
　　　宋史卷431至438
　　　明史卷282至284
儒學　舊唐書卷189
　　　新唐書卷198至200
　　　元史卷189至190
閹官　魏書卷94
閹黨　明史卷306

十七畫

隱逸　晉書卷94
　　　宋書卷93
　　　南史卷75至76
　　　北史卷88
　　　隋書卷77
　　　舊唐書卷192
　　　新唐書卷196
　　　宋史卷457至459
　　　金史卷127
　　　元史卷199

（天）

明史卷298

十　八　畫

雜　　傳　新五代史卷39至57

十　九　畫

藝　　術　晉書卷95
　　　　　魏書卷91
　　　　　周書卷47
　　　　　北史卷89至90
　　　　　隋書卷78

藩　　鎮　新唐書卷210至214

廿　　畫

釋　　老　元史卷202
黨　　錮　後漢書卷97

（天）

遺　補

甘 麻 刺	元史卷115（卽顯宗）	41頁左甘昭吉下
田 仲	漢書卷92附朱家傳	45頁左田牟下
朴 不 花	元史卷204	52頁右百家奴下
向 傅 範	或作向轉範	55頁左
拖 雷	元史卷115（卽睿宗）	118頁左玠下
沮 渠 祖	魏書卷99	120頁右到彥之下
和速嘉安禮	金史卷121	122頁左和逢堯下
哈 麻	元史卷205	136頁右哈銘下
眞 金	元史卷115（卽裕宗）	156頁右家鉉翁下
桑 哥	元史卷205	158頁左師覺授下
麻 襦	晉書卷95	187頁右麻禧下
答剌麻八剌	元史卷115（卽順宗）	236頁左答失八都魯下
廉惠山海牙	元史卷145	250頁右廉希憲下
楊 信	明史卷173附楊洪傳	260頁左楊拭下
楊 能	明史卷173附楊洪傳	260頁左楊砥下
裴 詢	魏書卷45附裴駿傳	272頁右裴楷下
蕭 寶 寅	卽蕭寶黃	見338頁右
鐵 失	元史卷207	351頁左饒虎臣下
鐵弗劉虎	魏書卷95	351頁右鐵弗衞辰上
（天）元 后	漢書98	368左漢下

頁　　欄	正	誤
述例,4頁9行	以外紀(四夷附)名之	以外國名之
檢字各頁均有	外紀	外國
筆畫檢字6,三欄末	412雜目	「漏」
筆畫檢字7,二欄7行	條　420外紀	「漏」
筆畫檢字6,一欄4行	犀　412雜目	犀156「應列12盡行下」
拼音檢字2,三欄裘下	Ch'iu龜　422外紀	「漏」
拼音檢字6,二欄柯下	Ko　藍　268	「漏」
拼音檢字6,三欄龜下	又見Ch'iu	「漏」
拼音檢字11,二欄銚下	Ti'ao　條　420外紀	「漏」
拼音檢字11,三欄陁下	Tó　拖　118	「漏」
拼音檢字13,三欄漁下	Yü　尉　190	「漏」
13右元或下　14左元提下	臨淮王譚	臨淮王潭
14左元提下	河南王曜傳(卽潁川王)	河南王曜傳
14右元弼下	北齊書卷28	「應另起一行」
15右2行	隋書卷46	「應另起一行」
15右元誕下	魏書卷21上附	魏書卷21附
17右元季方下　18右元義方下　132右元周思茂下　147右范履冰下　149左胡楚賓下	元萬頃	元萬傾
20左末　24左王勔下　27右末三,五	王勃	王渤
20右王昂下	元載	元戴
22左王香下	石璞	石濮
23左王宰下	王仁皎	王仁皎
24右	王　12慤	「12誤排王隆一行」
24右王渙下	楊禮敬	楊敬禮
25右	王翰	「應列王蕭下」
28左王潛下	王同皎	王同皎
29左王檀下	舊五代史卷22	舊五代史卷22梁書
29左王檀下	新五代史卷23梁臣	新五代史卷23雜傳
30右王九思下	附李夢陽傳	李夢陽傳
32左王正雅下	附王翊傳	附王栩傳
34左王秀之下	附王裕之傳	附王裕傳
36右王欽臣下	王洙傳	王洙傳

頁 欄	正	誤
37左王熙元下	王處訥	王處納
37右	王養正	應列38王審知下
38右	王鴻儒	王鴻孺
39右冉閔下	坿羯胡石勒傳	坿羯胡石勒傳
42右申怙下	作申恬	作申怙
44左史祥下	坿史寧傳	「應移入上行」
45左田蚡下	（卽武安候）	「應移入上行」
52右守眞下	本名左壓	本名左壓
54左伏勝下	卷88儒林（目標伏生）	卷88儒林
54右向朴下 291右鄭華下	顏伯瑋	顏伯諱,偉
54右末1,3　55左向宗良宗回下	向傳範	向轉範
55右安上達下　57右末	黨還醇	黨還醨
56左安慶緒下	卷200上坿安祿山傳	卷200上
56右江洪下	吳均	吳筠
56右	江摁	「應倂入江總下」
60左朱珍	舊五代史卷19 新五代史卷21梁臣	舊五代史卷19梁書 新五代史卷21雜傳
60右	朱賆	朱延
60右末	明史卷118諸王	明史卷118諸
63右朱希彩下	李懷仙	李儂仙
65左朱戠埊下	坿鄭王瞻埈傳	附鄫王瞻埈傳
66左	朱瞻埏	朱瞻珽
66右	沃側	沃測
67右禿髮烏孤下	目作鮮卑	本作鮮卑
69左谷倚下	富嘉謨	富嘉瑛
69左孛羅帖椊下	元史卷207逆臣	「漏」
73左	沈勃	沈渤「應列沈重上」
73右沈顗下	沈演之	沈橫之
73右沈文阿下	沈峻	沈浚
73右	沈有容	沈有客
76右宋應亨下	坿宋玫傳	宋玫傳
78右	呂維祮	呂維祮
81左	何維柏	何維伯
81右	杜慆	「應列82杜瑛下」
81,82,83各頁	杜佑	杜祐

頁　欄	正	誤
84右	吳筠	「應列吳瑛下」
85右吳全節下	張宗演	張宗嶺
87左完顏充下	本名神土懣	本名土神懣
92左李佋下	舊唐書卷116宗室	舊唐書卷116
94右李泰下	卽濮王	卽漢王
96右李雄下	目作	本作
97左李棠下	明史卷222附王崇古傳	「漏」
97左李景下	李昇	李昪
100右李綺下	卽和王	卽松王
104右李籛下	坿毛泃傳	附毛徇傳
105右李公緒下	坿李渾傳	附李惲傳
105右李日華下	坿王惟儉傳	上王雜儉傳
107左李幼廉下	坿李義深傳	附李義琛傳
107左李玄霸下	新唐書卷79	「漏」
110左李孝貞下	北史卷33附李顒傳	「漏」
110右李長仁傳	坿李叔虎傳	附李叔屍傳
110右	李抱眞	李抱貞
110右李季卿下	舊唐書卷99坿李適之傳	舊唐書卷99李適之傳
112左	坿劉晏傳	附到宴傳
112右	李彥穎	李彥頴
113左李家奴傳	坿寧豬狗傳	附寧狗豬傳
114右李開先下　270左熊過下	陳束	陳東
118右昂下	本名吳都補	本名吳都
119右抹然史扢搭下	金史卷93	金史卷93貨殖
120左尙大倫下	附王黴俊傳	坿丁泰運傳
122右金應下　127右林琦下	附鄒瀛傳	坿鄒鳳傳
125左末	阿榮	阿縈
125右阿魯補下	坿冶訶傳	坿紹訶傳
128左	林應驄	林應聰
128右孟嘗下	後漢書卷106循夷	漢書卷106循夷
130左周趚下	坿周瑄傳	附周王宣傳
131左周魴	吳志卷15或60	吳志卷15
132右周奉叔下	坿周槃龍傳	附周槃龍傳

頁欄	正	誤
136左	坿垣護之傳	附垣護之傳
136右	哈剌亦哈赤北魯	哈剌亦哈赤比魯
139左皇甫和下	坿裴佗傳	附裴陀傳
139右皇甫徽下	坿江悅之傳	附姜悅之傳
143左侯天錫下	坿侯良住傳	附侯良住傳
143右侯廷訓下	坿薛蕙傳	附薛蕙傳
143右侯偉時下	明史	附明史
147左	范箴德	范葳德
148左胡續下	坿董靈綸傳	附董畫綸傳
149左	胡長孺	胡長儒
149左	胡舜陟	胡舜涉
152左	「韋師康條」	「刪」
155右	耶律阿魯掃古	耶律何魯掃古
156左	「犀首條」	「刪」
157右 又晁宗慤下	晁迥	晁迴
158右	納麟	納鱗
158右郎岌下	坿燕欽融傳	附燕欽客傳
160右	徒單鎰	徒單益
161右殷士儋下	坿趙貞吉傳	附趙頁吉傳
162左殷盈孫下	坿殷侑傳	附殷洧傳
162右荀法尚下	坿荀朗傳	附荀郎傳
164左	烏氏臝	烏氏嬴
164右	烏延查剌	烏延查利
165左夏鐩下	坿夏壎德	附夏勳傳
166右唐憲下	坿唐儉傳	附唐伶傳
170左馬廖下	坿馬援傳	附馬瑗傳
171左馬仙琕下	坿袁湛傳	附袁湛之傳
172右徐陟下	坿徐階傳	附徐諧傳
175左	徐應鑣	徐應鑒
177左孫臨下	附楊文驄傳	附楊文聰傳
177右	孫方諫	孫方謙
178右孫萬壽下	坿孫惠蔚傳	附孫蕙蔚傳
179左	孫繼宗	孫繼忠
185左高顯國下	襄樂王	襄樂公

頁　欄	正	誤
185右爽下	阿鄰	阿隣
187右麻產下	臟酷	臟酷
188左各條	淩	凌
189右夔伏連下	作樓伏連	作夔伏連
190右尉遲運下	尉遲迴	尉遲迴
190右	畢仲游	畢仲遊
192左常德志條	「本條應刪去」	
192左章華下	傅縡	傅繹
195左　又右許力士下	許紹	許詔
195左末	許楫「應列許靖下」	許揖
199左	陸師閔	陸思閔
201右	曹文耀	曹文曜
203左郭絢下	郭裕「應併入左下五行」	
203右二行	北史卷86循吏附柳儉傳	「脫四字」
206右崔逸條	「應列207左崔植下」	
208左崔頤下	北史卷88坿崔廓傳	「漏」
208右崔瞻下	作崔瞻	作崔瞻
208左崔辨	「應併入崔辯下」	
215左	陳少游	陳少遊
216左陳希烈下	張說	張垸
220左	張沈	張沇
222右張庸下	朴賽因不花	朴賽田不花
224右張禪下	晉書卷86忠義附張華傳	卷89忠義
224右張漢下	翟鵬	翟鵬
224右張槫下	晉書卷89	卷36坿張華傳
225右張雕下	（北史卷81作張彫武）	「漏」
225右張巖	「應列張巖下」	
227左張乞驢下	齊膺揚	齊膺揚
229左張玄靚下	張軌	張祚
229張好古下	張晉亨	張晉亨
230左張廷範下	柳璨	柳濠
230右	張始均	張始筠
232右	張彤武北齊書作張雕	張雕武
236左屠隆下	徐渭	徐謂

頁欄	正	誤
236左項羽下	史記卷7作項羽本紀	「漏」
236左	富紹庭	富超庭
237左舒璘下	沈煥	沈渙
238右湯沐下	馬錄	馬祿
239右	華覈	華竅
244左	傅鼎銓	傅鼎詮
248左黃縉下 256左末	葉應聰	葉應聰
249左	黃淳耀淵耀	黃淳曜淵曜
251右	塔海帖木兒	塔海帖本兒
251右源師下	坿源賀傳	附源質傳
258左賈眈下	新唐書卷116(作賈耽)	「脫三字」
261左楊惲下	楊敞	楊敞
262左楊蘘下	陳濟	陳璾
264左	楊文聰	揚文聰
266右楊智積下	北史卷71隋宗室	「漏」
268左榮瑄下	鄭談	鄭瑛
269左	僕散渾坦	僕散渾垣
270右蒲察移剌都下	金史卷104	金史卷104文苑
271左翟進下	翟興	翟與
272右裴諝下	裴漼	裴淮
276左趙琬下	趙璉	趙漣
278左趙元淑下	楊玄感	楊玄盛
283右魯宗文下	魯欽	魯欣
284左慕容暐下	魏書卷95附慕容廆傳	「漏」
295右劉玢下	劉陟	劉涉
296左劉信下	新五代史	新五代書
297右劉祥下	南齊書卷36	「漏」
298左	劉揖	劉楫
299左劉最下	鄧繼曾	鄧維曾
300左劉演下	劉琨	劉焜
300左	劉韡	劉禕
301右	劉彊	劉疆
302左	劉蕁	劉蕁
304右劉子翊下	北史卷85節義	北史卷85誠節

頁　　欄	正	誤
305左劉允章下．307左 309右劉寬夫下	劉伯芻	劉伯蒭
305左	劉仁瞻	劉仁膽
307右劉定國下	方國儒	方國孺
308左劉知柔下	劉延祐	劉延佑
308右劉兼濟下	劉平	劉怦
314左霍與瑕下	霍韜	霍韬
316右錢可復下	錢徽	錢微
320右轅固生下	（即清河王太傅）刪去	
322左鍾惺下	袁宏道	袁道宏
322左	謝　7岐	謝岐
326右薛彪子下	北史卷25	傳北史卷25
330左韓寶業下	諸官者	諸官者
335左蕭子良下	竟陵文宣王	晉陵文宣王
341右顏相時下	顏師古	顏思古
341顏邑下	王璠	王播
346左羅以禮	陳本深	陳本琛
347右嚴德珉下	楊靖	揚淸
349蘇晉下	舊唐書卷100附蘇瑰傳	「脫四字」
356左王氏下	舊唐書卷193	「漏」
361右馬氏下	明史卷302	「漏」
364左末	鄒待徵	鄒侍徵
365左楊貞婦下	明史	史明
366左鄭廉妻李氏下	堅貞	豎貞
366左	鄭義宗	鄭義宗
366右	王蘭英	玉蘭英
367左	盧元禮妻李氏	妻李宗
367右顏氏下	明史卷303附唐氏傳	「脫四字」
369左先主甘后下	卷4或34	卷4
369左吳主權王夫人下	卷5或50	卷5
369右	孝武文李太后	孝武文李皇后
374左女學士下	宣懿	宣憲
374右末	晁氏	鼌氏
384左	常山憲王舜	常山獻王舜
386左先主備下	卷2或32	卷2

頁欄	正	誤
386左先主子永下	卷4或34	卷4
386左先主子理下	卷4或34	卷4
386左後主禪下	卷3或33	卷3
386左後主太子璿下	卷4或34	卷4
386左吳主權下	卷2或47	卷2
389右	始安貞王	始安王
400左舒王元名下	新唐書	唐書新
402左廣寧縣公下	江夏王道宗	江夏王通宗
406左	安邱王當瀍	安邱王當溯
406右	荊王瞻堈	荊王瞻棡
407左	淮王瞻墺	准王瞻墺
408左	薊王載塯	薊王載堰

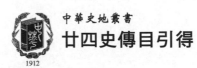

作　　者／梁啟雄 編纂
主　　編／劉郁君
美術編輯／中華書局編輯部

出 版 者／中華書局
發 行 人／張敏君
行銷經理／王新君
地　　址／11494 台北市內湖區舊宗路二段181巷8號5樓
客服專線／02-8797-8396　　傳　真／02-8797-8909
網　　址／www.chunghwabook.com.tw
匯款帳號／兆豐國際商業銀行　東內湖分行
　　　　　067-09-036932　中華書局股份有限公司

法律顧問／安侯法律事務所
印刷公司／維中科技有限公司
出版日期／2015年7月臺六版
版本備註／據1988年3月臺五版復刻重製
定　　價／NTD 814

國家圖書館出版品預行編目（CIP）資料

廿四史傳目引得 ／ 梁啟雄著. — 臺六版. — 台
北市：中華書局，2015.07印刷
　面；公分. —（中華史地叢書）
ISBN 978-957-43-2446-0(精裝)

1.中國史 2.索引

610.06021　　　　　　　　　104005854